“十二五”职业教育国家规划教材
经全国职业教育教材审定委员会审定

高等职业教育国家级“十二五”规划教材（物流管理专业）

物流信息技术与应用

（第2版）

主　编　米志强　邓子云
副主编　王海滨　杨晓峰　谢艳梅　翦象慧
主　审　文振华

電子工業出版社
Publishing House of Electronics Industry
北京 • BEIJING

内 容 简 介

本书对接《物流信息技术与应用》国家级精品课程、国家级精品资源共享课程建设，以“采集物流信息”→“使用物流信息”→“跟踪物流信息”→“交换物流信息”→“综合物流信息”→“物流信息分析与处理”的物流信息在物流行业的应用流程为主线，由湖南省物流信息技术省级教学团队编写。全书共12章，内容包括物流信息技术概述、物流信息标准化、物流数据采集条码技术、物流数据自动采集RFID技术、物流动态跟踪技术、物流数据库技术与数据挖掘、物流数据交换技术、物流管理信息系统、物流自动化立体仓库信息管理系统、电子商务与物流协同发展、物流公共信息平台规划与运营模式及智慧物流园区信息化规划与建设，全书全面地介绍了物流业务过程中常用信息化关键技术的基本原理及其应用。

本书可作为高职高专院校物流管理、物流信息技术、物联网应用技术、信息管理及相关专业的教材和参考书，也可作为物流企业物流信息管理者相关人员的培训教材和物流行业从业人员的参考读物。

图书在版编目（CIP）数据

物流信息技术与应用 / 米志强，邓子云主编. —2版. —北京：电子工业出版社，2014.8

高等职业教育国家级“十二五”规划教材. 物流管理专业

ISBN 978-7-121-23943-4

Ⅰ. ①物… Ⅱ. ①米… ②邓… Ⅲ. ①物流—信息技术—高等职业教育—教材 Ⅳ. ①F253.9

中国版本图书馆CIP数据核字（2014）第173088号

策划编辑：张云怡
责任编辑：郝黎明
印　　刷：北京盛通商印快线网络科技有限公司
装　　订：北京盛通商印快线网络科技有限公司
出版发行：电子工业出版社
　　　　　北京市海淀区万寿路173信箱　邮编 100036
开　　本：787×1 092　1/16　印张：19.75　字数：556千字
版　　次：2009年1月第1版
　　　　　2014年8月第2版
印　　次：2020年9月第11次印刷
定　　价：39.50元

凡所购买电子工业出版社图书有缺损问题，请向购买书店调换。若书店售缺，请与本社发行部联系，联系及邮购电话：（010）88254888，88258888。

质量投诉请发邮件至 zlts@phei.com.cn，盗版侵权举报请发邮件至 dbqq@phei.com.cn。

本书咨询联系方式：（010）88254573，zyy@phei.com.cn。

前　言

随着目前物流业的迅猛发展，物流领域对信息化的重视程度显著提高，物流信息技术作为现代物流运作的平台和基础，它对现代物流企业的经营管理理念和方式产生了深刻的变革，越来越多的企业认识到信息技术的应用是物流企业提高竞争力的重要手段。大中型物流企业都建立了物流信息系统，以期能掌握迅速、准确、及时和全面的物流信息，为企业的物流活动提供支持和保证。

《物流信息技术与应用》第一版从2010年出版使用至今，得到了电子工业出版及各兄弟院校的同仁的厚爱，深受使用广大师生及社会工程技术人员的好评，取得良好的效果，但通过广泛收集师生的反馈意见，也发现一些问题。一方面课程内容需要更新，由于物流信息技术的发展非常迅速，2010 年版教材部分案例显得陈旧，物流信息技术的新知识和新应用还需要进一步体现，如智慧物流园区信息化规划与建设、在数据交换技术中物流服务交换技术的变革、RFID技术在物品追溯中应用等，这些新知识应及时在修订教材展现。另一方面，现代职业教育改革，要求采用与之相适应的职业特色更明显的、操作性更强的教材，《物流信息技术与应用（第 2 版）》突出理论够用的原则，在每章物流信息关键中都增加了该技术在物流中的应用小节。修订后的第二版教材，内容更新，实用性更强，更符合职业教育的特色。

《物流信息技术与应用（第 2 版）》的修订得到了企业的广泛支持，课程资源的建设具有鲜明的“行业”特色，融合了“物流企业+信息企业”资源，如湖南省物流公共信息平台有限公司的信息化建设案例及技术支持，湖南一力股份有限公司的数据处理交换流程及标准的相关资源，广州远望谷信息技术有限公司的 RFID 技术案例，北京京胜世纪科技有限公司的物联网技术相关资源，整合了企业的相关信息系统案例。

本书由校企联合编写，由米志强、邓子云主编，并负责全书的策划与统稿。本书第 1、第 10、第 11 章由谢艳梅编写，第 2 章由王晨编写；第 3、第 4、第 9 章由米志强编写；第 5、第 8 章由翦象慧编写；第 7、第 12 章由杨晓峰编写；第 6 章由潘果编写；湖南天骄物流信息技术有限公司总经理赵铁军编写了第 11 章的部分实训，湖南省物流公共信息平台有限公司技术总监杨晓峰编写了第 7、第 12 章的实训部分；北京京胜世经科技有限公司总经理王喜胜编写了第 3 章的实训部分；广州远望谷信息技术有限公司技术总监编写了第 4 章的实训部分。

本书是湖南职业教育“十二五”重点建设项目（物流信息技术特色专业建设）配套成果（湘教通〔2012〕489 号）及湖南省教育厅科技课题《基于 RFID 技术的精确仓储物流追踪信息系统的研究》配套成果，得到其部分资金的资助。

本书由湖南现代物流职业技术学院院长文振华教授审定，文教授在百忙之中抽出宝贵的时间，为本书的结构编排和新技术的引入进行了精心的指导。

在编写本书的过程中，我们参考了大量的国内外有关研究成果，在此对所涉及文献的作者表示衷心感谢；此外本书的编写还得到了电子工业出版张云怡编辑的全力支持与指导，在此一并表示感谢。

由于时间仓促及编者水平有限，书中难免存在不足之处，衷心希望广大读者对书中存在的问题及时提出修改意见和建议，编者将不胜感激，来信请发至mzq_008@163.com。

米志强

2014 年 8 月于长沙月牙山

第1章 物流信息技术概述

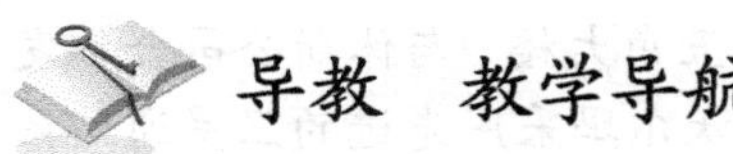

导教　教学导航

职业能力要求

■ 专业能力：掌握物流信息、信息技术、物流信息技术的概念，掌握物流信息的特点和作用、现代物流信息技术在企业中的应用和作用，了解我国物流发展现状、物流信息化的趋势。

学习目标

■ 理解物流信息的概念及其特点和作用；
■ 理解现代物流信息系统及其特点；
■ 了解常用物流信息的获取和处理方法；
■ 了解常用物理信息技术在物流业务中的作用；
■ 了解我国物流发展现状和物流信息化趋势；
■ 了解物流公共信息平台的应用.

导读 1-1　信息化带来高效物流——沃尔玛成功案例

随着世界经济的快速发展，商业连锁企业之间的竞争变得更为激烈。尤其是在经历了信息革命以后，商业连锁企业之间的竞争的关键已经逐渐从战略管理能力转移到了信息应用能力。

沃尔玛公司作为世界上最大的商业连锁零售企业，通过其快速高效的物流信息化应用模式，使整个连锁物流环节实现了顺畅链接，提高了运作效率，并最终实现控制物流成本的目的。沃尔玛物流信息化应用堪称世界零售业物流运作的典范。

沃尔玛在对于物流信息化的投入是同行业其他竞争对手无法企及的。20 世纪 70 年代沃尔玛建立了物流的管理信息系统，负责处理系统报表，加快了运作速度。20 世纪 80 年代初，沃尔玛又花费 4 亿美元，与休斯公司合作发射物流通信卫星；1983 年的时候采用了 POS 机，全称 Point of Sale，就是销售始点数据系统，使销售信息和库存信息能够第一时间反映在电脑上。1985 年建立了 EDI，即电子数据交换系统，实现无纸化作业，所有信息全部在电脑上运作。1986 年的时候它又建立了 QR，即快速反应机制，对市场快速拉动需求。迄今为止，沃尔玛在信息系统上的投入已超 10 亿美元。

沃尔玛物流信息化的优势如下。

1. 高效的物流信息网络

在充分利用先进的信息技术的基础之上，沃尔玛在全球第一个实现集团内部 24 小时计算机物流网络化监控，使采购库存、订货、配送和销售一体化。世界多家沃尔玛分店的任一 POS 机在扫描完一件商品时，数据都会立刻传到配送中心。这些活动加快了沃尔玛决策传达和信息反馈的速度，提高了整个系统的运作效率，同时节省了总部与分支机构的沟通费用。

2. 最早推广使用 RFID 技术

沃尔玛最大的 100 个供应商从 2005 年 1 月 1 日开始在供应的货物包装箱、托盘、上粘贴 RFID 标签，并逐渐扩大到单件商品。RFID 技术的成功推广应用使得沃尔玛的物流运作变得更加顺畅。

3. 独一无二的卫星通信系统

沃尔玛拥有世界一流的卫星通信系统，其规模在美国仅次于五角大楼。与休斯公司合作发射的卫星专门用于全球店铺的信息传送与运输车辆的定位联络。沃尔玛采用先进的卫星通信系统使信息得以在公司内部及时、快速、通畅的流动。不但总部的会议情况和决策都可以通过卫星传送到各个分店，有关物流的各种信息也可以通过这个系统进行交流，保证各分店的商品需求能顺利到达配送中心，总部对分店进货的建议也可以及时到达各分店。

思考题：

（1）沃尔玛成功案例中，其成功的关键因素是什么？

（2）沃尔玛的成功案例对物流企业及零售企业的发展有什么启示？

1.1 信息与物流信息

1.1.1 信息

1. 数据

所谓数据，就是用来反映客观事物的性质、属性及相互关系的任何字符、数字和图形。例如，载重 5t 的解放货车，其中“5”、“解放”就是数据，反映了一辆特定的货车。在信息技术领域中，数据是人们用来反映客观事物而记录下来的可以鉴别的符号，是客观事物的基本表达，包括数字、文字、图形及声音等。

2. 信息的定义

信息是数据所表达的客观事实，是对某个事件或者事物的一般属性的描述。也可以说，信息就是经过加工处理后有价值的数据。

数据和信息是密切相关的，但是数据不等同于信息。数据和信息的关系可以看成原料和成品之间的关系。数据是原材料，信息是加工后的、对决策或行动有价值的数据，如图 1-1 所示。

图 1-1　信息和数据

要注意的是，对某个人来说是信息的东西，对另外一个人来说可能只是一种原始数据，如同工厂的生产一样，一道工序或者一个加工部门的成品，只是另外一道工序或者部门的原材料。

信息是由实体、属性、值所构成的三元组。即：信息=实体（属性 1：值 1；属性 2：值 2；　；属性 n：值 n）。

例如：信息=货车（品牌：“解放”；吨位：“5”）。

3. 信息的特征

（1）客观性。信息是物质的基本属性，由于物质是客观存在的，因此信息的存在也是不依人的意志为转移的。

（2）共享性。信息在同一时间可以为多人所掌握，可以共享信息而共同受益。

（3）时效性。信息是有生命周期的。在特定的时间跨度以内，信息是有效的，超过这一跨度，信息有可能会失去其原有的价值。

（4）存储性。信息可以被存储在不同的载体上。随着计算机科学的飞速发展，存储设备的容量也日益增大，所以，能最大限度地发挥信息的重复使用率。

（5）可加工性。信息可以经过加工提炼变成新的信息。例如，供货商可以把市场需求信息加工成数量信息，零售商可以将商品的条码信息加工成与商品销售量有关的信息。

（6）不对称性。人们认知程度受文化水平、实践经验、获得途径等原因限制，造成了对事物认识的不对称性。在市场中交易双方所需要的信息不同，掌握信息的程度也各有不同。企业掌握的信息越充分，对其决策越有利。

4．信息的模型

模型是相对原型而言的，是原型中事物、过程及其相互关系的抽象的、近似的表示形式。模型可以模拟和仿照原型的行为，而不是该事物实际结果的重复。用结构图、状态图、方框图、对象关系图、网络图或数据表格、数学公式、物理过程甚至一段文字等表示出来的系统的现象获取、传递、存储、处理分析过程或其流程称为信息模型。图 1-2、图 1-3 分别为信息的通信系统模型和人作为信息处理者的信息模型。

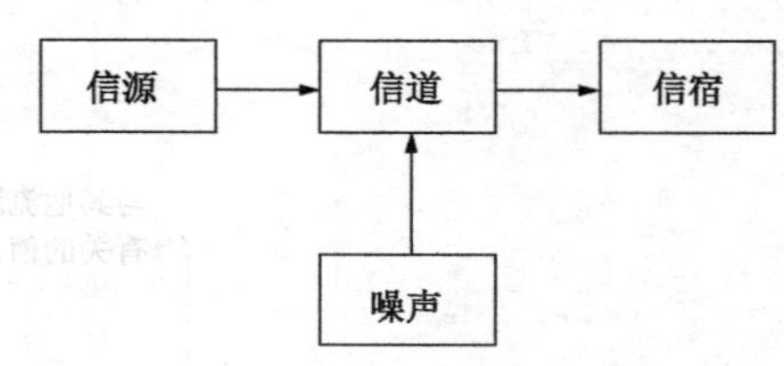

图 1-2　信息通信系统模型

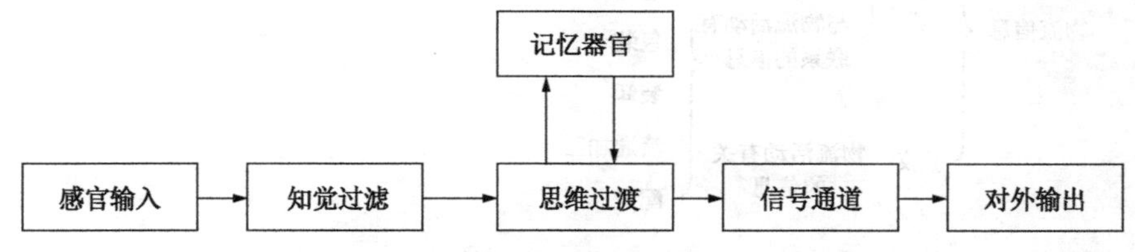

图 1-3　人作为信息处理者的信息模型

在一个信息模型中，有两个基本要素：一个是信息流，一个是信息交换器。信息流是指信息的质和量，具体地说，信息的质包括信息的内容、类别、形式、流向、载体、时效、时间关系、各信息元素之间的关系等；信息的量包括信息的数量（基于某一度量标准的 bit 量、字数、字节数、密度……）、频率或速度、可靠度、冗余度等。信息交换器代表输入信息转变为新的信息而输出的那个部分，描述了如何加工处理信息、传递信息、交换和输出信息的方式、机制、时延、功能等。

1.1.2　物流信息

1．物流信息的概念

物流信息（Logistics Information）是物流系统内部，以及物流系统与外界联系构成的可以利用的集合的同加工处理后得到的结果，它反映物流各种活动内容的文字、声音、图像、消息、知识、情报等，并反作用于客观活动，如图 1-4 所示。

物流信息物流活动过程中各个环节生成的信息，一般是随着从生产到消费的物流活动的产生而产生的信息流，与物流过程中的运输、保管、装卸、包装等各种职能有机结合在一起，是整个物流活动顺利进行所不可缺少的。只有通过对物流信息的研究才能使物流成为一个有机系统，而不是各个孤立的活动。例如，在物流中对各项活动进行计划预测、动态分析时，还需及时提供物流费用、生产情况、市场动态等有关信息。物流信息构成如图 1-5 所示。

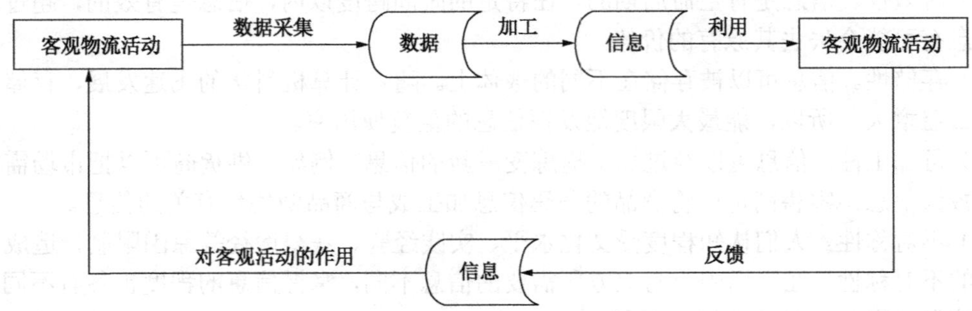

图 1-4　物流系统中信息的产生与作用

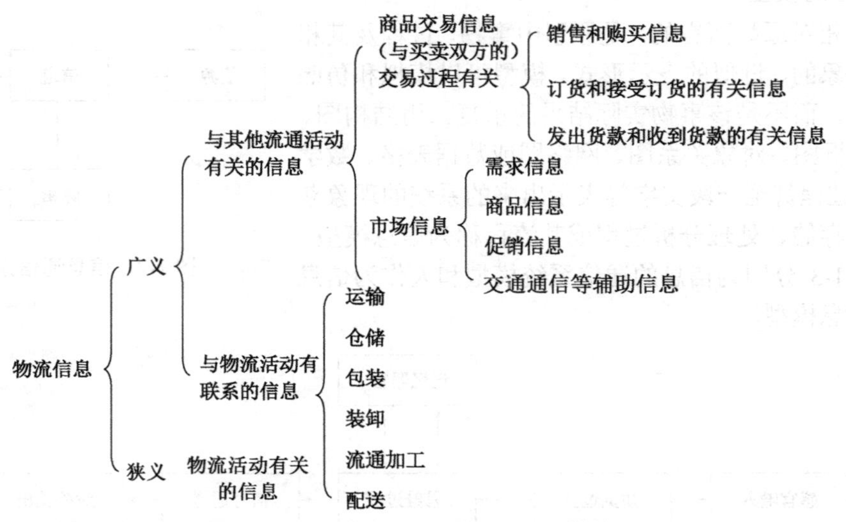

图 1-5　物流信息构成

狭义的物流信息。从狭义的范围来看，物流信息是指与物流活动有关的信息。

广义的物流信息。从广义的范围看，物流信息不仅指与物流活动有关的信息，而且包括与其他物流活动有关的信息，如商品交易信息和市场信息等。

此外，物流信息还应包括政策信息、通信交通等基础设施信息等。总之，在现代物流活动中，物流信息与其他各类相关信息相互交叉、相互融合，共同在物流系统和整个供应链活动中发挥着重要的作用。

2．物流信息的特点

物流信息除了具有信息的一般属性，还具有以下一些主要特点。

（1）广泛性。由于物流是一个大范围内的活动，物流信息源也分布于一个大范围内，信息源点多、信息量大，涉及从生产到消费、从国民经济到财政信贷各的个方面。物流信息来源的广泛性决定了它的影响也很广泛，涉及国民经济各个部门、物流活动各环节等。

（2）联系性。物流活动是多环节、多因素、多角色共同参与的活动，目的就是实现产品从产地到消费地的顺利移动，因此在该活动中所产生的各种物流信息必然存在十分密切的联系，如生产信息、运输信息、储存信息、装卸信息间都是相互关联、相互影响的。这种相互联系的特性是保证物流各子系统、供应链各环节，以及物流内部系统与物流外部系统相互协调运作的重要因素。

（3）多样性。物流信息种类繁多，从其作用的范围来看，本系统内部各个环节有不同种类的信息，如流转信息、作业信息、控制信息、管理信息等，物流系统外也存在各种不同种类的信息，如市场信息、政策信息、区域信息等；从其稳定程度来看，有固定信息、流动信息与偶然信息等；从其加工程度看，有原始信息与加工信息等；从其发生时间来看，又有滞后信息、实时信息和预测信息等。在进行物流系统的研究时，应根据不同种类的信息进行分类收集和整理。

（4）动态性。多品种、小批量、多频度的配送技术与 POS、EOS、EDI 数据收集技术的不断应用使得各种物流作业频繁发生，加快了物流信息的价值衰减速度，要求物流信息不断更新。物流信息的及时收集、快速响应、动态处理已成为主宰现代物流经营活动成败的关键。

（5）复杂性。物流信息广泛性、联系性、多样性和动态性带来了物流信息的复杂性。在物流活动中，必须对不同来源、不同种类、不同时间和相互联系的物流信息进行反复研究和处理，才能得到有实际应用价值的信息，去指导物流活动，这是一个非常复杂的过程。

3．物流信息的作用

物流信息在物流活动中具有十分重要的作用，通过对物流信息的收集、传递、存储、处理、输出等，成为物流活动的决策依据，对整个物流活动起指挥、协调、支持和保障作用，其主要作用如下。

（1）沟通联系的作用

物流系统是由许多个行业、部门及众多企业群体构成的经济大系统，系统内部正是通过各种指令、计划、文件、数据、报表、凭证、广告、商情等物流信息，建立起各种纵向和横向的联系，使生产厂、批发商、零售商、物流服务商和消费者之间得以沟通，满足各方的需要。因此，物流信息是沟通物流活动各环节之间联系的桥梁。

（2）引导和协调的作用

物流信息随着物资、货币及物流当事人的行为等信息载体进入物流供应链中，同时信息的反馈也随着信息载体反馈给供应链上的各个环节，依靠物流信息及其反馈可以引导供应链结构的变动和物流布局的优化；协调物资结构，使供需之间平衡；协调人、财、物等物流资源的配置，促进物流资源的整合和合理使用等。

（3）管理控制的作用

通过移动通信、计算机信息网、EDI、GPS 等技术实现物流活动的电子化，如货物实时跟踪、车辆实时跟踪、库存自动补货等，用信息化代替传统的手工作业，实现物流运行、服务质量和成本等的管理控制。

（4）缩短物流管道的作用

为了应付需求波动，在物流供应链的不同节点上通常设置有库存，包括中间库存和最终库存，如零部件、在制品、制成品的库存等，这些库存增加了供应链的长度，提高了供应链成本。但是，如果能够实时地掌握供应链上不同节点的信息，如知道在供应管道中，什么时候、什么地方、多少数量的货物可以到达目的地，那么就可以发现供应链上的过多库存并进行缩减，从而缩短物流链，提高物流服务水平。

（5）辅助决策分析的作用

物流信息是制定决策方案的重要基础和关键依据，物流管理决策过程的本身就是对物流信息进行深加工的过程，是对物流活动的发展变化规律性认识的过程。物流信息可以协助物流管理者鉴别、评估物流战略和策略的可选方案，如车辆调度、库存管理、设施选址、资源选择、流程设计，以及有关作业比较和安排的成本-收益分析等均是在物流信息的帮助下才能做出的科学决策。

（6）支持战略计划的作用

作为决策分析的延伸，物流战略计划涉及物流活动的长期发展方向和经营方针的制定，如企业战略联盟的形成、以利润为基础的顾客服务分析，以及能力和机会的开发和提炼，作为一种更加抽象、松散的决策，它是对物流信息进一步提炼和开发的结果。

（7）价值增值的作用

一方面，物流信息本身是有价值的，而在物流领域中，流通信息在实现其使用价值的同时，其自身的价值又呈现增长的趋势，即物流信息本身具有增值特征。另一方面，物流信息是影响物流的重要因素，它把物流的各个要素及有关因素有机地组合并联结起来，以形成现实的生产力和创造出更高的社会生产力。同时，在社会化大生产条件下，生产过程日益复杂，物流诸要素都渗透着知识形态的信息，信息真正起着影响生产力的现实作用。企业只有有效地利用物流信息，投入生产和经营活动后，才能使生产力中的劳动者、劳动手段和劳动对象最佳结合，产生放大效应，使经济效益出现增值。物流系统的优化，各个物流环节的优化所采取的办法、措施，如选用合适的设备、设计最合理路线、决定最佳库存储备等，都要切合系统实际，即都要依靠准确反映这实际的物流信息，否则，任何行动都不免带有盲目性。所以，物流信息对提高经济效益也起着非常重要的作用。

4．物流信息存在的形式

按物流活动空间范围划分，可以将物流划分成两大类型，即宏观物流和微观物流。宏观物流是指社会再生产总体的物流活动，是从社会再产总体角度认识和研究物流活动的。这种物流活动的参与者是构成社会总体的大产业、大集团，宏观物流也就是研究社会再生产总体物流，研究产业或集团的物流活动和物流行为。微观物流是指消费者、生产企业所从事的实际的、具体的物流活动。整个物流活动的一个布局、一个环节的具体物流活动属于微观物流，在一个小地域空间发生的具体的物流活动也属于微观物流。无论是宏观物流还是微观物流，在物流活动过程中都要产生物流信息，这些信息按其存在的形式来划分，可分为客观信息和主观信息。

（1）客观信息

客观信息即客观存在的信息。客观信息是一种来源于物质的信息，它往往是没有经过加工和处理的信息，如实地反映客观世界的各种存在和状态，而不受人的主观意识的影响。例如，一箱椅子，它的形状、大小、颜色、重量和品质等信息都是客观存在的，都是不以人的意志为转移的。不管环境的状态如何，它的信息都是确定的。

在物流过程中，由客观物质、事实所产生的信息都是客观信息。客观信息能够如实地反映物流活动存在的情况。

（2）主观信息

主观信息是通过人的意识反映出来的一种信息，它的来源是人的意识。当然，主观信息也并不是人脑凭空想出来的，它也是来源于客观信息，是客观信息在人脑中的一种映射。人接受了客观世界的客观信息之后，对它们进行加工和重组，在这一过程中，难免加入人的主观意识。因此，主观信息有可能和客观信息是一致的，也有可能和客观信息是相悖的。例如，一箱椅子，它的形状、大小、颜色、重量和品质等信息在包装的过程中为人所获知。经过一段时间之后，在人脑当中有关这箱椅子状态的信息，可能和接受时保持着一致，而此时，椅子的颜色品质可能已经发生了改变，关于这箱椅子状态的客观信息已经和前一时刻不一样了，而主观信息反映的仍然是前一时刻的客观信息；或者椅子的状态并没有发生改变，而人理所当然地认为椅子已经腐烂，此时关于这箱椅子的主观信息受到了人的主观判断的影响，也不能如实反映客观信息。

在物流活动中，通过加工、推理和判断等方式获取的信息都属于主观信息。主观信息能够使人对物流过程做出调整和改变，从而控制物流活动的发展，实现计划的目标。

5. 物流信息获取的途径

在信息社会，人们获得物流信息的途径有许多，下面介绍几种获得物流信息的主要方法。

（1）从订单中获取

通常情况下，物流活动的第一步就是接受客户的订单，根据订单处理客户的要求是物流活动的开始。因此，从订单中获取的信息是全部物流活动的基本信息。

通过订单还可以了解到许多相关的物流信息，它包括以下几方面。

1）市场需求信息，包括实际需求和潜在需求、近期需求和长远需求，以及需求的变化趋势等信息。

2）市场占有信息，包括主要客户信息及客户特征等。

3）市场产品与价格信息，包括价格的形成、变形等信息。

4）销售渠道和销售技术信息，包括中间商和营业部的情况，广告、宣传及推销的效果以及售后服务的情况。

（2）从资料和文档中获取

获取物流信息的一个重要途径就是从各种资料和文档中获取，通过图书、档案室或情报所都可以实现这一目标。现在高速发展的 Internet 上更是提供了大量可供查询的各种资料和文档，充分挖掘和利用这些资料和文档，可获取大量有价值的物流信息。

（3）从经验和预测中获取

物流信息还有一个很重要的来源就是物流从业人员的经验。物流从业人员在多年的生产操作等事件中积累了丰富的经验，通过这一途径可以了解到诸如有关生产计划的制订、执行情况，生产技术信息，财务报表中的各种数据，以及规章制度、人员管理等方面的信息。

1.2 物流信息技术

1.2.1 信息技术

信息技术（Information Technology，IT）是指获取、传递、处理、再生和利用信息的技术，泛指凡能拓展人们处理信息能力的技术。通过信息技术的运用，可以替代或辅助人们完成对信息的检测、识别、变换、存储、传递、计算、提取、控制和利用。

信息技术提供了对物流中大量的、多变的数据进行快速、准确、及时地采集、分析和处理的功能，大大提高了物流管理能力和客户服务水平，提高了物流质量，有利于贸易伙伴间的协调。

1.2.2 物流信息技术

物流信息技术是物流现代化的重要标志，也是物流技术中发展最快的领域，从数据采集的条形码系统，到办公自动化系统中的微机、互联网，各种终端设备等硬件及计算机软件都在日新月异地发展。同时，随着物流信息技术的不断发展，产生了一系列新的物流理念和新的物流经营方式，推进了物流的变革。在供应链管理方面，物流信息技术的发展也改变了企业应用供应链管理获得竞争优势的方式，成功的企业通过应用信息技术来支持其经营战略并选择其经营业务，通过利用信息技术来提高供应链活动的效率性，增强整个供应链的经营决策能力。

1．物流自动化设备

物流自动化设备技术的集成和应用的热门环节是配送中心，其特点是每天需要拣选的物品品种多、批次多、数量大，因此在国内超市、医药、邮包等行业的配送中心部分地引进了物流自动化拣选设备。一种是拣选设备的自动化应用，如北京市医药总公司配送中心，其拣选货架（盘）上配有可视的分拣提示设备，这种分拣货架与物流管理信息系统相连，动态地提示被拣选的物品和数量，指导着工作人员的拣选操作，提高了货物拣选的准确性和速度。另一种是一种物品拣选后的自动分拣设备，用条码或电子标签附在被识别的物体上（一般为组包后的运输单元），由传送带送入分拣口，然后由装有识读设备的分拣机分拣物品，使物品进入各自的组货通道，完成物品的自动分拣。分拣设备在国内大型配送中心有所使用，但这类设备及相应的配套软件基本上是由国外进口，也有进口国外机械设备，国内配置软件。立体仓库和与之配合的巷道堆垛机在国内发展迅速，在机械制造、汽车、纺织、铁路、卷烟等行业中都有应用，如昆船集团生产的巷道堆垛机在红河卷烟厂等多家企业应用了多年。近年来，国产堆垛机在其行走速度、噪声、定位精度等技术指标上有了很大的改进，运行也比较稳定，但是与国外著名厂家相比，在堆垛机的一些精细指标，如最低货位极限高度、高速（80 米/秒以上）运行时的噪声，电机减速性能等方面还存在不小差距。

2．物流动态信息采集技术

（1）条码技术

条码技术是在计算机的应用实践中产生和发展起来的一种自动识别技术，它为我们提供了一种对物流中的货物进行标示和描述的方法。条码是实现 POS 系统、EDI、电子商务、供应链管理的技术基础，是物流管理现代化、提高企业管理水平和竞争能力的重要技术手段。图 1-6 为条码技术主要硬件设备。

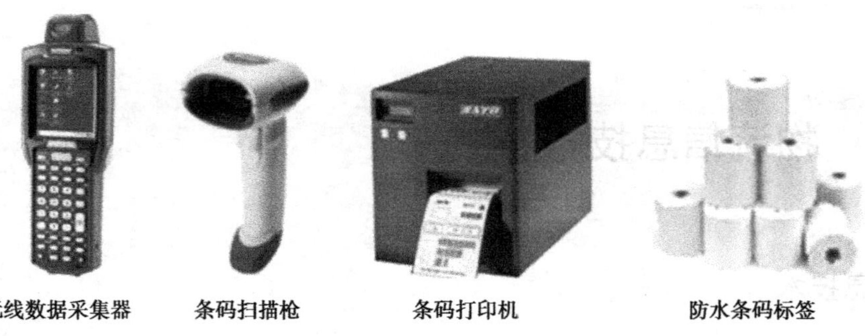

图 1-6　条码技术相关设备

1）一维条码技术。一维条码是由一组规则排列的条和空及相应的数字组成，这种用条、空组成的数据编码可以供机器识读，而且很容易译成二进制数和十进制数，因此此技术广泛地应用于物品信息标注中。因为符合条码规范且无污损的条码的识读率很高，所以一维条码结合相应的扫描器可以明显地提高物品信息的采集速度，加之条码系统的成本较低，操作简便，又是国内应用最早的识读技术，所以在国内有很大的市场，国内大部分超市都在使用一维条码技术。但一维条码表示的数据有限，条码扫描器读取条码信息的距离也要求很近，而且条码上损污后可读性极差，所以限制了它的进一步推广应用，同时一些其他信息存储容量更大、识读可靠性更好的识读技术开始出现。

2）二维条码技术。由于一维条码的信息容量很小，如商品上的条码仅能容纳几位或者十几位阿拉伯数字或字母，商品的详细描述只能依赖数据库提供，离开了预先建立的数据库，一维条码的使用就受到了局限。基于这个原因，人们发明一种新的码制，除具备一维条码的优点外，同时还有信息容量大（根据不同的编码技术，容量是一维的几倍到几十倍，从而可以存放个人的自然情况及指纹、照片等信息），可靠性高（在损污50%的情况下仍可读取完整信息），保密防伪性强等优点，这就是在水平和垂直方向的二维空间存储信息的二维条码技术。二维条码继承了一维条码的特点，条码系统价格便宜，识读率强且使用方便，所以在国内银行、车辆等管理信息系统上开始应用。

（2）磁条（卡）技术

磁条（卡）技术是指以涂料形式把一层薄薄的定向排列的铁性氧化粒子用树脂黏合在一起并粘贴在诸如纸或塑料这样的非磁性基片上。磁条从本质意义上讲和计算机用的磁带或磁盘是一样的，它可以用来记载字母、字符及数字信息，优点是数据可多次读写，数据存储量能满足大多数需求，由于具有黏附力强的特点，使之在很多领域得到广泛应用，如信用卡、银行ATM卡、机票、公共汽车票、自动售货机IC、会员卡等。但磁条卡的防盗性能、存储量等性能比起一些新技术如芯片类卡技术还有差距。图1-7为磁条及磁条卡阅读器。

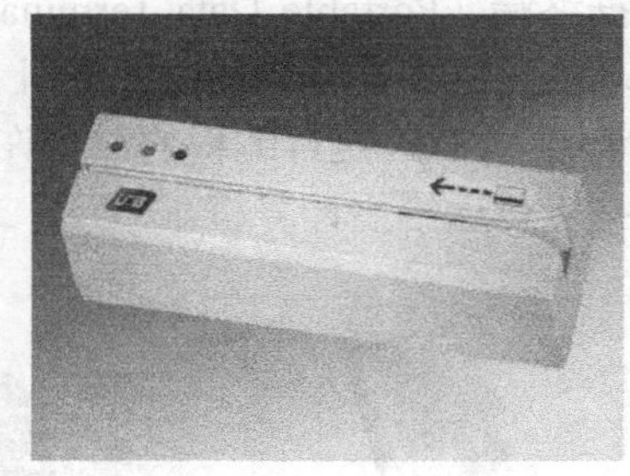

图1-7　磁条及磁条卡阅读器

（3）声音识别技术

声音识别技术如图1-8所示，它是一种通过识别声音达到转换成文字信息的技术，其最大特点就是不用手工录入信息，这对那些采集数据同时还要完成手脚并用的工作场合，或键盘上打字能力低的人尤为适用。但声音识别的最大问题是识别率，要想连续地高效应用有难度。目前更适合语音句子量集中且反复应用的场合。

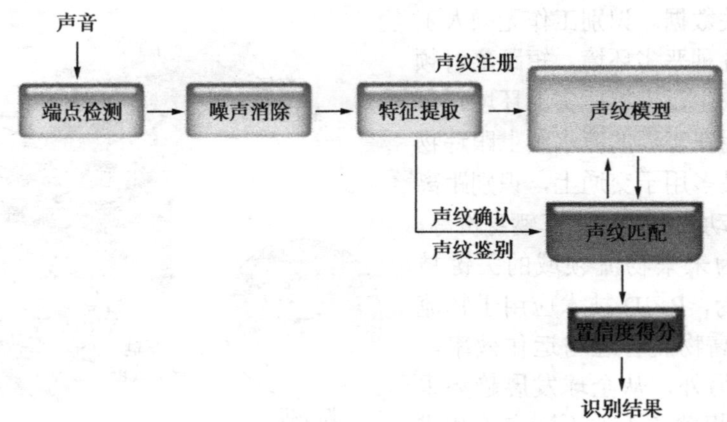

图1-8　声音识别技术

（4）视觉识别技术

视觉识别系统是一种通过对一些有特征的图像分析和识别的系统，能够对限定的标志、字符、数字等图像内容进行信息的采集。视觉识别技术的应用障碍是对于一些不规则或不够清晰图像的识别率低而且数据格式有限，通常要用接触式扫描器扫描（图 1-9 为一种视觉识别设备），随着自动化的发展，视觉识别技术会朝着更细致，更专业的方向发展，并且还会与其他自动识别技术结合起来应用。

图 1-9　视觉识别设备

（5）接触式智能卡技术

智能卡是一种将具有处理能力、加密存储功能的集成电路芯版嵌装在一个与信用卡一样大小的基片中的信息存储技术，通过识读器接触芯片可以读取芯片中的信息。接触式智能卡的特点是具有独立的运算和存储功能，在无源情况下，数据也不会丢失，数据安全性和保密性都非常好，成本适中。智能卡与计算机系统相结合，可以方便地满足对各种各样信息的采集传送、加密和管理的需要，它在国内外的许多领域如银行、公路收费、水表煤气收费等得到了广泛的应用。

（6）便携式数据终端

便携式数据终端（Portable Data Terminal，PDT，如图 1-10 所示）一般包括一个扫描器、一个体积小但功能很强并有存储器的计算机、一个显示器和供人工输入的键盘。它是一种多功能的数据采集设备，PDT 是可编程的，允许编入一些应用软件。PDT 存储器中的数据可随时通过射频通信技术传送给主计算机。

图 1-10　便携式数据终端

（7）射频识别技术

射频识别技术（Radio Frequency Identification，RFID，如图 1-11 所示）是一种非接触式的自动识别技术，它通过射频信号自动识别目标对象来获取相关数据。识别工作无须人工干预，可工作于各种恶劣环境。短距离射频产品不怕油渍、灰尘污染等恶劣的环境，可以替代条码，如用在工厂的流水线上跟踪物体。长距射频产品多用于交通上，识别距离可达几十米，如自动收费或识别车辆身份等。

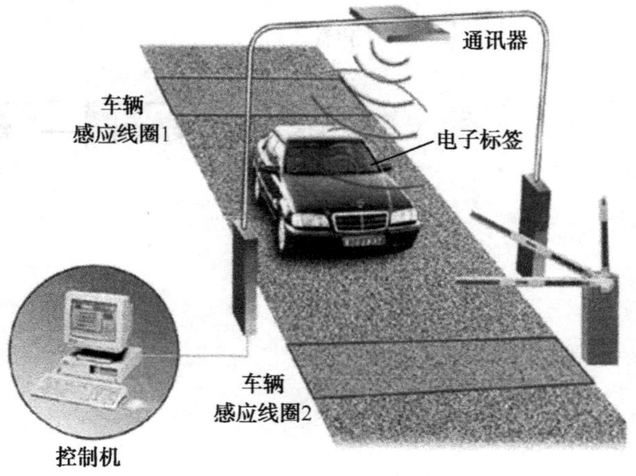

图 1-11　RFID 技术

RFID 将成为未来物流领域的关键技术。专家分析认为，RFID 技术应用于物流行业，可大幅提高物流管理与运作效率，降低物流成本。另外，从全球发展趋势来看，随着 RFID 相关技术的不断完善和成熟，RFID 产业将成为一个新兴的高技术产业群，成为国民经济新的增长点，因此，RFID 技术有望成为推动现代物流加速发展的新品润滑剂。

3．物流设备跟踪和控制技术

（1）GIS 技术

GIS（Geographical Information System，地理信息系统，如图 1-12 所示）是多种学科交叉的产物，它以地理空间数据为基础，采用地理模型分析方法，适时地提供多种空间的和动态的地理信息，是一种为地理研究和地理决策服务的计算机技术系统。其基本功能是将表格型数据（无论它来自数据库、电子表格文件还是直接在程序中输入）转换为地理图形显示，然后对显示结果浏览、操作和分析。其显示范围可以从洲际地图到非常详细的街区地图，显示对象包括人口、销售情况、运输线路和其他内容。

图 1-12　GIS 技术

（2）GPS 技术

GPS（Global Positioning System，全球定位系统，如图 1-13 所示）利用空中卫星对地面目标进行精确导航与定位，以达到全天候、高准确度地跟踪地面目标移动轨迹的目的，它具有在海、陆、空进行全方位实时三维导航与定位的能力。

图 1-13　GPS 技术

GPS 在物流领域中可以应用于汽车自定位及跟踪调度、铁路运输管理、船舶跟踪及最佳航线的确定、空中运输管理和军事物流配送等领域。

物流动态信息采集技术将成为物流发展的突破点。在全球供应链管理趋势下，及时掌握货物的动态信息和品质信息已成为企业盈利的关键因素，但是由于受到自然、天气、通信、技术、法规等方面的影响，物流动态信息采集技术的发展一直受到很大制约，远远不能满足现代物流发展的需求。借助新的科技手段，完善物流动态信息采集技术，成为物流领域下一个技术突破点。目前，物流设备跟踪主要是指对物流的运输载体及物流活动中涉及的物品所在地进行跟踪。物流设备跟踪的手段有多种，可以用传统的通信手段如电话等进行被动跟踪，也可以用 RFID 手段进行阶段性的跟踪，但目前国内使用最多的还是利用 GPS 技术跟踪。GPS 技术跟踪利用 GPS 物流监控管理系统，它主要跟踪货运车辆与货物的运输情况，使货主及车主随时了解车辆与货物的位置与状态，保障整个物流过程的有效监控与快速运转。物流 GPS 监控管理系统的构成主要包括运输工具上的 GPS 定位设备、跟踪服务平台（含地理信息系统和相应的软件）、信息通信机制和其他设备（如货物上的电子标签或条码、报警装置等）。在国内，部分物流企业为了提高企业的管理水平和提升对客户的服务能力也应用这项技术。例如，2008 年年底，沈阳等地方政府要求下属交通部门对营运客车 GPS 设备工作进行了部署，从而加强了对营运客车的监管。

4．呼叫中心

呼叫中心（Call Center）又称客户服务中心。传统意义上的呼叫中心是指以电话接入为主的呼叫响应中心，为客户提供各种电话相应服务。然而伴随先进的通信技术和网络技术的发展，呼叫中心在技术上已经有了质的飞跃。

目前的呼叫中心是基于 CTI（Computer Telecommunication Integration，计算机电话集成）技术，并与企业连为一体的一个完整的综合信息服务系统，其网络结构如图 1-14 所示。它利用多种现代化通信手段，将电话、传真、互联网、E-mail、视频等多种媒体渠道进行整合，可为客户提供统一的高质量、高效率、全方位的服务。

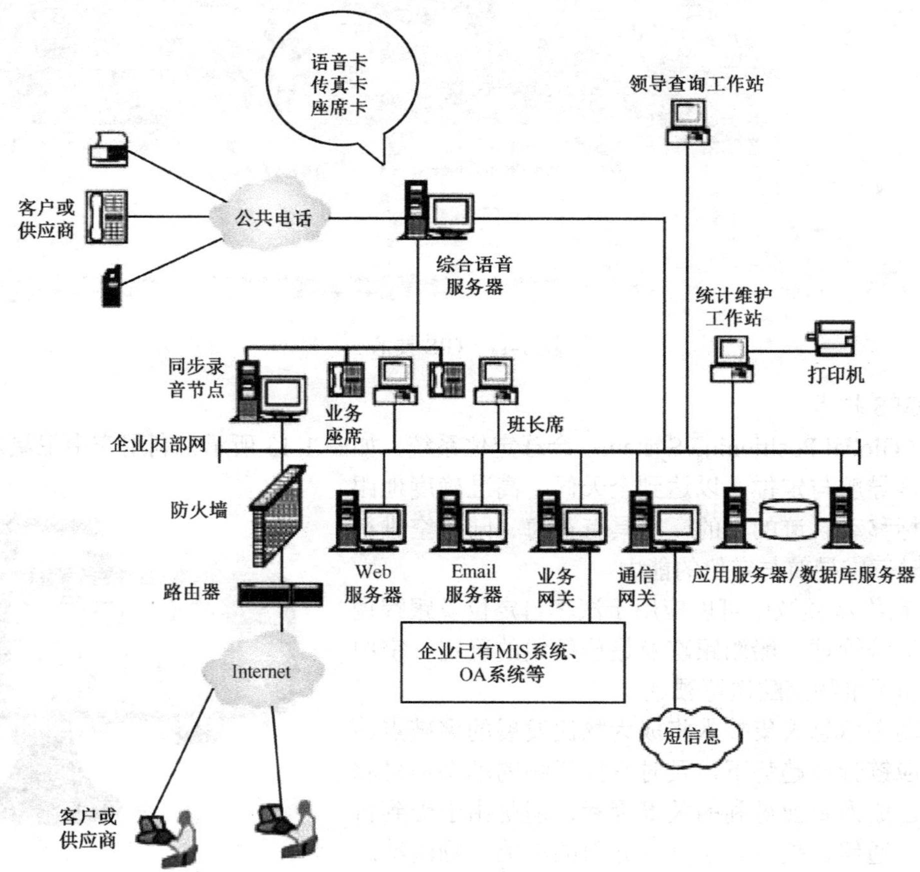

图 1-14　呼叫中心网络结构

呼叫中心也同时将信息通信技术与数据库技术完美地结合在一起，信息资源可实现集中管理和全面共享，使商业运作达到快捷、高效和经济的效果。基于呼叫中心原理的客户服务系统，已经在电信、金融行业发展为成熟法人业务支撑系统的一部分。物流、邮政、医疗、保险、税务、烟草、交通、旅游、出版等行业及政府部门也具有极大的业务应用需求。下面以物流行业为例，描述呼叫中心技术提升物流行业信息化水平的巨大作用。

物流不仅仅是物品从供应地向接收地的实体流动过程，同时也是信息流和资金流的整合过程。目前物流行业的现状是物流企业分公司遍布中国，各分公司业务难以统一调度、统一管理；物流客服很难有统一的服务口径；客服办理业务或投诉时找不到对口部门或电话；客户的订货需求不能及时获得和反馈；物流行业客户分散，资料难以收集、分析、统计；少数精干的业务员掌握着公司大多数客户的动态资料，一旦他们被别的公司挖走，客户也随之被带走。

未解决由于信息传递不畅而导致的“成本高、效率低”的瓶颈问题，越来越多的企业加快了信息化建设的步伐。第一层次的信息平台在很多企业已经实施，如内部的财务管理、仓储管理、订单管理运输管理等；更进一步的应用是，围绕物流企业提供“服务”这个核心，将呼叫中心、电子商务 CRM（Customer Relationship Management，客户关系管理）技术相结合，这将对物流基础信息平台起到至关重要的整合作用。

呼叫中心将电话、传真、短信、E-mail、Web 及传统的邮包整合成面对客户的统一的服务窗口。支持计算机自动语音应答、设备自助下单、自主查单；还可以通过人工座席受理业务、派发工单配送，与调度监控系统联合一体，随时为客户提供咨询服务；并能通过外呼服务进行客户回访、满意度调查以达到经常性的客户关怀。而且，外呼电话营销系统的支持会更深入挖掘市场潜力，提高企业盈利能力。

基于电子商务平台及光宇网络，物流派送中心可以通过先进的计算机网络管理所有的信息资源，包括客户信息、订单信息、货物信息、仓库资源信息、运输资料信息、人力资源信息等。同时配合网上商店、条码扫描系统、GPS 移动定位系统、内部系统软件，物流中心可以很方便地实现从接收客户的订单到生产（包装）、出库、运输、单品配送的全程计算机管理和监控。

5．其他物流信息技术的应用

（1）电子数据交换技术

电子数据交换（Electronic Data Interchange，EDI）是按照协议的标准结构格式，将标准的经济信息，通过网络传输，在贸易伙伴的计算机系统之间进行交换和自动处理。由于使用 EDI 可以减少甚至消除贸易过程中的纸面文件，因此 EDI 又被人们通俗地称为“无纸贸易”。EDI 技术如图 1-15 所示。

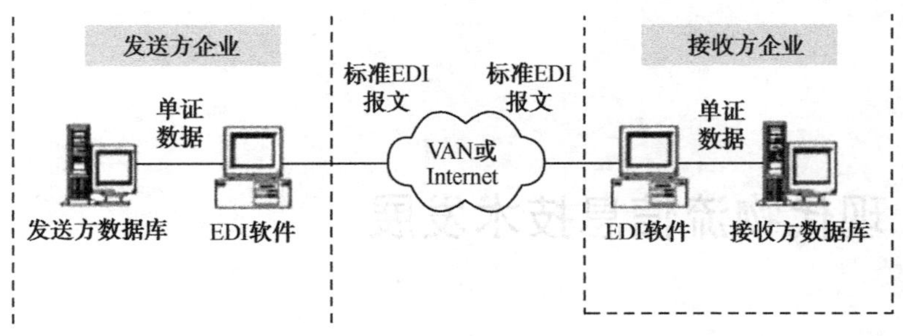

图 1-15　EDI 技术

EDI 的运用改善了贸易伙伴之间的联系，使物流企业或单位内部运作过程合理化，增加了贸易机会，改进了工作质量和服务质量，降低了成本，获得了竞争优势。

（2）管理软件

物流管理软件包括运输管理系统（Transportation Management System，TMS）、仓储管理系统（Warehouse Management System，WMS）、货代管理系统（Freight Management System，FMS）、供应链管理系统（Supply Chain Management，SCM）等。图 1-16 为物流管理信息系统。

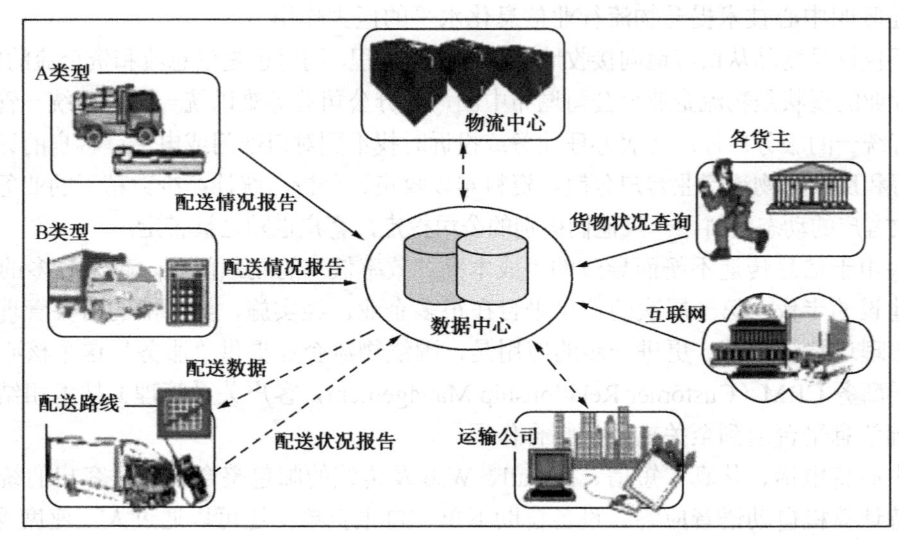

图 1-16 物流管理信息系统

（3）物流信息安全技术

物流信息安全技术将日益受到重视，借助网络技术发展起来的物流信息技术，在享受网络飞速发展带来巨大好处的同时，也时刻饱受着可能遭受的安全危机，如网络黑客无孔不入地恶意攻击、病毒的肆虐、信息的泄露等。应用安全防范技术，保障企业的物流信息系统或平台安全、稳定地运行，是企业长期将面临的一项重大挑战。

（4）物联网

物联网英文名称为“The Internet of Things”，顾名思义，物联网就是“物物相连的互联网”，是通过 RFID、红外感应器、GPS、激光扫描器等信息传感设备，按约定的协议，把任何物品与互联网连接起来，进行信息交换和通信，以实现智能化识别、定位、跟踪、监控和管理的一种网络。物联网是“物物相连的互联网”有两层意思：第一，物联网的核心和基础仍然是互联网，是在互联网基础上的延伸和扩展的网络；第二，其用户端延伸和扩展到了任何物品与物品之间，进行信息交换和通信。

1.3 现代物流信息技术发展

1.3.1 我国物流发展的现状及存在的问题

1. 我国物流业当前发展现状

进入 21 世纪以来，我国物流业总体规模快速增长，服务水平显著提高，发展的环境和条件不断改善，为进一步加快发展奠定了坚实基础。

（1）物流业规模快速增长

2008 年，全国社会物流总额达 89.9 万亿元，比 2000 年增长 4.2 倍，年均增长 23%；物流业实现增加值为 2.0 万亿元，比 2000 年增长 1.9 倍，年均增长 14%。2008 年，物流业增加值占全部服务业增加值的比例为 16.5%，占 GDP 的比例为 6.6%。

（2）物流业发展水平显著提高

一些制造企业、商贸企业开始采用现代物流管理理念、方法和技术，实施流程再造和服务外包；传统运输、仓储、货代企业实行功能整合和服务延伸，加快向现代物流企业转型；一批新型的物流企业迅速成长，形成了多种所有制、多种服务模式、多层次的物流企业群体。全社会物流总费用与 GDP 的比率，由 2000 年的 19.4%下降到 2008 年的 18.3%，物流费用成本呈下降趋势，促进了经济运行质量的提高。

（3）物流基础设施条件逐步完善

交通设施规模迅速扩大，为物流业发展提供了良好的设施条件。截至 2008 年年底，全国铁路营业里程 8.0 万 km，高速公路通车里程 6.03 万 km，港口泊位 3.64 万个，其中沿海万吨级以上泊位 1 167 个，拥有民用机场 160 个。物流园区建设开始起步，仓储、配送设施现代化水平不断提高，一批区域性物流中心正在形成。物流技术设备加快更新换代，物流信息化建设有了突破性进展。

（4）物流业发展环境明显好转

国家“十一五”规划纲要明确提出“大力发展现代物流业”，中央和地方政府相继建立了推进现代物流业发展的综合协调机制，出台了支持现代物流业发展的规划和政策。物流统计核算和标准化工作，以及人才培养和技术创新等行业基础性工作取得明显成效。

但是，我国物流业的总体水平仍然偏低，还存在一些问题：一是全社会物流运行效率偏低，社会物流总费用与 GDP 的比率高出发达国家 1 倍左右；二是社会化物流需求不足和专业化物流供给能力不足的问题同时存在，“大而全”、“小而全”的企业物流运作模式还相当普遍；三是物流基础设施能力不足，尚未建立布局合理、衔接顺畅、能力充分、高效便捷的综合交通运输体系，物流园区、物流技术装备等能力有待加强；四是地方封锁和行业垄断对资源整合和一体化运作形成障碍，物流市场还不够规范；五是物流技术、人才培养和物流标准还不能完全满足需要，物流服务的组织化和集约化程度不高。

2008 年下半年以来，随着国际金融危机对我国实体经济的影响逐步加深，物流业作为重要的服务产业也受到了严重冲击。物流市场需求急剧萎缩，运输和仓储等收费价格及利润大幅度下跌，一大批中小物流企业经营出现困难，提供运输、仓储等单一服务的传统物流企业受到严重冲击。整体来看，国际金融危机不但造成物流产业自身发展的剧烈波动，而且对其他产业的物流服务供给产生了不利影响。

2．我国物流业存在的问题

我国物流服务业发展很快，正处在快速增长期，但物流服务水平还处于较低水平。现代物流业已成为中国的支柱产业和国民经济新的增长点，如何加快发展现代物流产业是当前迫切需要研究的问题。

当前，我国现代物流产业存在着如下一些突出问题及主要制约因素。

（1）物流服务的专业化程度不高

业务较单一，主要集中于单一的运输和仓储业务，而提供货运代理服务、物流咨询服务、物流加工增值服务的比例较低，真正提供一体化专业物流服务的企业为数不多，原材料及制成品的物流配送由第三方物流企业提供服务的比率也较低。

（2）物流企业缺乏规模性

我国已有的物流企业中，大多为中小企业，尤其以小企业居多，由于资源技能有限，物流服务的效率较低，缺乏规模性，很难在中国树立起品牌物流企业。另外，多数物流企业的经营网点少、网络化经营水平不高。从业务的覆盖范围来看，业务辐射范围以覆盖本地区及周边省区的比例最高，覆盖全国及跨国境服务所占比例非常少。

（3）物流技术应用能力差

在物流技术的应用方面，仅有部分物流企业利用了电子信息系统及 GPS；物流企业中普通货车所占比例较高，但罐车、冷藏车等专业化运输车辆所占比例较小；普通仓库占被调查企业仓库总量较高，而保温仓库、冷藏仓库、自动化仓库、高层货架仓库等专用库房的比例较小。另外，绝大多数个人消费者也仅利用互联网到网上商店、网上书店，订购一两本书，使得物流市场电子商务的推广力度较差。

（4）相关物流法规滞后

现行的一些物流法规还是从原计划经济体制中延续下来的，所以很难适应市场经济环境下现代物流产业的发展，更难适应我国物流产业国际化发展的需要。

1.3.2 我国物流信息化现状

“十二五”时期是我国经济结构战略性调整和转变经济发展方式的重要时期，是推动信息化、工业化深度融合和加快经济社会各领域信息化进程的重要阶段。在经济持续较快增长和一系列政策措施的推动下，2011 年我国物流业取得了高速发展，物流信息化呈现了前所未有的发展高潮，为“十二五”时期物流业的发展打下了良好的基础。

1．国家对物流信息化工作高度重视

2011 年 8 月，《国务院办公厅关于促进物流业健康发展政策措施的意见》（国办发〔2011〕38 号）提出了促进物流业健康发展的九条新政（俗称物流“国九条”），其中第六条明确指出要推进物流技术创新和应用，主要内容包括：加强物流新技术的自主研发，重点支持货物跟踪定位、RFID、物流信息平台、智能交通、物流管理软件、移动物流信息服务等关键技术攻关。适时启动物联网在物流领域的应用示范。加快先进物流设备的研制，提高物流装备的现代化水平。加强物流标准的制定和推广，促进物流标准的贯彻实施。鼓励物流企业应用供应链管理技术和信息技术，地方各级人民政府对物流企业的物流信息平台建设要积极给予扶持。推动有关部门、重点制造企业和商贸企业、物流企业不断提高物流信息资源的开发利用水平，促进物流信息的科学采集、安全管理、有效利用、深度开发、有序交换和集成应用。调整完善物流企业申请高新技术企业的认定标准，具备条件的物流企业可以享受高新技术企业的相关政策。推进物流信息资源开放共享，处理好安全与协同的关系，鼓励采取多种方式实现物流信息的互通交换，促进信息流、物流和资金流的协同和联动，提高物流服务效率和经营管理水平。

2．物流企业信息化建设的投资率较低，信息化应用的经济效益初步显现

2011 年 8 月 30 日，工业和信息化部信息化动态监测分析报告。该报告对我国物流企业信息的建设情况进行了量化分析，客观反映了 2010 年我国物流企业信息化建设的现状。

（1）物流企业信息化基本建设

1）物流企业信息化投资率较低。

动态监测信息，2010 年有 82.75%的物流企业进行了信息化投资，但投资率较低，其中，31.03%的企业信息化投资率不足 1%，34.48%的企业信息化投资率为 1%～5%；仅有 17.24%的企业信息化投资率超过 5%。

2）信息化人员比例较低。

动态监测显示，2010 年有 48.28%的物流企业信息化人员比例不足 5%，20.69%的物流企业承包信息化人员比例超过 20%。虽然专业信息化比例不足，但信息化人员已成为传统物流企业转型升级的重要力量。总体来看，有 82.75%的物流企业拥有信息化人员，其中 44.83%的物流企业拥有 10 人以上信息化人员。

3）信息化基础设施较为完善。

动态监测显示，2010 年第四季度，有 93.1%的企业拥有计算机，86.21%的企业拥有内部宽带网，其中，31.03%的企业人均计算机拥有量达到 50M 以上。

（2）物流企业信息技术应用

1）条码、电子标签等技术得到基本应用。

动态监测显示，2010 年第四季度，条码、电子标签及电子单证等技术在物流企业中得到基本应用。其中，条码应用率达到 72.22%，电子标签应用率达到 43.75%，电子单证应用率达到 68.42%，这些技术的应用在很大程度上提升了物流企业的信息化水平，如图 1-17 所示。

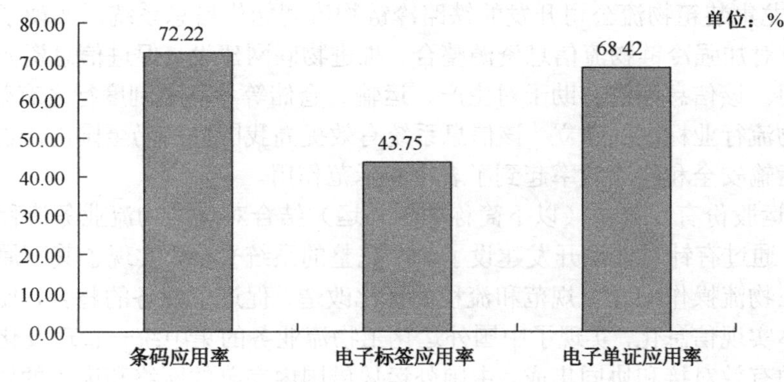

图 1-17　物流业信息技术单项应用情况

2）物流软件的应用大多停留在基本应用阶段，深度应用不足。

动态监测显示，2011 年物流业物流软件普及率达到 77.59%，但物流软件的应用依然停留在基础应用阶段，深度应用不足。其中，51.72%的企业对仓储、运输、库存、配送、采购及客户管理等基本应用软件的使用率超过 50.0%，仅 24.14%的企业对 ERP（Enterprise Resource Planning，企业资源计划系统）、SCM、车辆调度、装载优化等深度应用软件的使用率达到 50.0%以上。

3）专业化信息交换方式应用研究程度较低。

动态监测显示，2010 年，在物流企业与外部主体业务信息交换中，专业化信息交换方式的应用研究不足，EDI 的使用率仅占 12.32%；电话、传真仍然是主要的信息交换方式，分别占 37.00%和 18.64%；互联网作为新的信息技术应用率较高，达到 31.59%，如图 1-18 所示。

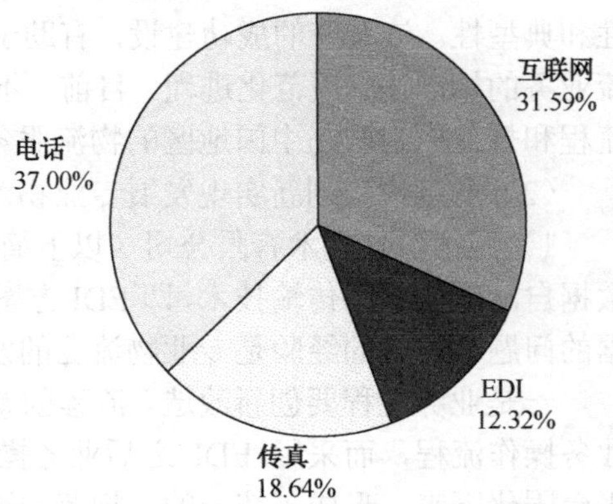

图 1-18　物流企业与外部主体的业务信息交换方式情况

（3）物流企业信息化应用效果。

1）订单（运单）准时率较低。

动态监测显示，2010 年，物流企业订单（运单）准时率较低，订单（运单）准时率达到

80%以上的企业仅占 58.62%，20.69%的企业订单（运单）准时率不足 50%，无法满足客户需求。这说明，我国的物流迫切需要企业加大信息化建设力度，提升信息技术的应用水平，提高订单（运单）准时率。

2）大部分企业物流成本得以降低。

动态监测显示，2010 年，有 62.5%的企业物流成本得以降低，其中，29.17%的企业物流成本降低率达到 10%以上，20.83%的物流成本降低率为 5%~10%，企业信息化建设的经济效益初步显现。

3．产业物流信息化发展迎来了快速发展时期

产业物流已经成为物流业市场的主要热点，产业物流信息化如何向专业化深入是一个非常值得关注的问题。所谓专业化深入，是指“十二五”期间物流要更多地为产业结构调整和发展方式转变服务，为传统产业的集约化、规范化和创新发展服务。这就提出了物流要融入专业领域的问题。从信息化角度来看，物流要融入专业领域主要有以下 3 种趋势。

（1）通过物流信息化系统的应用向专业领导延伸

1）中铁铁龙集装箱物流公司开发的铁路冷链物流智能化信息系统，实现了全供应链的信息实时与透明，对加强冷链物流信息资源整合、推进物联网建设、促进信息资源的共享与传递产生了积极作用。该信息系统有助于对生产、运输、仓储等各环节制度行之有效地监管标准，推动国内冷链物流行业标准的建立。该信息系统有效提高我国铁路乃至国内冷链、化学品及更广范围货物的运输安全和物流效率起到了表率和示范作用。

2）中国外运股份有限公司（以下简称中国外运）结合对化工物流业务流程的分析梳理、统一操作规范，通过有针对性地开发建设了一个完整的系统平台，实现了其下属化工物流业务经营单位在化工物流操作的统一规范和流程的优化改造，促进了业务的整合，使得中国外运化工物流业务整体实现信息化，实现了中国外运化工物流业务的集中统一管理及化工物流系统与公司其他系统的有效对接和协同集成。中国外运凭借国内完善的网络和庞大的资源，为化工物流客户提供“一站式”的综合化工物流服务，包括化工工程物流、固体化工物流、液体化工物流和化工专用运输船舶经营与代理等专业服务，以及配套基础建设，覆盖从工程物流、采购物流直至分销物流的每一个环节。

化工物流具有专业性与特殊性，中国外运的化工专业物流信息系统，具有一定的行业代表性和典型性。该系统的成功建设，有助于推动我国化工物流业信息化水平的提高，推动化工物流业务的标准化、规范化进程。目前，不少国际化工品生产巨头已将中国外运的相关物流服务流程和规范作为其在中国地区的物流服务标杆。

（2）通过流程创新实现发展专业物流

1）锐特信息技术有限公司（以下简称锐特）利用企业级（Bussiness to Bussiness，B2B）数据自动化交互和传输技术，即 EDI 方案有效地解决了美的的供应链伙伴每年需要交换大量单据的问题。锐特的经验是专业物流业的发展必须进行流程创新。

一是业务流程要创新改造。流程创新之前，美的企业内部和业务伙伴之间已形成了相应的业务操作流程，而采用 EDI 之后业务操作流程必须要随之创新调整，调整后的流程通过 EDI 平台固化下来，形成了统一的、规范的数据交互模式，有利于专业物流的高效发展。

二是要加强积极有效的沟通。锐特在项目进行过程中要反复与美的企业内部和美的的合作企业的多个部门进行业务合作，因此沟通至关重要。要把与美的合作伙伴之间的沟通结果汇总给美的，并为其做出相应的说明和解答。锐特认为沟通大大加快了项目实施的进程，对美的专业物流的发展起到了促进作用。

三是要根据美的的业务伙伴的实际情况，推荐最简便的解决方案。这样可以最迅速地推广

EDI 的应用。

2）时力科技开发（以下简称时力）的中国西部金属电子交易中心在模式上有以下 3 个创新。

一是业务模式创新。时力提出并确立了物流交易集成化管理体系，建立统一的物流交收服务规则，形成电子交易配套服务的统一、规范、专业的物流服务系统，实现交易过程中信息流、物流和资金流的统一。

二是交易模式创新。时力在国内率先提出并实现了现货挂牌交易、现货远期交易、竞价拍卖交易、竞价招标交易、电子超市交易、网上商城交易、在线协商交易和专场交易 8 种 B2B 电子交易模式在同一平台上的整合，实现了 8 种交易模式的交易、交收、结算功能，以及交易管理、交易监控、财务管理、行情分析、统计查询和系统管理多项功能。

三是创造性地提出了新的高效信用保证方案。针对国外基于较成熟社会信用体系的履约保证机制在我国尚不成熟的电子商务环境下很难普及，时力创造性地提出了以定金、担保金履约保证机制为基础的电子交易信用保证方法，实现了保证金、违约金的系统高效实时划拨，解决了国内“支付宝”等履约保证机制在效率上无法满足远期交易等电子交易模式实时性需求的重大技术问题。

（3）技术的创新推动专业物流的快速发展

1）南昌市烟草公司基于物联网的烟草商业企业物流作业管理全程信息化系统使用的关键技术有两个：一个是通过长期的跟踪调研发现烟草商业企业物流建设与运营管理中存在的问题；另一个是采用系统集成的方法，运用现代先进成熟科技来解决特定的行业问题。

他们首次针对卷烟配送中心联合工房作业全程符合现代物流管理思想，基于 RFID 技术，涵盖卷烟配送中心各个作业环节的数字化仓储管理系统。在采用平库工艺的仓储环节与采用半自动分拣工艺的分拣环节之间，设计出一套高度信息化、适度自动化的对接工艺方案，该方案不仅初期建设成本低，而且用工人数少，易于使用维护，是提高配送中心精细化管理水平关键工艺方案。他们运用 GIS 平台，建立了一套满足卷烟配送中心需求的，能够大幅度降低配送运输成本的车辆智能调度算法。

2）中国电信集团开发的东风创普商用车物流与销售跟踪管理系统，融合了物联网应用技术，重组了整车物流管理流程，全面提升了汽车行业风险管控的能力。

一是在车辆标签识别上采用最先进、最成熟的 RFID 技术，使电子标签无法复制，克服了传统的基于一维码打印标签存在容易复制的弊端，确保了数据的真实性和准确性，为车辆唯一性管理提供了可靠的依据。

二是借助中国电信先进的 3G 无线网络，在进行车辆信息上传时，可实现 GIS 坐标和电子标签信息同时上传。随时随地为车辆销售管理及售后服务提供准确丰富的参考信息。

三是系统采用的是广泛使用的成熟的技术，如 GPS、RFID 和 3G 技术，有效规避了项目的风险。

4．物流公共信息平台依然是制约物流信息化发展的重要因素

（1）物流公共信息平台的标准化建设上有所突破

物流公共信息平台依然是物流信息化的制约因素，信息共享、互联互通已经成为物流信息化发展的一个瓶颈。怎样突破瓶颈？2011 年来自政府部门的行动给了人们希望。2011 年交通运输部门已经明确提出在试点示范基础上，把浙江省物流信息公共平台建设成为国家交通物流信息共享平台。该信息平台实现了与浙江电子口岸、宁波电子口岸、顺丰速递等信息系统互联，完成了与中国电信的手机定位链接，中远物流和中远集团已经开始接入平台以推动其与上下游客户数据对接。此外，黑龙江省、内蒙古自治区、福建省、安徽省和湖北省也已经启动区域平台的实质性对接工作。“十二五”期间，国家交通运输物流信息共享平台将全面提升平台的信息服务能力和水平，实现国内 12 个港口（物流园区）和日本、韩国的港口信息系统互联，把服务网络向东盟以及其他亚洲国家延伸。

但是商业性信息化的标准及互联互通上依然进展不大，现在的状况是企业的物流信息化工作进展不大，尽管已经积累了很多经验，梳理了很多样板和典型，但是，在实现社会化的互联互通、信息共享方面仍然缺乏特别好的成功案例。

5．专业性的物流信息平台发展迅速

尽管通用性的公共信息平台由于没有解决好标准化及信息互联互通的问题，发展遇到了瓶颈，但专业性的物流信息平台发展比较迅速，已成为了一个新的发展方向。

北京明伦高科开创性地以长江物流网等地方商业物流信息平台为基础，将平台日常运营的商业数据作为中国应急物流公共信息平台的基础数据，通过采集、筛选、汇总、分析、统计等工作，为应急救灾提供决策辅助。该平台的构建和完善，填补了我国没有全国性应急物流公共信息平台的空白，可以为政府应对突发事件提供支持，有助于减轻和降低突发事件带来的影响和损失。

三峡物流园是以经营农产品、农副产品为主的综合物流企业，主要提供国内外水果，国内蔬菜、干菜、调味品、副食、粮油和肉、鱼、禽、蛋等冷冻品的批发交易、展示直销、物流配送、电子商务和信息发布全方位服务。宜昌三峡物流园信息平台的建立有效地支持了物流园的业务模式运营，打造具有农业特色的核心业务、增强物流园的竞争力。

6．物流公共信息平台的定位必须准确，商业模式必须清晰

福建省交通物流公共信息平台的建设正在进行有益的创新模式尝试，即由政府和企业共同投资，企业负责运营 。

这种创新模式有以下几个好处。

一是实现了政府监管信息向社会开放并提供适当服务，有利于社会公共平台的建设。

二是避免了重复建设，有利于交换标准的推广。

三是商业模式有所创新。既有政府部门的监管，又有企业的诚信建设，通过企业运营发挥市场的调节杠杆作用，有利于信息平台的良性发展。

7．物联网依然是物流信息化发展的热点

2011 年，物联网在物流信息化上的应用越来越多，技术越来越成熟。物联网的应用基本上在 3 个层面：采集信息端、传输阶段和信息应用加工层面。

在采集层面，智能终端的一个发展趋势，就是把物品识别、定位、传感等几个基本功能进行整合。智能终端作为物流信息化的硬件设备，现在趋向于两种基本形式：车载终端和手持终端。这是因为在物流的过程中，无论是货的流动轨迹还是人的流动轨迹，通过这两种终端实现追踪和控制是最为便捷高效的。

在传输阶段移动互联网技术扮演着越来越重要的角色。移动互联网技术本身不是难点，现在难的是运营商的商业模式怎么能够把这项技术很好地普及，让企业在物流过程中得到效益。

在信息应用层面，即在建设数据中心技术上，企业越来越转向数据中心的模式进行发展，对于数据本身的管理、数据挖掘、商业模型建立等技术的应用会越来越多，这也给平台创新带来了发展机遇。一方面，云计算会为数据平台提供技术服务：另一方面，公共服务业在形成云计算的平台和云计算服务。

8．电子商务的促进物流信息化发展的强大动力

2011 年，我国电子商务市场交易额达 6 万亿元，同比增长 33%，我国电子商务服务产业迎来其发展的“黄金年代”。但目前绝大多数电商企业为了吸引客户、提高流量，不断进行价格战、广告战，虽然规模越做越大，但财务上持续亏损，基本是在赔本赚吆喝。估计 2011 年电商全行业亏损总额达 20 多亿美元，很多电商企业最终没有熬过资本的冬天，如西米网、淘鹊网、APP 金光大货栈等 B2C（Bussiness to Customer，企业对顾客）网站相继停运或转型。即便是体量庞大的大型电商也开始“节衣缩食”，如京东商城宣布对金额不足 39 元的订单收取 5 元运费，当当网向商户分摊“促销费”。

总体来看，目前物流仍然是制约我国电子商务发展的重要因素。现阶段我国发展电子商务的基础条件仍较弱，首先是物流基础薄弱，如航空和铁路与客户端的接入效率不是很高；其次信用环境还很欠缺，电子商务物流的投诉率很高。

虽然京东商城、凡客等电商企业为了降低物流成本、提高反应速度，自建了物流体系，但物流成本仍然居高不下。主要原因是网点还不多，覆盖面不广，还没有建立自己完善的物流社会化的发展趋势，极不利于降低物流成本。明智的做法是物流企业加快提高自身的信息化水平，加强与电商企业的信息共享和互联互通，提高自身的服务水平，让电商企业真正信赖物流企业，实现互利共赢。

1.3.3　物流信息化的发展趋势

1．物流信息化总体发展趋势

随着企业对一体化经济的融入，企业对物流系统的服务要求也发生着深刻的变化，从简单的物流单项服务需求向更高层次的供应链管理发展，物流越来越成为企业生产、经营活动的不可分割的重要内容。

物流信息化总体发展趋势如图 1-19 所示。

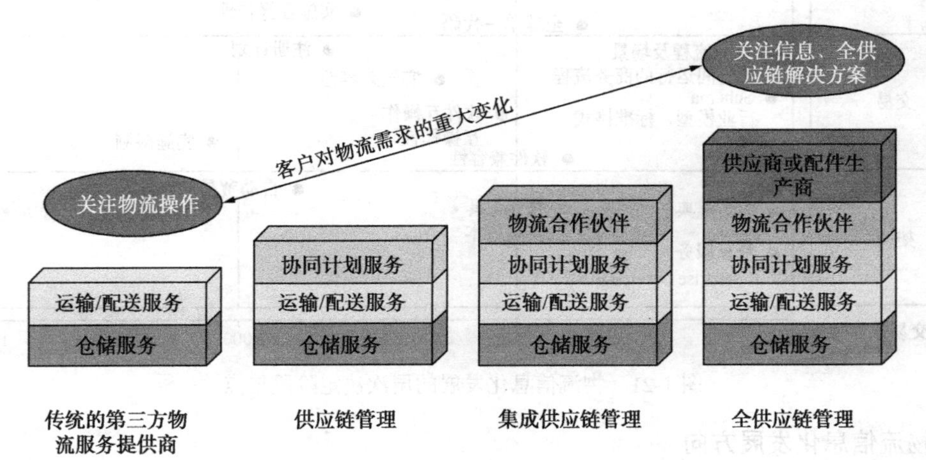

图 1-19　物流信息化总体发展趋势

2．物流信息化发展层次

物流信息化发展层次如图 1-20 所示。

物流信息化的发展层次整体上可分为物流管理基础业务信息化和集成化的供应链管理信息化。在物流管理基础业务信息化又可分为基本业务运营层次（仓储管理信息化、运输管理信息化）、物流业务的优化层次（进行物流跟踪、集中平台、网络仓储管理）、物流业务的协同层次（物流同步、客户综合服务、JIT/VMI）；集成化的供应链管理信息化又可分为物流业务整合层次（B2Bi、eHub、SRM、CRM、EAI）、供应链管理优化层次（APS 自动化）、供应链管理协同层次（RosettaNet SCOR）。

3．物流信息化发展的发展阶段重点

物流信息化发展的发展阶段重点如图 1-21 所示。

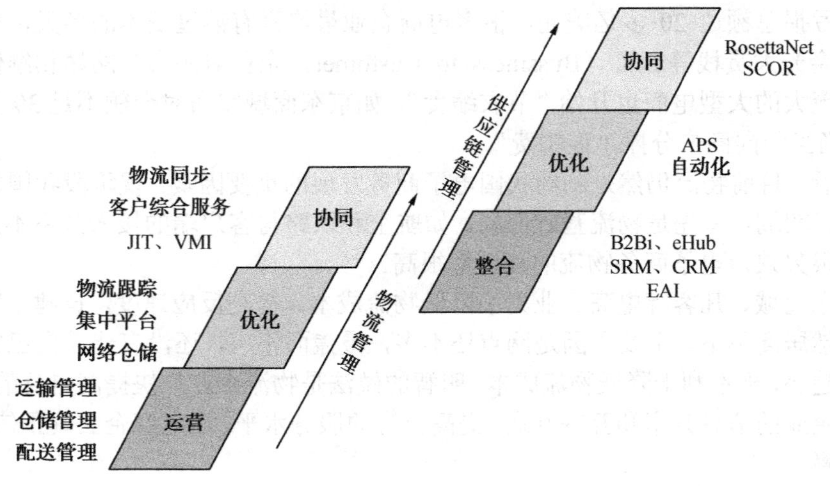

图 1-20　物流信息化发展层次

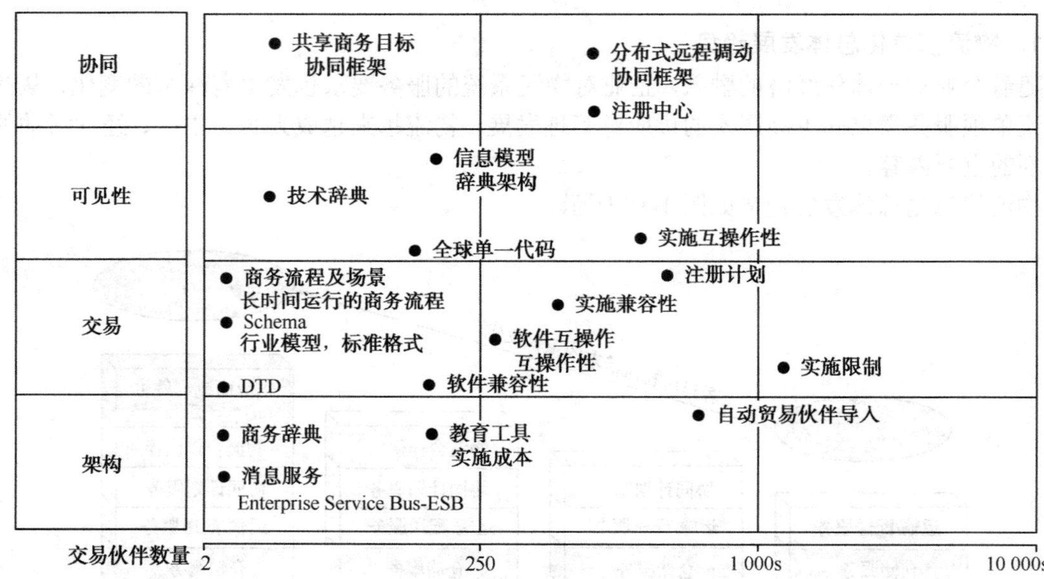

图 1-21　物流信息化发展的层次决定阶段重点

4．物流信息化发展方向

（1）从物流企业角度看

物流企业的信息化建设历经 10 年的发展，现在已经相对成熟。未来物流企业信息化的发展趋势如下：发展以需求对象为主题的专业物流管理信息平台；基于"物联网"新时代的来临，建立可视化的监控物流管理系统；逐步推进跨平台的数据交互。企业物流管理信息平台的重点在两个方面，分别是以采购为主体的供应物流和以分销为主体的成品分销物流。部分企业物流已经建立了自身的 WMS、TMS、进销存等平台，或者将服务分包给具有以上平台功能的服务商，但是在可用数据采集的实时性、准确性方面存在着巨大的漏洞，协同能力较弱，特别是在不同经营体制下的企业，在这方面表现得尤为突出。

（2）从企业物流信息化的角度看

从企业物流信息化的角度看，将建设如下平台：以集中采购管理为主体的采购物流信息平台；以企业内部供应链计划管理的信息化平台；跨企业的供应链可视化协同平台；以物联网为核心的数据信息识别与信息平台。

（3）从软件厂商角度看

从软件厂商角度看，有如下发展趋势。

1）平台化。公共平台是在当今物流园区规划建设之后的又一需求，2009 年的物流行业振兴规划带动了大批园区的发展。

2）产业化。以产业为核心的软件平台逐步树立了产业物流信息化的标准，带动的产业有汽车行业、通信行业、快销品行业、医药行业、烟草行业等。

3）集成化。集成化主要表现在几个方面：基于新技术运用的平台化（云计算的兴起、SOA 成熟等）；基于使用功能数据交互的集成，也就是延伸到供应链的前端、后端等；基于与“物联网”的集成。

4）可视化。从产品角度来看，展现物流供应链整个过程的节点可视化成为了客户新的管理需求。

1.4 物流信息应用调研实训

1.4.1 实训目的及要求

1．实训目的

实训通过调查的形式进行，可以通过调查走访企业，结合网上信息收集的形式来进行。主要让学生理解信息、物流信息、物流信息技术、物流信息系统的概念以及掌握相关技术在企业中的应用情况，为以后的学习做铺垫，并认识到这门课程的重要性。

2．实训要求

选择 2 或 3 家第三方物流企业进行走访，并记录它们的规模和使用物流信息系统或者物流信息技术的情况，撰写物流调查报告，完成调研的目的和内容，汇报调研情况。

1.4.2 实训任务

实训任务如表 1-1 所示。

表 1-1　实训任务

任务编号	1
任务名称	物流企业信息化现状调研
任务内容	1．确定调研的内容。主要围绕企业物流信息化建设；当地物流信息化的现状，原因及发展趋势；物流信息技术在物流企业中的应用；物流信息采集的常用方法。可以根据具体情况进行选择或者自定 2．制订调查计划。围绕调查目标，明确调查主题，确定调查的对象、地点、时间、方式，并确定要收集哪些相关资料 3．调查以小组为单位。根据班级情况，每组 5～10 人，设一名组长，并带上调查工具，如笔记本和笔、情况允许的话可以带上照相机和录音笔 4．调查之前，进行相关资料的收集并做好知识准备 5．本项目时间安排。企业现场调查根据实际情况自行安排

续表

提交资料	1．调研报告 2．PPT 演示文稿
相关网站资料	1．物流信息网：http://www.china_56.net 2．中国物流网站：http://www.china-logisticsnet.com 3．中国物流与采购联合会：http://www.chinawuliu.com.cn
思考问题	1．物流信息技术在企业中的实际应用情况如何 2．你所调研的物流企业目前物流信息化程度如何？你有何建议

1.4.3 注意事项

1）调研企业的对象要有一定的代表性，在分组中项目安排中要予以体现，避免得出的结论以偏概全，调研的内容要尽量具体，注意所得材料的真实性、可靠性和实效性。

2）参加项目的同学分配尽量合理，并在调研前进行必要的训练和教育，强调尊重调查企业、调查对象和遵守相关纪律，听从安排，体现大学生文明及良好的综合素质。

3）每个项目小组根据调查的结果，写调查报告（Word 文档）。

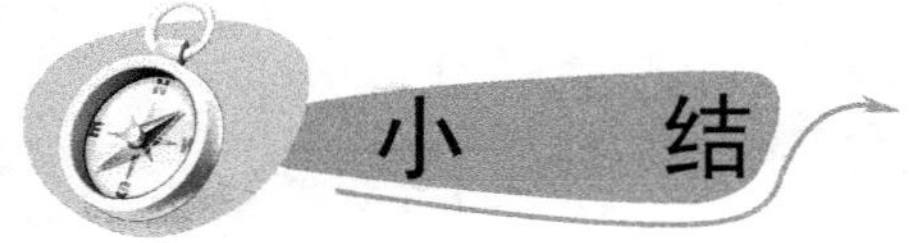

本章介绍了信息、物流信息、信息技术、物流信息技术的概念，物流信息的特点和作用，现代物流信息技术的应用，以及我国物流发展现状、发展趋势，物流信息化现状及趋势，物流公共信息平台建设等内容。

1．什么是信息技术、物流信息技术？
2．简述物流信息的特点、作用。
3．简述几种主要的现代物流信息技术在物流中的应用。

第2章 物流信息标准化

导教——教学导航

职业能力要求

■ 专业能力：了解物流信息化标准、物流信息标准化的意义及物流信息标准化发展的主要困难，了解我国物流标准科学体系的建立与发展，掌握物流信息标准化体系的组成、物流信息分类编码标准、条码技术标准、信息交换技术标准、EAN·UCC 标准体系，了解我国物流信息标准实施对策。

学习目标

- ■ 了解物流信息化标准、物流信息标准化的意义及物流信息标准化发展的主要困难；
- ■ 了解我国物流标准科学体系的建立与发展；
- ■ 掌握物流信息标准化体系的组成；
- ■ 熟悉物流信息分类编码标准、条码技术标准、信息交换技术标准、EAN·UCC 标准体系；
- ■ 了解我国物流信息标准实施对策。

导读 2-1　标准整合让物流信息不再成为“孤岛”

尽管我国建立了物流标识标准体系，并制定了一些重要的国家标准，如《商品条码》、《储运单元条码》、《物流单元条码》等，但这些标准的应用推广存在着严重问题，最主要的就是标准不统一，不配套。我国的物流企业有的采用欧美标准，有的采用日韩标准，还有的干脆自己定义，由于与产品包装箱尺寸不匹配，严重影响了物流配送系统的运作效率。此外，我国许多部门和单位都在建立自己的商品信息数据库，但数据库的字段、类型和长度都不一致，形成一个个信息“孤岛”。在一次中国物品编码中心组织的调查中，在 234 家工商企业中，仅有 6 家与贸易伙伴的数据一致，占 2.6%，严重影响了作为物流管理基础的信息交换和电子商务的运作。种种迹象显示：物流标准亟待一场“整合”革命。

思考题：

（1）为什么说标准整合让物流信息不再成为“孤岛”？

（2）物流标准亟待一场怎么的“整合”革命？

随着全球经济一体化和物流国际化的发展，物流标准化越来越重要，我国的物流业尚处于起步阶段，物流企业的信息化一直很薄弱，物流成本高，与国际水平相去甚远，由于物流信息不标准，导致许多单位和部门建立的信息数据库成为一个个信息“孤岛”，无法与物流各个环节中的参与方实现数据交换和信息共享，致使物流作业效率低下，严重影响了我国物流业的发展。现代物流较之于传统物流最大的变化，就在于信息技术的应用，物流信息数据如果不标准、不规范、不统一，必然加大数据交换的难度，降低物流信息平台的利用效率，造成资源浪费和信息失真。

要高效、准确、及时地传递信息，必须实现物流信息的标准化，用信息技术武装物流。

2.1 物流信息标准化概述

现代物流运作需要跨系统、跨行业和跨地区，并不是在一个封闭的小系统中运作，这就需要在不同的物流系统之间实现信息交流，如企业间的物流信息数据需要交流，不同地区间物流信息数据需要交流，供应链系统间的信息需要交流，不同物流软件系统数据通信需要物流信息交流等。这些不同的物流系统之间的交流需要大家共同遵守标准的交流"语言"，亦即遵守共同的信息交换"标准协议"。这些物流信息交换的"标准协议"是物流信息化的重要基础，是"物流信息高速路"上的交通规则。

2.1.1 物流标准化的含义

物流标准化是指在运输、配送、包装、装卸、保管、流通加工、资源回收及信息管理等环节中，对重复性事物和概念通过制定发布和实施各类标准，达到协调统一，以获得最佳秩序和社会效益。物流标准化包括以下 3 个方面的含义。

1）从物流系统的整体出发，制定其各子系统的设施、设备、专用工具等的技术标准，以及业务工作标准。

2）研究各子系统技术标准和业务工作标准的配合性，按配合性要求，统一整个物流系统的标准。

3）研究物流系统与其他相关系统的配合性，谋求物流大系统的标准统一。

以上 3 个方面是分别从不同的物流层次上考虑物流实现标准化的。要实现物流系统与其他相关系统的沟通和交流，在物流系统和其他系统之间建立通用的标准，首先要在物流系统内部建立物流系统自身的标准，而整个物流系统的标准的建立又必然包括物流各个子系统的标准，因此，物流要实现最终的标准化必然要实现以上 3 个方面的标准化。

如果没有共同的标准，物流信息系统在交换数据时需要做特别转换，或者重新输出打印，而后再录入输入；或因信息的混乱和无规则使得系统运行出现多余信息的同时又丢掉必要信息，使物流系统瘫痪，严重降低物流效率。

2.1.2 物流信息标准化的含义

物流信息标准化是指以物流为一个大系统，制定系统内部设施、机械装备、专用工具等的技术标准，包装、仓储、装卸、运输等各类作业标准，以及作为现代物流突出特征的物流信息标准，并形成全国及和国际接轨的标准化体系。

建立中国物流信息标准化应加强政府协调，并接受国家标准化制定与管理部门的指导，借鉴发达国家的经验教训，如学习日本、美国等国家在推进本国标准化方面的主要经验，避免各自为政、各搞一套的做法。中国物流信息标准化体系应重点体现在如下 3 个方面。

1）基础标准。这是制定物流信息标准应遵循的、全国统一的标准，是制定物流信息标准必须遵循的技术基础与方法指南。

2）业务标准。物流活动中采购、运输、装卸、仓储、包装、生产物流配送、流通加工等方面的信息交换的技术标准，对物流信息系统建设具有重要意义。

3）相关标准。与物流信息交换有关的专门领域标准，如 EDI 标准、GPS 标准、电子商务标准等。

在物流信息标准系统中，如已有了国家标准，要首先采用国家标准，对其中不适应物流系统实际的部分要结合物流系统实际情况向相关部门提出修正建议；对国际标准及国外先进标准，在国家标准没有覆盖的领域要根据实际引进和采用；对已成熟的信息交换标准优先采用，并纳入物流信息标准系统。对确实需要重新制定的物流信息标准，要通过大量调研，广泛搜集标准资料，并借鉴著名物流软件企业已经形成的事实标准，研究制定新标准，切不可自立门户，浪费人力财力。

2.1.3　物流信息标准化的意义

标准化是行业发展和社会分工的前提和基础。现代物流产业，要实现供应链上下游企业之间物流活动的协调，根治上下游企业之间物流活动中的重复操作、准确性差、可靠性低等问题，提高整个物流供应链的运作效率，削减物流资源占用和成本开支，提升上下游企业乃至供应链整体竞争能力，关键在于解决单一企业或系统的信息孤岛问题，在上下游企业之间建立起快速、及时和透明的信息传递和共享机制，实现 3000 个多不同产业的信息互联互通，而其基础就是物流信息标准化，即必须制定出不同物流系统之间信息交流与处理的标准协议或规则，作为跨系统、跨行业和跨地区的物流运作桥梁，以顺利实现企业间的物流信息数据的交流、不同地区间物流信息的交流、供应链系统间信息的交流、不同物流软件系统的信息交流等，最终达到物流系统集成和资源整合的目的。

只有实现了物流信息标准化，才能在国际经济一体化的条件下有效地实施物流系统的科学管理，加快物流系统建设，促进物流系统与国际系统和其他系统的衔接，有效地降低物流费用，提高物流系统的经济效益和社会效益。物流信息标准化的重要性具体体现在以下几个方面。

（1）物流信息标准化是实现物流管理现代化的重要手段和必要条件

物流从厂商的原料供应、产品生产，经市场流通到消费环节，再到回收再生，是一个综合的大系统。由于社会分工日益细化，物流系统的高度社会化显得更加重要。为了实现整个物流系统的高度协调统一，提高物流系统管理水平，必须在物流系统的各个环节制定标准，并严格贯彻执行。在中国，以往同一物品在生产领域和流通领域的名称和计算方法互不统一，严重影响了中国的物资流通，国家标准 GB/T 7635—1987《全国工农业产品（商品、物资）分类与代码》的发布，使全国物品名称及其标识代码有了统一依据和标准，有利于建立全国性的经济联系，为物流系统的信息交换提供了便利条件。2001 年出版发行的《物流术语》一书是中国国内物流的第一个基础性的标准。

（2）物流信息标准化是物流产品的质量保证

物流活动的根本任务是将工厂生产的合格产品保质保量地及时送到用户手中。物流信息标准化对运输、保管、配送、包装、装卸等各个子系统都制定了相应标准，形成了物流质量保证体系，只要严格执行这些标准，就能将合格的物品送到用户手中。

（3）物流信息标准化是降低物流成本、提高物流效益的有效措施

物流的高度标准化可以加快物流过程中运输、装卸的速度，降低保管费用，减少中间损失，提高工作效率，因而可获得直接或间接的物流效益，否则就会造成经济损失。中国铁路与公路在使用集装箱统一标准之前，运输转换时要“倒箱”，全国“倒箱”数量很高，为此损失巨大。

（4）物流信息标准化是中国物流企业进军国际物流市场的通行证

物流信息标准化已是全球物流企业提高国际竞争力的有力武器。中国物流企业在物流信息标准化方面仍十分落后，面临加入WTO带来的物流国际化挑战，实现物流标准的国际化已成为中国物流企业开展国际竞争的必备资格和条件。

（5）物流信息标准化是消除贸易壁垒、促进国际贸易发展的重要保障

在国际经济交往中，各国或地区标准不一是重要的技术贸易壁垒，严重影响国家进出口贸易的发展，因此，要使国际贸易更快发展，必须在运输、保管、配送、包装、装卸、信息，甚至资金结算等方面采用国际标准，实现国际物流标准统一化。

2.1.4 物流信息标准化组织

1．GS1

GS1（全球第一贸易标准化组织）由国际物品编码协会（European Article Number，EAN）和美国统一代码委员会（Uniform Code Council，UCC）合并而成。它将自身定位为全球第一商务标准化组织，其宗旨是推广“全球商务语言——EAN • UCC系统”（在我国称为ANCC全球统一标识系统，简称ANCC系统）。

EAN • UCC系统是一套国际通行的关于商品、物流单元、资产、位置和服务关系等的全球统一标识标准及相关的包括信息采集技术标准、信息交换技术标准和信息应用标准等商务标准。

当前，GS1作为一个用于商贸和供应链管理的世界第一大实用性的标准化组织，致力于开发全球的、开放的、多行业的标准，通过建立标准和促进标准在全球的应用，来改进供应链和需求链的效率，真正在全球商务中起到“引领未来”的作用。GS1具有自身的特点：非营利性、中立性、开放性、用户需求驱动性、动态实时性、国际性。主要任务有：发展开放的多方参与的全球标准；开展标准方面的培训工作；通过帮助和提升标准的应用促进最佳商务方案的实施。

目前，GS1全球性的产品和服务主要包括：E-商务（EANCOM & EAN • UCC-XML）；全球数据同步网络（Global Data Synchronization Network，GDSN）；全球注册（Global Regist，GR）；全球产品分类（Global Product Classification，GPC）；电子产品标签（Electronic Product Code，EPC）；供应链物品追溯方案。

2．GCI

GCI（全球商务联盟）是1999年创建的一个自愿性论坛，其发起机构主要有：代表制造商与零售商利益的AIM（Automatic Identification Manufacture Association，自动识别制造商协会），CIES（全球食品行业论坛），GMA（Grocery Manufacturers Association，美国杂货制造商协会）和FMI（Food Marketing Institute，美国食品营销协会）；ECR和VICS（Voluntary Interindustry Commerce Standards，自愿性跨行业商业标准组织）；国际物品编码协会和美国统一代码委员会。GCI通过一个执行委员会运作，执行委员由50个以上的制造商和零售商的高层代表组成，他们代表着上百万大小型企业的利益。

GCI研究主要包括3个大的方面：全球产品分类（Global Product Classification，GPC）、全球数据字典（Global Data Dictionary，简称GDD）、全球数据同步（Global Data Synchronisation，GDS）。前两者都是为了全球数据同步能够实现而制定的数据标准。

3．ISO/IEC/JTC1/SC31

国际标准化组织（International Organization for Standardization，ISO）和国际电工协会（International Electro Technical Commission，IEC）共同组建了JTC1联合技术委员会（ISO/IEC JTC1），其下设的SC31分技术委员会，即信息技术标准化技术委员会自动识别与数据采集技术分技术委员会是自动识别和数据采集技术及应用的标准化工作的组织。

SC31 共有 4 个工作组来分别承担相关工作。

工作组 1，主要负责开发数据采集器的规范，撰写线性和二维码的标识符号。

工作组 2，主要负责自动识别与数据采集系统中数据结构的标准化工作。

工作组 3，主要负责自动识别与数据采集系统中一致性评价，包括检测方法和检测规范。

工作组 4，主要负责射频识别在项目管理中的应用工作。为无线电、非接触式射频识别设备提供标准，使其能在全球可自由使用的频率范围内接收、存储和传输数据，使得这项技术能在供应链管理，如成品管理、原材料管理、物品跟踪、库存管理、物品电子监控、生产控制及设备管理中发挥作用。

4．RosettaNet

RosettaNet 为非营利性组织，致力于建立、应用并提倡开放性的电子商务标准，旨在形成共同的电子商务语言，以使全球各贸易伙伴间的各类程序一致化。

RosettaNet 管理委员会包括 28 个成员，分别代表 IT 供应链的全球成员，包括硬件制造商、软件开发商、销售商、分销商、系统集成商、终端用户、技术提供者、金融机构、运输商等，一些世界知名的大公司，如 Cisco、Compaq、HP、IBM、Intel、Microsoft、Netscape、Oracle、Toshiba 等都是其成员。

RosettaNet 的成员被分为 4 类：联盟成员、设计成员、执行成员、解决成员。其中，联盟成员负责扩大该组织的支持面与赞助者；设计成员负责提供专家与人力资源；执行成员负责支持标准的实施过程；解决成员则负责提供工具与服务以帮助企业或公司采纳 RosettaNet 的标准。由此，扩大 RosettaNet 全套标准在全球的影响，实现电子商务供应链贸易伙伴间共同的商务接口，大幅节省成本、提高效率。

5．我国物流信息管理标准化技术委员会

全国物流信息管理标准化技术委员会（China Logistics Information Standardization Committee，CLISC）。主要负责物流信息基础、物流信息系统、物流信息安全、物流信息管理、物流信息应用等领域的标准化工作。其宗旨是：向国内企业引进世界最新的现代物流管理运作理念，推广现代物流管理新技术与成功的物流管理经验；协调、制定并推广相应的标准。秘书处设在中国物品编码中心，受国家标准化管理委员会的直接领导。

2.1.5 物流信息标准化发展的主要困难

物流从 20 世纪 50 年代发展至今，在标准化方面存在很大的困难和很多的问题，物流信息标准化工作复杂，难度大，其主要原因在于以下几个方面。

1）涉及面广。物流包含了从运输、保管到搬运、包装、信息处理等多方面的内容，因此要实现物流的标准化牵涉很多方面的问题。

2）物流信息标准化系统属于二次系统，或称后标准化系统（物流系统思想形成晚，各子系统已实现了各自的标准化）。由于在不同国家、地区，不同行业之间已经有了存在多年的自身的经营标准，因此，连接这些方面的物流，等于要将这些标准统一起来，可想而知其所存在较多的困难。

3）要求更高地体现科学性、民主性和经济性。

4）有非常强的国际性，要求与国际物流信息标准化体系相一致。因为随着世界经济一体化的到来，地球变为地球村，物流涉及的必然是整个国际的流通，因此，实现物流的标准化，最终要实现国家物流的标准化。

尽管物流信息标准化存在着许多困难，但物流信息标准化必然推动物流业的发展和世界经济的进步，因而其意义重大。

2.1.6 我国物流标准科学体系的建立与发展

全国物流标准化技术委员会和全国物流信息管理标准化技术委员会成立后，几年来，物流标准化工作发生了显著变化。在政府部门和全社会物流业界的共同努力下，制定完成了物流标准发展规划，一批重要的基础性和通用性标准制修订步伐大大加快，物流标准制修订过程逐步与国际接轨，物流的标准化和信息化结合更加紧密，标准直接推动经济规范发展的作用更加明显，企业参与标准化工作的意识普遍提高，许多大企业和重点企业正在成为物流标准化工作的骨干。以八部委联合发布《全国物流标准 2005 年—2010 年发展规划》（以下简称《规划》）为标志，我国的物流标准科学体系已经初步建立，物流标准化工作正在取得多方面的突破性发展。

以八部委《规划》的出台为标志，我国物流标准科学体系已经初步形成，《规划》与国家标准委编制的《标准化“十一五”发展规划纲要》提出的物流服务标准制修订项目密切衔接。全面落实《规划》，实现《规划》提出的工作目标，是今后我国物流标准化工作面临的主要任务，也是进一步完善和强化我国物流标准科学体系的关键环节。

今后，以落实《规划》为重点，在物流标准科学体系已经初步形成的基础上，我国物流标准化工作将进入一个新的发展的阶段。

第一，积极做好组织协调，全力推进《规划》的贯彻落实。根据国家标准委的安排，在落实《规划》中，一是组织申报并落实涉及多个行业的通用性、基础性物流标准项目计划；二是按照《规划》通知中提出的，发挥全国物流标准化技术委员会和全国物流信息管理标准化技术委员会深入联系有关部门、行业和技术委员会的作用；三是要积极发挥物流标委会的平台作用，全国物流标委会和物流信息管理标委会牵头做好 302 项国家标准的协调和技术归口。

第二，深入进行课题研究，做好重点项目的制修订。在《规划》所列的 302 项国家标准项目中，重点抓好基础性、通用性强，在业界有较大影响的项目。2006 年完成物流术语、物流成本、物流中心作业、联运通用平托盘等重点国家标准项目最后的审定、报批工作，尽快地予以公布。还要在全面组织落实通用性、基础性物流标准项目制修订工作的同时，确立一些重点标准项目，进行深入研究，提出课题报告，并制定出相关标准，其中包括对物流中心、物流园区的基础性研究与有关标准，对第三方物流服务的全面研究与有关标准，以及对物流统计、物流绩效评估等方面的研究与有关标准。

第三，完善物流标准工作体系，保证《规划》项目的全面落实。在做好重点项目制修订的同时，为确保《规划》的全面落实，要进一步加强物流标准化技术委员会建设，抓紧建立和完善物流标准工作体系，根据物流产业复合性强、综合化水平要求较高的特性，按照物流运作的内在规律，按不同行业和类别组建相应物流标准化分技术委员会，更大范围地吸收相关的专家、学者和企业参预到标准化活动里来，发挥更大的积极性，进一步提升标委会组织的整合能力和协调能力，最大限度地保证《规划》落实的全面性、系统性和权威性。

第四，建立物流标准化信息交流工作平台，加强标准项目落实的沟通与协调。考虑到落实《规划》涉及的部门和领域较多，需要各有关方面的通力合作，因此必须加强标准制修订过程中的信息沟通。要采取多种形式建立部门、行业间的物流标准化信息交流机制，使各部门和各行业在推进物流标准化工作中密切交流、协调、配合，及时反映、交流《规划》贯彻执行情况、物流标准制修订动态、物流企业评估工作形势，以及委员、专家和企业的建议、意见，加快推进物流标准化科学体系的发展和完善。

第五，加强国家标准的宣贯力度，进一步提高企业的标准化意识。要通过媒体、会议、培训班等多种形式扩大已经发布并实施的国家标准的影响，宣传执行标准的重要性和必要性，使更多企业和单位把生产经营活动自觉纳入国家标准的行为规范。要依据国家标准《物流企业分类与评估指标》，在试点的基础上全面推开物流企业评估工作，并不断完善评估工作机制，提高评估工作质量，使评估活动更加生动活泼，有层次有深度地不断提升品质和影响力。要进一步扩大标准的影响，树立品牌标准意识，调动企业制定和执行国家标准的积极性，争取大企业多发挥作用。

2.2 物流信息标准体系

国家标准 GB/T 13016—1991《标准体系表编制原则和要求》中对于标准体系表的研究与编制提出了要求：体系表要做到全面性、系统性、先进性、预见性、可扩充性 5 个方面。现代物流是一个大系统，各环节都存在着物流信息问题。《物流信息国家标准体系表》是对物流信息技术现有、应有和将要制定的一系列国家标准经过研究、分析以后进行科学合理的安排，形成一个技术先进、层次分明、结构合理、系统配套的图表，是我国物流信息标准化工作的基础。

2.2.1 物流信息标准体系编制的原则

编制《物流信息标准体系表》既要遵守制定标准体系表应遵守的原则，也要考虑物流信息本身的技术特点，以及在物流管理过程中的应用特点，本体系表的编制应遵循以下原则。

（1）完整性

系统分析物流的各个环节中所应用到的信息技术，提出完整的信息标准体系，在一段时间内，根据物流工作需要，标准体系表应包括现有的、应有的和预计发展的物流信息国家标准。

（2）可扩展性

物流信息标准体系表充分考虑了物流及信息技术的发展，尤其是物流信息技术的发展。标准体系框架充分考虑物流的发展，为将来增加新的标准留有余地。当前有些物流信息技术正处在研发和推广阶段，这些技术的标准化对于推广其应用以提高物流效率有非常大的促进作用，对于这些尚未成熟的新技术在标准体系表中也应给出相应的位置，列出标准体系的框架，以便于将来推广。

（3）层次性

层次性反映出标准适用的范围。适用范围大的标准处于标准体系表的顶端，反之处于较低层次上，具体的个性标准处于最低层次。

（4）协调性

物流标准体系表中的子体系既相互独立，又相互依存，子体系间有边界，也有交叉。同一标准不能列入两个子体系中。

（5）先进性

物流标准体系表应该能够适应现代物流对物流信息标准的需求，强调并突出发展现代物流需要制定和推广的关键的物流信息标准，并能指导物流信息标准化的发展方向。

在标准体系的结构方面，应依据 GB/T 13016—91《标准体系表的编制原则和要求》，按照全面成套、层次恰当等要求编制。充分借鉴和吸收其他行业的研究成果，以信息技术为主线，同时强调物流信息的服务和管理来编制物流信息标准体系表。在物流信息技术标准中，以信息的采集、加工、处理、交换和应用为主线，把物流信息技术标准分为物流信息分类编码标准、物流信息采集标准、物流信息交换标准和物流信息系统及信息平台标准。

物流信息标准体系表为应用部门与单位提供了查询、检索当前和未来物流技术标准的资料，通过本标准体系表可了解与物流信息技术有关的国际标准、国外先进标准的情况，对于尽量等同或修改采用国际标准和国外先进标准，促进我国物流尽快与国际物流的接轨，增强我国物流相关企业在国际市场上的竞争能力，加速我国物流业的发展有极大的推动作用。

2.2.2 物流信息标准化体系的组成

物流信息标准化体系主要由基础标准、工作标准、管理标准和技术标准及单项标准组成，其中基础标准为第一层，管理标准和技术标准处于第二层，各单项标准处于第三层，最后为扩展层。

1．物流信息标准化体系的层次

（1）体系表的第一层

本标准体系表从需求角度出发，标准体系表的第一层为物流信息基础标准，是物流信息系统建设中通用的标准。当前主要是指《物流信息术语》，该标准应包括物流信息技术术语、物流信息管理术语、物流信息服务术语的定义。

（2）体系表的第二层

按照物流信息标准化对象特征的不同，第二层分为技术标准、管理标准、服务标准和其他标准。

（3）体系表的第三层

对物流信息技术标准、物流信息管理标准和物流信息服务标准进一步分层。

物流信息技术标准从信息的采集、加工、处理、交换和应用入手，分为物流信息分类编码标准、物流信息采集标准、物流信息交换标准和物流信息系统及信息平台标准。

由于物流信息管理和物流信息服务现有标准较少，因此在对其进行分层时，既考虑到当前急需制定的标准，又兼顾物流信息发展的趋势，为体现体系表可扩充性的特点，本体系表为相关标准留有接口。

鉴于 EPC 技术的快速发展，把物流信息管理标准分为 EPC 系统管理标准和其他管理标准。

从业人员是服务标准中的重要方面，因此物流信息服务标准分为物流信息从业人员服务标准和其他服务标准。

（4）体系表的第四层

第四层由第三层扩展而成，共分若干个方面，每个方面都可以继续扩展成若干个更小方面，每一个更小方面都可以组成本专业的一个标准系列或是一个标准，具体内容如图 2-1 所示。

下面就几个关键的物流信息标准进行介绍。

2．几个关键的物流信息标准

（1）物流术语标准

物流用语常常因国家、地区、行业、人员的不同而具有不同含义，在传递物流信息时可能引起误解和发生差错，因此，必须统一物流专业术语，为物流信息交流提供标准化的语言，这是物流信息标准化的基础工作。2001 年 8 月中国物流与采购联合会和中国物流学会颁布施行的国家标准《物流术语》，收入并确定了当前物流领域已基本成熟的 145 条术语及其定义，为我国物流信息标准化创造了一个良好的开端。

（2）物流信息分类编码标准

物流信息分类编码标准是物流信息标准化工作的一个专业领域和分支，核心就是将大量物流信息进行合理化统一分类，并用代码加以表示，构成标准信息分类代码，便于人们借助代码进行手工方式或计算机方式的信息检索和查询，这是物流信息系统正常运转的前提。物流信息分类编码标准由 3 个层次组成，第一层次为门类，第二层次为类别，第三层次为项目，如图 2-2 所示。

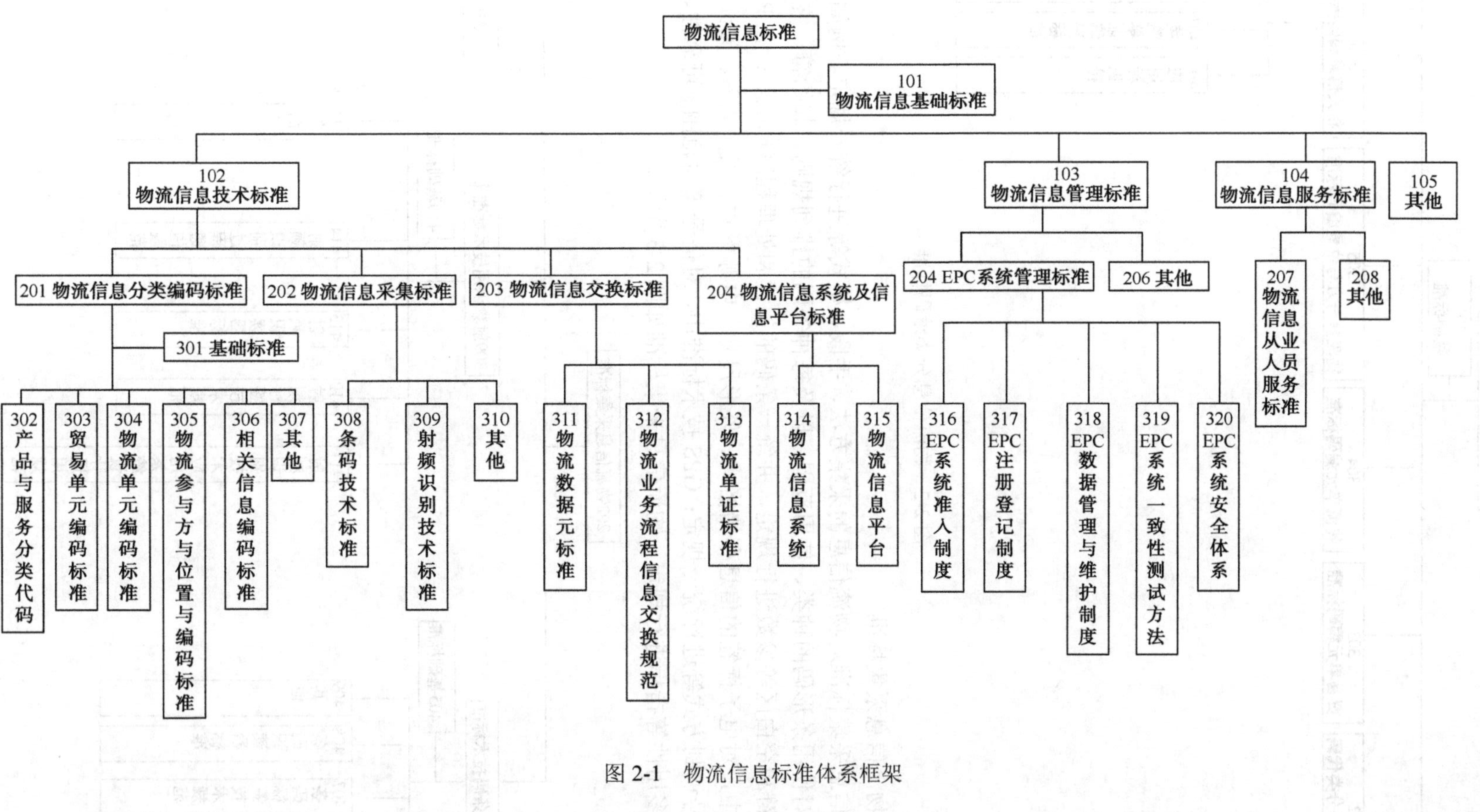

图 2-1　物流信息标准体系框架

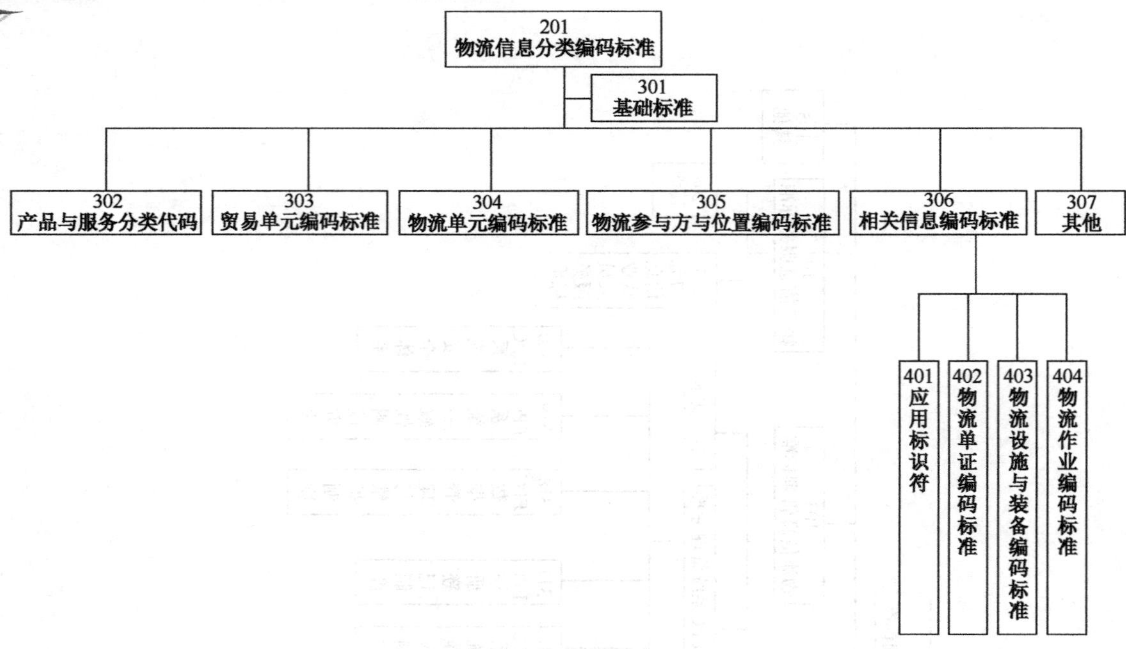

图 2-2　物流信息分类编码标准

（3）物流信息采集标准

物流信息采集标准对物流信息的采集方法、手段、格式等进行统一规定。例如，在条形码标准中，对使用条形码的种类、使用范围，以及每种条码的排列规则、起始符、终止符、数据符、校验符和空白区等参数进行规定，并统一条码的阅读和处理程序标准等；在 RFID 的电子标签标准中，对电子标签的信息存储格式、外形尺寸、电源形式、工作频率、阅读方式、有效距离、信号调制方式等进行统一规定；GPS 技术标准中，对信号覆盖范围、可靠性、数据内容、准确性及多用性等指标进行规定。物流信息采集标准如图 2-3 所示。

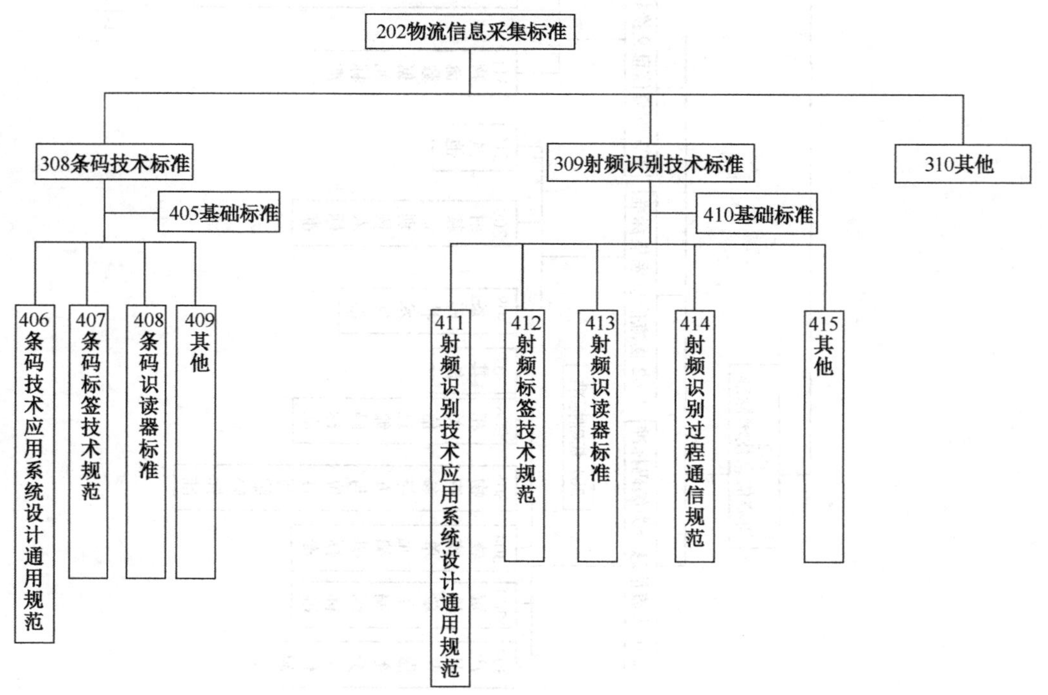

图 2-3　物流信息采集标准

（4）物流信息传输与交换标准

物流信息传输与交换标准对物流信息的通信协议、传输方式、传送速度、数据格式、安全保密、交换程序等进行统一规定。例如，在 EDI 标准中，EAN 对数据格式和报文标准进行了制定，在联合国的 UN/EDIFACT 标准基础上制定了流通领域的 EANCOM 标准；通信标准在 ISO-OSI 国际标准化组织开放系统互连参考模型的基础上，针对不同的对象采取不同的标准，如对于食品杂货采用 UCS 标准（Uniform Communication Standards，统一通信标准），对于大多数商人采用 VICS 标准、对仓库采用 WINS 标准（Warehouse Information Network Standards，仓库信息网标准）、对运输经营者采用 TDCC 标准（Transportation Data Coordinating Committee，运输数据协调委员会）、对汽车行业采用 AIAG 标准（Automotive Industry Active Group，汽车行业行动小组）；通信方式采用点对点、增值网络和报文处理系统 3 种方式等。我国在 EDI 方面应用较多的有《贸易数据元目录标准数据元》、《用于行政、商业和运输业的电子数据交换代码表》、《用于行政、商业和运输业的电子数据交换的语法实施指南》等标准。

（5）物流信息记录与存储标准

物流信息记录与存储标准对物流信息的记录、存储和检索模式等进行规定。例如，对存储介质、存储形式、存储过程、数据库类型、数据库结构、索引方法、压缩方式、查询处理、数据定义语言、数据查询语言、数据操纵语言、完整性约束等制定统一标准。目前有关的标准有 ISO 8571—2：1988（国际标准化组织公布，现已成为我国国家标准 GB/T 16505.2—1996）的《信息处理系统——开放系统互连文卷传送、访问和管理第 2 部分：虚拟卷存储器定义》、ISO 3788:1976（国际标准化组织公布，现已成为我国国家标准 GB/T 6550—1986）《信息处理交换用 9 磁道 12.7 毫米宽 63 行/毫米调相制记录磁带》等。

（6）物流信息系统开发标准

物流信息系统开发标准指对物流信息系统的需求分析、设计、实现、测试、制造、安装检验、运行和维护直到软件引退（为新的软件所代替）等建立起标准或规范，如过程标准（方法、技术、度量等）、产品标准（需求、设计、部件、描述、计划、报告等）、专业标准（职别、道德准则、认证、特许、课程等）以及记法标准（术语、表示法、语言等）。目前有关的标准有 ISO 5807（国际标准化组织公布，现已成为我国国家标准 GB/T 1526—1989）《信息处理—数据流程图、程序流程图、系统流程图、程序网络图和系统资源图的文件编制符号及约定》、ISO 8631:1986（国际标准化组织公布，现已成为我国国家标准 GB/T 13502—1992）《信息处理—程序构造及其表示的约定》、ISO/IEC 10165—1:1993（国际标准化组织公布，现已成为我国国家标准 GB/T 17175.1—1997）《信息基础开放技术互连—管理信息构造第 1 部分：管理信息模型》等。

（7）物流信息安全标准

物流信息安全标准是指为防止或杜绝对物流信息系统（包括设备、软件、信息和数据等）的非法访问（包括非法用户的访问和合法用户的非法访问）而制定的一系列技术标准，如物流信息系统中的用户验证、加密解密、防火墙技术、数据备份、端口设置、日志记录、病毒防范等，当前我国的有关标准有 GB/T 18019—1999《信息技术—包过滤防火墙安全技术要求》、GB/T 18020—1999《信息技术—应用级防火墙安全技术要求》、GB/T 15277—1994《信息处理—64bit 分组密码算法的工作方式》、GB/T 15278—1994《信息处理—数据加密物理层互操作性要求》、GB 17859—1999《计算机信息系统—安全保护等级划分准则》、GB 15851—1995《信息技术安全技术—带消息恢复的数字签名方案》等。

（8）物流信息设备标准

物流信息设备标准是对交换机、集线器、路由器、服务器、计算机、不间断电源、条码打印机、条码扫描器、存储器、数据终端等一系列物流信息设备所制定的通用标准和技术规范，现有的标准如GB/T 15533—1995《信息处理系统—小型计算机系统接口》、GB/T 14715—1993《信息技术—设备用不间断电源技术条件》、GB 9254—1998《信息技术设备的无线电骚扰限值和测量方法》等。

（9）物流信息系统评价标准

物流信息系统评价标准是对物流信息系统产品进行测试、评价的统一规定和要求，现有的标准如GB/T 17544—1998《信息技术—软件包质量要求和测试》、GB/T 17917—1999《商场管理信息系统基本功能要求》、GB/T 15532—1995《计算机软件单元测试》、GB/T 13423—1992《工业控制用软件评定准则》、GB/T 16260—1996《信息技术软件产品评价质量特性及其使用指南》等。

（10）物流信息系统开发管理标准

物流信息系统开发管理标准是对物流信息系统开发的质量控制、过程管理、文档管理、软件维护等一系列管理工作所制定的统一标准，现有的如GB/T 16680—1996《软件文档管理指南》、GB/T 12505—1990《计算机软件配置管理计划规范》、GB/T 14394—1993《计算机软件可靠性和可维护性管理》、GB /T 8567—1988《计算机软件产品开发文件编制指南》等。

2.2.3 物流信息标准体系说明

1. 物流信息技术标准说明

物流信息系统的建立，要在4个层次上进行标准化：物理层、表示层、交换层和应用层。物理层的标准化是指物流设施和技术装备的标准化，是属于传统物流方面的标准化的范畴。而表示层、交换层和应用层的标准化是指物流信息表示、物流信息交换、物流信息应用方面的标准化，是属于物流信息标准化的范畴。物流信息技术标准按表示、交换和应用3个层次来划分，可分为物流信息分类编码标准、物流信息采集标准、物流信息交换标准、物流信息系统及信息平台标准。

（1）物流信息分类编码标准

物流信息首先要在代码化基础上，再经自动数据采集技术才能进入物流信息系统，从而为物流现代化提供技术支持。物流信息的代码化要运用物流信息分类编码技术。

物流信息分类编码的应用标准又分为产品与服务分类代码标准、贸易单元编码标准、物流单元编码标准、物流参与方与位置编码标准、相关信息编码标准和其他相关标准。

（2）物流信息采集标准

物流信息采集技术解决了物流信息进入物流信息管理系统的瓶颈问题，是实现物流自动化的关键。当前用在物流领域的信息采集技术主要是条码技术和RFID技术。

条码技术标准主要包括条码基础标准、物流条码应用系统设计通用规范、条码标签规范以及条码识读器标准等。

条码基础标准主要包括《条码术语》标准和码制标准。码制标准主要有：EAN码制、UPC码制、128码制、UCC/EAN-128码制、三九条码、库德巴条码等一维条码标准，以及PDF417条码、QR矩阵码等二维条码标准。

上述标准已经有国家标准。但有些标准随着应用的不断深入需要进行修订，如库德巴条码等，同时需要制定部分新的码制标准，如缩减空间码（RSS条码符号）国家标准、EAN • UCC

复合码国家标准、马克西码（Maxicode）国家标准及数据矩阵码（Data Matrix）国家标准。

条码标签标准有《包装 用于发货、运输和收货标签的一维条码和二维条码》、《车辆识别代码条码标签》、《商品条码符号位置》国家标准等。

当前，在物流过程中的 EPC 系统就是 RFID 技术的一种应用。物流信息标准体系中，RFID 技术标准围绕 EPC 系统应用的标准主要有：基础标准（EPC 系统术语、EPC 网络管理软件标准、EPC 对象名称解析服务系统、EPC 实体标记语言标准等）；物流 RFID 应用系统设计通用规范（EPC 系统设计规范）；射频标签技术规范（主要指 EPC 标签技术规范，EPC 标签封装技术规范）；射频识读器标准（射频识读器通用规范、EPC 识读器规范）；射频识别过程通用通信规范（主要指 EPC 通信规范）。

（3）物流信息交换标准

物流信息交换标准主要包括 3 个层面上的标准：物流数据元标准、物流业务流程信息交换规范及物流单证标准。

（4）物流信息系统及信息平台标准

物流信息系统及信息平台标准用以规范物流信息系统和信息平台的建设，指出物流信息系统和信息平台的设计原则和基本功能。相关标准主要指：物流信息平台的基本架构；物流信息平台基本功能；物流信息平台与海关、税务、商贸、金融、商检等领域信息系统接口规范，以及与企业物流信息系统之间接口规范等。

2．物流信息管理标准说明

当前，需要制定的物流信息管理方面的标准主要是指 EPC 系统的管理标准，因为 EPC 系统要在我国推广和应用，相应的管理过程也要标准化。主要包括 EPC 系统准入制度、EPC 注册登记制度、EPC 数据管理和维护制度、EPC 系统一致性测试方法和 EPC 系统安全体系等。

3．物流信息服务标准说明

物流信息服务标准主要是物流信息从业人员服务标准。随着越来越多的人从事物流信息服务，为了规范从业人员的素质，急需制定相关标准。

2.3 物流信息分类编码标准

2.3.1　物流信息分类编码标准的内涵

物流信息标准旨在汇集与物流信息系统相关的现有国家标准，提出待制定的相关国家标准，一方面明确标准制定工作的需求，另一方面反映现有标准化状况，为物流信息系统设计人员提供参考，为进一步采用国际标准和国外先进标准提供支撑。它促进了物流活动的社会化、现代化和合理化。

信息技术推动了人类从工业社会过渡到信息社会。随着信息社会的到来，信息资源的开发，信息的生产处理和分配，已经成为世界经济增长最快的产业之一，与信息产业不可分割的信息技术标准化，尤其是作为信息处理基础的信息分类编码标准化工作，越来越受到人们的重视。

物流活动是改变商品/产品的时间和空间效能的活动，它是国民经济正常运转的保障，是人类赖以生存的基础。

随着电子商务的发展，物流系统的信息化要求日益迫切，与电子商务相配套的物流信息系统建设必须加大力度。在物流信息系统建设中，通过标准化来实现系统间的数据交换与共享已经成为电子商务的必然要求。因此，用现代化的信息技术来支撑现代物流活动具有重要意义。

物流信息分类编码标准化是信息分类标准化工作的一个专业领域和分支，其核心是将信息分类编码标准化技术应用到现代物流系统中，实现物流信息系统的自动数据采集和系统间的数据交换与资源共享，促进物流活动的社会化、现代化和合理化，在实践中做到“货畅其流”。

2.3.2 层次划分

物流信息系统物流信息分类编码标准体系总表分 3 个层次，第一层次为门类，第二层次为类别，第三层次为项目。整个标准体系分为 3 个门类。第一门类为基础标准，这些标准是制定标准时所必须遵循的、全国统一的标准，是全国所有标准的技术基础和方法指南，具有较长时期的稳定性和指导性；第二门类为业务标准，它是针对物流活动（装卸、搬运、仓储、运输、包装和流通加工）的技术标准，对物流信息系统建设具有指导意义；第三门类为相关标准，它是伴随人类社会技术进步（特别是通信和信息处理技术进步）而产生的专门领域标准，其中 EDI 应用与商业贸易和政府审批（如报关等）与物流活动密切相关，而 GPS 则是提供对运输工具（含运输物品）的动态实时跟踪和导航的工具系统，也与物流活动密切相关。

2.3.3 基础标准

基础标准主要包括：GB/T 13016—1991《标准体系表编制原则和要求》、GB/T 7026—1986《标准化工作导则—信息分类编码的编写规定》、《信息分类编码的维护方法和规定》（建议尽快制定国家标准）、《信息分类编码标准的管理规定》（建议尽快制定国家标准）、《信息分类编码标准的注册规定》（建议尽快制定国家标准）、GB/T 7027—1986《标准化工作导则信息分类编码的基本原则和方法》、GB/T 13959—1992《文件格式分类与代码编制方法》、GB/T 16733—1997《国家标准制定程序的阶段划分及代码》、GB/T 10091—1989《事务特性表定义和原理》、GB/T 17710—1999《数据处理校验码系统》和 ISO 7064—83、GB/T 10113—1988《信息分类编码通用术语》。

2.3.4 业务标准

业务标准分为 6 个类别：201——物品分类编码标准是描述和表征物品的分类代码，其中不同的分类代码标准适用于不同的场合；202——参与方分类代码标准用来标识物流活动参与各方（如发货人、收货人和保险人等）；203——位置分类编码标准可实现对物理位置和地理位置的唯一标识，如位置码可标识出仓库、货位等具体详细物理位置；204——运输分类编码标准主要针对车辆、船舶和集装箱等进行标识；205——单证分类编码标准规定标准单证，包括单证格式、单证指标和编码等；206——时间和计量分类编码标准规定时间表示法和标准计量单位系统，是物流的基础。具体应用如下。

物品分类编码标准主要包括：GB/T 7635—1987《全国工农业产品（商品、物资）分类与代码》、《全国产品分类与代码可运输产品部分》将替代 GB 7635—1987、《全国产品分类与代码不可运输产品部分》将替代 GB 7635—1987、《中华人民共和国进出口商品分类和代码》正在制定国家标准、GB 12904—1998《通用商品条码》、GB/T 16830—1997《储运单元条码》、GB/T 16472—1996《货物类型、包装类型和包装材料类型代码》、GB 12268—1990《危险货物品名表》、GB/T 6944—1986《危险货物分类与品名编号》、GB/T 16772—1997《中国煤炭编码系统》、GB 16163—1996《瓶装压缩气体分类》等。

参与方分类编码标准主要包括：GB 11714—1997《全国组织机构代码编制规则》并采用国际标准 ISO 6523、《全国组织机构代码信息数据库（基本库）机读格式规范》GB/T 16987—1997、GB/T 16828—1997《位置码》、GB/T 11643—1998《公民身份证号码》等。

位置分类编码标准主要包括：GB/T 2260—1999《中华人民共和国行政区划代码》、GB/T 10114—1988《县以下行政区划代码编制规则》、GB/T 15514—1995《中华人民共和国口岸及有关地点代码》、GB/T 7407—1987《中国及世界主要海运贸易港口代码》、GB/T 10302—1988《中华人民共和国铁路车站站名代码》、GB/T 2659—1994《世界各国和地区名称代码》并采用国际标准 ISO 3166—93、GB/T 14395—1993《城市地理要素——城市道路、道路交叉口、街坊、市政工程管线编码规则》、GB/T 16828—1997《位置码》、建议制定国家标准《中国机场名称代码》和《仓储货位分类代码编码规则》等。

运输分类编码标准主要包括：GB 4290—1984《集装箱运输状态代码》、GB/T 15419—1994《国际集装箱货运交接方式代码》、GB/T 1836—1997《集装箱代码、识别和标记》、GB/T 15119—1994《集装箱常用残损代码》、GB/T 14945—1994《货物运输常用残损代码》、GB/T 918.1—1989《道路车辆分类与代码——机动车》、GB/T 918.2—1989《道路车辆分类与代　码——非机动车》、GB 12410—1990《国际航行船舶识别代码》、GB 16158—1996《内河船舶分类与代码》、GB/T 16300—1996《民用航空业信息分类与代码》、GB/T 16735—1997《道路车辆 识别代号（VIN）位置与固定》等。

单证分类编码标准主要包括：GB/T 14392—1993《贸易单证样式》、GB/T 15423—1994《国际贸易交货条款代码》、GB/T 16963—1997《国际贸易合同代码规范》、建议制定国家标准《物流单证数据元》、《指标体系分类编码》等。

时间和计量分类编码标准主要包括：GB/T 7408—1994《数据元交换格式 信息交换 日期和时间表示法》和 ISO 8601—88、GB/T 9648—1988《国际单位制代码》和 ISO 2955—83、GB/T 12406—1996《表示货币和资金的代码》和 ISO 4217：1990、GB/T 17295—1998《国际贸易用计量单位代码》等。

2.4 EAN·UCC 标准体系

2.4.1 EAN·UCC 标准体系的内涵

EAN·UCC 系统是国际物品编码协会和美国统一代码委员会经过近 30 年的努力而建立的标准化物流标识体系，是全球贸易和供应链管理的共同语言，包括对贸易项目、物流单元、资产、服务等的标识系统。

EAN·UCC 系统是以全球统一的物品编码体系为核心，融条码、射频等自动数据采集、电子数据交换等系统为一体的，服务于物流供应链的开放的标准体系。EAN·UCC 标准体系包括管理标准、技术标准、应用标准，如图 2-4 所示。

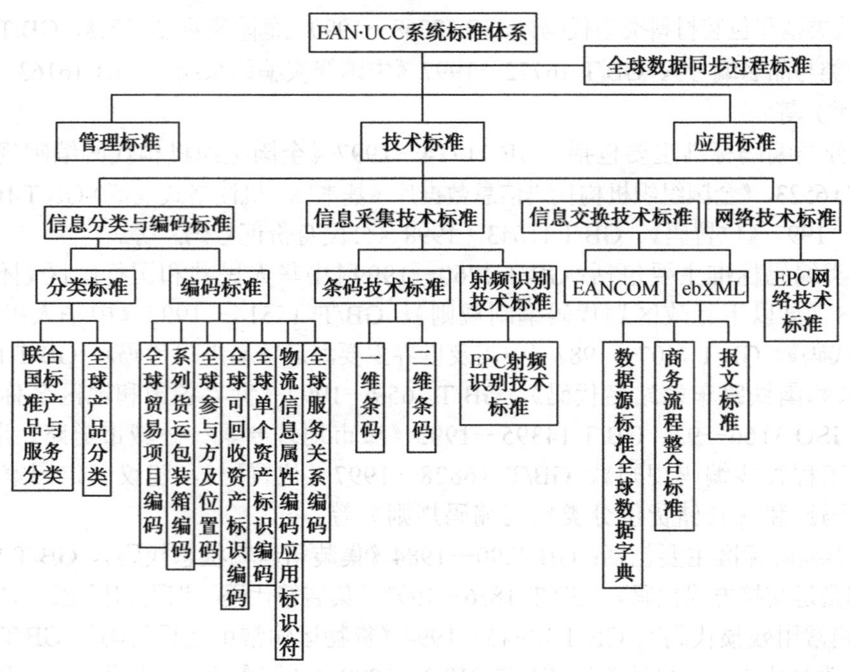

图 2-4　EAN・UCC 系统标准体系

2.4.2　条码技术标准

如果把表示信息的数字化代码按特定规则排列的黑白相间的条形符号表示出来，那就是条码。条码的应用范围非常广泛，几乎在所有自动识别领域都可以应用，但是应用最广泛的领域还是商业，目前中国已经有 4 万多家企业申请使用条码，有 50 多万种产品使用条码标识。在工业发达国家，条码在电子商务中的应用已经相当普及。

条码技术标准主要包括条码规则、条码设备、条码检测方法和条码应用等方面的内容。中国已经发布了《条码系统通用术语》、《条码符号术语》、《条码符号印刷质量的检验》、《三九条码》、《库德巴条码》、《通用商品条码》、《通用商品条码符号位置》、《中国标准书号（ESBN 部分）条码》、《417 条码》等国家条码标准。条码国家标准主要有：GB/T 15425—2002《EAN.UCC 系统 128 条码》、GB 12904—2003《商品条码》、GB/T 12908—2002《信息技术 自动识别和数据采集技术条码符号规范 三九条码》、GB/T 18805—2002《商品条码印刷适性试验》、GB/T 18348—2001《商品条码符号印制质量的检验》、GB/T 12905—2000《条码术语》、GB/T 18127—2000《物流单元的编码与符号标记》、GB/T 16986—1997《条码应用标识》、GB/T 16829—1997《交插二五条码》、GB/T 16830—1997《储运单元条码》、GB/T 18283—2000《店内条码》、GB/T 17172—1997《四一七条码》、GB/T 18347—2001《128 条码》、GB/T 16827—1997《中国标准刊号（ISSN 部分）条码》、GB/T 12906—2001《中国标准书号条码》、GB/T 18284—2000《快速响应矩阵码》。

EPC 主要标准有如下几个。

1）EPC Tag Data Specification（EPC 标签数据规范）：定义 EPC 标签的数据结构和数据格式。

2）900MHz Class0 Radio Frequency（RF）Identification Tag Specification（900MHz 射频标签规范）：详细说明了 900MHz 频率类的通信接口和协议。包括射频、标签、通信算法等方面的内容。

3）13.56MHz ISM Band Class 1 Radio Frequency（RF）Identification Tag Specification

（13.56MHz 射频标签规范）：详细说明了 13.56MHz 频率类的通信接口和协议。包括射频、标签、通信算法等方面的内容。

4）860MHz～930 MHz Class I Radio Frequency （RF） Identification Tag Radio Frequency & Logical Communication Interface Specification（860～930MHz 射频标签规范）：详细说明了 860MHz～930 MHz 频率类的通信接口和协议。包括射频、标签、通信算法等方面的内容。

5）Reader Protocol（读写器协议）：定义了读写器和 EPC 相关软件及中间件（包括 Savant）的通信协议和通信机制。

6）Savant Specification（Savant 规范）：定义了在 EPC 网络中 Savant 为应用请求提供的服务。

7）Physical Markup Language(PML)Core Specification，XML Schema and Instance Files（PML，XML 和实体文件规范）：定义了 PML，XML 和实体文件规范，提供 Reader 读写信息的标准格式，以及相关的 XML 和实体文件规范。

8）Object Name Service (ONS)Specification（ONS 规范）：定义 ONS 的服务机制。

2.4.3 信息交换技术标准

（1）EANCOM

EAN 为了提高整个物流供应链的运作效益，在 UN/EDIFACT 标准（联合国关于管理、商业、运输业的电子数据交换规则）基础上开发了流通领域电子数据交换规范——EANCOM。到目前为止，EANCOM 包括 47 个报文，分为主数据类、商业交易类、报告和计划类、运输类、财务类及通用报文类。其中主数据类报文包括参与方信息报文（用于传递商业交易的所有位置信息、全球位置码、名称、地址、联系人、银行账号及相关信息）和产品信息报文（提供参与方产品或服务的代码及相关信息）。商业交易报文包括报价请求到汇款通知的贸易循环中涉及的报文。报告和计划报文则提供关于交货、销售和库存信息的报告和预测，使得相关的参与方来计划他们的活动和营销战略。

（2）eb-XML

为解决传统的 EDI 自身的问题，EAN 和 UCC 开发了基于 XML 的电子商务数据交换标准 eb-XML。EAN 和 UCC 开发 eb-XML 的宗旨是要开发一个以开放的 XML 标准为基础的电子商务基础架构，建立全球统一的电子交易市场，为所有企业进入电子商务的道路扫清障碍，简化贸易程序。

eb-XML 标准包括 3 个方面的内容：数据元标准、流程整合标准和单证标准。为此，EAN 和 UCC 联合 GCI 制定了《全球数据字典》，它是用于电子商务的贸易主数据的格式与描述，可以说是数据元标准的基础。

2.4.4 我国物流信息标准实施对策

随着全球经济一体化进程的加快，物流标准化工作所涉及的领域越来越广泛。目前，我国国家物流标准化体系的建设相当不完善，尽管已建立了物流信息标志标准体系，并制定了一些重要的国家标准，如《商品条码》、《储运单元条码》、《物流单元条码》等，但这些标准的应用推广存在着严重问题。以《储运单元条码》为例，应用正确率不足 15%。而且一些急需出台的物流信息标准的制定比较缓慢，如有关企业间信息交换流程标准，有关物流信息平台应用开发、数据传输、通用接口、用户管理等方面的标准规范还十分欠缺。这些情况严重制约了我国物流信息化的快速发展。

1．转变观念，从根本上认识物流信息化的重要作用

现代物流已成为跨部门、跨行业、跨地域的以现代科技管理和信息技术为支撑的综合性物流服务，而完善的物流基础设施、高效的物流信息平台和发达的第三方物流企业则是发展现代物流的“三驾马车”。在现代物流中，信息已成为提高企业营运效率、降低成本、增进客户服务质量的核心因素。

现代物流发展必须依靠物流信息技术，实现物流的信息化管理，推动企业经营管理手段的变革，通过计算机网络管理为基础的物流平台，突破原有的发展平台局限，整合公司资源，规范业务流程，有效实现跨区域业务管理，实现信息流、货物流和资金流的畅通，快速提高公司整体效率，节省公司运营成本，提高服务能力和水平，增强公司的美誉度，为公司的财务统计、业务查询、管理决策提供有力支持。

只有政府部门和企业充分认识到物流信息化带给整个物流行业革命性影响和后果，他们才会做出更有利于推动整个物流行业信息化发展的关键决策。例如，政府部门会加大物流信息标准的制定、宣贯力度，会加快物流信息基础服务设施与平台的建设，会出台更多有助于企业之间、地区之间、行业之间物流信息资源共享的政策和法规。企业也许会考虑将更多的资金投入物流信息化建设，自建物流信息系统或者采用托管等方式来提高企业的信息化水平。总之，企业的物流信息化需求会被激发起来，这对推动整个物流行业信息化水平的提高是十分重要的。

2．立足现实，加快物流公共信息平台建设

物流公共信息平台是通过对物流相关信息的采集，为生产、销售及物流企业的信息系统提供基础物流信息，满足企业信息系统对物流公用信息的需求，支撑企业信息系统各种功能的实现，同时，通过物流共享信息，支撑政府部门间行业管理与市场规范化管理方面协同工作机制的建立。

通过构建基于 Internet 的物流公共信息平台，平台上的物流相关企业可以实现异构数据格式的转换，按统一的数据标准流转，实现信息共享，避免重复劳动，节约社会资源。企业可以通过平台实现信息发布、查询，缩短物流信息流转环节，降低运营费用；平台还可以实现与信息化程度高的大企业内部系统的集成，对不具备全面开展信息化的中小企业，通过会员方式加入平台，能以较低成本共享物流业内信息资源，拓宽其业务范围。政府相关部门利用物流公共信息平台，在宏观决策上可以进行科学的预测分析和规划，进而制定相关政策。在行业管理上可通过平台及时获得企业信息、需求总量、供给能力、运输方式的运营状况等，以便及时进行有针对性的行业调控。

3．突出重点，推动物流信息标准化建设

目前，物流信息标准的多样化、不统一、不规范已经成为制约我国物流行业信息化发展的重要因素之一，因此，首先要统一标准，虽然我国已经成立了全国物流信息管理标准委员会，但是在统一标准方面还有相当大的难度，特别是在产品编码方面，既要国内统一，还要遵循国外的标准，真正能够做到全世界范围内一品一码，不是简单的事，不仅技术上有很大的难度，在实际操作上也有很大的难度。

其次，加快一些急需标准，如企业间电子化物流信息交互标准、物流公共信息平台标准等的研究制定，以完善物流标准体系。企业间电子化物流信息交互标准包括企业间流程信息标准、企业间物流流程信息交互的实现框架，如消息构成、消息交换模式等。物流公共信息平台标准包括物流公共信息平台应用开发指南，如接口标准、开发框架、数据传输标准、用户协议等。

最后要加强物流信息标准的宣贯。标准的研究、制定与发布并非是最终目的，而在于宣

贯、推广和应用。物流标准化不是一种行政命令，它的推行动力就是企业的逐利本能，政府只要找出激励的方法，企业就会自动推动标准化进程。市场经济的原动力就是以让企业能以最短的时间得到最大的利润，物流标准化的宣贯离不开这个原则，否则只会事倍功半。

以满足现实需求为出发点，在充分考虑满足企业信息化发展初期的个性化需求的同时，又要为其向规范化、规模化、国际化的发展打好信息标准的基础。

2.5 物流信息化标准收集整理实训

2.5.1　实训目的及要求

根据本章所学的相关物流信息化标准知识，通过网络平台，收集汇总相关的物流信息化标准，主要让学生自主收集相关的物流信息化标准，并根据分类进行整理，为以后的学习做铺垫，并认识到物流信息化标准对物流行业发展的重要性。

2.5.2　实训任务

实训任务如表 2-1 所示。

表 2-1　实训任务

任务编号	2
任务名称	物流信息化标准收集整理
任务内容	1．物流信息化标准的收集。通过网络信息平台（标准化网站或标准信息化服务平台），搜索各种已制定的物流信息化标准，要求具有详细的物流信息标准化文档 2．物流信息化标准的整理。根据本章所学的知识（物流信息化分类方法），对收集到的相关物流信息化标准进行具体分类，使用相关表格进行整理
提交资料	1．物流信息化标准分类整理资料 2．实训心得
相关网站资料	1．物流标准委网：http://www.tc267.org.cn/ 2．物流信息技术与应用国家级精品课程网：http://jpkc3.56edu.com:88/study/wlxxjs/index.html 3．物流标准信息化服务平台：http://wl.hzsis.com/
思考问题	1．物流信息化标准体系是否存在通用性 2．你对我国的物流信息化标准制定有什么好的建议

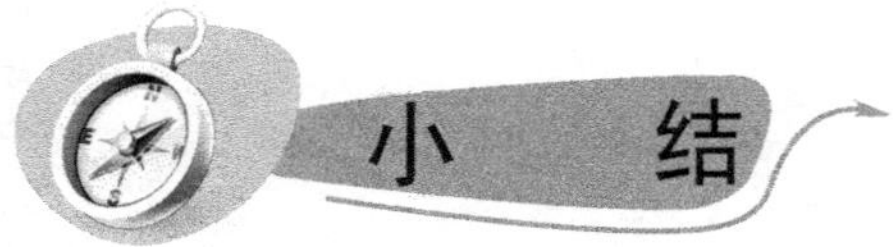

小　结

本章介绍了物流信息标准化的概念、物流信息标准化的意义、物流信息标准化发展的主要困难、我国物流标准科学体系的建立与发展，着重介绍了物流信息标准体系、物流信息分类编码标准分类，对 EAN • UCC 标准体系做了详细的介绍。

习　　题

1．什么是物流标准化？
2．信息标准化体系主要包括哪几个方面？
3．物流信息标准体系表的编制应遵循什么原则？
4．物流信息标准化体系由哪几部分组成？
5．关键的物流信息标准有哪几个？
6．分析我国物流信息标准现状，提出自己的看法。

第3章 物流数据采集条码技术

导教——教学导航

职业能力要求

■ 专业能力：掌握条码的定义、条码技术的特点、常见一维条码及在物流中的应用，掌握二维条码的特点、常见二维条码及应用，熟悉常用的物流条码识别设备，了解物流条码识读设备的相关参数知识。

学习目标

■ 了解条码技术的概念及其结构组成；
■ 理解一维条码技术的编码方法；
■ 熟悉常见的一维条码；
■ 了解二维条码技术及其特点；
■ 了解物流条码识读设备；
■ 熟悉条码技术在物流中的应用。

导读 3-1　配件启用条形码 汽修企业实施质量追溯

如今的有车族越来越多，交通事故也随之增加。所以我们要从根本上保证车上的每个零部件的质量问题，目前某市的所有一类汽车维修企业，已全部实施维修配件质量保证和追溯系统。车主只要在这些企业中进行车辆维修，更换的每个汽车零部件都有一张含有条形码的“电子身份证”，使配件的产品名称、供应商名称，以及地址、材料的进货日期、规格型号、产品合格证等信息一目了然。

此次系统的推广应用，使机动车维修配件质量保证和追溯体系覆盖大众、现代、丰田、本田、通用、宝马、奔驰等各系车辆。

配件质量追溯，是通过为维修配件张贴条形码，信息化跟踪配件从出厂到报废的整个流转过程，做到了维修配件的来源可追溯、去向可查明、责任可追究。

郑州恒佑科技有限公司致力于产品质量追溯的研发，可针对不同项目定向开发适合不同客户需求的质量追溯体系。通过对物品进行“一物一码”的电子标签设计，建立数据库，对每个产品进行条形码身份认证，通过管理系统实现对物品查看、检索、出入库、返库、统计等功能，实现质量追溯，既能提高工作效率和质量，又能将人力从烦琐的工作中解放出来，进行人员优化。

（资料来源：http://www.labelmx.com/company/news/trade/201305/4791.html）

思考题：

（1）简述条形码的“电子身份证”在汽修企业实施质量追溯中所起到的作用。

（2）请查找资料简答如何应用条形码来实现汽修企业实施质量追溯。

3.1 条码技术概述

3.1.1 条码和条码技术

1. 条码的产生与发展

在被称之为信息化社会的今天，信息量增加的“裂变”速度已到了令人瞠目结舌的地步。据统计，近 20 年人类社会所积累的信息量已超过了以往两千年所积累的信息量的总和。

为了迎接信息时代的挑战，人们要求对社会上各个领域的信息进行正确、有效、适时的管理。计算机技术的出现，提高了人们处理信息的速度和能力，然而，面对浩如烟海、瞬息万变的信息流，在有限的时间里如何进行有效采集成为人们普遍关注的问题。

条码技术起源于零售业的自动结算。早在 20 世纪 30 年代，人们就开始探索零售自动结算的方法和手段，直到 1949 年美国的伍德兰（Woodland）和伯尼·西尔沃（Berny Silver）才提出了所谓的“牛眼式条码”并申请了美国专利，这是条码的雏形。在原理上，“公牛眼”代码与后来的条形码符号很相近。20 年后，伍德兰作为 IBM 公司的工程师成为北美地区的统一代码——UPC 码的奠基人。吉拉德·费伊赛尔（Girad hissel）等人于 1959 年申请了一项专利，将数字 0～9 中的每个数字用七段平行条表示，但是这种代码机器阅读不方便。不过，这一构想促进了条形码码制的产生与发展。不久，E. F. 布林克尔（E. F. Brinker）获得了将条形码标示在有轨电车上的专利。20 世纪 60 年代后期，西尔韦尼亚（Sylvania）发明了一种被北美铁路系统所采纳的条形码系统。

2. 我国条码技术的应用与推广

我国条码技术的研究始于 20 世纪 70 年代，当时的主要工作是学习和跟踪世界先进技术。随着计算机应用技术的普及，80 年代末，条码技术在我国的邮电、仓储、图书管理及生产过程的自动控制等领域开始得到初步运用，1988 年 12 月 28 日，经国务院批准，成立了中国物品编码中心负责统一组织、协调、管理我国的条码工作。1991 年 4 月，中国物品编码中心代表我国加入 EAN，为全面开展我国条码工作创造了有利条件。1991 年，上海食品一店应用条码的 POS 系统正式投入运行，这是我国自行研制拥有自主知识产权的商业 POS 系统。

为了使条码工作面向市场，适应加入 WTO 的需要，满足我国经济发展的需求，中国物品编码中心于 2003 年 4 月启动 “中国条码推进工程”。中国条码推进工程的实施步骤为：

第一阶段——启动期（2003 年）。系统成员保持 10%的增长率，发展系统成员 2.2 万家，建立两个应用示范系统，开辟两个新的应用领域。

第二阶段——起飞期（2004～2006 年）。系统成员以每年至少 16%的速度增长，发展系统成员 8.8 万家，商品条码质量合格率提高到 80%，开辟 3 个新的应用领域，建立 8 个应用示范系统。

第三阶段——成熟期（2007 年）。系统成员以 18%的速度增长，发展系统成员 4 万家，系统成员数量翻一番，系统成员保有量居世界第二；使用条码的产品总数达到 200 万种；条码的合格率达到 85%。条码技术在零售、物流配送、连锁经营和电子商务等国民经济和社会发展的各个领域得到广泛应用，形成以条码技术为主体的自动识别技术产业。

条形码作为一种及时、准确、可靠、经济的数据输入手段已被物流信息系统所采用，在工业发达的国家已经普及应用，成为商品独有的世界通用的“身份证”。

条形码技术的应用对开发我国物品标示系统，使其规范化、标准化，与国际标准兼容，推进我国的计算机应用和现代化管理，促进国内商品经济的繁荣，增强中国产品在国际市场的竞争力，推进生产自动化管现代化具有深远的意义。

3.1.2 条码相关术语

1．条码的定义

国家标准 GB/T 12905—2001《条码术语》定义：条码是由一组规则排列条、空以及对应的字符组成的标记。“条”是指对光线反射率较低的部分，“空”是指对光线反射率较高的部分。这些条和空组成的数据表达一定的信息，并能够用特定的设备识读，转换成与计算机兼容的二进制和十进制信息。

2．条码的组成及相关术语

一个完整的条码一般由左侧空白区（也称静区）、起始符、数据字符、中间分隔符（可选）、校验符、终止符、右侧空白区等组成，如图 3-2 所示。

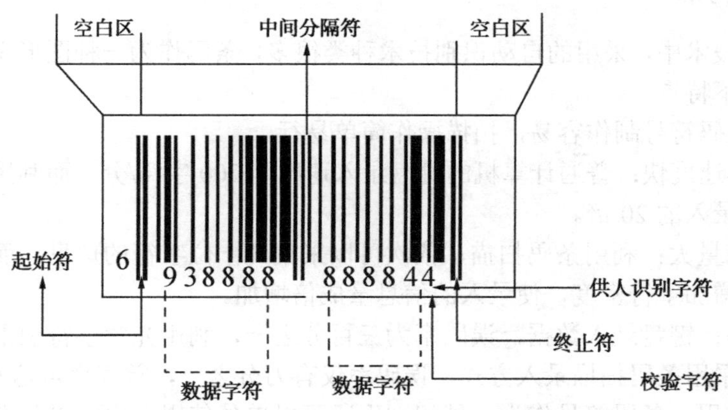

图 3-2 条码的组成

1）起始符（Start Character；Start Code）：位于条码起始位置的若干条与空，标志一个条形码的开始，是判断条码种类的重要参数。

2）终止符（Stop Character；Start Code）：位于条码终止位置的若干条与空，标志一个条形码的结束，是判断条码种类的重要参数。

3）空白区（Clear Area；Quiet Area）：也称静区，位于条码符号的两侧，条码起始符、终止符两端外侧与空的反射率相同的限定区域，无任何符号及信息的白色区域，提示条形码阅读器准备扫描，根据条码的类型不同，其宽度不同。

4）数据字符（Data Character）：位于起始符后面的字符，标志一个条形码的值，其结构异于起始符，可允许进行双向扫描。

5）中间分隔符（Central Seperating Character）：位于条码中间位置用来分隔数据段的若干条与空，是个可选内容，主要用于左、右侧编码不同的条码编码。

6）校验字符（Bar Code Check Character）：用于检验条码识读的准确性。阅读器在对条形码进行解码时，对读入的各字符进行规定的运算，如运算结果与校验字符相同，则判定此阅读有效，否则提示重新读入。

7）条码字符集（Bar Code Character Set）：某种条形码规则中给定的可标示的数据范围，一般有纯数字集、数字加字母集和数字加字母及符号集 3 种，它是判断条码种类的重要参数。

8）条码填充符（Bar Code Filler Character）：不表示特定信息的条码字符。

9）模块（module）：组成条或者空的最基本单元，是条码识读设备可以识别的最小单元。

10）X 尺寸（X Dimension）：X 条码符号中窄单元的标称尺寸。

11）Z 尺寸（Z Dimension）：Z 条码符号中窄单元的实际尺寸。

12）条码长度（Bar Code Length）：从条码起始符前缘到终止符后缘的长度。

13）连续型条码（Continuos Bar Code）：没有条码字符间隔的条码。

14）间隔型条码（Discrete Bar Code）：有条码字符间隔的条码。

15）双向条码（Bi-directional Bar Code）：条码符号两端均可作为扫描起点的条码。

16）附加条码（Add-on）：表示附加信息的条码。

17）自校验条码（Self-checking Bar Code）：条码字符本身具有校验功能的条码。

18）定长条码（Fixed Length of Bar Code）：条码字符个数固定的条码。

19）不定长条码（Unfixed Length of Bar Code）：条码字符个数不固定的条码。

20）条码系统（Bar Code System）：由条码符号设计、制作及扫描识读组成的系统。

3.1.3 条码的特点

在信息输入技术中，采用的自动识别技术种类很多，条码作为一种图形识别技术与其他识别技术相比有如下特点。

1）简单：条码符号制作容易，扫描操作简单易行。

2）信息采集速度快：普通计算机的键盘录入速度是 200 字符/分，而利用条码扫描录入信息的速度是键盘录入的 20 倍。

3）采集信息量大：利用条码扫描，依次可以采集几十位字符的信息，而且可以通过选择不同码制的条码增加字符密度，使录入的信息量成倍增加。

4）可靠性高：键盘录入数据，误码率为三百分之一，利用光学字符识别技术，误码率约为万分之一。而采用条码扫描录入方式，误码率仅有万分之一，首读率可达 98%以上。

5）灵活、实用：条码符号作为一种识别手段可以单独使用，也可以和有关设备组成识别系统实现自动化识别，还可和其他控制设备联系起来实现整个系统的自动化管理，在没有自动识别制备时，也可实现手工键盘输入。

6）自由度大：识别装置与条码标签相对位置的自由度要比 OCR（Optical Character Recognition，光学字符识别）大得多。条码通常只在一维方向上表示信息，而同一条码符号上所表示的信息是连续的，这样即使是标签上的条码符号在条的方向上有部分残缺，仍可以从正常部分识读正确的信息。

7）设备结构简单、成本低：条码符号识别设备的结构简单，操作容易，无须专门训练。与其他自动化识别技术相比较，推广应用条码技术，所需费用较低。

3.1.4 条码的编码原则

在对商品进行编码时，应遵守以下基本原则。

（1）唯一性

唯一性原则是商品编码的基本原则，是指同一商品项目的商品应分配相同的商品标示代码，不同商品项目的商品必须分配不同的商品标示代码。基本特征相同的商品应视为同一商品项目，基本特征不同的商品应视为不同的商品项目。通常商品的基本特征包括商品名称、商标、种类、规格、数量、包装类型等。商品的基本特征一旦确定，只要商品的一项基本特征发生变化，就必须分配一个不同的商品标示代码。

（2）稳定性

稳定性原则是指商品标示代码一旦分配，只要商品的基本特征没有发生变化，就应保持不变。同一商品项目，无论是长期连续生产，还是间断式生产，都必须采用相同的标示代码，即使该商品项目停止生产，其标识代码应至少在 4 年之内不能用于其他商品项目上。另外，即便商品已不在供应链中流通，由于要保存历史记录，需要在数据库中较长期地保留其标示代码，因此，在重新启用商品标示代码时，还需要考虑此因素。

（3）无含义性

无含义性原则是指商品标示代码中的每一位数字不表示任何与商品有关的特定信息。有含义的编码，通常会导致编码容量的损失，厂商在编制商品项目代码时，最好使用无含义的流水号。

3.1.5　条码的分类

1．按码制分类

（1）UPC 码

1973 年，美国率先在国内的商业系统中应用 UPC 码，之后加拿大也在商业系统中采用 UPC 码。UPC 码是一种长度固定的连续型数字式码制，其字符集为数字 0～9。它采用 4 种元素宽度，每个条或空是 1、2、3 或 4 倍单位元素宽度。UPC 码有两种类型，即 UPC-A 码和 UPC-E 码，如图 3-3、图 3-4 所示。

图 3-3　UPC-A 条码

图 3-4　UPC-E 条码

（2）EAN 码

1977 年，欧洲经济共同体各国按照 UPC 码的标准制定了欧洲物品编码 EAN 码，与 UPC 码兼容，而且两者具有相同的符号体系。EAN 码的字符编号结构与 UPC 码相同，也是长度固定的、连续型的数字式码制，其字符集是数字 0～9。

EAN 码有两种版本——标准版和缩短版。标准版表示 13 位数字，又称 EAN13 码，缩短版表示 8 位数字，又称 EAN8，分别如图 3-5、图 3-6 所示。两种条码的最后一位为校验位，由前面的 12 位或 7 位数字计算得出。两种版本的编码方式可参考国标 GB/T 12094—1998。

图 3-5　EAN13 条码

图 3-6　EAN8 条码

EAN 码由前缀码、厂商识别码、商品项目代码和校验码组成。前缀码是国际 EAN 组织标示各会员组织的代码，我国为 690、691 一直到 695；厂商代码是 EAN 编码组织在 EAN 分配的前缀码的基础上分配给厂商的代码；商品项目代码由厂商自行编码；校验码是为了校验代码的正确性。例如，听装健力宝饮料的条码为 6901010101098，其中 690 代表我国 EAN 组织，1010 代表广东健力宝公司，10109 是听装饮料的商品代码。这样的编码方式就保证了无论在何时何地，6901010101098 都唯一对应该种商品。

（3）交插 25 码

交插 25 条码是一种条、空均表示信息的连续型、非定长、具有自校验功能的双向条码，如图 3-7 所示。它的每一个条码数据符由 5 个单元组成，其中两个是宽单元（表示二进制的“1”），3 个窄单元（表示二进制的“0”）。其字符集为数字 0～9，采用两种元素宽度，每个条和空是宽或窄元素，编码字符数为偶数，所有奇数位置上的数据以条编码，偶数位置上的数据以空编码，如果为奇数数据编码，则在数据前补一位 0，以使数据为偶数个数位。

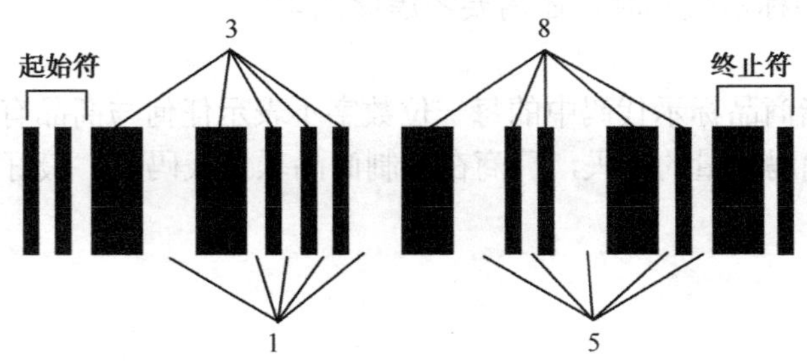

图 3-7　交叉 25 码

（4）39 码

39 码是第一个字母数字式码制，1974 年由 Intermec 公司推出，它是长度可比的离散型自校验字母数字式码制，如图 3-8 所示。其字符集为 0～9 的数字，大写字母 A～Z 的英文字母，「+」，「-」，「*」，「/」，「%」，「$」，「.」，以及空格符（Space）等，共 44 组编码。每个字符由 9 个元素组成，其中有 5 个条（2 个宽条，3 个窄条）和 4 个空（1 个宽空，3 个窄空），是一种离散码。

（5）库德巴码

库德巴码（Code Bar）出现于 1972 年，是一种长度可变的连续型自校验数字式码制，如图 3-9 所示。其字符集为数字 0～9 和 6 个特殊字符（-、:、/、。、+、￥），共 16 个字符。它常用于仓库、血库和航空快递包裹中。

图 3-8　39 码

a000800a

图 3-9　库德巴码

（6）128 码

128 码出现于 1981 年，是一种长度可变的连续型自校验数字式码制，如图 3-10 所示。它采用 4 种元素宽度，每个字符有 3 个条和 3 个空，共 11 个单元元素宽度，又称（11，3）码。它有 106 个不同的条形码字符，每个条形码字符有 3 种含义不同的字符集，分别为 A、B、C，使用这 3 个交替的字符集可将 128 个 ASCII 码编码。

（7）93 码

93 码是一种长度可变的连续型字母数字式码制，如图 3-11 所示。其字符集为数字 0～9，26 个大写字母和 7 个特殊字符（-、。、Space、/、+、%、￥），以及 4 个控制字符。每个字符有 3 个条和 3 个空，共 9 个元素宽度。

（8）ITF-14 码

ITF-14 码是一个用交叉 25 码编码为全球贸易项目编号的一种一维条码，如图 3-12 所示。ITF-14 码通常用在产品上，如 24 的汤罐纸盒。ITF-14 码始终用 14 位数字编码，厚厚的黑色标志周围的边界被称为 BearerBar。一个 BearerBar 的目的是扳平的工作在符号的整个表面印刷板的压力，提高阅读帮助减少误读的可能性，或短扫描时可能出现的偏态束扫描进入，或可靠性退出通过其顶部或底部边缘的条码符号。

图 3-10　128 码

BJ100080

图 3-11　93 码

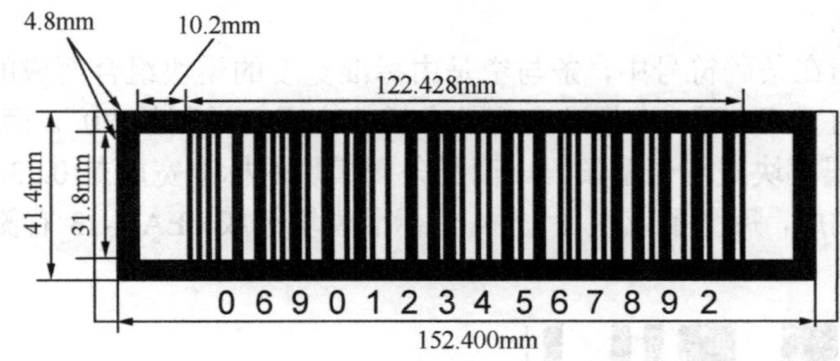

图 3-12　ITF 码

（9）49 码

49 码是一种多行的连续型、长度可变的字母数字式码制，出现于 1987 年，主要用于小物品标签上的符号，采用多种元素宽度。其字符集为数字 0～9，26 个大写字母和 7 个特殊字符（-、。、Space、%、/、+、￥），3 个功能键（F1、F2、F3）和 3 个变换字符，共 49 个字符。

（10）其他码制

除上述码外，还有其他的码制。例如，25 码出现于 1977 年，主要用于电子元器件标签；矩阵 25 码是 11 码的变形；Nixdorf 码已被 EAN 码所取代；Plessey 码出现于 1971 年 5 月，主要用于图书馆等。

2．按维数分类

（1）普通的一维条码

普通的一维条码自问世以来，很快得到了普及并广泛应用。但是由于一维条码的信息容量很小，如商品上的条码仅能容纳 13 位的阿拉伯数字，更多的描述商品的信息只能依赖数据库的支持，离开了预先建立的数据库，这种条码就变成了无源之水，无本之木，因而条码的应用范围受到了一定的限制。

（2）二维条码

除具有普通条码的优点外，二维条码还具有信息容量大、可靠性高、保密防伪性强、易于制作、成本低等优点。

美国 Symbol 公司于 1991 年正式推出名为 PDF417 的二维条码，简称 PDF417 条码，即“便携式数据文件”，PDF417 条码是一种高密度、高信息含量的便携式数据文件，是实现证件及卡片等大容量、高可靠性信息自动存储、携带并可用机器自动识读的理想手段。

（3）多维条码

进入 20 世纪 80 年代以来，人们围绕如何提高条码符号的信息密度，进行了研究工作。多维条码和集装箱条形码成为研究与应用的方向。

3.1.6 条码的编码方法

条码是利用“条”和“空”构成二进制的“0”和“1”，并以它们的组合来表示某个数字或字符，反映某种信息的。不同码制的条码在编码方式上有所不同。一般有以下两种模块组合法和宽度调节法。

（1）宽度调节法

按这种方式编码时，是以窄元素（条纹或间隔）表示二进制逻辑值“0”，宽元素（条纹或间隔）表示二进制逻辑值“1”，宽元素一般是窄元素的 2～3 倍。2/5 条码的编码就是这种方法，条码字符由规则排列的 5 个条构成，其中有两个宽单元，其余为窄单元，宽单元一般是窄单元的 3 倍。图 3-13 是 2/5 条码字符集中代码“8”的字符结构。

（2）模块组合法

模块组合法是指在条码符号中，条与空是由标准宽度的模块组合而成的。一个标准宽度的条模块表示二进制的“1”，而一个标准宽度的空模块表示二进制的“0”。商品通常采用的 EAN 条码、UPC 条码均属模块式组合型条码。商品条码模块的标准宽度是 0.33mm，它的一个字符由 2 个条和 2 个空构成，每个条或空由 1～4 个标准模块组成。EAN-13 右侧偶字符 3 的字符结构如图 3-14 所示。

图 3-13　宽度调节法

图 3-14　模块组合法

模块组合法每一个条码字符的总模块数为 7。凡是在字符间用间隔（位空）分开的条码，称为非连续性条码；凡是在条码字符间不存在间隔（位空）的条码，称为连续性条码。模块组合法条码字符的构成如图 3-15 所示。

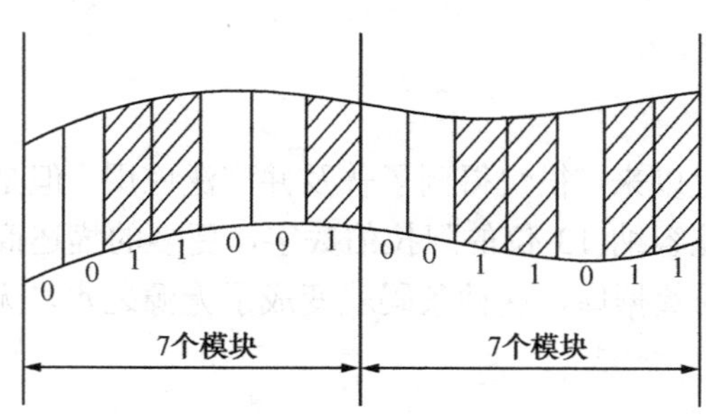

图 3-15　模块组合法条码字符的构成

3.1.7 条码的工作原理

1. 条码的组成原理

条码是由宽度不同、反射率不同的条和空，按照一定的编码规则（码制）编制成的，用以表达一组数字或字母符号信息的图形标识符，即条码是一组粗细不同，按照一定的规则安排间距的平行线条图形。常见的条码是由反射率相差很大的黑条（简称条）和白条（简称空）组成的。

2. 条码识别系统的组成及条码的识别原理

为了阅读出条码所代表的信息，需要一套条码识别系统，它由条码扫描器、放大整形电路、译码接口电路和计算机系统等部分组成，如图 3-16 所示。

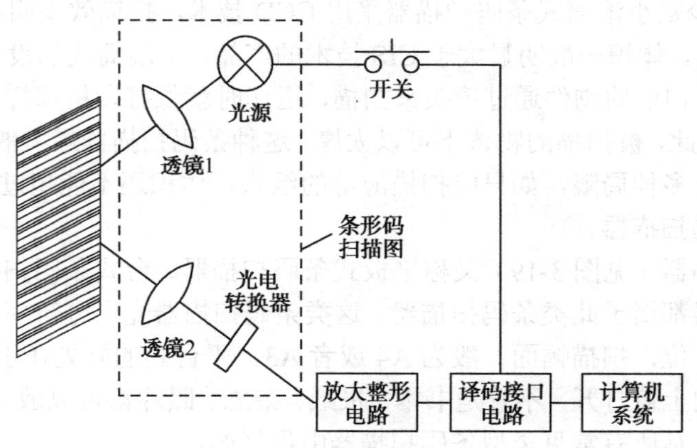

图 3-16 条码识别原理

由于不同颜色的物体，其反射的可见光的波长不同，白色物体能反射各种波长的可见光，黑色物体则吸收各种波长的可见光，因此当条码扫描器光源发出的光经光阑及透镜 1 后，照射到黑白相间的条码上时，反射光经透镜 2 聚焦，照射到光电转换器上，于是光电转换器接收到与白条和黑条相应的强弱不同的反射光信号，并转换成相应的电信号输出到放大整形电路，白条、黑条的宽度不同，相应的电信号持续时间长短也不同。但是，由光电转换器输出的与条码的条和空相应的电信号一般仅 10mV 左右，不能直接使用，因而先要将光电转换器输出的电信号送放大器放大，放大后的电信号仍然是一个模拟电信号，为了避免由条码中的疵点和污点导致错误信号，在放大电路后需加一整形电路，把模拟信号转换成数字电信号，以便计算机系统能准确判读。整形电路的脉冲数字信号经译码器译成数字、字符信息。它通过识别起始、终止字符来判别出条码符号的码制及扫描方向；通过测量脉冲数字电信号 0、1 的数目来判别出条和空的数目；通过测量 0、1 信号持续的时间来判别条和空的宽度。这样便得到了被辩读的条码符号的条和空的数目，以及相应的宽度和所用码制，根据码制所对应的编码规则，便可将条形符号换成相应的数字、字符信息，通过接口电路送给计算机系统进行数据处理与管理，便完成了条码辨读的全过程。

3.1.8 条码识读设备

条码识读设备由条码扫描器和条码编译器两部分组成，是整个条码系统的核心部分，目前大部分条码识读器将扫描器和编译器集成在一起，根据扫描方式、扫描方向等不同扫描器有不同的分类方法。

1. 扫描器的类型

条码扫描器的种类很多，常见的有以下几类。

（1）手持式条码扫描器

手持式条码扫描器（见图 3-17）是 1987 年推出的产品，外形很像超市收款员拿在手上使用的条码扫描器。手持式条码扫描器绝大多数采用 CIS 技术，光学分辨率为 200dpi，有黑白、灰度、彩色多种类型，其中彩色类型一般为 18 位彩色。也有个别高档产品采用 CCD 作为感光器件，可实现 24 位真彩色，扫描效果较好。

（2）小滚筒式条码扫描器

小滚筒式条码扫描器（见图 3-18）是手持式条码扫描器和平台式条码扫描器的中间产品，这种产品绝大多数采用 CIS 技术，光学分辨率为 300dpi，有彩色和灰度两种，彩色型号一般为 24 位彩色。也有及少数小滚筒式条码扫描器采用 CCD 技术，扫描效果明显优于 CIS 技术的产品，但由于结构限制，体积一般明显大于 CIS 技术的产品。小滚筒式的设计是将条码扫描器的镜头固定，而移动要扫描的物件通过镜头来扫描，运作时就像打印机那样，要扫描的物件必须穿过机器再送出，因此，被扫描的物体不可以太厚。这种条码扫描器最大的好处就是体积很小，但是由于使用起来有多种局限，如只能扫描薄薄的纸张，体积还不能超过条码扫描器的大小。

（3）平台式条码扫描器

平台式条码扫描器（见图 3-19）又称平板式条码扫描器、台式条码扫描器，目前在市面上大部分的条码扫描器都属于此类条码扫描器。这类条码扫描器光学分辨率为 300～8000dpi，色彩位数从 24 位到 48 位，扫描幅面一般为 A4 或者 A3。平台式的好处在于像使用复印机一样，只要把条码扫描器的上盖打开，不管是书本、报纸、杂志、照片都可以放上去扫描，相当方便，而且扫描出的效果也是所有常见类型条码扫描器中最好的。

图 3-17　手持式条码扫描器

图 3-18　小滚筒式条码扫描器

图 3-19　平台式条码扫描器

（4）其他条码扫描器

其他还有大幅面扫描用的大幅面条码扫描器、笔式条码扫描器、底片条码扫描器、实物条码扫描器（不是有实物扫描能力的平板条码扫描器，有点类似于数码相机），还有主要用于印刷业排版领域的滚筒式条码扫描器等。

2．条码扫描器的关键参数

选择条码扫描器前，要了解扫描设备的几个主要技术参数，然后根据应用的要求，对照这些参数选取适用的设备。

（1）分辨率

对于条码扫描系统而言，分辨率为正确检测读入的最窄条符的宽度，英文是 Minimal Bar Width（缩写为 MBW）。选择设备时，并不是设备的分辨率越高越好，而是应根据具体应用中使用的条形码密度来选取具有相应分辨率的扫描器。使用中，如果所选设备的分辨率过高，则条符上的污点、脱墨等对系统的影响更为严重。

（2）扫描景深

扫描景深指的是在确保可靠阅读的前提下，扫描头允许离开条形码表面的最远距离与扫描器可以接近条形码表面的最近点距离之差，也就是条码扫描器的有效工作范围。有的条码扫描设备在技术指标中未给出扫描景深指标，而是给出扫描距离，即扫描头允许离开条形码表面的最短距离。

（3）扫描宽度

扫描宽度（Scan Width）指的是在给定扫描距离上扫描光束可以阅读的条形码信息物理长度值。

（4）扫描速度

扫描速度（Scan Speed）是指单位时间内扫描光束在扫描轨迹上的扫描频率。

（5）一次识别率

一次识别率表示的是首次扫描读入的标签数与扫描标签总数的比值。举例来说，如果每读入一只条形码标签的信息需要扫描两次，则一次识别率为 50%。从实际应用角度考虑，当然希望每次扫描都能通过，但遗憾的是，由于受多种因素的影响，要求一次识别率达到 100%是不可能的。应该说明的是，一次识别率这一测试指标只适用于手持式光笔扫描识别方式，如果采用激光扫描方式，光束对条形码标签的扫描频率高达每秒钟数百次，通过扫描获取的信号是重复的。

（6）误码率

误码率是反映一个机器对标签系统错误识别情况的极其重要的测试指标。误码率等于错误识别次数与识别总次数的比值。对于一个条形码系统来说，误码率是比一次识别率更为重要的参数。

3．数据采集器

数据采集器（见图 3-20）又称数据采集器终端、盘点机或掌上电脑。为商品流通环节而设计的数据采集器，具有一体性、机动性、体积小、重量轻、高性能，并适于手持等特点。它是将条码扫描装置与数据终端一体化，带有电池可离线操作的终端电脑设备。

图 3-20　数据采集器

它具有中央处理器、只读存储器、可读写存储器、键盘、屏幕显示器与计算机接口。配置条码扫描器、电源等，手持终端可通过通信座与计算机相连用于接收或上传数据，手持终端的运行程序由计算机编制后下载到手持终端中，可按使用要求完成相应的功能。

数据采集器可用于补充订货、接收订货、销售、入出库、盘点和库存管理及物流管理等方面。目前，国内常用的数据采集器有美国 Symbol 公司的 PDT3100、国内公司的 LK-PT921 等，价格一万多元到两万元。数据采集器有效地解决了商品在流转过程中数据的标识和数量确认的问题，是保证系统的信息快速、准确进行处理的有效手段，由于设备的价格相对较高，商品还没有达到全部通用条码化，数据采集器的普及率还较低，有待于今后推广。

3.1.9　条码的主要应用

迄今为止，条码技术是最经济实用的一种自动识别技术，具有输入速度快、可靠性高、采集信息量大和灵活实用等优点，其应用极为广泛。

1．商业领域

无论在商品的入库、出库、上架还是结算过程中，都面对如何将大量的商品信息输入计算机的问题。如果在商品的包装上印制条码符号，利用条码识读设备，就可以高速准确及时地掌握商品的种类、数量、单价、生产厂家、出产日期等信息。商店自动销售管理系统（POS）就是一个很好的例子。

2．工业领域

企业管理中，条码识别设备是数据采集的有利手段，如企业的人事管理（如考勤管理、工资管理、档案管理）、物资管理（如仓库自动化管理）、生产管理（如生产中的功耗、能耗、材耗、加工进度）等。此外，生产过程的自动化控制系统中，条形码技术是重要的数据采集手段。

3．交通运输业及邮电通信行业

早在20世纪60年代，北美铁路系统便将条码技术用于列车编码与自动识别。现在铁路、公路的旅客车票售票系统中条码技术已被广泛采用，大大提高了运输效率。在邮电业中，在邮件上贴上条码符号，利用条码阅读设备输入相应的信息，保证及时准确地完成邮件揽收与投递，确保装车的正确性，提高投递效率，保证邮件服务系统业务数据的及时更新，实现自动化管理。我国大中城市，在包裹和挂号信等邮件上已开始使用条形码。

4．其他

在图书出版业中，从1994年起，一切书刊及音像制品都要统一印上条码符号，前缀码为“977”的是期刊代码，“978”为图书代码。在图书管理系统、血库管理系统和旅游业中已广泛采用条码技术，另外，在证件防伪方面，如护照、身份证、驾驶证、会员证等，在税务申报，医院暂住人口管理等方面条形码都得到了人们的普遍关注。

3.2 EAN · UCC 系统

3.2.1 EAN · UCC 系统的形成与发展

随着贸易全球化，EAN与UCC两大组织从技术合作最终走向联合。零售端的条码扫描应用也随着EAN与UCC两大组织合作与融合，发展成为全球供应链及电子商务过程统一应用的全球物品标识系统，即EAN · UCC系统。

EAN · UCC系统是由EAN和UCC共同开发、管理和维护的全球统一和通用的商业语言，为贸易产品与服务（即贸易项目）、物流单元、资产、位置，以及特殊应用领域等提供全球唯一的标识。EAN · UCC 系统是应市场需求应运而生的，它以提高整个供应链的效率，简化电子商务过程，为产品与服务增值为目的，积极采用先进技术，快速反应市场需求，是真正的“全球商务语言”。

EDI是EAN · UCC系统的一个组成部分，RFID也开始应用于EAN · UCC系统。为了准确概括这一系统的现有内容并考虑未来的发展，EAN和UCC将他们共同创立和推广的全球统一标识系统和通用商务标准起名为EAN · UCC系统。商品条码是EAN · UCC系统的核心组成部分。

EAN · UCC 系统形成后，以全球化、系统化、标准化的观点，对已在应用中形成的全球物品标识体系进行了统一规划，使其更加科学、规范、实用，并逐步建立了一整套国际通行的跨行业的产品、物流单元、资产、位置和服务的标识体系，以及与供应链管理、电子商务相关的技术与应用标准。

中国物品编码中心成立于1989年，由国务院授权统一组织、协调、管理全国的条码工作，1991年，代表中国加入国际物品编码协会，是目前全世界99个国家（地区）编码组织之一，负责在我国推广应用EAN · UCC系统。依据EAN · UCC系统规则，编码中心经过十多年的工作摸索与探索，研究制定了一套适合我国国情的、技术上与国际接轨的产品与服务标识系统

——ANCC 全球统一标识系统，简称“ANCC 系统”。

3.2.2　EAN·UCC 体系

EAN • UCC 全球统一标识系统（以下简称 EAN • UCC 系统）是以对贸易项目、物流单元、位置、资产、服务关系等的编码为核心，融条码和射频等自动数据采集、电子数据交换、全球产品分类、全球数据同步、产品电子代码（EPC）等技术系统为一体的，服务于物流供应链的开放的标准体系。

目前 EAN • UCC 系统的主要组成部分有编码系统（ID Coding System）、条码符号系统（Symbology）、应用标识符（Application Identifier）、EDI/EANCOM 系统（EDI Communication System）。

1．EAN • UCC 编码系统

EAN • UCC 系统的编码体系包括以下 6 个部分。

1）全球贸易项目代码（Global Trade Item Number，GTIN）。用于世界范围内贸易项目的唯一标识。贸易项目是指一项产品或服务，对于这些产品或服务需要获取预先定义的信息，并可以在供应链的任意一点进行标价、订购或开据发票，以便所有贸易伙伴进行交易。它包括各种单个项目及其不同包装类型的各种形式，通常使用 EAN-13、ITF-14 条码表示。

2）系列货运包装箱代码（Serial Shopping Container Code，SSCC）。用于物流单元的唯一标识。物流单元是指为了便于工作于运输和/或仓储而建立的任何包装单元。每个物流单元分配一个唯一的 SSCC，通常使用 UCC/EAN-128 条码或 ITF-14 条码表示。

3）全球位置码（Global Location Number，GLN）。运用 EAN • UCC 系统，对法律实体、功能实体和物理实体进行位置准确、唯一的标识代码，采用 EAN/UCC-13 代码结构，用 UCC/EAN-128 条码表示。

4）全球可回收资产标识代码（Global Returnable Asset Identifier，GRAI）。EAN • UCC 系统中，用于标识通常用于运输或储存货物并能重复使用的实体的代码。

5）全球单个资产标识代码（Global Individual Asset Identifier，GIAI）。EAN • UCC 系统中，用于标识一个特定厂商的财产部分的单个实体的唯一的代码。

6）全球服务关系代码（Global Service Relation Number，GSRN）。GSRN 是用来识别服务关系范围内的服务接受者，是一个无含义代码，用以存储与服务接受者有关的数据，它是访问计算机存储信息或通过 EDI 传输的参考信息的关键字。GSRN 可用于图书馆借阅管理、医院住院病人管理、俱乐部会员管理、服务合同管理等。GSRN 的构成如图 3-21 所示。

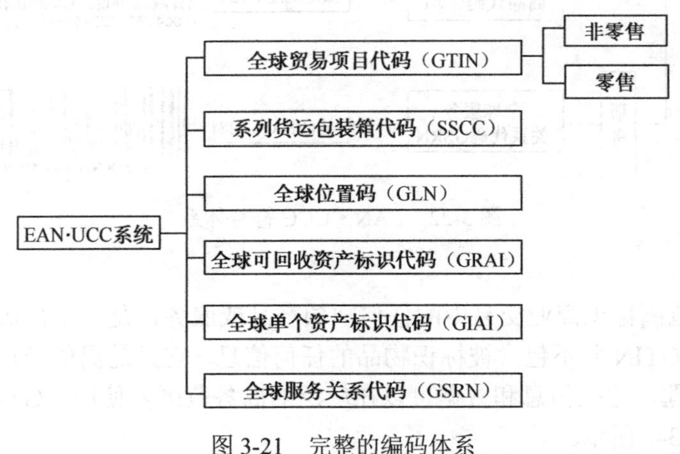

图 3-21　完整的编码体系

EAN·UCC 编码系统由 GS1 制定并统一管理，已在世界 100 多个国家和地区广泛应用于贸易、物流、电子商务、电子政务等领域，尤其在日用品、食品、医疗、纺织、建材等行业的应用更为普及，已成为全球通用的商务语言。

2．EAN·UCC 条码符号系统

EAN·UCC 系统的条码符号主要包括 EAN/UPC 条码、ITF-14 条码及 UCC/EAN-128 条码。如图 3-22 所示。

图 3-22　EAN·UCC 符号体系

（1）GTIN

GTIN 在全球范围标识商业交易中的任何一项产品或服务，是其生命周期内的全球唯一的“身份”识别代码。GTIN 并不包含被标识物品的任何信息，它只是提供一把进入数据库访问相关数据和信息的钥匙，这些信息和数据可以在广泛的商务范围内使用。GTIN 标识代码共有 4 种数据结构，如表 3-1 所示。

表 3-1　GTIN 数据结构

	字符串格式		
	AI	GTIN：厂商识别代码 → ← 项目代码	校验码
EAN/UCC-8	01	0 0 0 00 0 $N_1 N_2 N_3 N_4 N_5 N_6 N_7$	N_8
UCC-12	01	0 0 N_1 $N_2 N_3 N_4 N_5 N_6 N_7 N_8 N_9 N_{10} N_{11}$	N_{12}
EAN/UCC-13	01	0 N_1 N_2 $N_3 N_4 N_5 N_6 N_7 N_8 N_9 N_{10} N_{11} N_{12}$	N_{13}
EAN/UCC-14	01	N_1 $N_2 N_3 N_4 N_5 N_6 N_7 N_8 N_9 N_{10} N_{11} N_{12} N_{13}$	N_{14}

在贸易伙伴中，制造商使用 GTIN 对其产品进行贸易单元代码标识，通过计算机数据库存储产品信息并通过一个唯一的贸易单元代码访问产品信息，为货物承运商的运输、仓储、分拣、配送业务自动化运作提供共享的、结构统一的商品标识代码与商品信息数据，实现销售商的商品零售（POS）、进货、存货管理、自动补货、销售分析。

（2）GLN

GLN 在全球范围标识贸易伙伴的法律实体（如注册的公司、分公司）、功能实体（法律实体内的具体部门，如财务部、退货部、配送中心等）物理实体（如配送中心的一个部门、仓库、货架、发货点等）。GLN 标识代码数据结构与 EAN/UCC-13 相同，如表 3-2 所示。

表 3-2　GLN 标识代码数据结构

AI	GLN	
	EAN · UCC 公司前缀 → ← 位置参考代码	校验码
410	$N_1 N_2 N_3 N_4 N_5 N_6 N_7 N_8 N_9 N_{10} N_{11} N_{12}$	N_{13}

在贸易活动过程中，使用 UCC/EAN-128 符号对供应链过程中的物流节点（贸易伙伴）和具体位置进行代码标识：物理位置（如交货地、发货地、存储点）；贸易单元（和 GTIN 一起用来标识交易中的参与方，如买方、卖方）；物流单元（和 SSCC 一起用来标识运输过程中的参与方，如发货方、收货方）等。

位置标识代码促进贸易伙伴之间通过电子商务（XML、EDI）、物理位置标记，以及物流单元的路线信息实现实物和信息的有效流动。

（3）SSCC

SSCC 把每一个物流单元作为单独的实体唯一标识。GTIN 标识代码共有 4 种数据结构如表 3-3 所示。

贸易伙伴采用 EAN · UCC 物流标签上的应用标识符（AI）和 UCC/EAN-128 符号在集装箱或者货品的包装箱上使用 SSCC，在供应链过程中用来管理货物从发货地到收货地的位置移动。

表 3-3　GTIN 数据结构

AI	SSCC		
	扩展位	EAN · UCC 公司前缀 → ← 系列代码	校验码
0 0	N_1	$N_2 N_3 N_4 N_5 N_6 N_7 N_8 N_9 N_{10} N_{11} N_{12} N_{13} N_{14} N_{15} N_{16} N_{17}$	N_{18}

在贸易活动过程中，贸易伙伴采用 SSCC 物流单元标识代码，对系列包装箱标识，有效地对单个包装箱跟踪与追溯，有效地安排运输路线，库存系统高效准确地处理收货信息，实现高效收货和配送过程自动化。

（4）GSRN

GSRN 是用来识别服务关系范围内的服务接受者，是一个无含义代码，用以存储与服务接受者有关的数据，它是访问计算机存储信息或通过 EDI 传输的参考信息的关键字。GSRN 可用于图书馆借阅管理、医院住院病人管理、俱乐部会员管理、服务合同管理等。GSRN 的构成如表 3-4 所示。

表 3-4　GSRN 数据结构

AI	GSRN	
	EAN·UCC 公司前缀 → ← 服务参考勤号	校验码
8018	$N_1N_2N_3N_4N_5N_6N_7N_8N_9N_{10}N_{11}N_{12}N_{13}N_{14}N_{15}N_{16}N_{17}$	N_{18}

3．用于标识资产的代码

资产代码包括资产标识符 GRAI 和单个资产标识符 GIAI，它们的代码结构如表 3-5、表 3-6 所示。

表 3-5　GRAI 资产标识符结构

AI	GRAI		
	EAN·UCC 公司前缀 → ← 服务参考勤号	校验码	系列号
8003（UCC-12）	$N_1N_2N_3N_4N_5N_6N_7N_8N_9N_{10}N_{11}$	N_{12}	X_1　可变长度　X_{16}
8003（EAN-13）	$N_1N_2N_3N_4N_5N_6N_7N_8N_9N_{10}N_{11}N_{12}N_{13}$	N_{13}	X_1　可变长度　X_{16}

表 3-6　GIAI 单个资产标识符结构

AI	GIAI	
	EAN·UCC 公司前缀 → ← 单个资产参考号	校验码
8004	N_1N_2　N_i　　X_{i+1}　可变长度　X_j（$j \leqslant 30$）	N_{18}

4．EAN·UCC 应用标识符

应用标识符（Application Identifier，AI）是一个 2～4 位的代码，用于定义其后续属性数据的含义及格式，是唯一标识紧跟其后数据域含义和格式的前缀。贸易伙伴可以将不同内容的属性数据采用 AI 代码标识连续表示在一个 UCC/EAN-128 条码中，无须分隔，在实物流过程中为信息的自动采集创造了条件。常用的 EAN·UCC 应用标识符号如表 3-7 所示。

表 3-7　常用的 EAN·UCC 应用标识符号

应用标识符（AI）	内　容	格　式
00	系列货运包装箱代码（SSCC）	n2+n18
01	全球贸易项目代码（GTIN）	n2+n14
02	物流单元中的全球贸易项目标识代码	n2+n14
10	批号或组号	n2+an　20

续表

应用标识符（AI）	内　容	格　式
11	生产日期（年、月、日）	n2+n6
13	包装日期（年、月、日）	n2+n6
15	保质期（年、月、日）	n2+ n6
17	有效期（年、月、日）	n2+ n6
20	产品变体	n2+n2
21	系列号	n2+an 20
22	数量、日期、批号（医疗保健业用）	n2+an 29
30	数量	n2+n 8
310	净重，kg	n4+n6
311	长度或第一尺寸，m	n4+n6
312	宽度、直径或第二尺寸，m	n4+n6
313	高度、厚度、深度或第三尺寸，m	n4+n6
314	面积，m^2	n4+n6
315	净容积，L	n4+n6
316	净体积，m^3	n4+n6
320	净重，lb	n4+n6
330	总重，kg	n4+n6
331	长度或第一尺寸，m（运输配给系统用）	n4+n6
332	宽度、直径或第二尺寸，m（运输配给系统用）	n4+n6
333	高度、厚度、深度或第三尺寸，m（运输配给系统用）	n4+n6
334	面积，m^2（运输配给系统用）	n4+n6
335	总容积，L（运输配给系统用）	n4+n6
336	总体积，m^3（运输配给系统用）	n4+n6
340	总重，lb（运输配给系统用）	n4+n6
356	净重，oz	n4+n6
400	客户购货订单号码	n3+an 30
410	以 EAN-13 表示的交货地点（运抵）位置码	n3+n13
411	以 EAN-13 表示的受票（发票）方位置码	n3+n13
412	以 EAN-13 表示的供货方位置码	n3+n13
414	表示贸易实体的 EAN 位置码	n3+n13
420	收货方与供货方在同一国家（或地区）收货方的邮政编码	n3+an 9
421	前置三位 ISO 国家（或地区）代码收货方的邮政编码	n3+n3+an 9
8001	卷状产品——长、宽、内径、方向、叠压层数	n4+n14
8002	蜂窝式移动电话的电子系列号	n4+an 20
8003	可重复使用的资产 UPC/EAN 代码与连续号	n4+n14+an 16
90	双方认可的内部使用	n2+an 30
91-94	公司内部使用	n2+an 30
95～96	货运公司（内部用）	n2+an 30
97～98	公司内部使用	n2+an 30
99	内部使用	n2+an 30

应用标识符的格式说明如下：

a：字母字符；n：数字字符；an：字母、数字字符；i：表示字符个数；ai：定长，表示 1i 个字母字符；ni：定长，表示 1i 个数字字符；ani：定长，表示 1i 个字母、数字字符； i：表示最多 1i 个字母字符；n i：表示最多 1i 个数字字符；an i：表示最多 1i 个字母、数字字符。

例如，牛肉产品的编码采用 GTIN+牛耳标号的结构，企业生产的一块牛里脊具体示例如下：其 GTIN 为 96934871510044，其牛耳标号为 100000000。这个牛里脊的追溯代码应为（01）96934871510044（251）100000000，如图 3-23 所示。其中（01）为应用标识符，指示后面的数据为全球贸易项目代码（GTIN），（251）为应用标识符，指示后面的数据为牛耳标号。数据 96934871510044 的含义：9 表示产品为变量产品，69348715 为厂商代码，1004 为产品代码，4 是校验码。

图 3-23 EAN • UCC 应用指示符示例

5. EAN • UCC EDI/EANCOM 系统

EAN 为了提高整个物流供应链的运作效益，在 UN/EDIFACT 标准（联合国关于管理、商业、运输业的电子数据交换规则）基础上开发了流通领域电子数据交换规范——EANCOM，利用 EAN • UCC EDI/EAN COM 系统，SSCC 在信息流与物流之间建立连接，如图 3-24 所示。

图 3-24 标有 SSCC 标识的物流标签

到目前为止，EANCOM 包括 47 个报文，分为主数据类、商业交易类、报告和计划类、运输类、财务类及通用报文类。

1）主数据类报文：包括参与方信息报文（用于传递商业交易的所有位置信息：全球位置码、名称、地址、联系人、银行账号及相关信息）和产品信息报文（提供参与方产品或服务的代码及相关信息）。

2）商业交易报文：包括报价请求到汇款通知的贸易循环中涉及的报文。

3）报告和计划报文：提供关于交货、销售和库存信息的报告和预测，使得相关的参与方来计划他们的活动和营销战略。

利用 EAN • UCC 系统可通过 EDI/EANCOM 传送商业单证信息。下面是发送配送中心的库存数据报告报文。该报文从零售商发送给供应商，发送日期为 2001 年 1 月 1 日，零售商向供应商通告了在它的所有配送中心 2000 年 12 月 31 日的货物库存，这些货物用 GTIN 标识。产品 A-GTIN: 5412345100102-55 个单位；产品 B - GTIN: 5412345100560-12 个单位；产品 C- GTIN: 5412345100782-325 个单位，零售商的 EAN • UCC 全球位置码为 8491668326689，供应商的 EAN • UCC 全球位置码为 5410738100029，其 EAN • UCC 系统可通过 EDI/EANCOM 传送商业单证信息报文如表 3-8 所示。

表 3-8 EAN • UCC 系统可通过 EDI/EANCOM 传送商业单证信息报文

UNH+ME00001+INVRPT:D:96A:UN:EAN004’	报 文 头
BGM+35+IVR21599+9’	库存报告编号 IVR21599
DTM+137:20010101:102’	报文日期：2001 年 1 月 1 日

续表

UNH+ME00001+INVRPT:D:96A:UN:EAN004’	报　文　头
DTM+366:2001231:102’	库存报告日期：2000 年 12 月 31 日
NAD+BY+4891668326689:9’	买方 EAN・UCC 全球位置码 4891668326689
NAD+SU+5410738100029:9’	供货方 EAN・UCC 全球位置码 5410738100029
LIN+1+5412345100102:EN’	产品 A 的 GTIN 为 5412345100102
QTN+145:55’	实际库存量 55
LIN+2+5412345100560:EN’	产品 B 的 GTIN 为 5412345100560
QTY+145:12’	实际库存量 12
LIN+3+5412345100782:EN’	产品 C 的 GTIN 为 5412345100782
QTY+145:325’	实际库存量 325
UNT+13+ME000001’	报文尾，共有 13 个段

3.2.3　EAN·UCC 物流单元码

1．物流单元的条码符号表示

UCC・EAN -128 条码用以表示物流单元的标识代码 SSCC 及物流单元的相关信息。

（1）物流标签

物流标签是物流过程中用于表示物流单元有关信息的条码符号标签。每个物流单元都要有自己唯一的 SSCC，在实际应用中，一般不事先把包括 SSCC 在内的条码符号印在物流单元包装上。比较合理的办法是，在物流单元确定时制作标签并贴在物流单元上面。

1）物流标签示例，如图 3-25 所示。

图 3-25　物流标签示例

EAN・UCC 物流标签用于标识由包装单元组成的托盘或其他物流单元，标识内容涉及有关承运商、客户和供应商的信息。标签上表示的信息有两种基本形式：由文本和图形组成的供人识读信息和为自动数据采集设计的机读信息，版面划分为下述 3 个区段，一般来说，标签区段从顶部到底部的顺序依次为承运商、客户和供应商。物流标签表示的内容和这种从上到下的次序可以根据物流单元的尺寸和贸易过程来做调整。

① 供应商区段。供应商区段所包含的信息一般是供应商在包装时知晓的。必备的 SSCC

在此作为物流单元的标识符。如果过去使用 GTIN，在此也可以使用。供应商非常感兴趣的，同时对客户和承运商也有用的其他信息也可采用。这些与产品相关的信息包括产品变体、生产日期、包装日期、有效期、最佳食用日期、组号、批号和系列号。

② 客户区段。客户区段所包含的信息通常是在订购时和供应商处理订单时知晓的。典型的信息是到货地、购货订单代码、客户特定运输路线和装卸信息。

③ 承运商区段。承运商区段所包含的信息通常是在装货时知晓的，并且与运输有关。典型的信息是到货地邮政编码、托运代码、承运商特定运输路线和装卸信息。

含承运商区段、客户区段和供应商区段的标签图例如图 3-26 所示。

2）物流标签尺寸，如图 3-27 所示。

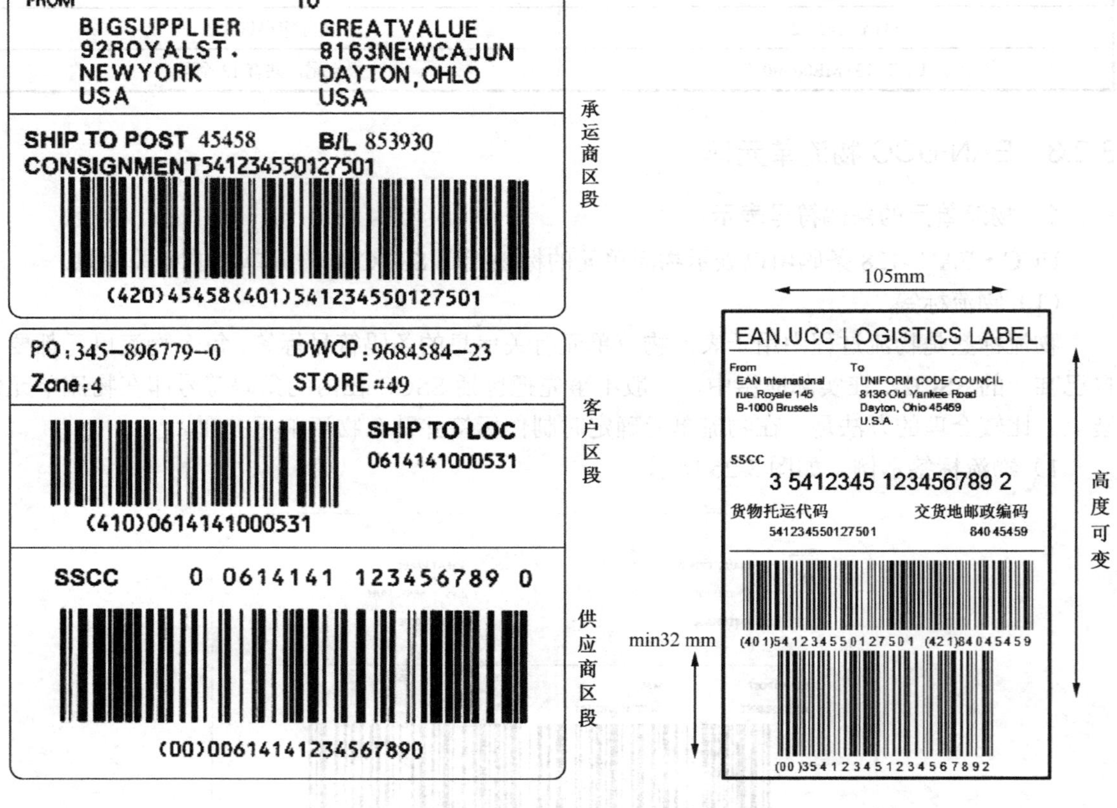

图 3-26　含承运商区段、客户区段和供应商区段的标签图例　　图 3-27　物流标签尺寸要求

建议标签宽度为 A6（105 mm）。

高度可以根据所需信息量变化。

包括 SSCC 在内的条码最小高度为 32 mm。

3）物流标签的位置。

物流单元标签条码的条与空应垂直与物流单元的底面。SSCC 条码符号应位于标签的最下端，也可以是其他位置，物流标签的贴标位置选如图 3-28 所示的物流标签的位置，每个物流单元最少有一个标签。如果有两个标签，最好固定在相邻的两个侧面上，以方便扫描。

（2）采用 EAN·UCC 物流标签的好处

1）全球统一标准。

2）广泛用于 FMCG 中的托盘上（FMCG 为一个知名品牌，意思是快速移动的日用消费品）。

3）UCC/EAN-128 条码提供最准确的数据采集方式。

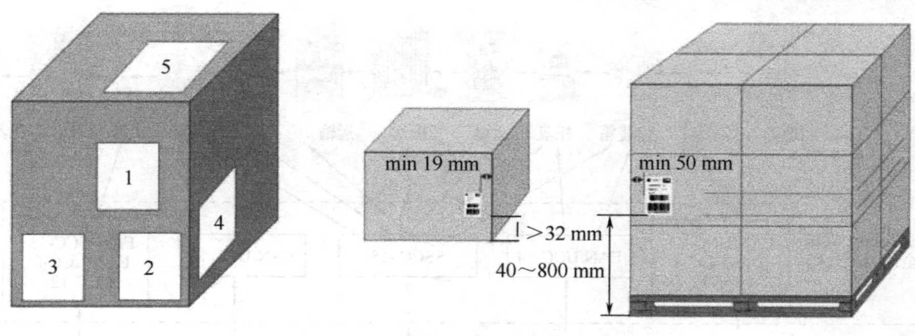

图 3-28　物流标签的位置

4）通过标准的标签设计达到节省费用的目的。

5）在物流与信息流之间建立关联，如图 3-29 所示。

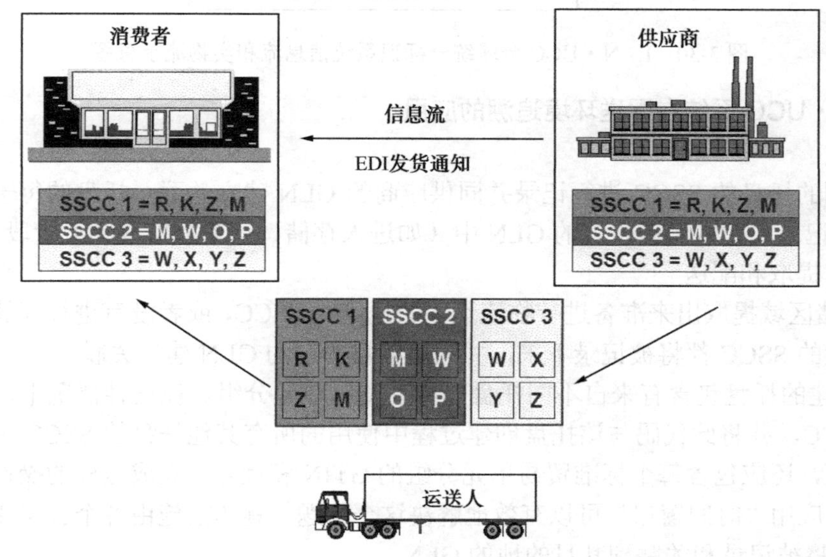

图 3-29　物流与信息流之间建立关联

2．EAN・UCC 物流标签的应用

通过实施 EAN・UCC 全球统一标识系统，在信息流和实物流过程物流节点（贸易伙伴）建立以条码技术为核心的物流信息标识标准体系，通过对产品、货运单元、位置与服务的唯一标识，为物流信息提供一揽子的物流信息标识、表示，以及运用电子方式传输的应用方案，在物流领域中采用数据格式统一、数据内容一致的物流信息，消除信息流和实物流过程物流节点（贸易伙伴）的数据重复录入，避免物流作业环节发展差错的可能性，加快货物运输流通过程中数据处理的准确性，实现对货物在物流过程中的全过程跟踪与管理，降低了企业物流运作成本，提高了物流效率，增加了企业收益。EAN・UCC 全球统一标识系统信息流和实物流示意图如图 3-30 所示。

全球现代物流要实现发展，在采购、制造、运输、仓储、配送、零售、系统集成等物流信息标识标准化环节，积极导入 EAN・UCC 全球统一标识系统，依靠计算机网络和信息技术的支撑，将原本分隔的信息流、实物流、资金流、增值流、业务流及贸易伙伴紧密联系起来，形成了一条完整的供应链。通过实施全球和地区标准消除非增值过程和重复操作，以更低成本提高供应链速率，使供应链上的贸易伙伴实现物流信息的共享、资源的共享，从而对物流各环节进行实时跟踪、有效控制与全程管理，并最终实现一体化物流，有了 EAN・UCC 系统，这个目标一定能够实现。

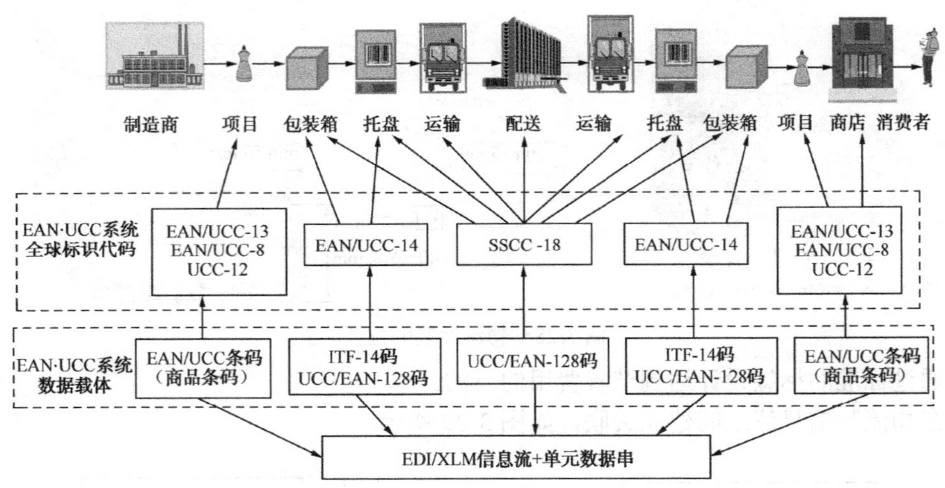

图 3-30　EAN・UCC 全球统一标识系统信息流和实物流示意图

3．EAN・UCC 系统在配送环境追溯的应用

（1）接收

对接收到的托盘的 SSCC 进行记录并同供应商的 GLN 建立关联，托盘的每一次移动，其 SSCC 都将被记录和关联到新位置的 GLN 中（如进入存储、订单提取或物流阶段）。

（2）订单提取和配送

1）从存储区域提取出来准备进行物流运输的托盘的 SSCC，或者没有进行存储的未修改的交接运输托盘的 SSCC 都将被记录下来，并同运输目的地的 GLN 建立关联。

2）新创建的托盘包含有来自不同托盘的标准贸易单元分组。在这种情况下，需要为托盘分配新的 SSCC，并将此代码与该托盘创建过程中使用的所有其他托盘的 SSCC 关联起来。在可能的情况下，还应包含每个标准贸易单元分组的 GTIN 和批号。完成这样的操作需要很大的工作量，通过应用“时间窗口”可以有效地解决这个问题，具体措施由各个公司在包装产品时制定。SSCC 将被记录和关联到其目的地的 GLN。

图 3-31 显示了在物流环境中使用 EAN •UCC 标准来标识位置（GLN）和物流单元（SSCC）的流程。

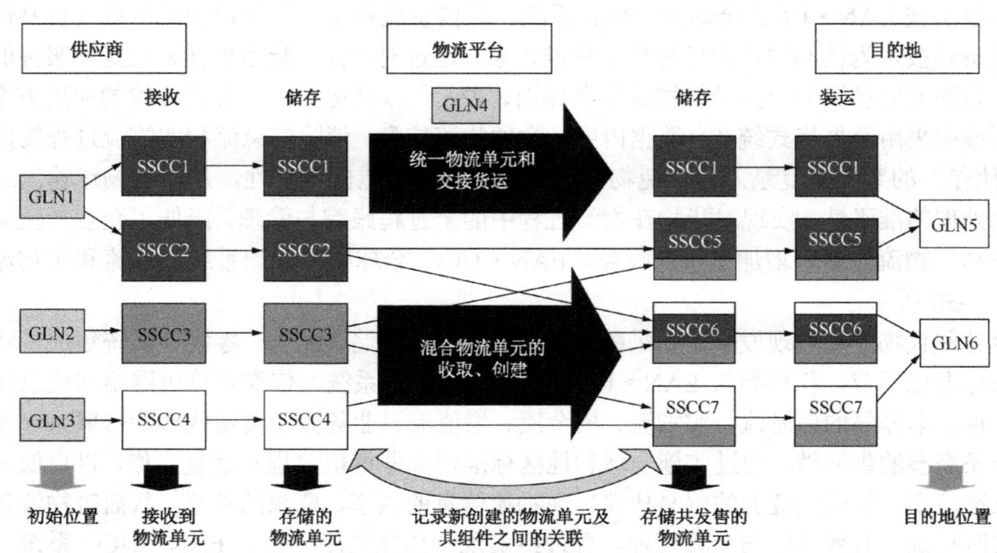

图 3-31　EAN・UCC 标准来标识位置（GLN）和物流单元（SSCC）的流程

图 3-31 物流环境中，使用 EAN • UCC 系统来标识位置（GLN）和物流单元（SSCC）的具体特点如下。

1）若干供应商（使用 GLN 1-3 标识），发送最终产品的托盘（使用 SSCC 1-4 标识）。

2）在物流中心（GLN 4）接收后，托盘将被存储和发送到订单提取流程。

3）在订单提取阶段，将通过运输同一托盘、交接运输或者创建混合托盘的方式完成订单。托盘上的产品在不进行变动的情况下，依然使用 SSCC 1 标识的原托盘进行运输。托盘上产品变化的情况下，使用新创建的 SSCC 5-7 标识的混装托盘（来自托盘 SSCC 2-4 的产品）进行运输。

4）在最后两个步骤，即存储和准备发售的过程中，原托盘（SSCC 1）和混装托盘（SSCC 5-7）将发送到客户/销售点目的地（使用 GLN 5-6 进行标识）。

在供应链中，以精确、快速的方式检索追溯数据具有至关重要的意义，需要在整个供应链中对接收、生产、包装、存储、运输等各个环节建立无缝的链接，并进行有效的管理才能够实现。如果供应链中有一个合作伙伴未能对关联进行有效的管理，则会造成信息链中断，导致追溯能力丢失。要实现完全的产品追溯功能，必须在供应链中的各个环节上对产品进行完善的标识。

（3）产品撤回实例

1）消费者：消费者在交易中发现异常情况。

2）分销商：分销商将消费者投诉转发给供应商，即产品的制造商，说明具体情况（产品的 GTIN），如果可能的话提供批号。

3）制造工厂：制造商对与异常情况相关的原材料进行识别，并确定相关的上游供应商（GLN）。

4）上游供应商：① 上游供应商对导致异常情况的原因进行分析，并确定相关的生产批次；② 确认从这些生产批次中发售出去的所有产品单位（SSCC）；③ 向客户通知问题的性质以及有问题的原材料的批号。

5）制造工厂：① 制造工厂决定撤回存在问题的成品；② 通过追溯系统，制造商搜索使用了问题原材料的成品的批次记录信息；③ 确定需要召回的成品的包装箱和托盘的 SSCC（这些产品可能已经处于运输过程中、外部存储中和/或已经提供给客户）；④ 对还在库存中的包装箱和托盘进行清点；⑤ 确认客户（GLN），并向他们提供关于需要清点和返回的产品的信息（SSCC、GTIN、批号）。

6）零售物流中心：① 零售物流中心在库存和出货区域，确认需要清点和返回的包装箱和托盘（SSCC），以及已经发送到零售店的包装箱和托盘；② 清理和退回手中的受影响产品（SSCC）；③ 向零售店铺提供待清理产品的 SSCC、GTIN 和批号。

7）销售点：零售店铺清点可疑产品（GTIN 和批号）。

3.3 条码技术在服装行业中的应用

服装的流行性和季节性特点使企业必须要做到“库存管理优化、信息反馈高效、市场反应灵敏”，才能在日趋激烈的市场竞争中立稳脚跟。因此，建立“小批量、多批次、多品种、快出货”的服装业现代化经营管理模式，进一步缩短企业对于市场变化的响应时间，建立企业的快速反应体系已成为服装企业发展的必然趋势。

然而，由于每件服装都是以款式、颜色、尺码定义的，因此服装的经营管理很复杂。大量的款式、颜色、尺码管理使得运作的复杂性成指数倍地上涨。许多服装企业每天要处理成百上千的款式、颜色、尺码。在这种复杂的经营管理中，服装制造业必须和服装的零售业建立良好的信息反馈系统，尽快提高产品标识、物流标识、供应链管理等方面的标准化、信息化、自动化水平。

3.3.1 服装商品条码的编码与符号表示

1. 服装产品属性信息

服装产品是一种比较特殊的产品，其主要特点是品种、款式、颜色、面料、品牌等属性分类繁多，变化快。服装企业在产品销售、生产、仓储物流管理等各环节过程中，必须对产品的各种属性信息进行标识与表述。

2. 零售服装商品条码的标识代码与符号表示

（1）零售服装商品条码的表示代码

服装企业在为零售服装产品编制商品条码的代码（以下简称商品标识代码）时，应当遵循唯一性、无含义性和稳定性的原则，进行“一品一码”编码。

例如，某服装企业申请了厂商识别代码 69290001。现在有一款新的产品要上市，按照表 3-1 中 EAN/UCC-13 编码结构，需要分配 4 位商品项目代码，如 0001，相应的校验码为 2，则该款服装产品的完整商品标识代码为 6929000100012。其后如有第二款产品上市时，应当分配另一个 4 位商品项目代码，如 0002，并得到另一个完整的商品标识代码 6929000100029。企业如果将商品项目代码 0000～9999 这 10000 个号码全部用完，再生产新产品时，就需要申请一个新的商品识别代码（如 69290002）。此时，虽然后面的商品项目代码（如 0001）会和厂商识别代码为 69290001 时的商品项目代码重复，但由于厂商识别代码不同，整个 13 位商品标识代码也就不同，不会导致重码。

在我国，一个服装企业申请一个前缀码为 692 或 693 的厂商识别代码，最多只能编制 10 000 款服装产品。因此，为了不浪费代码资源，企业编制服装商品识别代码时一般只能采取无含义编码，而且通常采用流水号编号，也就是“有一款新品编一个代码”。

用上述 13 位商品标识代码标识一款服装产品，是为了给该款产品一个全球唯一性的关键字，所有关于该产品各种属性信息的描述全部依靠计算机数据库系统进行管理。

（2）零售服装商品条码的符号表示

在我国，零售服装商品条码一般采用 EAN-13 条码符号来表示。标识零售服装的商品条码符号还可以有 EAN-8、UPC-A、UPC-E 等类型，但在国内很少使用。

3. 服装产品箱包装、物流单元的编码与符号表示

除了用于标识零售服装产品之外，商品条码还可以用于标识服装产品的箱包装、物流单元及其附加信息。下面介绍服装箱包装、产品附加信息及物流单元的编码与条码符号表示。

（1）用于标识服装箱包装的编码与条码符号

随着物流配送的发展和订货过程对非零售的成箱商品标识的需要，使用 14 位的 ITF-14 代码和相应的条码符号进行编码，用于标识不通过 POS 扫描的非零售商品。非零售商品俗称“箱包装”，其代码结构如表 3-9 所示。

表 3-9 ITF-14 代码结构

1 位包装指示符	内装零售单元代码（去掉原校验码，共 12 位）	1 位新的校验码
1,2, ，9	××××××××××××	C

注：包装指示符 1,2, ，8 用于定量包装，9 用于变量包装。

例如，一家服装企业某款服装产品的零售单元（假设为 1 件）的商品标识代码为 6929000100012。现在希望对其内装 20 件的一箱产品进行标识，有两种编码与条码符号表示方法。一种方法是采用另一个 EAN/UCC-13 代码来表示，如 6929000100029，并采用相应的 EAN-13 条码符号表示。但如果该包装单元不会用于 POS 扫描结算，且包装材料为瓦楞纸箱，则通常用 14 位的 EAN/UCC-14 代码结构表示。这时应当在其原来零售单元的 12 位代码（去掉第 13 位校验码）前加上 1,2,　,8，中的任一位数字，同时按相关标准规定的公式重新计算校验码。因此，相应的 EAN/UCC-14 代码可以为 16929000100019。相应的条码符号可以用 ITF-14 条码或 UCC/EAN-128 条码来表示，如图 3-32 所示。

（2）用于表示附加信息的编码与条码符号

我们把服装产品的生产日期、批号（或序列号）、销售区域、组合包装的内包装数量信息作为服装产品的动态信息。这些动态信息可以作为服装产品的附加信息，并采用相应的代码和条码符号表示。GSI 设计了一系列“应用标识符”，用于表示产品的标识代码及附加信息。

ITF-14 条码

UCC/EAN-128 条码

图 3-32　服装的物流条码

例如，为了防止服装产品销售过程中发生不同区域之间的串货，服装企业希望标明一款产品的每一件的序列号和销售地。这些附加信息和服装的标识代码可以用 UCC/EAN-128 条码来表示，如图 3-33 所示。

图 3-33　表示服装商品标识代码及其序列号、销售地邮政编码的 UCC/EAN-128 条码符号

图 3-33 中（01）、（21）、（420）这 3 个应用标识符分别表示其后为商品标识代码、产品序列号及销售地邮政编码。这种表示方法可以可用于服装企业对单件产品的跟踪追溯。

有时，对一款服装产品，服装企业希望在采用商品条码标识的同时，也把企业内部对该款产品的编码同时用条码符号表示出来。这时同样采用 UCC/EAN-128 条码表示，如图 3-34 所示。

图 3-34　表示包含服装商品标识代码及服装企业内部编码的 UCC/EAN-128 条码

图 3-34 中应用标识符（240）后的代码表示该款服装产品在企业内部的有含义编码。但是，这种表示方法不能将 AI（01）标识符表示的内容和 AI（240）标识符表示的内容拆开。因此，不能用于零售计算。

（3）用于标识物流单元的编码与条码符号

在服装企业的贸易往来中，除了要标识零售商品、箱包装外，还要标识托盘、集装箱等货运单元，即物流单元。任何两个物流单元，即使它们内装商品及其数量完全相同，一般也应当赋予不同的标识代码，以便对每个物流单元进行跟踪。这时可以采用 SSCC-18 代码和相应的 UCC/EAN-128 条码符号来表示物流单元，如表 3-10 及图 3-35 所示。

表 3-10　物流单元标识代码 SSCC-18 及相应标识符的结构

AI	扩展位	厂商识别代码 → ← 系列代码	校验码
00	N_1	N_2 N_3 N_4 N_5 N_6 N_7 N_8 N_9 N_{10} N_{11} N_{12} N_{13} N_{14} N_{15} N_{16} N_{17}	N_{18}
00	N_1	0 N_3 N_4 N_5 N_6 N_7 N_8 N_9 N_{10} N_{11} N_{12} N_{13} N_{14} N_{15} N_{16} N_{17}	N_{18}

(00) 069290001000000012

图 3-35　标识物流单元的 UCC/EAN-128 条码

图 3-35 中应用标识符（00）表示其后为物流单元标识代码，69290001 代表该企业的厂商识别代码。厂商识别代码前的 0 为扩展位，其后的 00000001 表示该物流单元（托盘或集装箱）的流水号，最后一位 8 为校验字符。

3.3.2　服装商品条码与企业内部产品编码

1．服装企业内部产品编码

服装行业由于种种原因，部分服装企业为了企业内部产品管理的需要，在服装产品标签上按照自定的编码规则编制服装产品编码，并采用三九条码、128 条码、交插 25 条码等非 ANCC 系统的条码符号来表示，并且以内部编码作为识别商品的依据。图 3-36 就是一个常见的服装产品内部编码及相应条码符号（以下简称内部条码）。

品名：7 寸小棉袄

货号：LSF1003

质量等级：合格品

检验员：

产品标准号：GB9832-93

00 D04 AAZ ZA AJ07 004

图 3-36　服装企业产品内部条码

与商品条码的无含义编码不同，服装产品内部编码一般是有含义的，每一位或几位对应一类特定信息，如品牌、品种、款式、颜色、销售地等，既有描述性属性，也有动态信息。例如，在图 3-36 的企业内部条码中，第一位代表品牌，第 2～3 位代表年份，第 4～5 位代表产品类别，第 6 位代表产品系列，第 7 位代表面料，第 8～9 位代表款式，第 10～11 位代表款式下的流水号，第 12～13 位代表规格，第 14～16 位代表颜色。其条码符号类型采用 UCC/EAN-128 条码。

总之，服装产品的属性信息繁多，变化快，用一个有含义的产品内部编码来“描述”是困难的，但是用一个无含义、位数固定的商品标识代码来“标识”是容易的。而且，无含义的商品标识代码的赋码工作也十分简单，只要有一款新品出来就按流水方式给它一个代码就行了。

2．服装商品条码与企业内部产品编码的联系

目前，部分服装企业采用在服装产品标签上印制内部条码进行管理，其实这并不影响企业使用商品条码。只要将企业内部产品编码进一步完善和规范，再加上全球通用的商品条码，就能构建一套既满足市场销售需求、又满足企业内部管理需要的服装产品编码与条码标签。下面介绍两种常见的商品条码与企业内部条码相结合的服装条码标签表示方法。

1）商品条码与企业内部编码分两部分共存，并且前者与后者有一对多的关系。

这种方法主要适用于产品种类较多，原来已有内部条码，现在又要满足超市、百货商场等领域自动结算与管理需求的企业。

例如，某服装企业各种不同规格、不同颜色的男式针织内衣售价相同，赋予相同的商品条码 6929000212340，但内部编码区分了规格、颜色，以便进行更加全面、确切的管理，如表 3-11 所示。

表 3-11　商品标识代码与企业内部编码“一对多”的情况

产　品	代　码	
第一款： 白色 L 号男式针织内衣	商品条码	6929000212340
	内部条码	2301WT00170076A
第二款： 灰色 XL 男式针织内衣	商品条码	6929000212340
	内部条码	2301WT13185096A
第三款： 白色 XL 男式针织内衣	商品条码	6929000212340
	内部条码	2301WT00185096A

注：假设该公司所有不同颜色、尺寸的男式针织内衣售价均相同。

这种情况下，企业可以依据商品条码查询到内部编码所包含的各种服装基本信息（或含义），也可以按内部编码查询到每种产品的商品条码，了解其库存存量或销售情况。

图 3-37　商品标识代码与企业内部编码“一对多”的情况

这种方法实际上相当于将商品条码的编码信息容量采用内部编码加以扩充，它可以帮助解决服装企业只用商品条码时编码容量少的问题。企业平时可以采用内部编码进行订单、计划、生产、仓储、配送等一系列的计算机管理，当产品进入国内外市场时，服装吊牌、标签上同时携带的商品条码就可以发挥巨大的优势。

2）商品条码与企业内部编码分两部分共存，并且前者与后者有一一对应的关系。

这种方法主要适用于产品种类不多，但需要有多种产品属性信息，同时又要满足超市、百货商场等领域自动结算与管理需求的企业。

例如，某服装企业各种不同规格、不同颜色的男式针织内衣虽然售价相同，但为了管理方便，在编制商品条码和内部编码时均赋予了不同代码，并且具有一一对应的关系，如表 3-12 所示。相应的条码标签如图 3-38 所示。

采用这种条码标签设计方法，一般情况下，通过扫描商品条码部分，并结合数据库系统，就可以达到对产品对产品的查询、统计等目的。这种标签设计方法的初衷，是希望企业内部员工能够通过有含义的产品内部条码直接判断该产品的各种具体属性信息。但是事实上，为了实现这一目的，只需要将内部编码印制在服装标签上即可，没有必要采用相应的条码符号表示。当商品条码损坏或工作人员当时没有条码扫描器时，可以通过内部编码，采用人工补录的方式实现对产品的识别。

表 3-12　商品标识代码与企业内部编码一一对应的情况

产　品	代　码	
第一款：白色 L 号男式针织内衣	商品条码	6929000212340
	企业内部条码	2301WT00170076A
第二款：灰色 XL 男式针织内衣	商品条码	6929000212340
	企业内部条码	2301WT13185096A
第三款：白色 XL 男式针织内衣	商品条码	6929000212340
	企业内部条码	2301WT00185096A

图 3-38　商品条码与产品内部条码一一对应的情况

上述两种采用内部条码的服装条码标签表示方法中，第 2 种与单独采用商品条码没有本质区别。而对于第 1 种方法，则可以通过将商品条码与 ANCC 系统应用标识符及 UCC/EAN-128 条码结合起来进行表示，不必印制内部条码。由此可见，只要商品条码与整个 ANCC 全球统一标识系统有机结合，科学、规范地进行服装产品编码，就能满足服装企业生产、销售、仓储物流及财务管理等需要。

3.4 二维条码基本知识

3.4.1 一维条码存在的问题

尽管一维条码有很多优点，如编码简单、信息采集速度快、识别设备简单、成本低廉，但是一维条码也存在一些不足之处：数据容量较小；只能包含字母和数字；条码尺寸相对较大（空间利用率较低）；条码遭到损坏后便不能阅读，没有纠错能力；保密性差等。

由于受信息容量的限制，传统条码仅仅是对“物品”的标识，而不是对“物品”的描述，故传统条码不得不依赖数据库的存在，没有数据库和不便联网的地方，一维条码的使用受到很大的限制，有时甚至变得毫无意义。另外，要用一维条码表示文本信息几乎是不可能的，这在应用文字的场合非常不便，而且效率低。二维条码解决了一维条码的这些问题。图 3-39 为一维条码与二维条码示意图。

图 3-39　一维条码与二维条码示意图

3.4.2　二维条码的内涵

1．二维条码的定义

二维条码（2D Barcode）是用某种特定的几何图形按一定规律在平面（二维方向上）分布的黑白相间的图形记录数据符号信息的，在代码编制上巧妙地利用构成计算机内部逻辑基础的“0”、“1”的概念，使用若干个与二进制相对应的几何形体来表示文字数值信息，通过图像输入设备或光电扫描设备自动识读以实现信息自动处理。它具有条码技术的一些共性：每种码制有其特定的字符集，每个字符占有一定的宽度，具有一定的校验功能等。同时还对不同行的信息具有自动识别功能及处理图形旋转变化等特点。

2．二维条码的种类

按照编码原理的不同，二维条码可分为两大类型：线性堆叠式二维条码、矩阵式二维条码。

（1）线性堆叠式二维条码

线性堆叠式二维条码在形态上是由多行截短的一维条码在纵向上堆积而成，其数据以成串的数据行显示。这类条码继承了一维条码的特点，识读设备可以与一维条码兼容，常用的有 PDF417 码、Code49 码等，图 3-40 是一个线性堆叠式二维码实例。

图 3-40　PDF417 条码

（2）矩阵式二维条码

矩阵式二维条码在结构形体及元素分布上与代数矩阵有相似的特征。每一矩阵二维条码符号结构的共同特征均由特定的符号功能条形即分布在矩阵元素位置上表示数据信息的条形模块（如正方形、圆形、正多边形等条形模块）构成。深色模块单元表示二进制“1”，浅色模块单元表示二进制“0”。矩阵式二维条码只能采用图像式识读设备来识读。典型的码制有 DataMatrix、Code One 、Maxicode 等。矩阵式二维条码具有更高的信息度，可以作为包装箱的信息表达符号，图 3-41 是一个矩阵式二维条码实例。

图 3-41　DataMatrix 二维条码

（3）二维条码的优点

相对于一维条码二维条码有如表 3-13 所示的优点。

表 3-13　一维条码与二维条码的区别

类型\项目	信息密度与信息量	纠错校验及纠错能力	垂直方向是否携带信息	用途	对数据库和通信网络的依赖	保密性	识读设备
一维条码	信息密度低，信息容量小	可通过校验符对错误校验，没有纠错能力	不携带信息	对物体的标识	多数应用场合依赖数据库及通信网络	保密性差	可用线扫描识读器，如光笔、线阵CCD、激光枪等
二维条码	信息密度高，信息容量大	具有错误校验和纠错能力，可根据要求设置不同的纠错级别	携带信息	对物体的描述	可不依赖数据库及通信网络而单独使用	保密性好	堆叠式二维条码可用线扫描器多次扫描识读；矩阵式二维条码仅能用图像扫描器识读

（4）二维条码有其他识别技术的区别

二维条码与磁卡、IC 卡、光卡等其他几种自动识别技术的比较如表 3-14 所示。

表 3-14　二维条码同磁卡、IC 卡、光卡的比较

比　较　点	二 维 条 码	磁　　卡	IC 卡	光　　卡
抗磁力	强	弱	中等	强
抗静电	强	中等	中等	强
抗损性	强 可折叠 可穿孔 可切割	弱 不可折叠 不可穿孔 不可切割	弱 不可折叠 不可穿孔 不可切割	弱 不可折叠 不可穿孔 不可切割
影印性	可	不可	不可	不可
传真性	可	不可	不可	不可
容量	1100byte	76byte	3kbyte	2Mbyte
成本/元	1	10	300	500

3.4.3　几种典型的二维条码

图 3-42 为几种典型的二维条码。

Data Matrix

Maxi Code

Aztec Code

QR Code

Vericode

PDF417

Ultracode

Code 49

Code 16K

图 3-42　二维条码

1．PDF417 二维条码

PDF417 二维条码是一种堆叠式二维条码，目前应用最为广泛。PDF417 条码是由美国 Symbol 公司发明的，PDF（Portable Data File）意思是“便携数据文件”。组成条码的每一个条码字符由 4 个条和 4 个空共 17 个模块构成，故称为 PDF417 条码，如　　图 3-43 所示。

PDF417 条码可表示数字、字母或二进制数据，也可表示汉字。PDF417 条码最大的优势在于其庞大的数据容量和极强的纠错能力。一个 PDF417 条码最多可容纳 1850 个字符或 1108 个字节的二进制数据，如果只表示数字则可容纳 2710 个数字。PDF417 的纠错能力分为 9 级，级别越高，纠错能力越强。由于这种纠错功能，使得污损的 417 条码也可以正确读出。我国目前已制定了 PDF417 码的国家标准。

PDF417 条码需要有 417 解码功能的条码阅读器才能识别，目前这种阅读器已有价格为几千多元人民币的产品。

2．QR Code 二维条码

QR Code 二维条码是由日本 Denso 公司于 1994 年 9 月研制的一种矩阵二维码，如图 3-44 所示。它除具有一维条码及其他二维条码所具有的信息容量大、可靠性高、可表示汉字及图像多种文字信息、保密防伪性强等优点外，还具有如下主要特点。

图 3-43　二维条码

图 3-44　QR Code 二维条码

1）超高速识读。从 QR Code 二维条码的英文名称 Quick Response Code 可以看出，超高速识读特点是 QR Code 二维条码区别于 PDF 417 条码、Data Matrix 等二维码的主要特性。由于在用 CCD 识读 QR Code 二维条码时，整个 QR Code 二维条码符号中信息的读取是通过 QR Code 二维条码符号的位置探测图形，用硬件来实现，因此，信息识读过程所需时间很短。用 CCD 二维条码识读设备，每秒可识读 30 个含有 100 个字符的 QR Code 二维条码符号；对于含有相同数据信息的 PDF 417 条码符号，每秒仅能识读 3 个符号；对于 Data Martix 矩阵码，每秒仅能识读 2～3 个符号。QR Code 二维条码的超高速识读特性使它能够广泛应用于工业自动化生产线管理等领域。

2）全方位识读。QR Code 二维条码具有全方位（360°）识读特点，这是 QR Code 二维条码优于行排式二维条码（如 PDF 417 条码）的另一主要特点，由于 PDF 417 条码是将一维条码符号在行排高度上的截短来实现的，因此，它很难实现全方位识读,其识读方位角仅为 ±10°。

3）能够有效地表示中国汉字、日本汉字。由于 QR Code 二维条码用特定的数据压缩模式表示中国汉字和日本汉字，它仅用 13bit 可表示一个汉字，而四一七条码、Data Martix 等二维码没有特定的汉字表示模式，因此仅用字节表示模式来表示汉字，在用字节模式表示汉字时，需用 16bit（二个字节）表示一个汉字，因此 QR Code 二维条码比其他的二维条码表示汉字的效率提高了 20%。

目前市场上的大部分条码打印机都支持 QR Code 二维条码，其专有的汉字模式更加适合我国应用，因此，QR Code 二维条码在我国具有良好的应用前景。

3.5 条码技术运用实训

3.5.1 实训目的及要求

1. 实训目的

进行条码的编制和打印，掌握条码识读设备的应用环境、安装和操作，结合模拟软件通过条码识读完成入库业务。

2. 实训要求

1）掌握条码的编制。
2）了解条码打印机的使用，生成条码标签。
3）掌握条码识读设备的操作。

3.5.2 实训设备及软件

1. 实训设备

服务器、交换机和 PC 机组成 NT 网络，条码打印机，激光枪，CCD 条码扫描器、PDA。

2. 软件环境

1）服务器采用 Microsoft Windows 2000 Server 操作系统。
2）数据库管理系统采用 SQL Server 2000。
3）学生客户端采用 Windows 2000 系统、IE5.0 以上浏览器。
4）条码制作软件 QLabelIV1.12。
5）物流一体化管理系统。

3.5.3 实训任务

实训任务如表 3-15 所示。

表 3-15 条码技术运用实训任务

任务编号	3
任务名称	商品条码的申请、设计、制作、打印、扫描、应用
任务内容	1．张华强是某食品企业的产品开发部门负责人，如今开发一种叫“亲亲”带有甜味的糖果新产品，为了能快速打入快速消费品市场，决定向有关部门申请商品条码 2．请你以张华强的身份来为他完成商品条码的申请工作 3．利用相应的条码制作软件制作相应的商品条码，并利用条码打印机打印出来 4．使用条码识读设备把制作出来的条码扫描到系统中 5．登录到相关网站查资料完成相关任务

续表

提交资料	1. 商品条码注册流程图 2. 提交制作的商品条码
相关网站资料	1. 中国物品编码中心：http://www.ancc.org.cn/ 2. 湖南物品编码中心：http://www.hn315.gov.cn/tm/
思考问题	1. 条码在物流中起到什么样的作用 2. 商品条码有哪些类型，在我们日常生活中起到什么样的作用 3. 在我国物品编码由谁负责管理 4. 条码的编码有什么原则

3.5.4 实训步骤

1. 商品条码的申请

学生以张华强身份申请商品条码，登录到相应的网站，具体注册流程如图 3-45 所示。

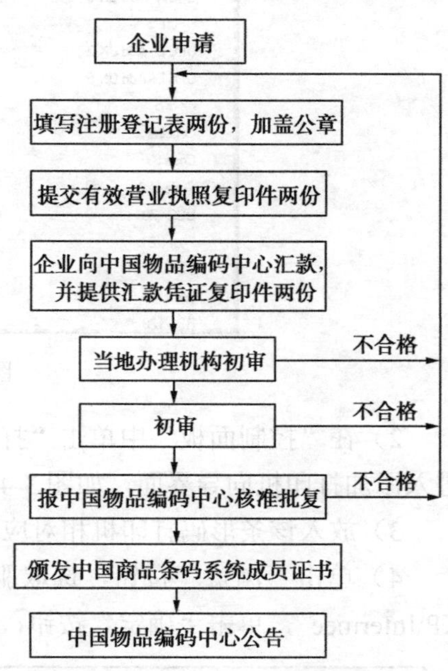

图 3-45 商品条码注册流程图

2. 商品条码的设计与制作

1）安装 QLabelIV1.12 条码制作软件，如图 3-46 所示：① 解压 QlabelIV1.12 压缩包；② 双击“QlabelIV1.12.exe”图标。

2）编制条码标签，如图 3-47 所示：

① 双击“QLabel-IV 1.12”图标；② 执行“DrawB”→“Barcode”命令，弹出“Barcode Setup”对话框，选中“EAN-13”单选按钮，在“Data”文本框中输入商品条码编码；③ 单击“OK”按钮，商品条码制作完毕。

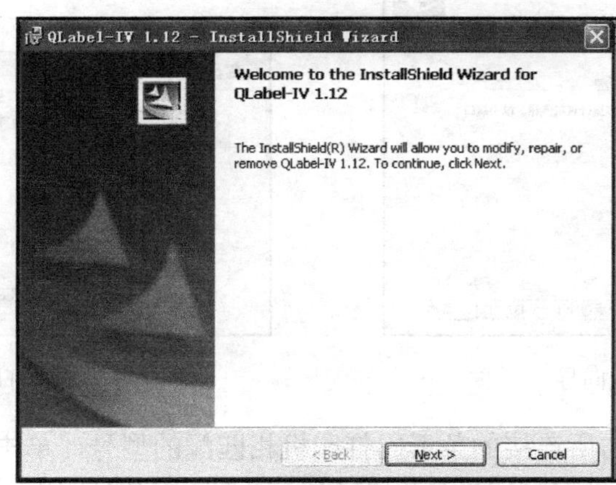

图 3-46 QLabelIV 安装

3. 商品条码的打印与扫描

（1）条码打印机的安装

1）按照条形码打印机所附图解提示，将打印机与其配件连接。

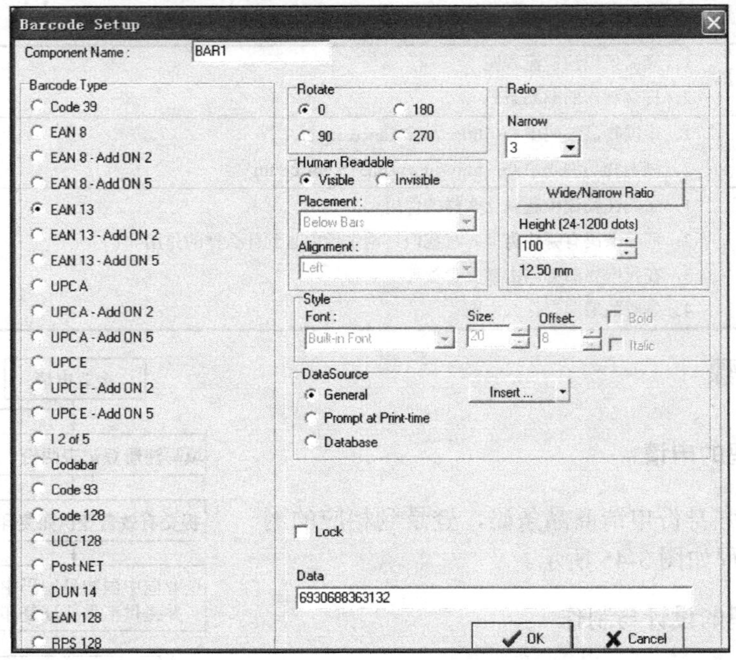

图 3-47　QLabelIV 条码制作

2）在“控制面板”中单击“打印机和其他硬件”超链接，单击“添加打印机”超链接，进入添加打印机向导界面，如图 3-48 所示，单击“下一步”按钮。

3）放入该条形码打印机相对应的驱动程序的光盘，选择“从磁盘安装”。

4）单击“浏览”按钮，选取驱动程序所在的路径“G:\software\InterDrv\95 98 Me 2000 XP\Intermec”，单击“确定”按钮，如图 3-49 所示。

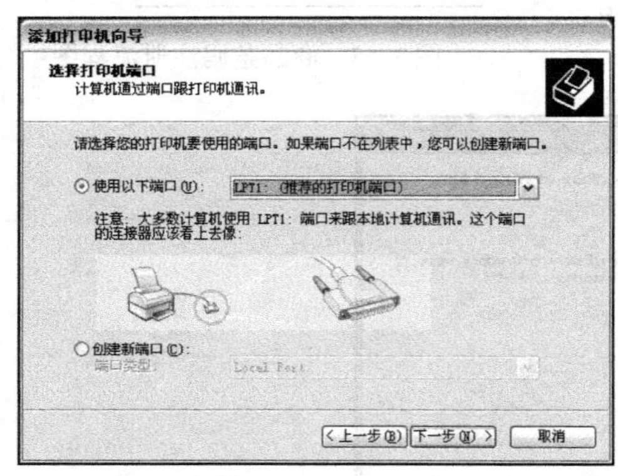

图 3-48　添加打印机向导

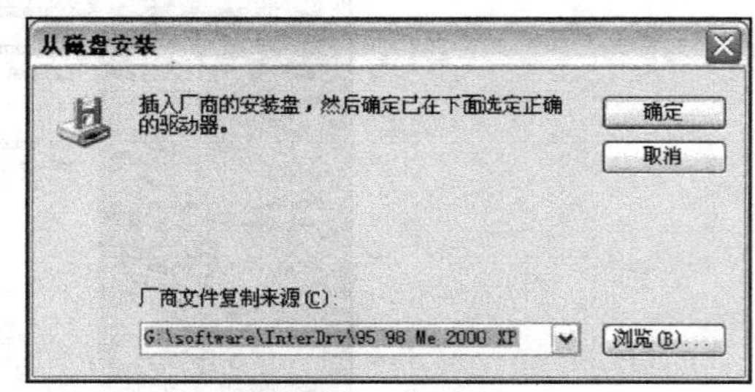

图 3-49　条码打印机安装

5）在列表中，选择与所连接的条形码打印机相匹配的型号，单击“下一步”按钮。

6）根据各自的需求，命名打印机名和选择是否设置为默认打印机，单击“下一步”按钮。

7）根据各自的需求，命名打印机名、选择是否设置为默认打印机和共享与否，单击“下一步”按钮。

8）这时可以选择打印测试页，来确认打印机是否安装正确，并且单击“下一步”按钮。

9）单击“完成”按钮，条形码打印机安装完成。

（2）商品条码打印

1）条码打印机设置，如图 3-50 所示。

2）商品条码打印，如图 3-51 所示。

执行“file”→“选择打印机”→“print”命令。

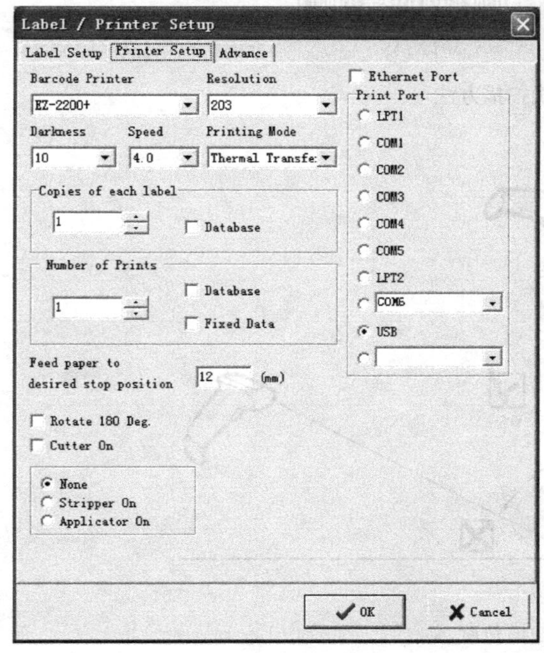

图 3-50　条码打印机设置

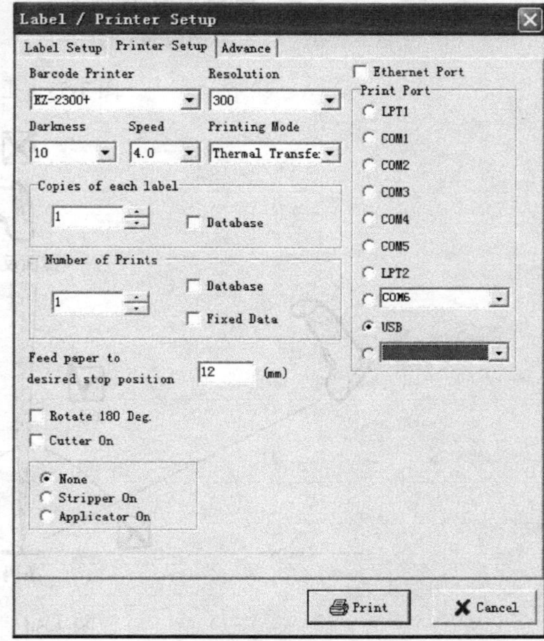

图 3-51　商品条码打印

（3）条码扫描器的安装与商品条码扫描

1）将接口电缆方型连接器插入扫描器柄底部的电缆接口端（见图 3-52），将接口的另一端插入电脑的 USB 接口，可听到“嘀嘀嘀”3 声，初次使用计算机桌面会有添加新硬件的提示，可尝试按下条形码扫描器的触发开关，观察扫描窗口的灯是否正常亮。

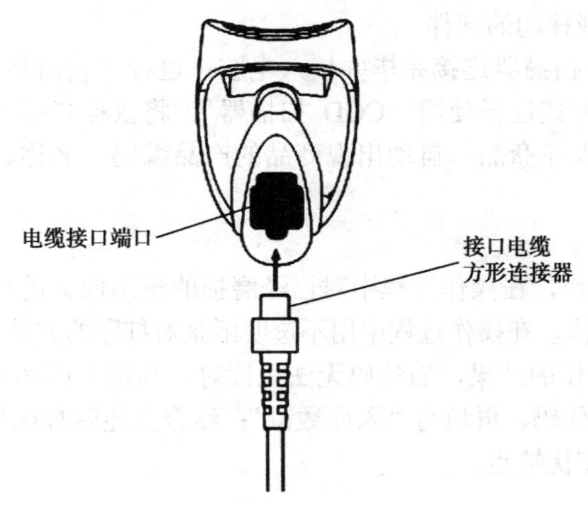

图 3-52　扫描器接口

2）首先打开一个记事本，将扫描器对准瓶身上的条码，确保扫描线扫过符号的所有条形及空格，如图 3-53 所示。

3）成功解码后，扫描器会发出蜂鸣声且发光管发出绿光，同时，记事本上出现相应的条码代码（扫描器与条码不完全垂直时扫描效果最佳），如图 3-54 所示。

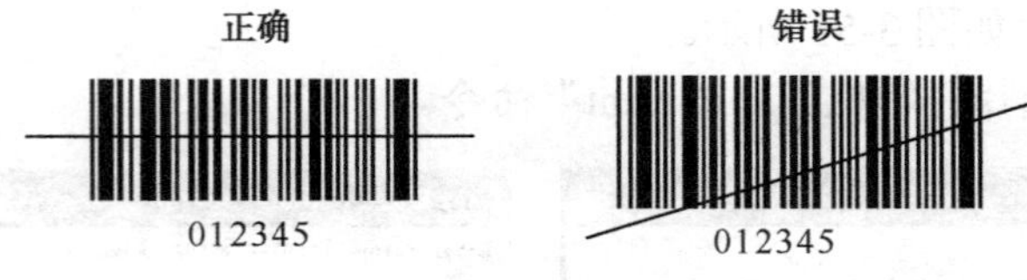

图 3-53　正确扫描方法

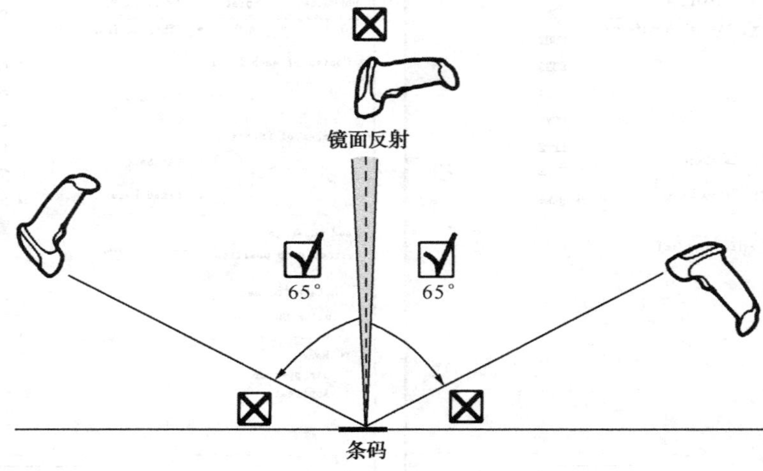

图 3-54　扫描角度

4. 商品条码的使用

使用商品条码进行下述入库业务。

1）启动仓储管理系统，使用激光枪对条码进行识读，执行商品入库业务。激光枪的扫描动作通过转动或振动多边形棱镜等光装置实现。

2）使用 CCD 条码扫描器对条码进行识读，执行商品入库业务。CCD 扫描器属于非接触式扫描器，内部不含机械移动的部件。

具体操作：将 CCD 扫描器连接完毕并接入电脑；进行“物流数据采集条码技术”实验，到出入库环节时，入库方式选择使用“CCD 扫描器”；将鼠标指标定位在“产品编码”处，利用 CCD 扫描器扫描入库商品，自动出现商品的产品编码、名称、规格和单位，填写“入库数量”。

5. 分析与总结

1）重复步骤 4 的操作，在操作过程中对已经磨损的条码标签进行扫描。

2）重复步骤 4 的操作，在操作过程中用不透明纸张对打印的完整条码标签进行扫描。

3）观察上述两种操作的结果，当条码无法识读时，在出入库环节中，入库方式选择“手工输入”，手工选择商品代码，再填写“入库数量”；结合上述两种操作，分析影响条码识读的因素，总结条码的原理和优缺点。

3.4.5　实训结果

1）列出你在编制条码时所考虑的因素。

2）列出影响条码扫描的因素。

3）制作出相应的商品条码。

4）执行商品入库业务后，对实验步骤 4 中生成的入库单进行查询，复制屏幕。

3.5.6　实训思考题

1）在“物流数据采集条码技术”实验的出入库环节中，入库方式选择“手工输入”和“条码设备”哪种效率更高？为什么？

2）影响条码识读的因素有哪些？

3）如何对条码识读器进行分类？可分为哪几类？

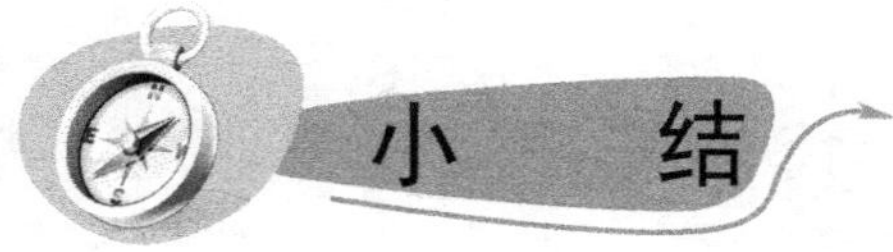

本章介绍了条码技术相关概念、特点、分类编码原则及条码的工作原理，条码主要识读设备，EAN·UCC 系统的形成与发展，EAN·UCC 编码体系主要构成，EAN·UCC 系统主要应用，二维条码定义，几种典型的二维条码等内容。

1．请简述条码的工作原理。

2．请简述 EAN·UCC 编码体系的构成。

3．请简述二维条码与一维条码的区别。

4．请简述条码技术在物流领域的主要应用。

第4章 物流数据自动采集 RFID 技术

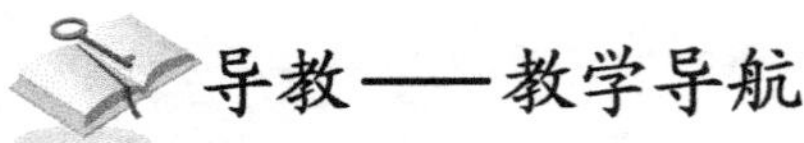

导教——教学导航

职业能力要求

■ 专业能力：掌握 RFID 系统的组成和 RFID 技术的工作原理，了解我国在 RFID 技术上的应用，掌握 EPC 编码数据结构，掌握 RFID 技术的家畜信息化养殖管理的追溯体系。

学习目标

■ 理解 RFID 系统的组成；
■ 理解 RFID 技术的工作原理；
■ 了解常见射频标签的分类及应用；
■ 掌握 EPC 编码数据结构；
■ 了解 RFID 技术在物流中的应用。

导读 4-1　RFID“电子身份证”铆牢上海百万气瓶

2004 年 4 月，重庆天原化工总厂氯气泄漏、气罐爆炸，9 死 3 伤；2005 年 3 月，京沪高速淮安段交通事故，液氯泄漏致使 28 死、350 人住院；2005 年 7 月，南汇惠南镇一辆 4t 卡车上一只液氨钢瓶突然爆炸，108 人入院　　盛装易燃、易爆、有毒、有害的危险化学品的气瓶，好比城市里的“不定时炸弹”。这些危险的瓶瓶罐罐全上海共有 400 多万个。如何管好百万气瓶，确保上海一方平安？市政府 2006 年的实事工程之一就是给钢瓶们上“电子身份证”。

1. 20 万只气瓶已装“智能芯”

市政府日前审议通过了《上海市危险化学品安全管理办法》，市府 19 个委办局将合力对本市危险化学品实施全过程管理；完成 100 万只危险化学品气瓶的电子标签标识。

记者获悉，由市安全生产监督管理局、质量技监局、环保局、科委联合本市科技企业共同推进的这项市府实事工程，已进入平台架构和技术规范制定的实质性阶段，20 万只液氯、乙炔气瓶已安上一枚“电子身份证”。市科委还启动了以卫星定位为基础的危化品监管示范项目，不用出门、光点鼠标，就能实时掌握瓶瓶罐罐的一切行踪。

据了解，国家一直明文规定：危险化学品气瓶必须标上唯一的编号或条码，气瓶的安全管理应由产权所有者（生产、充装企业）负责。但气瓶的生产商众多和监管不严，造成了劣质冒牌气瓶乘虚而入、以次充好，正规气瓶又“超龄服役”，潜在危险重重。而一枚小小的电子标签，恰好能根除这些“顽疾”。

2. 用卫星定位监控危化品

今年将有约 100 万只气瓶会在年检、充气过程中，加入“被盯梢名单”，除了工业用的液氯、液氨、乙炔、氢气等钢瓶，医院等公共场所用的氧气瓶等外，还有广大市民家用的液化石油气瓶。市科委正考虑通过技术攻关，2006 年将卫星定位、地理信息技术应用到部分危化品的监管上。

3. “电子身份证”有三大亮点

市科委信息处介绍，这枚频率为 13.56MHz 的电子标签好比“电子身份证”，能存储大量数据信息，反复读写并经久耐用。把它贴在气瓶上，气瓶的生产日期、使用寿命、容量、充装、检验、配送等信息全部记录在案。这项全国首创的技术作为市科委重大专项，最先于去年在上海氯碱化工总厂的 7000 个液氯钢瓶上成功应用。

但是，如何保证这些标签不会被“克隆”？如何防止不法分子掉包标签，贴标签到冒牌货上？专家介绍说，气瓶的“身份证”有 3 项独创：一、电子标签如同纸钞那样有“数字水印”，内部数据还经过安全加密，几乎无法破解。二、标签使用了特殊粘胶剂，贴在气瓶上就永远别想摘下，即使通过暴力手段把标签敲下后，标签也会自动损毁，难以再次利用。

据了解，上海在危化品上实行电子标签管理，还得到了国家技监总局、国家安全生产监督管理总局和国家环保总局的重视。这一技术有望成为全国示范项目。

思考题：

（1）上海的百万气瓶为什么要使用 RFID“电子身份证”？

（2）RFID“电子身份证”解决了上海百万气瓶的什么关键问题？

4.1 RFID 概述

4.1.1 RFID 基础知识

1. RFID 的内涵

（1）射频的定义

射频（Radio Frequency，RF）是指可传播的电磁波，每秒变化小 1000 次的交流电称为低频电流，大于 10 000 次的称为高频电流，而射频就是这样一种高频电流。医学上把频率为 0.5～8MHz 的交流高频电流称为射频电波。

（2）RFID 的定义

射频识别技术（Radio Frequency Idenfication，RFID）是一种非接触的自动识别技术，其基本原理是利用射频信号和空间耦合（电感或电磁耦合）或雷达反射的传输特性，实现对被识别物体的自动识别。

（3）RFID 技术的频率范围

RFID 系统中的读写器和电子标签通过各自的天线构建了两者之间非接触的信息传输信道，在 RFID 系统中，特定频率范围内的无线电波经过编码，在读写器和电子标签之间传输信息，无线电波可以划分成低频、高频、超高频和微波（见表 4-1）。RFID 技术一般采用的都是这些范围内的无线电波，通过无线电波进行能量的辐射称为电磁辐射。RFID 技术的频率范围如图 4-1 所示。

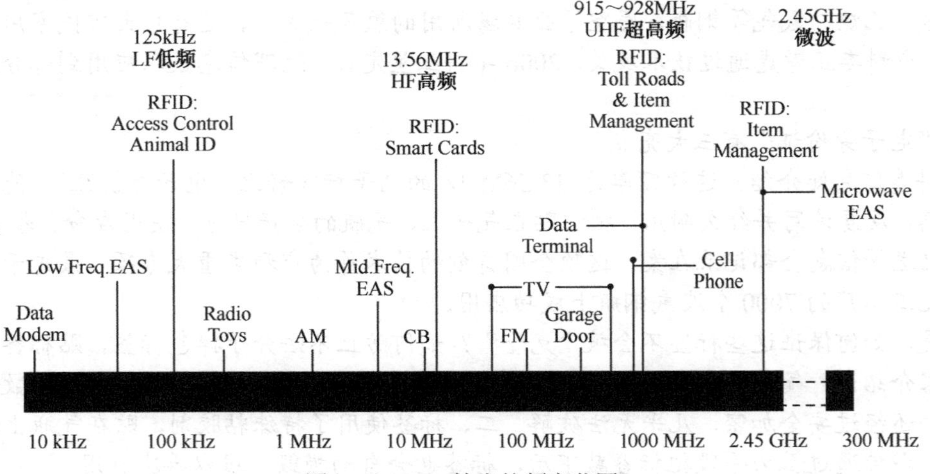

图 4-1　RFID 技术的频率范围

表 4-1　RFID 系统所占用的频段

频 段 范 围	低频/kHz	高频/MHz	超高频/MHz	微波/GHz
可用频段	30～300	3～30	300～1 000	1～6
RFID 占用频段	125～134	13.56	433 或 860～960	2.4 和 5.8

（4）RFID 系统的构成

RFID 系统至少包含电子标签和阅读器两部分。电子标签是射频识别系统的数据载体，由标签天线和标签专用芯片组成。

RFID 阅读器（读写器）通过天线与 RFID 电子标签进行无线通信，可以实现对标签识别码和内存数据的读出或写入操作，典型的阅读器包含有高频模块（发送器和接收器）、控制单元及阅读器天线。

2．RFID 技术发展历史

RFID 直接继承了雷达的概念，并由此发展出一种生机勃勃的新技术——RFID 技术，但实际上它比条形码还要古老。1840 年，法拉第（Faraday）发现了电磁能；19 世纪，麦克斯韦（Maxwell）建立了电磁辐射传播理论，提出了麦克斯韦方程组；20 世纪初，人类利用无线电波发明了雷达，通过无线电波的反射来检测和锁定目标（位置和速度）。

RFID 技术是无线电波与雷达技术的结合，奠定 RFID 基础的技术最先是在第二次世界大战中得到发展，当时是为了鉴别飞机，又被称作“敌友”识别技术，该技术的后续版本至今在飞机识别中使用。

1948 年哈里・斯托克曼（Harry Stockman）发表的“利用反射功率的通信”奠定了 RFID 的理论基础。

RFID 技术在国外的发展较早也较快，尤其是在美国、英国、德国、瑞典、瑞士、日本、南非，目前均有较为成熟且先进的 RFID 系统。

我国在 RFID 技术的研究方面也发展很快，比较典型的是在中国铁路车号自动识别系统建设中，推出了完全拥有自主知识产权的远距离自动识别系统。

在近距离 RFID 应用方面，许多城市已经实现了公交射频卡作为预付费电子车票的应用，还有预付费电子饭卡等。RFID 技术显示出其在各个领域的巨大发展潜力，这就掀起了 RFID 技术研究、制造和应用的浪潮，RFID 技术已经成为 21 世纪最有发展潜力的技术之一，表 4-2 列举了 RFID 技术在历史上的一些重要事件。

表 4-2　射频识别技术的发展 10 年期划分表

年　份	事　件
1940～1950 年	雷达的改进和应用催生了射频识别技术，1948 年哈里·斯托克曼发表的"利用反射功率的通信"奠定了 RFID 的理论基础
1950～1960 年	RFID 的探索阶段，主要处于实验室实验研究阶段
1960～1970 年	RFID 的理论得到了发展，开始了一些应用尝试
1970～1980 年	RFID 与产品研发处于一个大发展时期，各种 RFID 测试得到加速，出现了一些最早的 RFID 应用
1980～1990 年	RFID 及产品进入商业应用阶段，各种规模应用出现
1990～2000 年	RFID 标准化问题日趋得到重视，RFID 产品得到广泛采用，RFID 产品逐渐成为人们生活中的一部分
2000 年后	标准化问题日趋为人们所重视，RFID 产品种类更加丰富，有源电子标签、无源电子标签及半无源电子标签均得到发展，电子标签成本不断降低，应用行业规模扩大
至　今	RFID 的理论得到丰富和完善，单芯片电子标签、多电子标签识读、无线可读可写、无源电子标签的远距离识别、适应高速移动物体的 RFID 与产品正在成为现实并得到应用

在 RFID 技术研究及产品开发方面，国内已具有了自主开发低频、高频与微波 RFID 电子标签与读写器的技术能力及系统集成能力，与国外 RFID 先进技术之间的差距主要体现在 RFID 芯片技术方面，尽管如此，在标签芯片设计及开发方面，国内已有多个成功的低频 RFID 系统标签芯片面市。

3. RFID 系统的组成

RFID 系统一般由信号发射机（射频标签）、信号接收机（阅读器）、发射接收天线等部分组成，如图 4-2 所示。

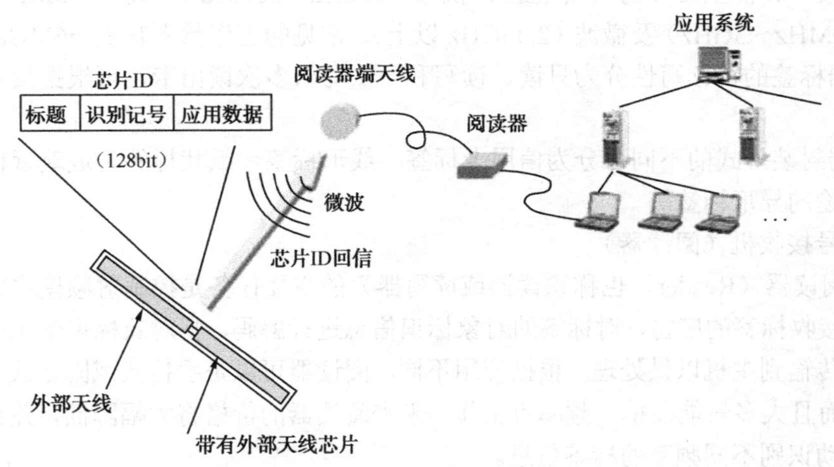

图 4-2　RFID 系统组成

（1）信号发射机（射频标签）

在射频识别系统中，信号发射机为了不同的应用目的，以不同的形式存在，典型的最常用的形式是标签。标签相当于条码技术中的条码符号，用来存储需要识别的传输信息，但与条码不同的是，标签必须能够自动或在外力的作用下，把存储的信息主动发射出去。标签一般是带有线圈、天线、存储器与控制系统的低电压集成电路。标签有许多不同的种类，如图 4-3 所示。

（2）电子标签分类

根据不同的分类标准，电子标签有不同的分类。电子标签图片如图 4-3 所示。

1）根据电子标签供电方式的不同，电子标签可以分为有源电子标签（Active Tag）、无源电子标签（Passive Tag）和半无源电子标签（Semi-passive Tag）。有源电子标签内装有电池，无源电子标签没有内装电池，半无源电子标签部分依靠电池工作。

图 4-3 电子标签图片

2）根据标签的数据传送方式分为主动式、被动式和半主动式。主动式标签信号传输距离远，使用时受到能量限制；被动式标签具有永久的使用期，识别距离近；半主动式标签只对标签自身内部供电，只有被激活时才传送数据。

3）根据标签的工作频率（阅读器发送的电磁波所使用的频率）不同可分为低频、高频、超高频和微波。目前主要分为 4 个范围：低频（30kHz～300kHz）、高频（3MHz～30MHz）、超高频（300MHz～3GHz）及微波（2.45GHz 以上）。常见的工作频率有 13.56MHz 和 915MHz。

4）根据标签的可读写性分为只读、读写和一次写入多次读出卡，可根据具体需要来选取电子标签。

5）根据封装形式的不同可分为信用卡标签、线形标签、纸状标签、玻璃管标签、圆形标签及特殊用途的异形标签等。

（3）信号接收机（阅读器）

RFID 阅读器（Reader，也称识读器或读写器）的主要任务是控制射频模块向标签发射读取信号，并接收标签的应答，对标签的对象标识信息进行解码，将对象标识信息连带标签上其他相关信息传输到主机以供处理。根据应用不同，阅读器可以是手持式或固定式。当前阅读器成本较高，而且大多只能在单一频率点工作。未来阅读器的价格将大幅降低，并且支持多个频率点，能自动识别不同频率的标签信息。

阅读器的接收范围受到很多因素的影响，如电波频率、标签的尺寸形状、阅读器的能量、金属物体的干扰和其他射频装置等。总的说来，低频被动标签的接收距离在 1ft=0.3048m 以内，高频被动标签的接收距离在 3ft 左右，超高频标签的接收距离 10～12ft；对于使用电池的半主动和主动标签，阅读器可以接收到 300ft 甚至更远的信号；对于低频和高频，如果标签和阅读器天线的尺寸一样，接收距离可以用天线的直径乘以 1.4 来计算，直径在 30cm 以内的，这条规律都适用。RFID 读写器图片如图 4-4 所示。

（4）天线

天线（Antenna）是标签与阅读器之间传输数据的发射、接收装置。在实际应用中除了系统功率，天线的形状和相对位置也会影响数据的发射和接收，需要专业人员对系统的天线进行设计 RFID 天线如图 4-5 所示。

图 4-4　RFID 读写器图片

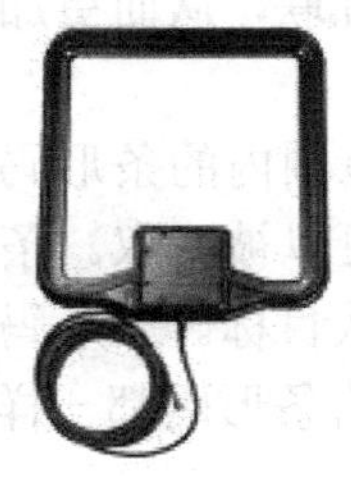

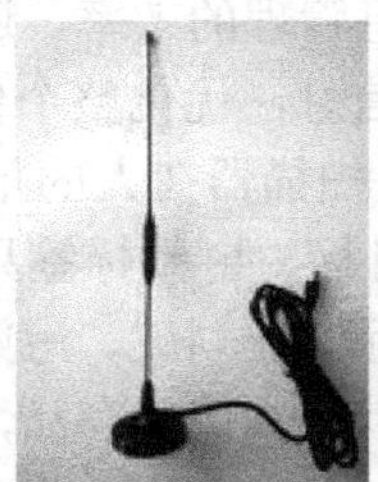

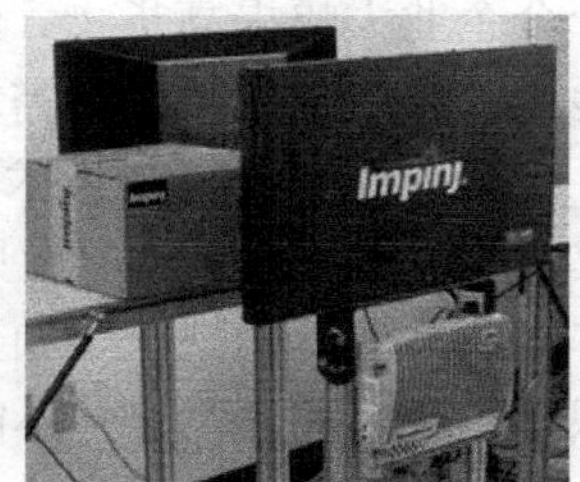

图 4-5　RFID 天线图片

4．RFID 技术的优势

（1）主要优点

1）RFID 以无线方式进行双向通信，其最大的优点在于非接触，可实现批量读取和远程读取，能可靠识别 100km/h 的高速移动目标（包括人、车、物等），可实现真正的“一物一码”。

2）可同时识别多张不同号码的射频卡。

3）无对人体有伤害的高频电磁污染。

4）识别区域无方向性、无盲区。

5）信号穿透力和绕射力强。

6）信息的安全性和保密性能高。

7）集成度高，兼容性好，通信简单快捷。

（2）和传统条形码识别技术相比 RFID 具有的优势

从概念上来说，两者很相似，目的都是快速准确地识别目标物体。主要的区别在于有无写入信息或更新内存的能力。条形码的内存不能更改，射频标签不像条形码，它特有的辨识器不能被复制。标签的作用不仅仅局限于视野之内，因为信息是由无线电波传输，而条形码必须在视野之内。

1）快速扫描。条形码一次只能有一个条形码受到扫描，RFID 辨识器可同时辨识读取数个 RFID 标签。

2）体积小型化、形状多样化。RFID 在读取上并不受尺寸大小与形状限制，不需为了读取精确而配合纸张的固定尺寸和印刷品质，此外，RFID 标签可往小型化与多样形态发展，以应用于不同产品。

3）抗污染能力和耐久性。传统条形码的载体是纸张，因此容易受到污染，但 RFID 对水、油和化学药品等物质具有很强抵抗性。此外，由于条形码是附于塑料袋或外包装纸箱上，所以特别容易受到折损；RFID 卷标是将数据存在芯片中，因此可以免受污损。

4）可重复使用。现今的条形码印刷上去之后就无法更改，RFID 标签则可以重复地新增、修改、删除 RFID 卷标内储存的数据，方便信息的更新。

5）穿透性和无屏障阅读。在被覆盖的情况下，RFID 能够穿透纸张、木材和塑料等非金属或非透明的材质，并能够进行穿透性通信，而条形码扫描机必须在近距离而且没有物体阻挡的情况下，才可以辨读条形码。

6）数据的记忆容量大。一维条形码的容量是 50bytes，二维条形码最大的容量可储存 2～3000 字符，RFID 最大的容量则有几个 megabytes。随着记忆载体的发展，数据容量也有不断扩大的趋势。未来物品所需携带的资料量会越来越大，对卷标所能扩充容量的需求也相应增加。

7）安全性。由于 RFID 承载的是电子式信息，其数据内容可由密码保护，使其内容不易被伪造及变更。

近年来，RFID 因其所具备的远距离读取、高储存量等特性而备受瞩目。它不仅可以帮助一个企业大幅提高货物、信息管理的效率，还可以让销售企业和制造企业互联，从而更加准确地接收反馈信息，控制需求信息，优化整个供应链。

条形码是“可视技术”，扫描器在人的指导下工作，只能接收它视野范围内的条形码，相比之下，RFID 不要求看见目标，射频标签只要在接收器的作用范围内就可以被读取。条形码本身还具有其他缺点，如果标签被划破、污染或是脱落，扫描器就无法辨认目标。条形码只能识别生产者和产品，并不能辨认具体的商品，贴在所有同一种产品包装上的条形码都一样，无法辨认哪些产品先过期。

由于组成部分不同，智能标签要比条形码贵得多，条形码的成本就是条形码纸张和油墨成本，而有内存芯片的主动射频标签价格在 2 美元以上，被动射频标签的成本也在 1 美元以上。但是没有内置芯片的标签价格只有几美分，它可以用于对数据信息要求不那么高的情况，同时又具有条形码不具备的防伪功能。

5．RFID 的应用领域

RFID 的应用领域如表 4-3 所示。

表 4-3　RFID 的应用领域

RFID 技术应用领域	RFID 技术所起的作用
物　流	物流过程中的货物追踪，信息自动采集，仓储应用，港口应用，邮政，快递
零　售	商品的销售数据实时统计，补货，防盗
制造业	生产数据的实时监控，质量追踪，自动化生产
服装业	自动化生产，仓储管理，品牌管理，单品管理，渠道管理
医　疗	医疗器械管理，病人身份识别，婴儿防盗
身份识别	电子护照、身份证、学生证等各种电子证件
防　伪	贵重物品（烟、酒、药品）的防伪，票证的防伪等
资产管理	各类资产（贵重的、或数量大相似性高的或危险品等）

续表

RFID 技术应用领域	RFID 技术所起的作用
交　通	高速不停车，出租车管理，公交车枢纽管理，铁路机车识别等
食　品	水果、蔬菜、生鲜、食品等保鲜度管理
动物识别	训养动物、畜牧牲口、宠物等识别管理
图书馆	书店、图书馆、出版社等应用
汽　车	制造、防盗、定位、车钥匙
航　空	制造，旅客机票，行李包裹追踪
军　事	弹药、枪支、物资、人员、卡车等识别与追踪

4.1.2　RFID 的识读原理与流程

RFID 系统的基本模型如图 4-6 所示。其中，电子标签又称射频标签、应答器、数据载体；阅读器又称读出装置、扫描器、通信器、读写器（取决于电子标签是否可以无线改写数据）。电子标签与阅读器之间通过耦合元件实现射频信号的空间（无接触）耦合，在耦合通道内，根据时序关系，实现能量的传递、数据的交换。

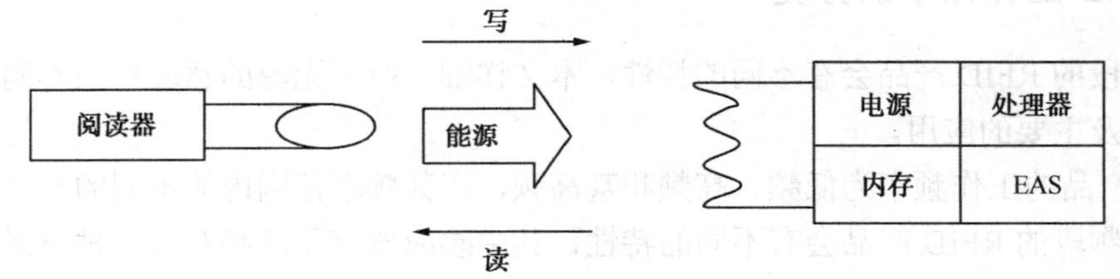

图 4-6　RFID 系统的基本模型

发生在阅读器和电子标签之间的射频信号的耦合类型有两种，如图 4-7 所示。

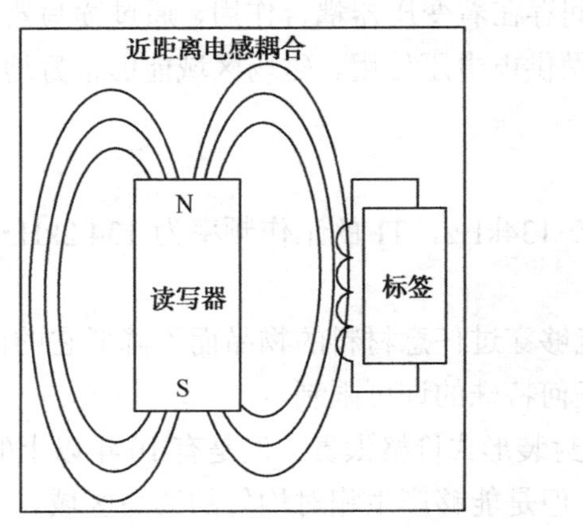

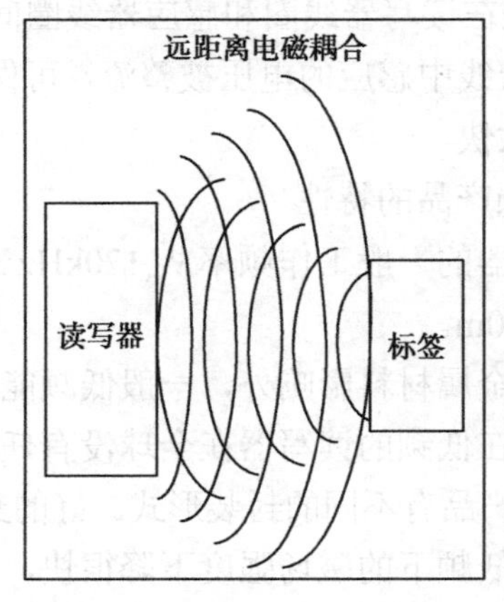

图 4-7　RFID 射频信号的耦合类型

（1）电感耦合。为变压器模型，通过空间高频交变磁场实现耦合，依据的是电磁感应定律。

（2）电磁反向散射耦合。为雷达原理模型，发射出去的电磁波，碰到目标后反射，同时携带回目标信息，依据的是电磁波的空间传播规律。

电感耦合方式一般适用于中、低频工作的近距离射频识别系统，典型的工作频率有 125kHz、225kHz 和 13.56MHz，识别作用距离小于 1m，典型作用距离为 10～20cm。

电磁反向散射耦合方式一般适用于高频、微波工作的远距离射频识别系统，典型的工作频率有 433MHz、915MHz、2.45GHz、5.8GHz，识别作用距离大于 1m，典型作用距离为 3～10m。

RFID 读写原理示意如图 4-8 所示。

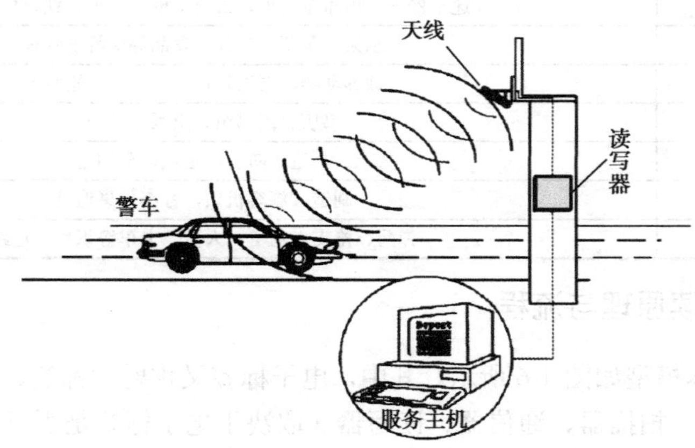

图 4-8 RFID 读写原理示意图

4.1.3 RFID 工作频率的分类

不同频段的 RFID 产品会有不同的特性，本文详细介绍了无源的感应器在不同工作频率下产品的特性及主要的应用。

RFID 产品的工作频率为低频、高频和甚高频，在其频率范围内的不同的产品符合不同的标准，不同频段的 RFID 产品会有不同的特性，其中感应器有无源和有源两种方式，下面详细介绍无源的感应器在不同工作频率下产品的特性及主要的应用。

1．低频（125kHz～134kHz）

RFID 技术首先在低频下得到广泛的应用和推广，该频率主要是通过电感耦合的方式进行工作，也就是在读写器线圈和感应器线圈间存在着变压器耦合作用，通过读写器交变磁场的作用在感应器天线中感应的电压被整流，可做供电电压使用。磁场区域能够很好地被定义，但是场强下降得太快。

（1）低频产品的特性

1）感应器的一般工作频率从 120kHz～134kHz，TI 的工作频率为 134.2kHz。该频段的波长大约为 2500m。

2）除了金属材料影响外，一般低频能够穿过任意材料的物品而不降低它的读取距离。

3）工作在低频的读写器在全球没有任何特殊的许可限制。

4）低频产品有不同的封装形式。好的封装形式价格太贵，但是有 10 年以上的使用寿命。

5）虽然低频下的磁场强度下降很快，但是能够产生相对均匀的读写区域。

6）相对于其他频段的 RFID 产品，该频段数据传输速率比较慢。

7）感应器的价格相对于其他频段来说要高。

（2）主要应用场合

1）畜牧业的管理系统。

2）汽车防盗和无钥匙开门系统。

3）马拉松赛跑系统。

4）自动停车场收费和车辆管理系统。

5）自动加油系统。

6）酒店门锁系统。

7）门禁和安全管理系统。

（3）低频产品应符合的国际标准

1）ISO 11784《RFID 畜牧业的应用——编码结构》。

2）ISO 11785《RFID 畜牧业的应用——技术理论》。

3）ISO 14223-1《RFID 畜牧业的应用——空气接口》。

4）ISO 14223-2《RFID 畜牧业的应用——协议定义》。

5）ISO 18000-2《定义低频的物理层、防冲撞和通信协议》。

6）DIN 30745 等主要是欧洲对垃圾管理应用定义的标准。

2．高频（13.56MHz）

在该频率下的感应器不再需要绕制线圈，可以通过腐蚀或者印刷的方式制作天线。感应器一般通过负载调制的方式进行工作，也就是通过感应器上的负载电阻的接通和断开促使读写器天线上的电压发生变化，实现用远距离感应器对天线电压进行振幅调制。如果人们通过数据控制负载电压的接通和断开，那么这些数据就能够从感应器传输到读写器。

（1）高频产品的特性

1）工作频率为 13.56MHz，该频率的波长约为 22m。

2）除了金属材料外，该频率的波长可以穿过大多数的材料，但是往往会降低读取距离。感应器需要离开金属一段距离。

3）该频段在全球都得到认可并没有特殊的限制。

4）感应器一般为电子标签的形式。

5）虽然该频率的磁场强度下降很快，但是能够产生相对均匀的读写区域。

6）该系统具有防冲撞特性，可以同时读取多个电子标签。

7）可以把某些数据信息写入标签中。

8）数据传输速率比低频要快，价格不是很贵。

（2）主要应用场合

1）图书管理系统。

2）瓦斯钢瓶的管理。

3）服装生产线和物流系统的管理。

4）三表预收费系统。

5）酒店门锁的管理。

6）大型会议人员通道系统。

7）固定资产的管理系统。

8）医药物流系统的管理。

9）智能货架的管理。

（3）高频产品应符合的国际标准

1）ISO/IEC 14443《近耦合 IC 卡》，最大的读取距离为 10cm。

2）ISO/IEC 15693《疏耦合 IC 卡》，最大的读取距离为 1m。

3）ISO/IEC 18000-3，该标准定义了 13.56MHz 系统的物理层，防冲撞算法和通信协议。

4）13.56MHz ISM Band Class 1 定义 13.56MHz 符合 EPC 的接口定义。

3．甚高频（860MHz～960MHz）

甚高频系统通过电场来传输能量。电场的能量下降的不是很快，但是读取的区域不能很好地进行定义。该频段读取距离比较远，无源可达 10m 左右，主要是通过电容耦合的方式进行实现。

（1）甚高频产品的特性

1）在该频段，全球的定义不同——欧洲和部分亚洲定义的频率为 868MHz，北美定义的频段为 902MHz～905MHz，在日本建议的频段为 950MHz～956MHz。该频段的波长约为 30cm。

2）目前，该频段功率输出美国定义为 4W，欧洲定义为 500mW。

3）甚高频频段的电波不能通过许多材料，特别是水、灰尘、雾等悬浮颗粒物。相对于高频的电子标签来说，该频段的电子标签不需要和金属分开。

4）电子标签的天线一般是长条和标签状，天线有线性和圆极化两种设计，以满足不同的应用需求。

5）该频段的读取距离远，但是对读取区域很难进行定义。

6）有很高的数据传输速率，在很短的时间内可以读取大量的电子标签。

（2）主要应用场合

1）供应链上的管理。

2）生产线自动化的管理。

3）航空包裹的管理。

4）集装箱的管理。

5）铁路包裹的管理。

6）后勤管理系统。

（3）甚高频产品应符合的国际标准

1）ISO/IEC 18000-6，定义了甚高频的物理层和通信协议；空气接口定义了 Type A 和 Type B 两部分；支持可读和可写操作。

2）EPC global，定义了电子物品编码的结构和甚高频的空气接口及通信协议，如 Class 0、Class 1、UHF Gen2。

3）Ubiquitous ID，日本的组织，定义了 UID 编码结构和通信管理协议。

毋庸置疑，在将来，甚高频的产品会得到大量的应用，如 WalMart、Tesco，美国国防部和麦德龙超市都会在它们的供应链上应用 RFID 技术。

4．部分地区和国家的 RFID 频率控管领域

部分地区和国家的 RFID 频率控管领域如表 4-4 及图 4-9 所示。

表 4-4　部分地区和国家的 RFID 频率控管领域

区域国家	频段/MHz	操作功率	频谱共享技术
美国	902～928	4W EIRP（有效等向辐射功率）	跳频
欧洲	865～868	2W EIRP（有效等向辐射功率）	In transition
日本	952～954	4W EIRP（有效等向辐射功率）	LBT（先听后说）
中国	840.5～844.5 920.5～924.5	2W ERP（有效辐射功率）	跳频
韩国	908.5～914	2W ERP（有效辐射功率）	跳频

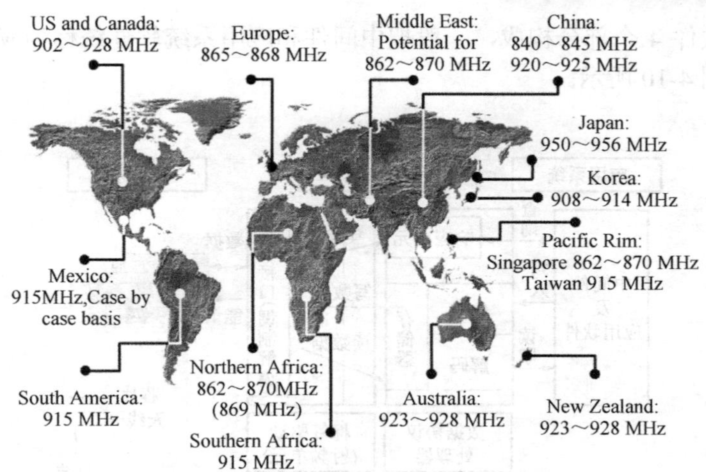

图 4-9 部分地区和国家的 RFID 频率

4.1.4 RFID 主要标准化组织

许多国际的、地区的、国家的组织及一些产业协会都在制定 RFID 标准。目前影响全球 RFID 标准的五大标准化组织如下。

（1）GS1/EPCGlobal 组织。GS1/EPCglobal 以欧美跨国列强为阵营，是当今世界最大的 RFID 标准化组织，该组织前身为北美 UCC 产品统一编码组织和欧洲 EAN 产品标准组织，合并之后称为 EPCGlobal，GS1/EPCGlobal 全球核心成员包括美国沃尔玛、德国麦德龙、硅谷思科、欧洲吉列公司等世界 500 强。

（2）AIMGlobal 组织。即全球自动识别组织，AIM 在全球有 13 个国家与地区性的分支，且目前其全球会员数已快速累积至 1000 多个，该组织是全球产品编码组织，每年向全球包括我国企业收取条形码使用费。

（3）ISO/IEC 组织。是全球非营利工业标准化组织，与 EPCglobal 只专注于 860～960MHz 频段不同，ISO/IEC 对各个频段的 RFID 都颁布了标准，并且还制定了 RFID 的技术标准、数据结构标准、性能标准及应用标准。其中技术标准中 ISO/IEC 18000 系列是 ISO/IEC 组织最重要的贡献。

（4）UID（Ubiquitous ID，泛在 ID）组织。日本泛在技术核心组织成立于 2003 年 3 月，其主要任务是在 T-Engine 论坛内开展 UID 技术的研究开发、标准化及普及活动，UID 中心让条码与 RFID 共存，根据出发点不同等特性在两者中选择使用。

（5）IP-X 组织。IP-X 主要在南非、澳大利亚、瑞士等国家推行，为中性主权国的第三世界标准化组织。

4.2 RFID 系统结构与 EPC 数据结构

4.2.1 RFID 系统结构

RFID 是一种系统，一种射频识别系统。典型的 RFID 系统主要由读写器、电子标签、中间件和应用系统软件 4 个部分构成，一般把中间件和应用系统软件统称为应用系统。RFID 的系统结构具体如图 4-10 所示。

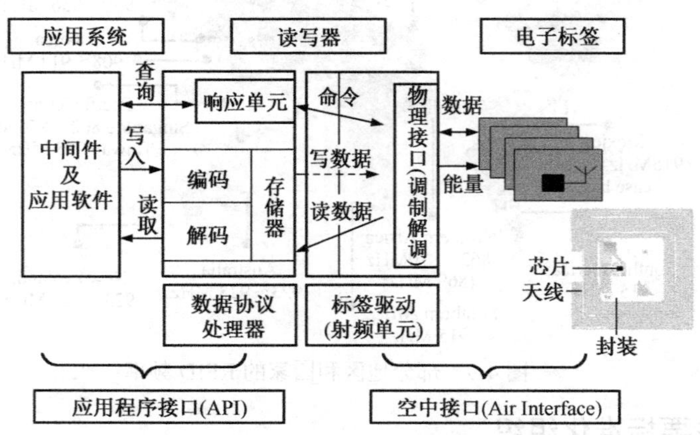

图 4-10　RFID 的系统结构

电子标签（Tag）：由耦合元件及芯片组成，每个标签具有唯一的电子编码，高容量电子标签有用户可写入的存储空间，附着在物体上标识目标对象。电子标签又称射频标签、电子标签、数据载体。

读写器（Reader）：也称阅读器、读取器，读取（有时还可以写入）标签信息的设备，可设计为手持式或固定式；因为实际需求的原因，它一般都带与计算机连接的接口。

天线（Antenna）：一种以电磁波形式把无线电收发机的射频信号功率接收或辐射出去的装置，在标签和读取器间传递射频信号。它分为标签天线和读写器天线两种。标签天线的目的是传输最大的能量进出标签芯片：发射时，把高频电流转换为电磁波；接收时，把电磁波转换为高频电流。

在实际 RFID 解决方案中，不论是简单的 RFID 系统还是复杂的 RFID 系统都包含一些基本组件。这些基本组件分为硬件组件和软件组件。

4.2.2　EPC 数据结构

1．EPC 的定义

EPC（Electronic Product Code）即电子产品编码，是一种编码系统。它建立在 EAN • UCC（即全球统一标识系统）条形编码的基础之上，并对该条形编码系统做了一些扩充，用以实现对单品进行标识。

2．EPC 编码体系

EPC 编码的一个重要特点是，该编码是针对单品的，且它的基础是 EAN •UCC，并在 EAN •UCC 基础上进行了扩充。根据 EAN • UCC 体系，EPC 编码体系也分为 5 种，如下所示。

1）SGTIN：系列化全球贸易标识代码（Serialized Global Trade Identification Number）。

2）SGLN：系列化全球位置码（Serialized Global Location Number）。

3）SSCC：系列货运包装箱代码（Serial Shipping Container Code）。

4）GRAI：全球可回收资产标识符（Global Returnable Asset Identifier）。

5）GIAI：全球个人资产标识符（Global Individual Asset Identifier）。

3. EPC 编码原则

（1）唯一性

EPC 提供对实体对象的全球唯一标识，一个 EPC 编码只标识一个实体对象。为了确保实体对象的唯一标识的实现，EPCGlobal 采取了以下措施。

（2）简单性

EPC 的编码既简单，同时又能提供实体对象的唯一标识。以往的编码方案很少能被全球各国各行业广泛采用，原因之一是编码复杂，导致不适用。

（3）可扩展性

EPC 编码留有备用空间，具有可扩展性。也就是说，EPC 的地址空间是可发展的，具有足够的冗余，确保了 EPC 系统的升级和可持续发展。

（4）保密性与安全性

EPC 编码与安全和加密技术相结合，具有高度的保密性和安全性。保密性和安全性是配置高效网络的首要问题之一，安全的传输、存储和实现是 EPC 能否被广泛采用的基础。

4. EPC 编码结构

EPC 中码段的分配是由 EAN • UCC 来管理的。在我国，EAN • UCC 系统中的 GTIN 编码由中国物品编码中心负责分配和管理。同样，ANCC 也已启动 EPC 服务来满足国内企业使用 EPC 的需求。

EPC 编码是由一个版本号加上另外 3 段数据（依次为域名管理、对象分类、序列号）组成的一组数字。其中版本号中标识了 EPC 的版本号，它使得 EPC 随后的码段可以有不同的长度；域名管理用于描述与此 EPC 相关的生产厂商的信息。EPC 编码的具体结构如表 4-5 所示。

表 4-5　EPC 编码的具体结构

名　称		版 本 号	域 名 管 理	对 象 分 类	序 列 号
EPC-64	TYPE Ⅰ	2	21	17	24
	TYPE Ⅱ	2	15	13	34
	TYPE Ⅲ	2	26	13	23
EPC-96	TYPE Ⅰ	8	28	24	36
EPC-256	TYPE Ⅰ	8	32	56	160
	TYPE Ⅱ	8	64	56	128
	TYPE Ⅲ	8	128	56	64

5. EPC 编码数据结构

EPC 编码数据结构标准规定了 EPC 数据结构的特征、格式、现有 EAN • UCC 系统中的 GTIN、SSCC、GLN、GRAI、GIAI、GSRN 及 NPC 与 EPC 编码的转换方式。

EPC 编码数据结构标准适用于全球和国内物流供应链各个环节的产品（物品、贸易项目、资产、位置等）与服务等的信息处理和信息交换。

（1）EPC 编码数据结构表示

EPC 编码数据结构的通用结构由一个分层次、可变长度的标头及一系列数字字段组成，如图 4-11 所示，代码的总长、结构和功能完全由标头的值决定。

标头　数字字段

图 4-11　EPC 编码数据结构的通用结构

标头定义了总长、识别类型（功能）和 EPC 编码结构，包括它的滤值（如果有）。标头具有可变长度，使用分层的方法，其中每一层 0 值指示标头是从下一层抽出的。对规范（V1.1）中制定的编码来说，标头是 2 位或者 8 位的。假定 0 值保留来指示一个标头在下面较长层中，则 2 位的标头有 3 个可能的值（01，10 和 11，不是 00），8 位标头可能有 63 个可能的值（标头前两位必须是 00，而 0000 0000 保留，以允许使用长度大于 8 位的标头）。

标头值的分配规则已经出台，使得标签长度很容易通过检查标头的最左（或称为序码）几个比特被识别出来。此外，标头值设计目标在于对每一个标签长度尽可能有较少的序码，理想为 1 位，最好不要超过 2 位或者 3 位。设计标签长度目标提醒我们如果可能，应避免采用那些允许非常少标头字段值的序码（如表 4-6 中斜体字所注）。设计这个序码到标签长度的目的是让 RFID 阅读器可以很容易确定标签长度。

表 4-6　产品电子编码

标头字段值（二进制数）	标签长度（比特）	EPC 编码方案
01	64	[64 位保留方案]
10	64	SGTIN-64
1100 0000 … 1100 1101	64	[64 位保留方案]
1100 1110	64	DOD-64
1100 1111 … 1111 1111	64	[64 位保留方案]
0000 0001 0000 001x 0000 01xx	*na* *na* *na*	[1 个保留方案] [2 个保留方案] [4 个保留方案]
0000 1000	64	SSCC-64
0000 1001	64	GLN-64
0000 1010	64	GRAI-64
0000 1011	64	GIAI-64
0000 1100 … 0000 1111	64	[4 个 64 位保留方案]
0001 0000 … 0010 1110	na	[31 个保留方案]
0010 1111	96	D0D-96
0011 0000	96	SGTIN-96
0011 0001	96	SSCC-96
0011 0010	96	GLN-96
0011 0011	96	GRAI-96
0011 0100	96	GIAI-96
0011 0101	96	GID-96
0011 0110 … 0011 1111	96	[10 个 96 位保留方案]
0000 0000		[为未来标头字段长度，大于 8 位保留]

当前已分配的标头是这样一个标签：如果标头前两位非 00 或前 5 位为 00001，则可以推断该标签是 64 位；否则，标头指示此标签为 96 位。未分配的标头以便以后扩展使用。

某些序码目前与某个特定的标签长度不绑定在一起，这样为规范之外的其他标签的长度的选择留下了余地，尤其是对那些能够包含更长编码方案的较长的标签而言，如唯一 ID（UID），它被美国国防部的供应商所推崇。

（2）SGTIN

SGTIN 是一种新的标识类型，它基于在 EAN •UCC 通用规范中的 GTIN。一个单独的 GTIN 不符合 EPC 纯标识中的定义，因为它不能唯一标识一个具体的物理对象，GTIN 只能标识一个特定的对象类，如一特定产品类或 SKU。

SGTIN 由以下信息元素组成。

1）厂商识别代码：由 EAN 或 UCC 分配给管理实体。厂商识别代码在一个 EAN •UCC　GTIN 十进制编码内与厂商识别代码位相同。

2）项目代码：由管理实体分配给一个特定对象分类。EPC 编码中的项目代码是从 GTIN 中获取的，是通过连接 GTIN 的指示位和项目代码位作为整数的。

3）序列号：由管理实体分配给一个单个对象。序列号不是 GTIN 的一部分，但是却正式成为 SGTIN 的组成部分。

SGTIN-96：除了标头之外，SGTIN-96 还包括 5 个字段，即滤值、分区、厂商识别代码、贸易项代码和序列号，如表 4-7 所示。

表 4-7　SGTIN-96 的数据结构

名　称	标　头	滤　值	分　区	厂商识别代码	贸易项代码	序　列　号
SGTIN-96	8	3	3	20～40	24～4	38
	0011 0000（二进制值）	（值参照表 4-8）	（值参照表 4-9）	999 999～999 999 999 999（最大十进制值范围）*	9 999 999～9（最大十进制值范围）*	274 877 906 943（最大十进制值）

注：*厂商识别代码和贸易项代码字段范围根据分区字段内容的不同而变化。标头为 8 位，二进制值为 00110000。

滤值不是 GTIN 或者 EPC 标识符的一部分，而是用来快速过滤和基本物流类型预选的。64 位和 96 位 SGTIN 的滤值相同，如表 4-8 所示。

表 4-8　SGTIN 的滤值

类　型	二 进 制 值	类　型	二 进 制 值
所有其他	000	保留	100
零售消费者贸易项目	001	保留	101
标准贸易项目组合	010	保留	110
单一货运/消费者贸易项目	011	保留	111

分区指示随后的厂商识别代码和贸易项代码的分开位置。这个结构与 EAN • UCC GTIN 中的结构相匹配。在 EAN • UCC GTIN 中，贸易项代码加厂商识别代码（加唯一的指示位）共 13 位。厂商识别代码在 6～12 位之间变化，贸易项代码（包括单一指示位）在 1～7 位之间变化。分区的可用值及厂商识别代码和贸易项参考代码字段的相关大小在表 4-9 中定义。

厂商识别代码包含 EAN • UCC 厂商识别代码的一个逐位编码。贸易项代码包含 GTIN 贸易项代码的一个逐位编码。对于指示位与贸易项代码字段，应注意以下形式：贸易项代码中以 0 开头是非常重要的，一般把指示位放在域中最左位置，如 00235 与 235 是不同的。如果指示位为 1，结合 00235，则结果为 100235。结果组合看成一个整数，编码成二进制作为贸易项代码字段。

表 4-9　SGTIN-96 的分区

分　区　值	厂商识别代码		贸易项参考代码和指示位数字	
	二进制	十进制	二进制	十进制
0（000）	40	12	4	1
1（001）	37	11	7	2
2（010）	34	10	10	3
3（011）	30	9	14	4
4（100）	27	8	17	5
5（101）	24	7	20	6
6（110）	20	6	24	7

序列号包含一个连续的数字。这个连续的数字的容量小于 EAN • UCC 系统规范序列号的最大值，而且在这个连续的序列号中只包含数字。

4.3 RFID 技术在特色家畜养殖及产品溯源系统中的应用建设

近十几年来，世界各地动物疫情的不断暴发，如 20 世纪末发生在欧洲的疯牛病、作为头号家畜杀手的口蹄疫，以及至今仍在全世界范围内蔓延扩散的禽流感疫情等严重动物疫病，沉重打击了各国畜牧业生产，同时也给人类的食品安全和身体健康带来了严重威胁；而以化学物污染和农兽药残留引起的中毒事件对消费者身体健康的损害也日益引起了广大消费者和政府的关注。如何对动物进行有效监管，并对动物源性食品的产、供、销链进行高效跟踪和追溯，已经成为一个急待迫切解决的全球性课题。

有专家认为：“RFID 是打败当前人类面临的最大威胁之一的关键工具。”基于成熟的无线射频技术，从家畜的养殖、运输、加工及终端产品销售等一系列过程，通过建立高效的溯源追踪体系，能够有效地提升产业效率与品质，保证家畜肉类产品的质量和食品安全。

4.3.1　RFID 技术的家畜信息化养殖管理的追溯体系

1．应用目标

“民以食为天”，食品是人类赖以生存发展的物质基础，食品安全是关系人类健康的关键所在。肉类食物是人类正常的饮食链中最重要的食物来源之一，没有这些多样化的食物为人提供能量营养，人的健康就很难得到保障。而传染病的隐蔽性和人类食物链的复杂性让人很难防范。面对美味的菜肴，人们张开的嘴越来越犹豫。

每一只家畜都配有一个“身份证”——RFID 标签，以“电子耳标”为监管手段，以 HACCP

（Hazard Analysis and Critical Control Point，危害分析和关键控制点）和 EAN · UCC 体系为监管方法，以网络为传输媒介，建立特色家畜养殖信息化平台，实现特色家畜从繁育、饲养、防疫、用药、饲料、注册等养殖环节到疫情预警、运输、终端销售等环节的全方位、全过程监控和快速响应，实现“监管信息化，查询便捷化，源头追溯化”，与国际食品安全监管追溯体系全面接轨，确保特色家畜产品的卫生安全和品牌正宗，建立“从养殖场到餐桌”的食物供应链追溯体系。顾客可通过猪肉“身份证”上携带的信息，查询到肉类食品的全生命过程中的信息，包括产品名称、生产日期、公司名称、生产地、检疫证号、检疫结果、检疫日期，以及种猪、防疫、用药、饲料、运输、检疫等具体信息，从而保证食品的安全和品牌价值。

2．总体流程与功能结构

（1）业务概要流程

家畜信息化养殖管理系统业务概要流程如图 4-12 所示。

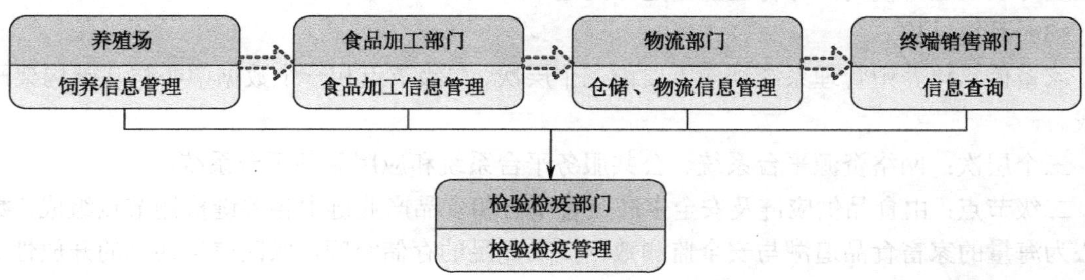

图 4-12　家畜信息化养殖管理系统业务概要流程

家畜养殖管理信息系统可以保障家畜食品安全及可全程追溯，规范生产、加工、流通和消费 4 个环节，将家畜食品配一个唯一的“电子身份证”（RFID 电子标签），并建立食品安全数据库，从食品养殖及生产加工环节开始加贴电子标签，实现从“养殖场到餐桌”全过程的追踪和追溯，包括运输、包装、分装、销售等流转过程中的全部信息，如养殖场、食品加工、配送、销售终端等都能通过电子标签在数据库在查到相关信息。

（2）功能架构

家畜信息化养殖管理系统功能主要包括中心数据库系统、养殖场饲养管理信息系统、安全生产与加工管理系统、食品供应链管理系统、消费终端查询系统、检验检疫与监控系统、食品安全公共信息服务平台系统等组成，如图 4-13 所示。

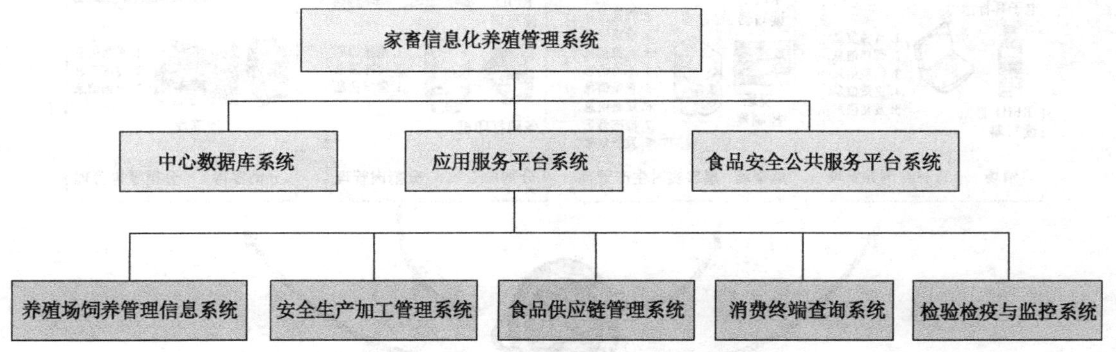

图 4-13　家畜信息化养殖管理系统功能架构

中心数据库系统主要包括食品分类库及样品库、食品相关监管与生产单位等基本数据、食品安全标准与安全指标、食品生产与管理信息、食品安全监测与检测数据、管理服务系统等。

养殖场饲养管理信息系统功能主要包括生产原料管理、生产过程管理、实验室管理、出场管理、脚环管理、综合查询、基础数据维护等。

安全生产与加工管理系统功能主要是为养殖场食品进行生产加工进行信息管理。在生产与加工环节中，将养殖环节中电子标签所标识的信息传递入生产加工环节信息链，按管理标准与规范采集生产加工不同节点上的信息，通过电子标签唯一标识，并将该信息传送到物流配送环节中。

食品供应链管理系统：主要为仓储和物流配送进行信息管理，通过 RFID 技术在生产加工及商店供应链中建立追溯系统。

消费终端查询系统：在食品进入终端销售时，消费者可以查询食品相关信息。

检验检疫与监控系统：不仅在养殖、生产加工过程进行检验检疫，基于 RFID 技术的检疫监控还可以在道口使用，并将监控链延伸到超市。

（3）系统结构

家畜信息化养殖管理系统结构主要由三个层次、二级节点和一个数据中心与基础构架平台构成。

三个层次：网络资源平台系统、公共服务平台系统和应用服务平台系统。

二级节点：由食品供应链及安全生产监管中心和食品产业链中各关键检测节点组成。数据中心为海量的家畜食品追溯与安全监测数据提供充足的存储空间，保证信息共享的开放性、资源共享及安全性，实现食品追踪与安全监测管理功能。各关键监测节点包括养殖场节点、生产与加工线节点、仓库与配送节点、消费节点，实现各节点的数据采集和信息链的连接，并使各环节可视。

一个数据中心与基础构架平台：一个中心为食品供应链及安全生产监管数据管理中心，本中心是构建于基础支撑平台 RFID 之上的管理平台。

（4）部署结构图

基于 RFID 技术的家畜信息化养殖管理部署结构如图 4-14 所示。

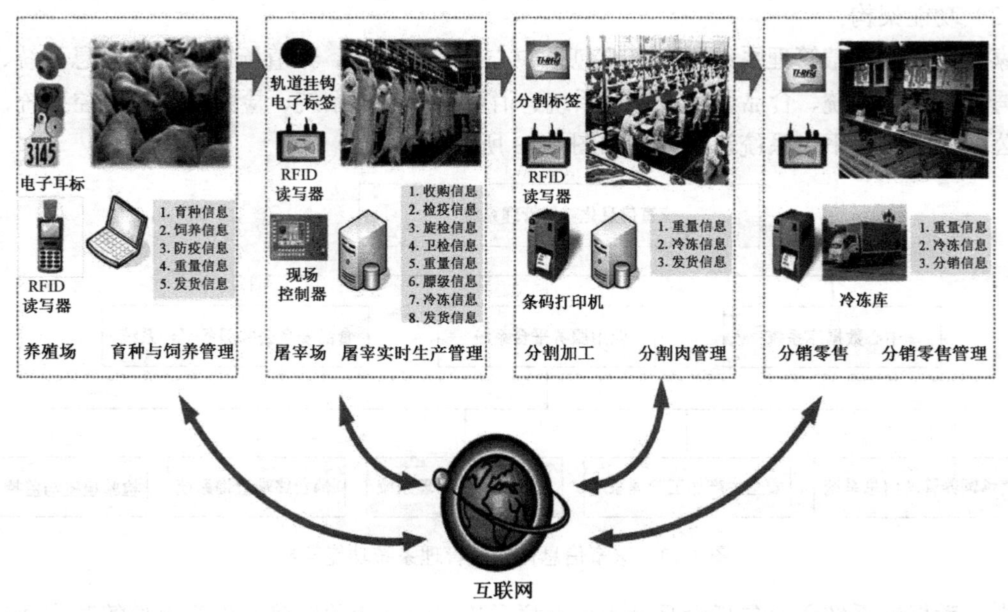

图 4-14　基于 RFID 技术的家畜信息化养殖管理部署结构

4.3.2 RFID 技术的家畜信息化养殖管理的追溯流程

1．生产环节

生猪生产环节是商品猪监控的起点，使用生产管理系统记录生猪从出生到出栏的所有信息。对商品猪的追溯有着重要的意义。为每一头生猪佩戴具有唯一标识码的 RFID 耳标。作为生猪与信息系统信息平台之间信息交换的媒介，这样就能够快速、准确地识别猪只，并在养殖场的生产信息系统中一一对应地建立生猪的生产档案，记录猪只生长过程中的各种信息，包括出栏批号、数目、去向、检疫证号、消毒证号等，实现了生猪的信息化、自动化管理。

RFID 技术的家畜信息化养殖管理业务流程如图 4-15 所示，生产环节中的 RFID 耳标如图 4-16 所示，生产信息数据采集过程如图 4-17 所示。

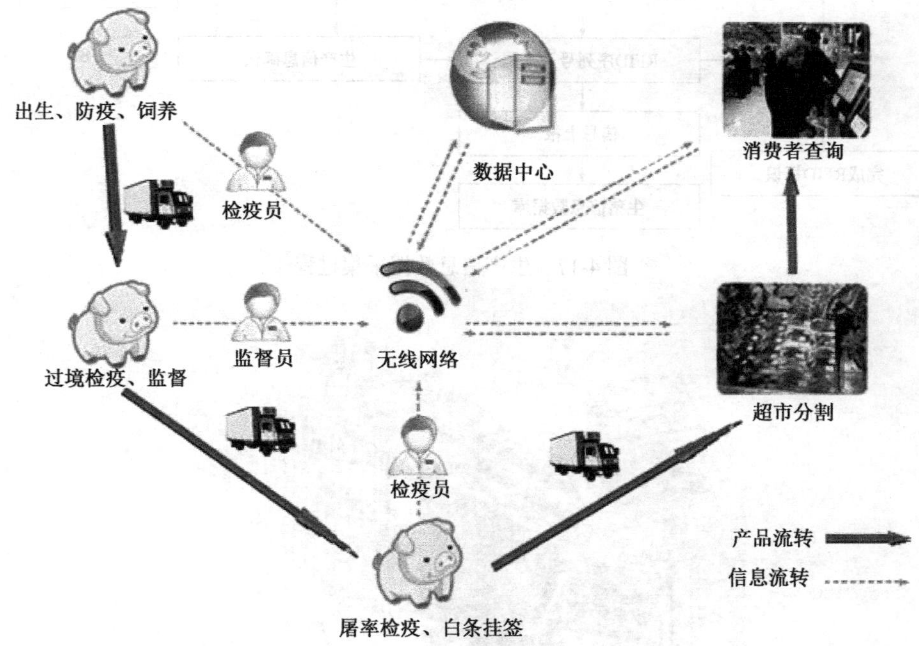

图 4-15　RFID 技术的家畜信息化养殖管理业务流程

图 4-16　生产环节中的 RFID 耳标

采用 RFID 技术，内置电子芯片和天线，承载了牲畜个体信息，是证明牲畜身份的个人身份证。耳标编码由激光刻制，猪耳标刻制在耳标正面，排布为相邻直角两排，上排为主编码，右排为副编码。主编码由 7 位数字组成，第一位代表牲畜种类，后六位是县（区）行政区域代码，主编码代表牲畜种类和产地。副编码由 8 位字符构成，以县为单位的连续编码，代表牲畜个体。

2．饲养环节

通过自动饲喂机对猪进行饲喂，当母猪进入饲喂站内，站门自动上锁，检测器通过电子耳标识别每头猪，下料器根据电脑内每头母猪的不同喂料信息，投放给每头母猪准确的、适量的饲料。另外每头母猪每天的采食数量是有限的，当母猪已经吃完了当天的饲料量后，即使再进入饲喂站，下料器也不会再下料。站内的母猪采食完毕离开饲喂站后，门锁自动打开，下一头猪方可进入采食。RFID 饲喂站如图 4-18 所示。

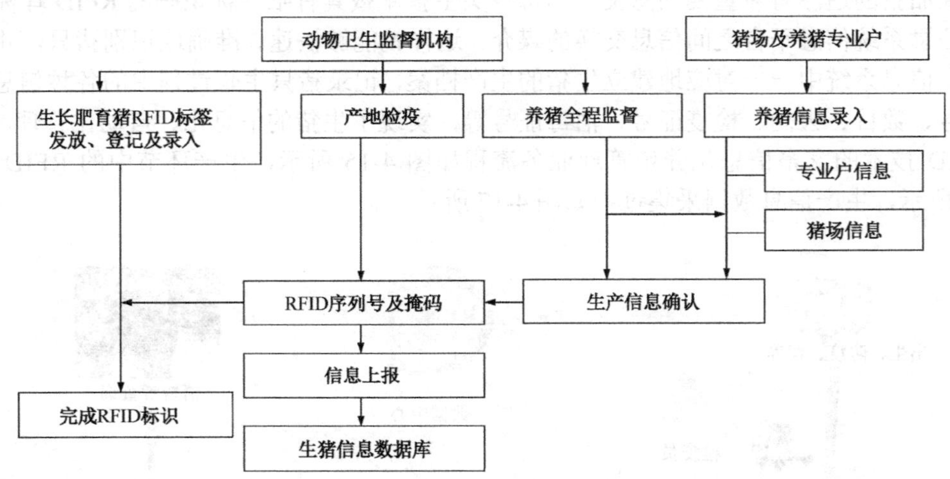

图 4-17　生产信息数据采集过程

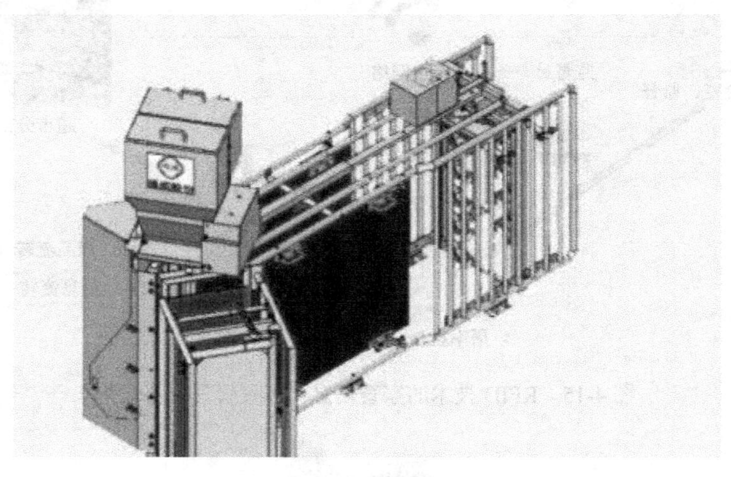

图 4-18　饲养环节中的 RFID 饲喂站

3．道口监控环节

由于生猪养殖场大多开设在郊区，因此在进出市境的各道口检疫站，实施基于 RFID 的道口监控系统，可以对生猪和猪肉产品的质量、来源及去向进行核查与记录。获取猪肉产品的基本生产信息（批号、数量、产地、检疫证号、消毒证号等）。

当信息登记、验证并确认符合进境防疫条件后，记录下检疫结果（如运输过程中病、死的猪只信息），并将新的信息（如车辆的车辆信息、目的屠宰场、进人道口的时间等）写入射频卡，使信息能够传递到供应链的下一环节。这样就能够对运输过程中的商品猪进行记录和监控，保证了信息的连续性，实现了商品猪肉的跟踪功能。

4．屠宰加工环节

屠宰场也设置阅读器和有 RFID 接口的信息系统，并与道口检疫站的系统实现信息共享，当运输生猪的车辆到达屠宰场后，阅读器读取射频卡中的信息，存储到屠宰场的信息系统中，并上传至中心数据库，与来自道口的信息进行核对。RFID 在道口检疫和屠宰环节的使用，能够实现产地和去向的“点对点”的监管方式，使商品猪的追溯更为透明化。屠宰完毕的猪只胴体，将会贴上新的 RFID 标签。记录流水线上采集的数据，以及屠宰场编号、屠宰批号等用于标识的信息，以便消费者能对之后所买的肉类信息进行查询。道口监控系统结构如图 4-19 所示。

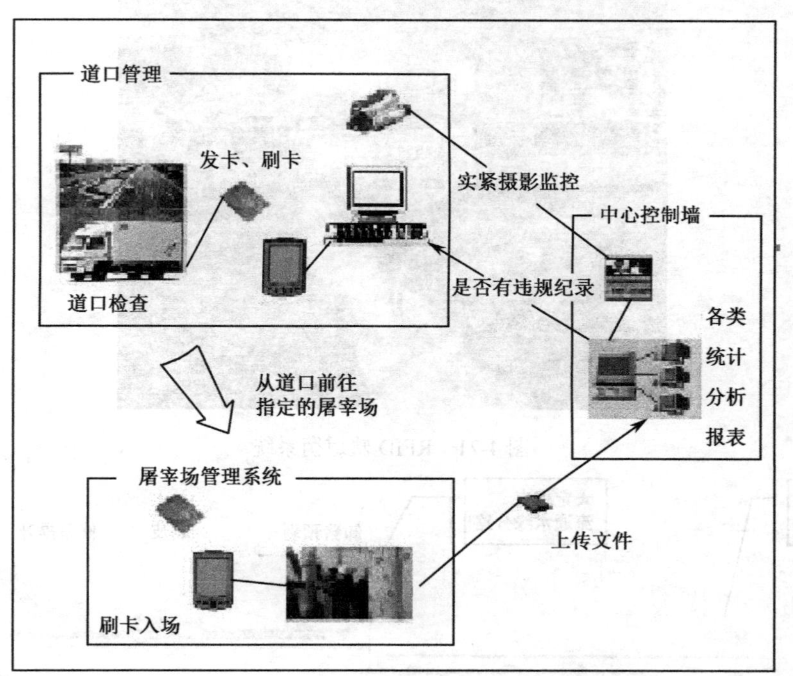

图 4-19　道口监控系统结构

屠宰场生猪屠宰的工艺流程如图 4-20 所示。

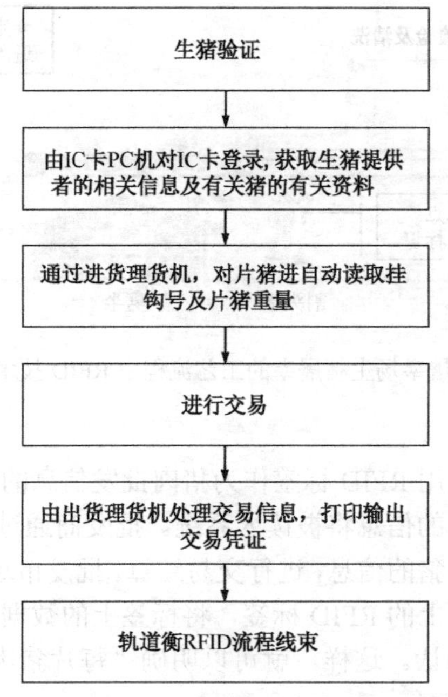

图 4-20　屠宰场生猪屠宰的工艺流程

根据上述屠宰场生猪屠宰的工艺流程，RFID 轨道衡系统（见图 4-21）则主要是以采集供应商信息及生猪进货验证、过磅出货与交易这 3 个环节进行工作。具体的工作流程如图 4-22 所示。

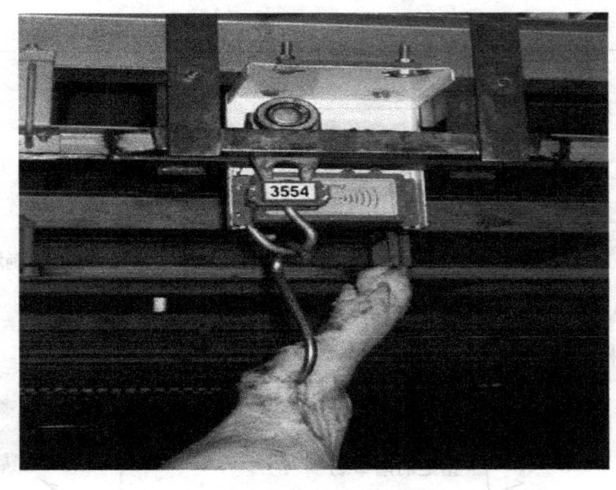

图 4-21　RFID 轨道衡系统

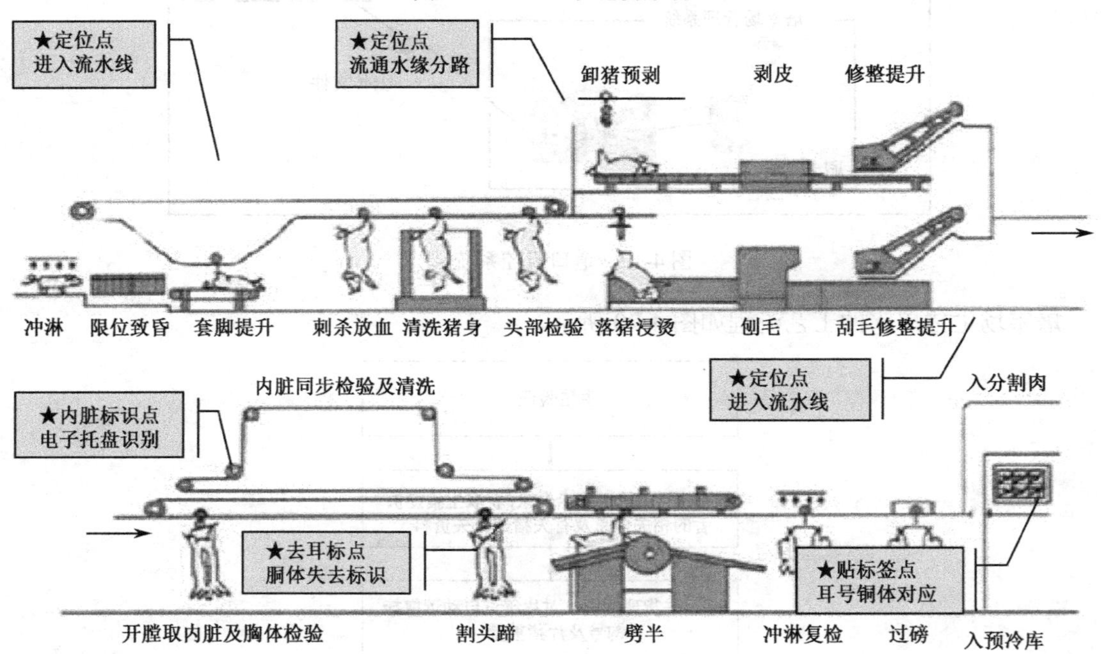

图 4-22　屠宰场生猪屠宰的工艺流程中 RFID 技术应用示意

5．批发环节

在商品猪肉批发市场，使用 RFID 标签作为猪肉批发信息的数据载体。运输猪肉的车辆凭 RFID 卡刷卡入场，RFID 卡中的信息将被读入系统。批发商通过加贴在商品猪肉上的 RFID 标签及手持式的阅读器读写商品猪的信息，进行交易结算。批发市场出售的猪肉在到达收货点时，收货点的阅读器读取商品猪肉上的 RFID 标签，将标签上的数据记录到后台系统中，并发送信息给批发市场管理系统进行确认。这样，就可以明确“每片猪肉是否到达了正确的目的地”，从而对商品猪肉的去向进行跟踪。

在超市、商场等 POS 销售点，设置终端查询机，消费者只要通过电子标签的识别码进行查询，就可以了解所购买的猪肉的质量信息，包括生产企业的名称、品牌、认证信息，产品的生产地、加工地情况、检疫检测情况等，在保障消费者知情权的同时也对商品猪生产和加工厂家起到监督的作用。由于各环节的信息都被上传到中心数据库相互关联，这样就形成了完整的商品猪信息链，通过商品猪的标识信息，就可以对商品猪的流动情况进行追踪。一旦发生猪肉安全问题，能够马上追查问题的源头，明确责任应由哪个环节负责并采取相应的措施。

6．消费者环节

消费者可以通过肉制品溯源标签，其中包括溯源代码。进行质量信息追溯查询，即可了解所购买猪肉的养殖场地、屠宰加工场地、检验检疫等信息。追溯电子秤如图 4-24 所示。

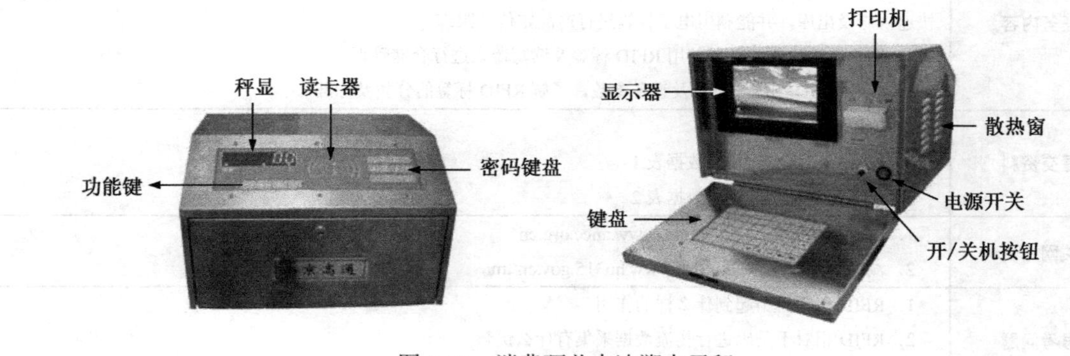

图 4-24　消费环节中追溯电子秤

4.4 物流数据自动采集 RFID 技术实训

4.4.1　实训目的及要求

1．实训目的

通过 RFID 的实训，掌握 RFID 识读设备的应用环境、安装和操作，结合 Demo 软件完成 RFID 读标签、写标签任务。

2．实训要求

1）掌握 RFID 的设备主要参数。

2）掌握 RFID 读标签操作。

3）掌握 RFID 写标签操作。

4.4.2　实训设备及软件

1．实训设备

PC 机组成 NT 网络，RFID 读写器（各种频率），RFID 标签（各种频率）。

2．软件环境

1）PC 机安装 XP 操作系统。

2）RFID 读写器，Demo 软件。

4.4.3 实训任务

实训任务如表 4-10。

表 4-10 物流数据自动采集 RFID 技术实训任务

任务编号	4
任务名称	RFID 设备及标签初识，RFID 读标签、写标签
任务内容	1. 已知长沙实泰物流股份有限公司在 2009 年 11 月有一批海尔家电要入库。根据实泰物流企业与海尔企业的协议，要求所有家电产品必须有电子身份证（即带有 RFID 射频标签）对产品进行唯一标识，以进行快速入库及出库，并能利用电子标签进行产品定位及跟踪 2. 同学在顶岗实习时要使用 RFID 标签及读写器来进行仓储管理 3. 了解 RFID 的主要设备及设备参数，了解 RFID 标签的分类及标准
提交资料	1. 使用设备的功能参数 2. 任务描述列出需要的数据表 1 3. 任务描述列出需要的数据表 2
相关网站资料	1. 中国物品编码中心：http://www.ancc.org.cn/ 2. 湖南物品编码中心 http://www.hn315.gov.cn/tm/
思考问题	1. RFID 在物流中起到什么样的作用 2. RFID 相对于条码进行物流数据采集有什么优势 3. RFID 读取数据时会受哪些因素影响

4.4.4 实训步骤

1. 初识 RFID 设备及标签

1）认识 EPC-Gen2 超高频电子标签 UHF（915MHz），其外形和参数如图 4-25～图 4-28 和表 4-11 所示。

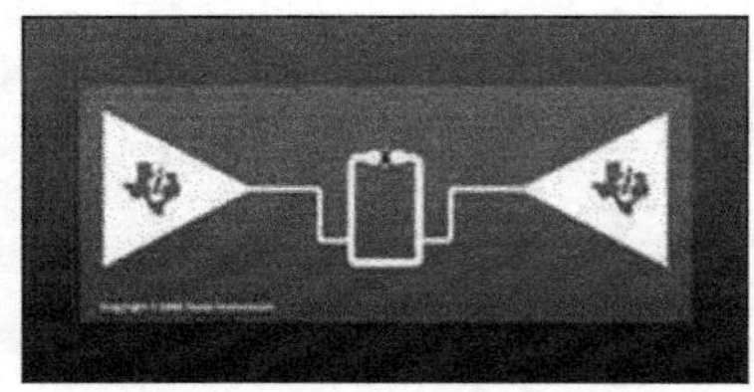

图 4-25 标签 Inlay

图 4-26 标准白卡 86 mm×54 mm×1mm

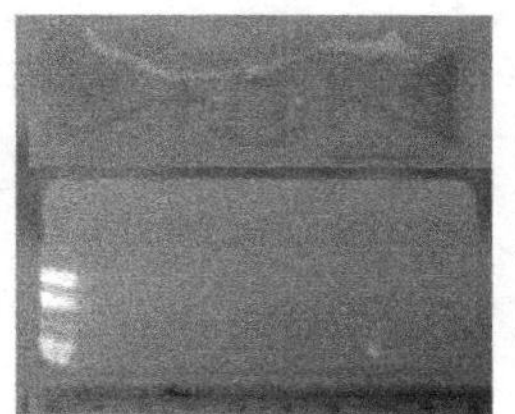

图 4-27 异形白卡

图 4-28 不干胶标签

表 4-11 EPC-Gen2 超高频电子标签 UHF（915MHz）参数

名　称	参　数
芯　片	TI Tag，U-CODE EPC G2
频　率	860～960 MHz
标　准	EPC Gen 2

续表

名　称	参　数
温　度	-40℃～80℃
内　存	96bit，256bit，512bit
读　写	100 000 次
寿　命	5～10 年
尺　寸	标准白卡 86mm×54mm、异形 89mm×25.5mm（TI 芯片 PVC 白卡封装 95mm×50mm 或四色双面印刷或制纸不干胶封装）
距　离	5～7m（读卡器性能和具体应用环境决定读写距离）
防冲突	每秒可读 30～50 张卡

2）认识 ISO 18000-6B 超高频电子标签 UHF（915MHz），其外形和参数如图 4-29～图 4-31 和表 4-12 所示。

图 4-29　6B 不干胶标签

图 4-30　6B 标准白卡（86mm×54mm×1mm）

图 4-31　超高频抗金属电子标签

表 4-12　ISO 18000-6B 超高频电子标签 UHF（915MHz）参数

名　称	参　数	名　称	参　数
频　率	UHF 860MHz～960MHz	使　用	10 万次
模　式	FHSS 或定频发射	寿　命	10 年
标　准	ISO 18000-6B	距　离	>8m
芯　片	UCODE HSL	尺　寸	85mm×54mm
内　存	2048bits	封装材质	PVC 白卡封装或 ABS 外壳封装或不干胶封装
温　度	–40℃～85℃		

（3）认识超高频长距离一体化读写器（UHF 915MHz Reader）。超高频电子标签 UHF 射频读写器是能够读写 Amtech Iintellitag500、Philips Ucorde、TI Tag 等符合 ISO 18000-6B 标准和 EPC-Gen2 标准的 UHF 电子标签，采用铝合金外壳，能够安装于室内机柜或室外通风防尘防雨条件良好的防护箱内。读写器广泛应用于车辆门禁管理、不停车自动收费（ETC）、人员门禁管理、物流监控、生产自动化管理等数据采集系统。其外形和参数如表 4-13 及图 4-32、图 4-33 所示。

表 4-13　超高频长距离一体化读写器主要参数

名　称	参　数
频　率	UHF 902MHz～928MHz（可根据用户需要或使用地区规定定制）
标　准	ISO 18000-6B、EPC Class 1、EPC Class 1 GEN 2
方　式	广谱跳频（FHSS）或定频,可由软件设置
天　线	内置 12dBi 天线
识　别	读每 8 字节小于 5ms，写每 4 字节小于 25ms
接　口	A 型：RS-232、RS-485、Wiegand26/34；B 型：RS-232、RS-485、Wiegand、USB；E 型：RS-232、RS-485、Wiegand、TCP/IP
距　离	ISO18000-6B 读取距离 7～10m，EPC Gen2 读取距离 5～7m，写卡距离为读卡的 70%（依天线性能而定，根据不同尺寸的标签情况定）
防 冲 突	标签二进制树型防冲突机制，一次成批读卡 30～50 张
软件平台支持	提供 Windows 平台支持的 SDK 开发包

图 4-32　长距离一体化读写器 7～10m

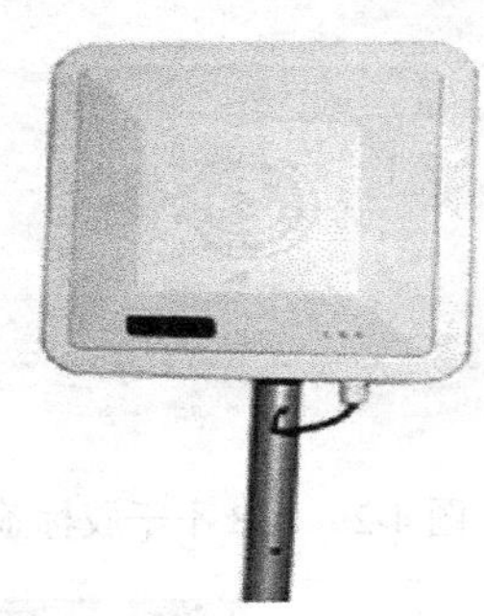

图 4-33　中距离一体化读写器 3～5m

4）认识高频 RFID 手持设备，其外形及参数如图 4-29～图 4-32 及表 4-14 所示。

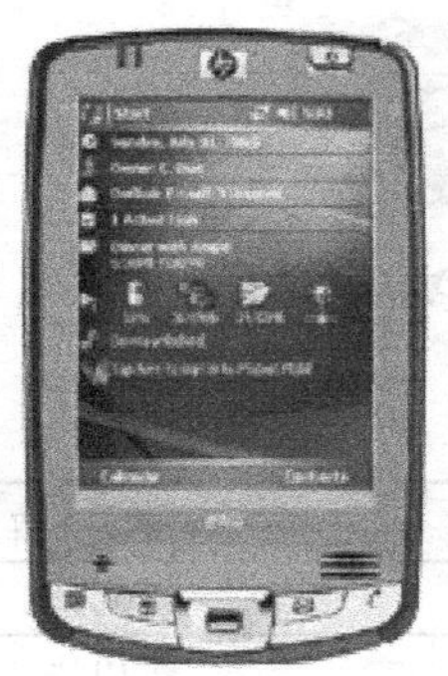

图 4-34　惠普

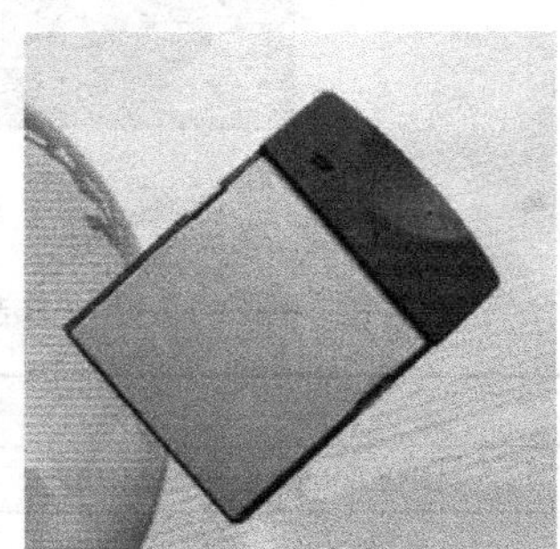

图 4-35　DYCF-01

图 4-36　TWCF-02

图 4-37　SK CF 卡

表 4-14 高频 RFID 手持设备主要参数

参 数	参 数
处 理 器	配置强大的英特尔 XScaleTMPXA270 处理器，416MHz
内 存	配备 64MB SDRAM 和 128MB Flash ROM
电 池	可拆卸基本电池，1100mAh 锂离子可拆卸、可充电电池（标配）
无线联网	提供无线局域网 WI-FI 连接
接 口	USB 同步线缆，流线、时髦设计
尺 寸	长 119mm×73mm×16.9mm
重 量	167 克（5.9 盎司）
操作系统	Microsoft Windows Mobile5.0 操作系统，含 Windows 移动媒体播放器 10 和移动 PowerPoint 软件

2. RFID 读标签

（1）准备工作

1）在使用 Demo 程序读标签前，将产品套件所附光盘的资料复制到用户计算机指定的目录下。

2）正确连接计算机串口和读写器串口。

3）连接读写器电源，红色电源指示灯亮表示电源正常。

（2）运行 Demo 程序

在用户指定目录下，双击“ReaderDemo.exe”图标，运行 Demo 程序，如图 4-38 所示。

用户进行演示之前，请正确选择串口和设置波特率（见图 4-39），然后单击“联机”按钮，如果读写器工作正常，则 Demo 程序状态栏会显示设备正常和通信正常，就可以进行读写器功能演示了。

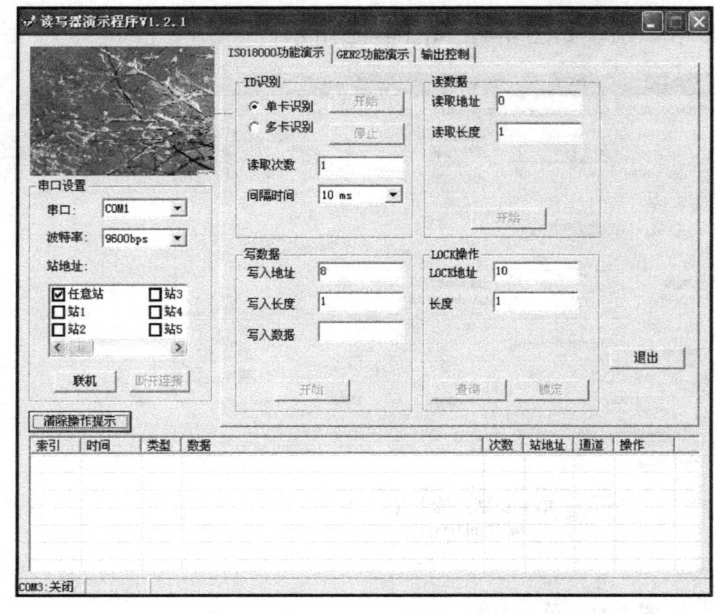

图 4-38 读写器 Demo 程序界面

图 4-39 串口设置

（3）ISO 18000-6B 读标签写标签

ISO 18000 功能 Demo 程序实现了标签识别、读标签、写标签、锁定标签和查询块锁定信息等功能。图 4-40 是读写器 ISO 18000 功能演示的界面。

单卡识别：识别单卡，读写器有效作用范围内只有单张标签时，可以选用单卡识别。

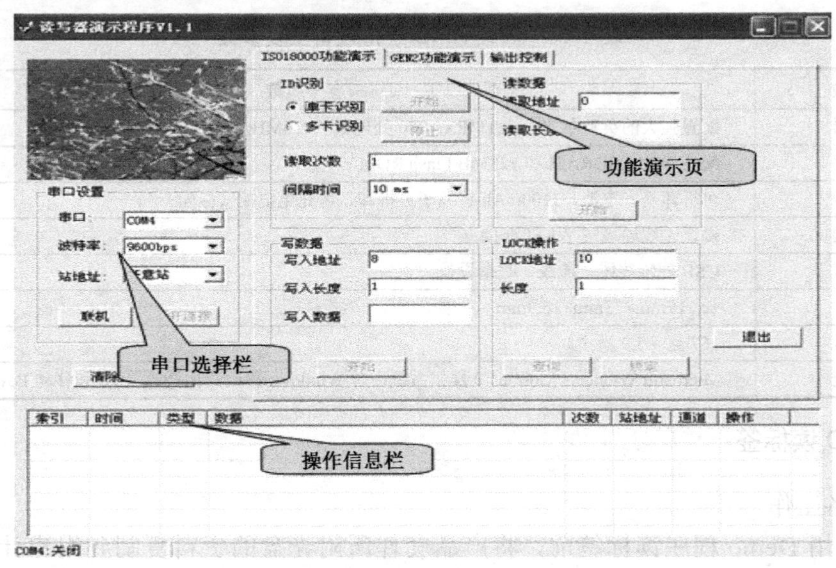

图 4-40 ISO 18000 功能演示界面

多卡识别：采用防冲突算法进行标签 ID 识别，多卡识别可以识别读写器有效作用范围内的多张标签。

读取次数：连续多次单卡或多卡识别标签的次数。

间隔时间：连续 2 次标签识别之间的时间间隔，当读取次数设置大于 1 时，间隔时间有效，否则忽略间隔时间的设置。

当设置好标签识别的功能演示要求后，单击“开始”按钮，进行功能演示，操作结果显示在操作结果显示框中。

1）ID 识别功能：单卡识别、多卡识别，如图 4-41 和图 4-42 所示。

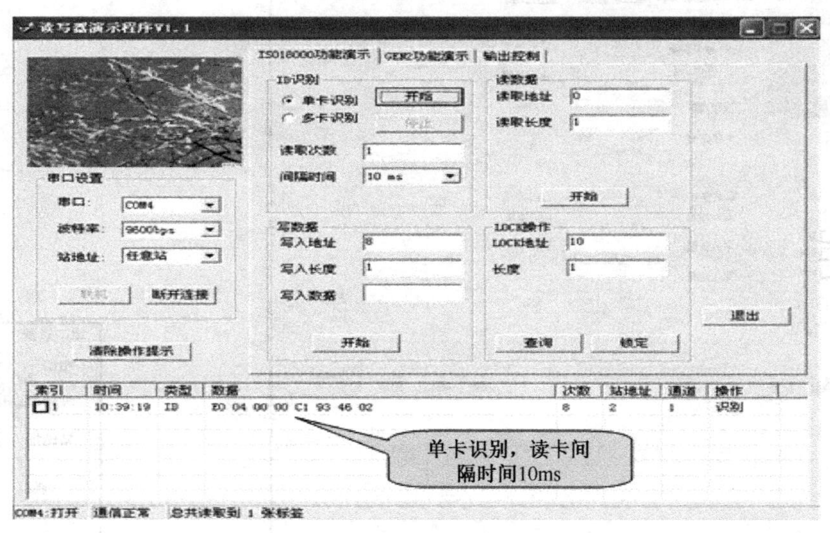

图 4-41 单卡识别

2）读标签功能。

① 读取地址：读标签存储器内容的起始字节地址，地址有效值是 0～255。

② 读取长度：需要读标签存储器内容的字节长度。

当设置好读标签的功能演示要求后，单击“开始”按钮，进行功能演示，操作结果显示在操作结果显示框中，如图 4-42 所示。

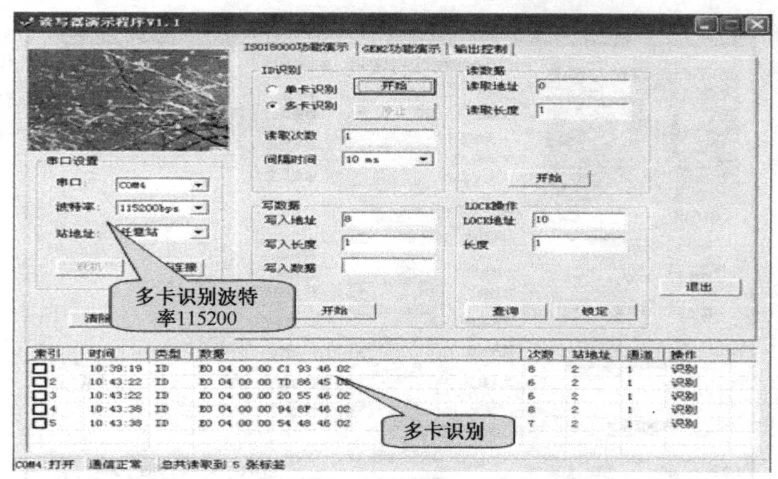

图 4-42　多卡识别

3）写标签功能。

① 地址：写入标签存储器内容的字节地址，地址有效值为 8～223。

② 数据：需要写入标签存储器中的数据。

当设置好写标签的功能演示要求后，单击“开始”按钮，进行功能演示，操作结果显示在操作结果显示框中，如图 4-43 所示。

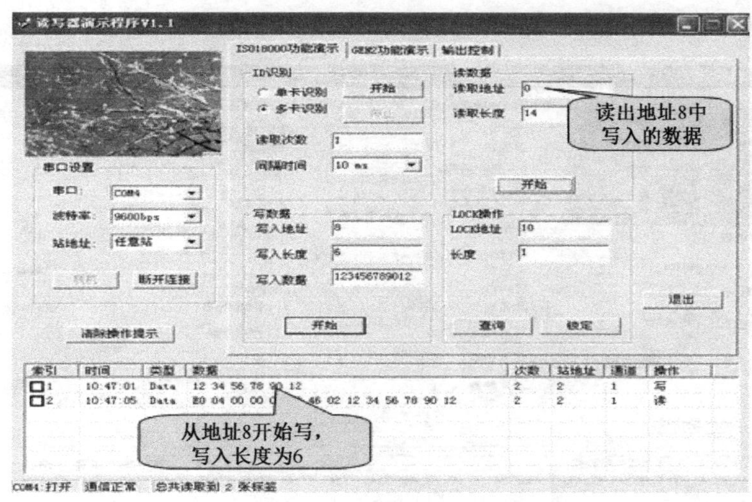

图 4-43　ISO 18000-6B 标签读、写操作

（4）GEN2 标签读标签与写标签

GEN2 功能演示程序实现了标签识别、读标签、写标签、锁定标签和查询块锁定信息等功能。图 4-44 是读写器 GEN2 功能演示的界面。

单卡识别：识别单卡，读写器有效作用范围内只有单张标签时，可以选用单卡识别。

多卡识别：采用防冲突算法进行标签 ID 识别，多卡识别可以识别读写器有效作用范围内的多张标签。

读取次数：连续多次单卡或多卡识别标签的次数。

间隔时间：连续 2 次标签识别之间的时间间隔，当读取次数设置大于 1 时，间隔时间有效，否则忽略间隔时间的设置。

图 4-44 GEN2 功能演示界面

当设置好标签识别的功能演示要求后，单击“开始”按钮，进行功能演示，操作结果显示在操作结果显示框中。

1）ID 识别功能：单卡识别、多卡识别，如图 4-45 和图 4-46 所示。

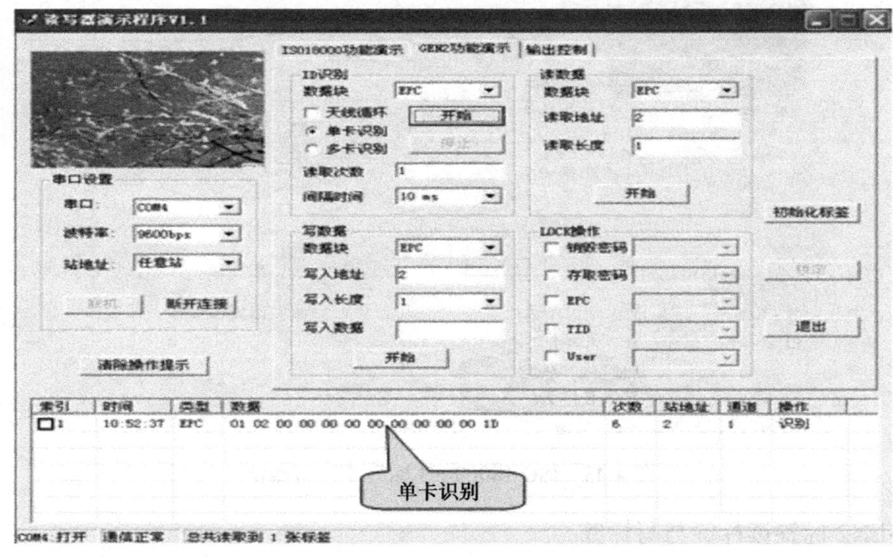

图 4-45 单卡识别

2）写操作。

对于 GEN2 标签，可以对 GEN2 标签的 EPC 码和 USER 区域进行写操作，其中 EPC 码写入地址范围为地址 2～地址 7，USER 区域的写入地址为 0～USER 区域最大地址，每个地址中可以输入两个数据，即数据 0 和数据 1，数据 0 和数据 1 所写入的数据为 0～255 中任意值。

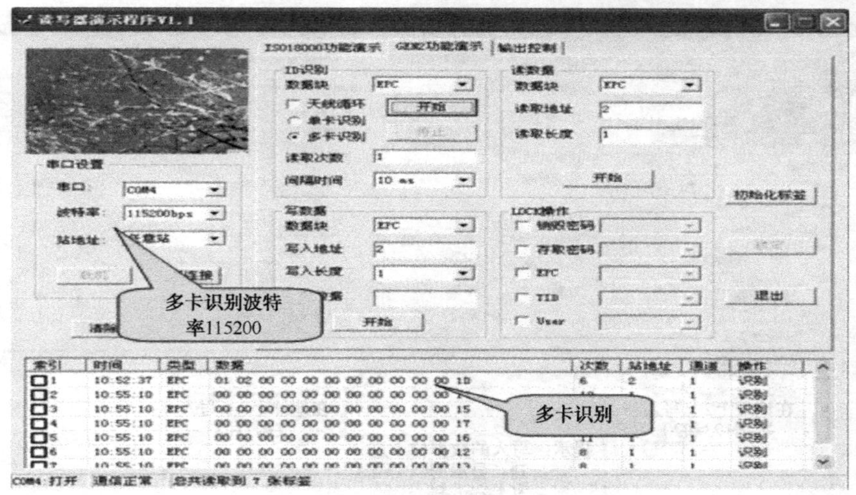

图 4-46　多卡识别

例如，下面对 EPC 码地址 2 写入 123 和 20，然后再对地址 7 写入 7 和 8，操作显示框中会显示出写数据成功。在演示程序中显示的结果如图 4-47～图 4-49 所示。

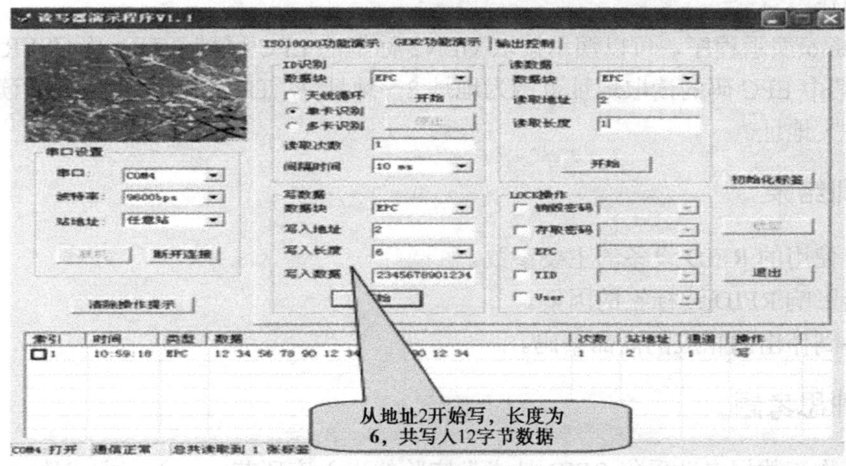

图 4-47　EPC 的写操作

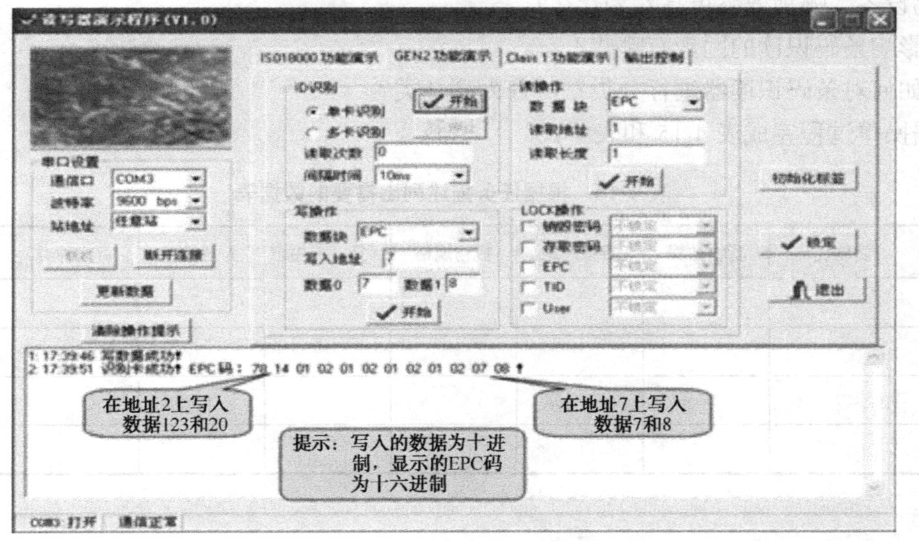

图 4-48　USER 区域写操作

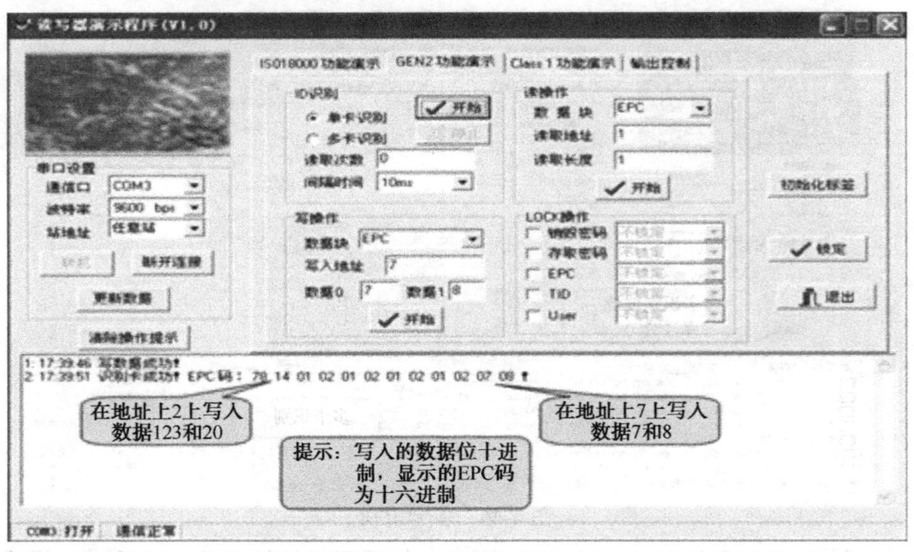

图 4-49　EPC 区域读写操作

3）读操作

利用 Demo 演示程序，可以演示读取 GEN2 标签的 EPC 区域、TID 及 USER 区域的内存数据操作，其中 EPC 码的读取地址范围为地址 2～地址 7，TID 和 USER 区域的读取地址均为 0～其区域最大地址。

4.4.5　实训结果

1）列出使用的 RFID 设备的主要参数。

2）列出影响 RFID 读标签的因素。

3）设备制作出的相应的商品条码。

4.4.6　实训思考题

1）在“物流数据自动采集 RFID 技术”实验的出入库环节中，入库方式选择“手工输入”和“条码设备”哪种效率更高？为什么？

2）影响条码识读的因素有哪些？

3）如何对条码识读器进行分类？可分为哪几类？

根据操作过程完成表 4-15 和表 4-16。

表 4-15　根据任务描述列出需要的数据表

序　　号	货物名称	货物数量	货物产地	货物规格	货　　主	货物包装	货物种类	…
标 签 1								
标 签 2								
标 签 3								

表 4-16　根据任务描述列出需要的数据表

序　号	第一次读	第二次读	第三次读	第四次读	…	…	…	…
标签 1								
标签 2								
标签 3								

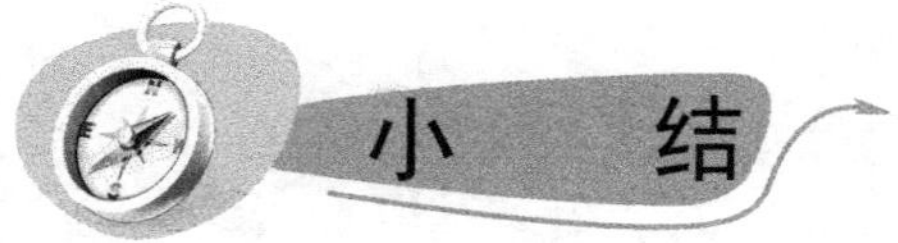

本章介绍了 RFID 基础知识（RFID 基本原理、RFID 系统组成、RFID 工作频率分类、RFID 主要标准化组织），EPC 系统的数据结构、EPC 编码体系、RFID 在家畜信息化养殖管理中的应用等内容。

1．什么是 RFID？简述 RFID 组成、功能及其在物流行业中的主要应用。
2．什么是物联网？简述物联网的原理及特征。
3．什么是 EPC？简述 EPC 数据结构分类。

第5章 物流空间信息技术

导教——教学导航

职业能力要求

■ 专业能力：掌握 GIS、GPS 的概念，GIS 的构成、工作原理及应用，以及 GPS 的主要功能、特点、构成及应用，学会使用 GIS 与 GPS 的应用。

学习目标

■ 掌握物流空间信息技术；
■ 掌握 GIS 的概念；
■ 掌握 GPS 的概念；
■ 掌握 GIS 的构成、工作原理及应用；
■ 掌握 GPS 的主要功能、特点、构成及应用；
■ 学会使用 GIS 与 GPS。

导读 5-1　GIS 技术在灾害监测中的应用

在世界各国的历次大型自然灾害中，GIS 都发挥了重要的辅助作用。在汶川地震发生后的救援过程中，多个政府部门利用 GIS 技术，为抗震救灾工作的决策提供了大量的辅助信息。

GIS 技术是为灾情评估提供辅助信息的有效工具，可以把震灾位置信息、追踪路径、传感器、视频，以及其他与 GIS 数据相关的动态数据（影像、高程、街道、重点基础设施等）与交通、医院、气象结合起来，通过空间可视化的方式为决策者提供有力的支持。

当危机出现时，GIS 会为应急行动计划的制订、毁坏情况的评估，以及灾害信息的共享提供相关信息和帮助。GIS 支持应急管理的所有阶段，包括灾情缓解、预防和准备、快速反应及恢复重建。

在这次抗震救灾过程中，中国地震局担当非常重要的角色，中国数字地震观测网是基于 ArcGIS 的地震监测系统，主要从监测预报、震灾预防和紧急救援三方面提高国家的防震减灾能力。

这个数字地震台网覆盖全国 152 个测震台，31 个省级区域台网也建了 800 余个测震台，国家台网每天汇集和处理近 1000 个台的实时数据，原始观测数据量近 40Gb。

这次地震发生后，四川地震局的台网，在 3 分钟内就将地震的位置上报到地震局内部的 EQIM 地震速报网上，青海等一批四川周边的地震台网也在数分钟之后将地震参数上网，全国各个区域地震台都在参与地震速报。

随后，地震局立即启动了地震应急指挥技术系统，同时开始对这次地震的灾害进行快速评估，提供评估结果。这次地震灾害评估结果显示灾害严重，同时启动了辅助决策系统，5 分钟后提出应急响应的级别，建议启动 I 级响应。之后工作人员立即按照地震应急预案的 I 级响应要求，启动国务院抗震救灾指挥大厅的视频通信系统，与四川、陕西、甘肃、内蒙和浙江等指挥部进行连通等。

此外，地震局还启动了防震减灾公益号 12322 地震信息平台，搜集地震灾害信息，并快速上报政府相关部门。

应急指挥系统的作用主要有两方面：首先，根据地震三要素和基础信息对震灾进行判断，进行灾害快速评估，确定灾害级别；同时，提供震区的基础地理信息，如周围的水库和道路分布情况，山体滑坡和泥石流方面的判定和提醒，为救灾提供参考性信息。

基础地理数据是 GIS 应用的源头保障。地震发生后不久，国家测绘局立即组织了国家基础地理信息中心、中国测绘科学研究院及中国地图出版社通宵达旦工作，赶在 13 日早上给国务院应急办及减灾委的指挥部门送去急需的地图。从 2008 年 5 月 12 日地震发生到 20 日为止，国家测绘局已经给中央近 40 个部门提供了包括数据、地图和影像在内的各种图表共 10000 多幅。其中，国家基础地理信息中心在近 10 天的时间里，利用基于 ArcSDE 技术建立的国家基础地理数据库，为国务院应急办公室等 30 个部门和单位提供了超过 700G 的影像资料。

此外，国家减灾委利用遥感和 GIS 技术，制作了大量的灾情地图，并向相关机构和公众公布，包括道路损毁、房屋倒塌、居民安置、堰塞湖、山体滑坡、灾民安置等，在抢险救灾中起到了重要的指导作用。

思考题：

（1）分析 GIS 在汶川地震中所起到的作用。

（2）GIS 技术是否可以应用在物流活动中？如何应用？

地球上几乎 80%的信息都与空间位置相关，空间信息技术是一门综合处理与空间信息相关的多源信息的信息处理技术。空间信息包括空间位置、空间形态、空间分布、空间相关与空间关系等信息。“空间位置”是指单个物体的定位信息；“空间形态”描述物体的形状和结构；“空间分布”描述群体空间对象的定位信息；“空间相关”是空间物体基于属性数据的关系。地理信息系统（GIS）、全球定位系统（GPS）、空间决策支持系统（SDSS）等属于空间信息技术的范畴。

物流活动常处于运动的和非常分散的空间分布状态，物流空间信息技术作为一门处理与物流空间相关的多源信息的技术，已成为现代物流信息技术的重要组成部分，并发挥了越来越重要的作用。

5.1 物流空间信息技术概述

空间信息技术，往往又称为地理空间信息技术，从技术层面上看，它是遥感、地理信息系统、全球定位系统与通信技术、网络技术的综合集成，将空间对地观测信息的获取、处理、分析、应用结为一体的信息技术体系。从目标层面看，整个空间信息技术的主要目标是研究并支持社会可持续发展，并为经济发展提供决策依据。

由于物流各环节十分复杂，特别是从原材料采购到产品销售之间的时空矛盾日益明显，信息技术特别是空间信息技术的利用在物流运作的各个层次都显得特别重要。

5.1.1 3S 技术

3S 技术是遥感技术（Remote Sensing，RS）、地理信息系统（Geography Information Systems，GIS）和全球定位系统（Global Positioning Systems，GPS）的统称。在 3S 技术中，GPS 主要用于实时、快速提供目标、各类传感器和运载平台的空间位置；RS 用于实时或准时提供目标及其环境语义或非语义信息，发现地球表面的各种变化，及时对 GIS 的空间数据进行更新；GIS 则是对各种来源的时空数据综合处理、动态存储、集成管理、分析加工，并为智能化数据采集提供知识。

1．RS 技术

RS 技术即遥感技术（Remote Sensing，简称 RS），遥感即在不直接接触的情况下，对目标或自然现象远距离感知的一种探测技术，狭义上是指在高空和外层空间的各种平台上，运用各种传感器（如摄影仪、扫描仪和雷达等）获取地表信息，通过数据的传输和处理，来研究地面物体形状、大小、位置、性质及其与环境相互关系的一门现代化技术科学。

利用高分辨率遥感影像图作为电子地图和城市矢量道路图，现势性强，成图周期短，成本相对较低。RS 技术在 3S 技术中主要作为 GIS 数据库的数据源，GIS 利用遥感数字影像获取地面高程，更新 GIS 中的高程数据。例如，在车辆导航与监控系统中，遥感技术以数字图像方式提供城市范围内道路与相关因子动态变化的信息，它可以在 GIS 中作为电子数字地图使用，也可以利用遥感图像及时更新道路数据库。

2．GIS 技术

GIS 技术即地理信息系统（Geography Information Systems，GIS)），是集计算机科学、地理学、测绘遥感学、环境科学、城市科学、空间科学、信息科学和管理科学为一体，提供对规划、管理、决策和研究所需信息的空间信息系统；它是由计算机硬件、软件、数据和用户几大要素组成的问答系统，它在 3S 技术中具有采集、存储、管理、分析和描述整个或部分地球上与空间和地理分布有关的数据的重要作用。

GIS 是融计算机与数据库于一体，储存和处理空间信息的高新技术，它具有很强的空间分析功能。

3．GPS 技术

GPS 技术即全球定位系统（Global Positioning Systems，GPS），是利用多颗导航卫星的无线电信号，对地球表面某地点进行定位、报时或对地表移动物体进行导航的技术系统。全球定位系统具有实时、连续提供地球表任意地点上的经纬度与高程，提供三维速度与精确时间的能力。

GPS 是一种在海、陆、空进行全方位实时三维导航与定位的系统。GPS 在 3S 技术中的作用主要是精确的定位，准确定时及测速。

4．3S 技术的综合应用

3S 技术各有侧重，相互补充，其综合应用具有非常重要的作用。例如，车辆导航与监察系统是一项融 GPS、GIS、RS 技术与通信技术为一体的复杂技术系统。它通过对车辆等（移动目标）的导航、动态跟踪、监控、检查与服务等功能，来完成对车辆的综合管理与控制。目前，这类系统已经在国内外不少领域试用，备受公安、银行、保安、出租车管理等部门的青睐。GPS 提供了车辆当前所处的精确位置等信息，位置信息可以在 GIS 支持下，在显示器上以“点”状符号表现出来，直观地向司机指示当前车辆在道路上的位置，同时该车的位置信息可以通过无线集群通信网接入控制中心局域网，车辆导航与监控系统服务器接收各个移动车辆位置信息，并分发给与其相连的各个操作台。管理操作台与监控操作台上安装有 GIS 系统，它可以把 GPS 的定位信息在电子地图中的相应位置表现出来，地理信息系统可以实现各种车辆信息的管理、显示和分析，为管理人员和司机提供辅助决策。遇到突发事件还可以快速在地图上准确标示出各个移动车辆的当前位置，为公安快速反应、紧急高度管理、组织车辆救援提供帮助。

5.1.2　3S 技术的综合应用与现代物流管理信息化技术

1．3S 技术与物流网络

现代物流的发展必须要解决错综复杂的物流网络的规划、物流网络的管理调度、物流配送管理等与空间位置有关的问题。在物流网络中，网点的布局和线路规划是非常重要的。国外公司已经开发出利用 GIS 为物流分析提供专门分析的工具软件。完整的 GIS 物流分析软件集成了车辆路线模型、最短路径模型、网络物流模型、分配集合模型和设施定位模型等，可以很好地解决物流网络布局与分析问题。利用车辆路线模型和最短路径模型，可以确定使用多少辆车以及每辆车的路线，从而降低物流作业费用，保证服务质量；利用网络物流模型，可以解决物流网点布局问题，实现有效的分配货物路径；利用分配集合模型，可以较准确地确定服务范围和销售市场范围；利用设施定位模型，可以确定一个或多个设施的位置，同时还可以进行选址、道路选线等适宜性分析以及对城市交通发生量、出行分布和交通量最优进行预测和分配。

利用 3S 技术强大的地理数据功能来完善物流网络分析技术，可以在电脑屏幕上直观地显示网点的分布、网点周围的企事业单位、居民结构等数据，配送中心的覆盖范围、覆盖的街道、单位名称等均在电脑屏幕上一目了然。另外，借助 GIS 强劲的空间分析能力，例如增加、删除某一网点会影响到哪些用户、企事业单位，需要增设的网点应选在哪一位置，这些分析会变得方便快捷。

2．3S 技术与库存管理

在进行物流活动中，库存管理是重要的环节和要素。把库存控制在最佳数量，把库存管理好，为客户提供最佳服务和最大的供给保障，是库存管理的任务。在货物储存过程中，对于货物来说要根据仓库使用情况和流动特性改变其相应的储存位置；对于管理人员要动态了解货物的移动情况和准确的存放位置。

利用 3S 技术特别是 GIS 技术，开发出相应的移位管理系统，通过对货物空间数据库的录入、处理、储存和维护，实现对货物在存储过程中的位置移动等有关信息直观形象地反映出来，达到动态管理货物移动的目的。

利用 3S 技术的即时查询系统，可以使用户动态了解库存状况，实现信息的即时互动，实施供应商管理库存（VMI），降低库存成本。另外，还可以利用 3S 技术对信息的空间分析能力，进行客户关系管理（CRM），为管理决策提供信息帮助。

3．3S 技术与运输配送

运输监控系统是十分重要的，当货物发送后，有关信息将被提至运输监控系统。利用 3S 技术强大的空间分析与数据分析功能，可以优化运输线路，及时调度运输车辆，较好地解决我国运输车辆空车率过高的问题以及劳动力、设备、任务等分布不均的问题。在现代物流信息化的进程中，将起到更大的作用。

5.2 地理信息系统

地理信息系统是信息科学与信息技术发展的一个重要组成部分，是信息高速公路上的节点和重要基础设施。作为在信息社会中的一种集地理空间特征和各种统计信息于一体的特殊信息系统，地理信息系统已成为政府部门进行科学管理和快速决策时不可或缺的工具。地理信息系统的提出源于二十世纪五十年代，经过四十余年的发展，随着计算机科学、地理学、制图学、遥感与摄影测量学、图形图像技术以及数据库技术的不断发展，地理信息系统已经成为了一种功能强大、性能完善的计算机系统，广泛应用于规划、土地、测绘、建设、环保、军事等诸多部门。

5.2.1 地理信息

1. 地理信息

地理信息（Geographic Information）是指与空间地理分布有关的信息，是对地球表面位置相关的地理现象和过程的客观表示。地理信息属于空间信息。

地理数据是各种地理特征和现象间关系的符号化表示，包括空间位置、属性特征（简称属性）和时域特征三部分。空间位置数据描述地物所在位置，这种位置既可以根据大地参照系定义，如大地经纬度坐标，也可以定义为地物间的相对位置关系，如空间上的相邻、包含等。属性数据有时又称非空间数据，是属于一定地物、描述其特征的定性或定量指标。时域特征是指地理数据采集或地理现象发生的时刻/时段。时间数据对环境模拟分析非常重要，受到GIS学界越来越多的重视。空间位置、属性及时间是地理空间分析的三大基本要素。

2. 地理信息的特性

地理信息除了具有信息的一般特性外，还具有以下特性。

1）地域性。地理信息属于空间信息，即空间分布特性，这是地理信息系统区别其他类型信息最显著的标志。地理信息具有空间定位的特点，先定位后定性，并在区域上表现出分布式特点，其属性表现为多层次海量的信息。

2）多维性。是指在二维空间的基础上，实现多个专题的信息结构，即在一个坐标位置上具有多个专题和属性信息。这为多元信息的复合研究和探索地理现象间的内在规律奠定了基础。

3）动态性。主要是指地理信息的动态变化特征，即时序特征。可以按照时间尺度将地球信息划分为超短期的（如台风、地震）、短期的（如江河洪水、秋季低温）、中期的（如土地利用、作物估产）、长期的（如城市化、水土流失）、超长期的（如地壳变动、气候变化）等。使地理信息以时间尺度划分成不同时间段信息，要求及时采集和更新地理信息，并根据多时相区域性指定特定的区域得到的数据和信息来寻找时间分布规律，进而对未来做出预测和预报。

5.2.2 地理信息系统特征

地理信息系统（Geographic Information System，GIS）有时又称地学信息系统或资源与环境信息系统。它是一种特定的十分重要的空间信息系统，是在计算机硬、软件系统支持下，对整个或部分地球表层（包括大气层）空间中的有关地理分布数据进行采集、储存、管理、运算、分析、显示和描述的技术系统。GIS 处理、管理的对象是多种地理空间实体数据及其关系，包括空间定位数据、图形数据、遥感图像数据、属性数据等，用于分析和处理在一定地理区域内分布的各种现象和过程，解决复杂的规划、决策和管理问题。

GIS 的基本功能包括空间数据采集、空间数据处理、空间数据存储、分析模型建立、空间信息建立、空间信息输出、各种地图制作等，其中空间分析功能是 GIS 的核心功能。GIS 空间分析是基于地理对象的位置和形态特征的空间数据分析技术，其目的是提取和传输空间信息，是地理信息系统的主要特征，同时也是评价一个地理信息系统功能的主要指标之一。

随着信息技术的发展和 GIS 理论、集成技术的进步，GIS 应用已渗透到人类生活的许多方面，只要研究对象或多或少与三维空间有关，就可以利用 GIS 去解决相关问题，如位置分析、查询分析、趋势研究、模式研究、模拟分析等。

与一般的管理信息系统相比，地理信息系统具有以下特征：

1．地理信息系统在分析处理问题中使用了空间数据与属性数据，并通过数据库管理系统将两者联系在一起共同管理、分析和应用，从而提供了认识地理现象的一种新的思维方法；而管理信息系统则只有属性数据库的管理，即存储图形，也往往以文件等机械形式存储，不能进行有关空间数据的操作，如空间查询、检索、相邻分析等，更无法进行复杂的空间分析。

2．地理信息系统强调空间分析，通过利用空间解析式模型来分析空间数据，地理信息系统的成功应用依赖于对空间分析模型的研究与设计。

5.2.3 地理信息系统的类型

1．按内容、功能和作用分类

地理信息系统按内容、功能和作用可分为三类：工具型地理信息系统、应用型地理信息系统和实用型地理信息系统。

（1）工具型地理信息系统

工具型地理信息系统也称地理信息系统开发平台或外壳，它是具有地理信息系统基本功能，供其他系统调用或用户进行二次开发的操作平台。

工具型地理信息系统为地理信息系统的使用者提供种技术支持，使用户能借助地理信息系统工具中的功能直接完成应用任务，或者利用工具型地理信息系统加上专用模型完成应用任务。目前，国外已有很多商品化的工具型地理信息系统，如 MAPGIS、MAPINFO、ARC/INFO 等，图 5-1 分别是 MAPGIS、ARC/INFO 及 MAPINFO 工具型地理信息系统。国内近几年也正在迅速开发工具型地理信息系统，并取得了很大的成绩，如 MapGIS、GeoStar、CityStar 等。

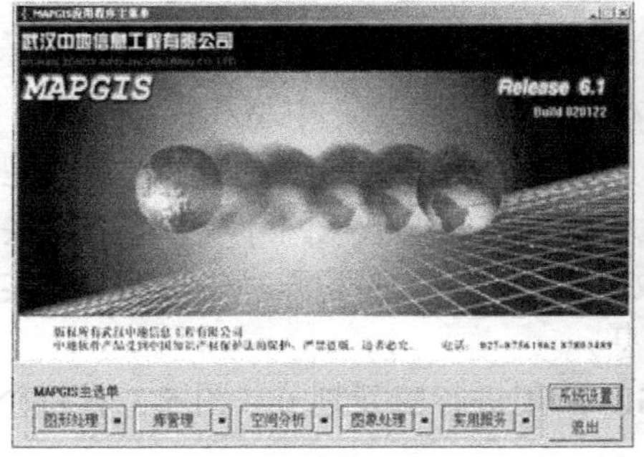

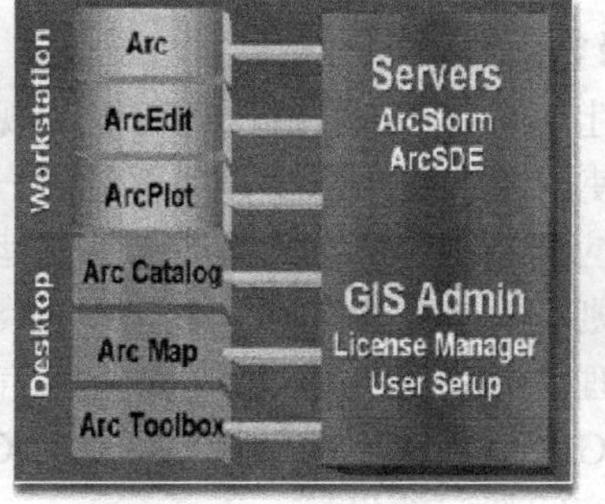

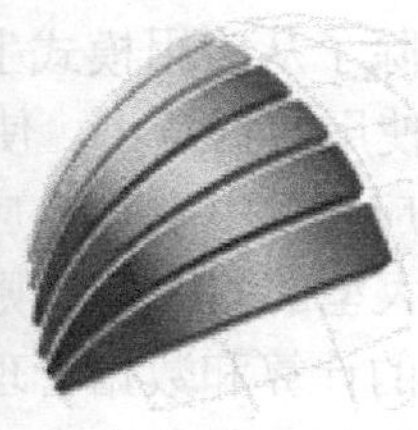

图 5-1 国外典型的工具型地理信息系统

（2）应用型地理信息系统

应用型地理信息系统是根据用户的需求和应用目的而设计的一种解决一类或多类实际应用问题的地理信息系统，除了具有地理信息系统基本功能外，还具有解决地理空间实体及空间信息的分布规律、分布特性及相互依赖关系的应用模型和方法。应用型地理信息系统按研究对象性质和内容又可分为专题地理信息系统和区域地理信息系统。

1）专题地理信息系统（Thematic GIS）

是具有有限目标和专业特点的地理信息系统，为特定目的服务，如水资源管理信息系统、矿产资源信息系统、环境保护和监测信息系统、城市管网系统、土地资源信息系统、配电网管理系统等。土地资源信息系统及配电网管理系统图 5-2 所示。

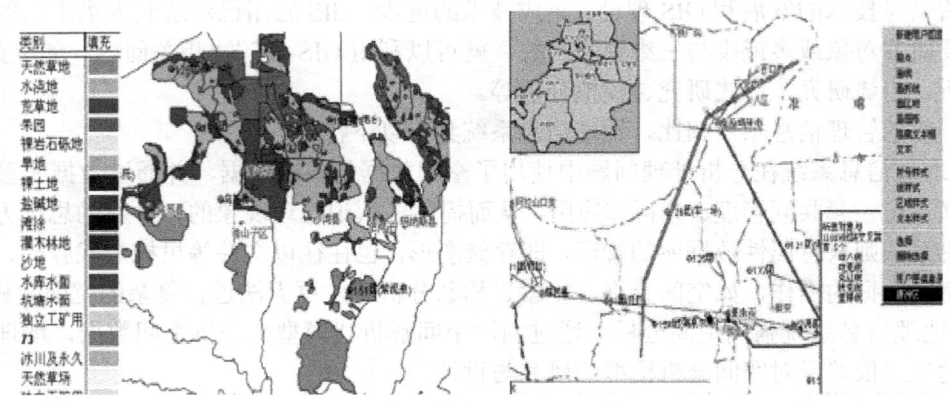

图 5-2　土地资源信息系统及配电网管理系统

2）区域地理信息系统（Regional GIS）

主要以区域综合研究和全面信息服务为目标。可以有不同的规模，如加拿大国家地理信息系统属于国家级的系统；黄河流域地理信息系统、黄土高原重点产沙区信息系统等面向一个地区或一个流域，属于区域级的系统；北京水土流失信息系统是面向地方，属于地方一级的系统。

（3）实用型地理信息系统

实用型地理信息系统在我国最早是由陈俊、宫鹏提出的。他们在《实用地理信息系统》一书中作了详细论述。认为实用型地理信息系统就是从实用的角度来探讨地理信息系统的理论和技术。“实用”，英文为 Practice，《韦伯大字典》中解释 Practice 的意思为“To perform and work repeatedly so as to become proficient”，译成中文的意思是“不断地实践来达到娴熟和精湛”。实用的目的是使实践过程优化，使这个实践过程在不断提高中得到完善。因此，可以推断定义，实用地理信息系统应该是在使用地理信息系统的过程中，不断地提高和完善，使得地理信息系统的应用趋向成熟。

2．按应用规模及领域分类

除了从应用模式上划分 GIS 应用，还可以从规模上划分为小型、中型和大型应用。小型 GIS 使用数据量小，使用系统的用户少，主要针对一个部门或特定领域，注重于专业模型的开发和应用。中型 GIS 应用于多个部门，数据量大，运行于局域网或城域网环境，侧重于决策支持。大型的 GIS 应用则拥有非常多的用户和海量的数据，注重数据的管理，并通过网络实现分布式的计算和数据管理，并通过 Internet 发布空间信息。

另外，再考虑到 GIS 具体应用的领域，可以对 GIS 应用进行三元划分（图 5-3），每个 GIS 应用都对应于该三维空间特定的坐标（表 5-1）。

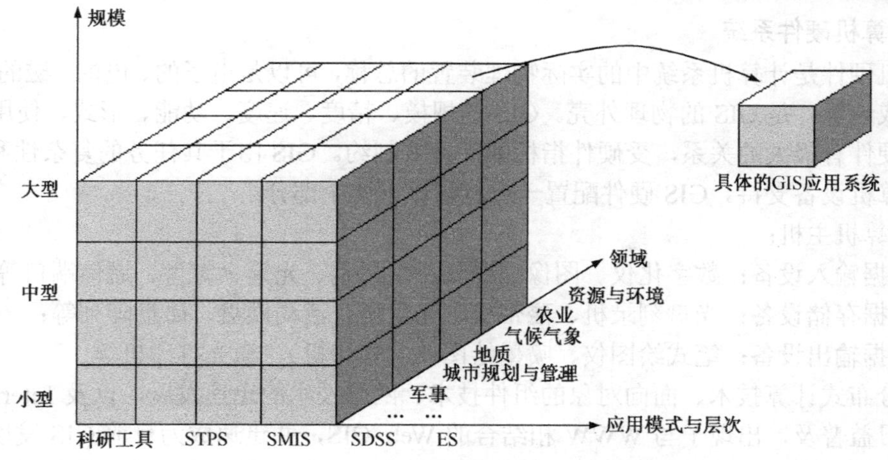

图 5-3　地理信息系统应用的划分

表 5-1　GIS 应用的三元划分示例

名　称	规模	应用模式和层次	领　域
XX 小流域水土流失系统	小型	科学研究工具	环境
XX 城区土地划拨系统	中型	空间事务处理系统	地籍
XX 林场管理系统	中型	空间管理信息系统	林业
XX 大城市市政管理系统	大型	空间管理信息系统	城市管理
XX 省可持续发展决策支持系统	大型	空间决策支持系统	资源与环境

5.2.4　地理信息系统的组成

完整的 GIS 主要由 4 个部分构成，即计算机硬件系统、计算机软件系统、地理空间数据和系统管理操作人员，其核心部分是计算机软、硬件系统，空间数据库反映了 GIS 的地理内容，而管理人员和用户则决定系统的工作方式和信息表示方式。GIS 的组成可综合表示为图 5-4。

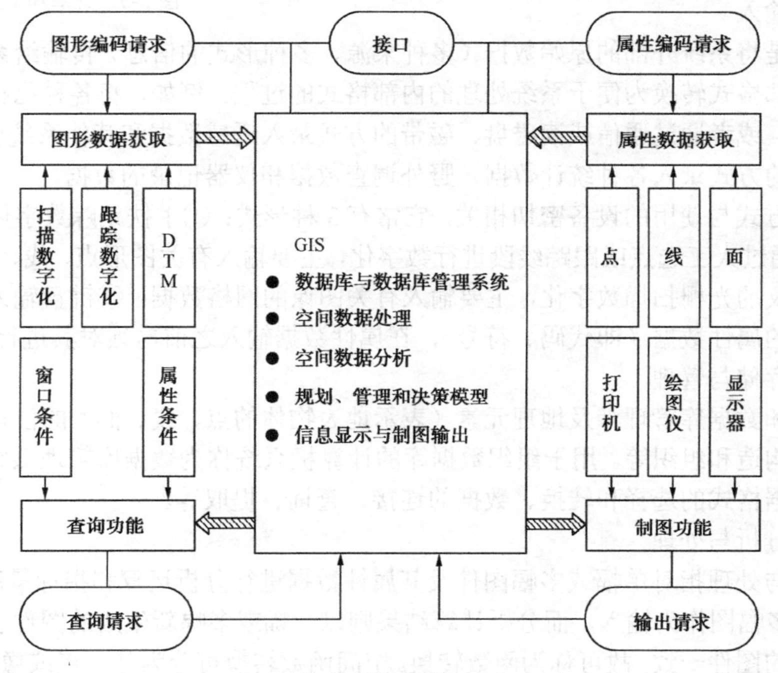

图 5-4　GIS 的组成

1. 计算机硬件系统

计算机硬件是计算机系统中的实际物理装置的总称，可以是电子的、电的、磁的、机械的、光的元件或装置，是 GIS 的物理外壳。GIS 的规模、精度、速度、功能、形式、使用方法甚至软件都与硬件有极大的关系，受硬件指标的支持或制约。GIS 由于其任务的复杂性和特殊性，必须由计算机设备支持。GIS 硬件配置一般包括以下 4 个部分：

① 计算机主机；

② 数据输入设备：数字化仪、图像扫描仪、手写笔、光笔、键盘、通信端口等；

③ 数据存储设备：光盘刻录机、磁带机、光盘塔、活动硬盘、磁盘阵列等；

④ 数据输出设备：笔式绘图仪、喷墨绘图仪（打印机）、激光打印机等。

随着分布式计算技术、面向对象的组件技术、网络技术的迅速发展，以及 Internet 在社会生活中的日益普及，出现了与 WWW 相结合的 Web GIS，并迅速成为目前 GIS 发展的重要方向。GIS 硬件配置除了原有的计算机主机、输入与输出设备、存储设备外，还包括计算机网络通信设备。

2. 计算机软件系统

计算机软件系统指 GIS 运行所必需的各种程序，通常包括下述几个方面，如图 5-5 所示。

（1）计算机系统软件

计算机系统软件是由计算机厂家提供的、为用户开发和使用计算机提供方便的程序系统，通常包括操作系统、汇编程序、编译程序、诊断程序、库程序以及各种维护使用手册、程序说明等，是 GIS 日常工作所必需的。

（2）GIS 软件和其他支撑软件

地理信息系统软件和其他支撑软件可以是通用的 GIS 软件，也可包括数据库管理软件、计算机图形软件包、CAD、图像处理软件等。

图 5-5　计算机软件系统的层次

GIS 软件按功能可分为以下几类。

（1）数据输入

数据输入是将系统外部的原始数据（多种来源、多种形式的信息）传输给系统内部，并将这些数据从外部格式转换为便于系统处理的内部格式的过程。例如，将各种已存在的地图、遥感图像数字化，或者通过通信或读磁盘、磁带的方式录入遥感数据和其他系统已存在的数据，还包括以适当的方式录入各种统计数据、野外调查数据和仪器记录的数据。

数据输入方式与使用的设备密切相关，它常有 3 种形式：①手扶跟踪数字化仪的矢量跟踪数字化，它是通过人工选点或跟踪线段进行数字化，主要输入有关图形点、线、面的位置坐标；②扫描数字化仪的光栅扫描数字化，主要输入有关图像的网格数据；③键盘输入，主要输入有关图像、图形的属性数据（即代码、符号），在属性数据输入之前，须对其进行编码。

（2）数据存储与管理

数据存储和数据库管理涉及地理元素（表示地表物体的点、线、面）的位置、连接关系及属性数据如何构造和组织等。用于组织数据库的计算机系统称为数据库管理系统。空间数据库的操作包括数据格式的选择和转换、数据的连接、查询、提取等。

（3）数据分析与处理

数据分析与处理指对单幅或多幅图件及其属性数据进行分析运算和指标量测，在这种操作中，以一幅或多幅图作为输入，而分析计算结果则以一幅或多幅新生成的图件表示，在空间定位上仍与输入的图件一致，故可称为函数转换。空间函数转换可分为基于点或像元的空间函数，如基于像元的算术运算、逻辑运算或繁类分析等；基于区域、图斑或图例单位的空间函数，如叠加分类、区域形状量测等；基于邻域的空间函数，如像元连通性、扩散、最短路径搜索等。量测包括对面积、长度、体积、空间方位、空间变化等指标的计算。函数转换还包括错误改正、格式变形和预处理。

（4）数据输出与表示模块

输出与表示是指将地理信息系统内的原始数据或经过系统分析、转换、重新组织的数据以某种用户可以理解的方式提交给用户，如以地图、表格、数字或曲线的形式表示于某种介质上，或采用 CRT（Cathode Ray Tub，阴极射线管）显示器、胶片拷贝、点阵打印机、笔式绘图仪等输出，也可以将结果数据记录于磁存储介质设备或通过通信线路传输到用户的其他计算机系统。

（5）用户接口模块

用户接口模块用于接收用户的指令、程序或数据，是用户和系统交互的工具，主要包括用户界面、程序接口与数据接口。系统通过菜单方式或解释命令方式接收用户的输入。GIS 功能复杂，用户往往为非计算机专业人员，而用户界面是 GIS 应用的重要组成部分，因此通过菜单技术、用户询问语言的设置，采用人工智能的自然语言处理技术与图形界面等技术，提供多窗口和鼠标选择菜单等控制功能，为用户发出操作指令提供方便。该模块还随时向用户提供系统运行信息和系统操作帮助信息，使 GIS 成为人机交互的开放式系统。

（6）应用分析程序

应用分析程序是系统开发人员或用户根据地理专题或区域分析模型编制的用于某种特定应用任务的程序，是系统功能的扩充与延伸。在优秀的 GIS 工具支持下，应用程序的开发应是透明和动态的，与系统的物理存储结构无关，而随着系统应用水平的提高不断优化和扩充。应用程序作用于地理专题数据或区域数据，构成 GIS 的具体内容，这是用户最为关心的真正用于地理分析的部分，也是从空间数据中提取地理信息的关键。用户进行系统开发的大部分工作是开发应用程序，而应用程序的水平在很大程度上决定系统的实用性、优劣和成败。

3．地理空间数据

地理空间数据是地理信息的载体，是地理信息系统的操作对象，它具体描述地理实体的空间特征、属性特征和时间特征。

地理空间数据是一个 GIS 应用系统基础的组成部分，空间数据是 GIS 的操作对象，是现实世界经过模型抽象的实质性内容。一个 GIS 应用系统必须建立在准确合理的地理数据基础上。数据来源包括室内数字化和野外采集以及从其他数据的转换。数据包括空间数据和属性数据，空间数据的表达可以采用栅格和矢量两种形式。空间数据表现了地理空间实体的位置、大小、形状、方向以及几何拓扑关系。不同用途的 GIS，其地理空间数据的种类、精度都是不同的，但基本上都包括 3 种互相联系的数据类型。

（1）某个已知坐标系中的位置

某个已知坐标系中的位置即几何坐标，标识地理实体在某个已知坐标系（如大地坐标系、直角坐标系、极坐标系、自定义坐标系）中的空间位置，可以是经纬度、平面直角坐标、极坐标，也可以是矩阵的行、列数等。

（2）实体间的空间相关性

实体间的空间相关性即拓扑关系，表示点、线、面实体之间的空间联系，如网络结点与网络线之间的枢纽关系，边界线与面实体间的构成关系，面实体与岛或内部点的包含关系等。空间拓扑关系对于地理空间数据的编码、录入、格式转换、存储管理、查询检索和模型分析都有重要意义，是 GIS 的特色之一。

（3）与几何位置无关的属性

与几何位置无关的属性即常说的非几何属性或简称属性（Attribute），是与地理实体相联系的地理变量或地理意义。属性分为定性和定量两种，前者包括名称、类型、特性等，后者包括数量和等级，定性描述的属性如岩石类型、土壤种类、土地利用类型、行政区划等，定量的属性如面积、长度、土地等级、人口数量、降雨量、河流长度、水土流失量等。非几何属性一般是抽象的概念，通过分类、命名、量算、统计得到。任何地理实体至少有一个属性，而 GIS 的分析、检索和表示主要是通过属性的操作运算实现的，因此，属性的分类系统、量算指标对系统的功能有较大的影响。

GIS 特殊的空间数据模型决定了地理信息系统特殊的空间数据结构和特殊的数据编码，也决定了 GIS 具有特色的空间数据管理方法和系统空间数据分析功能，成为地理学研究和资源管理的重要工具。

4．系统开发、管理和使用人员

人是 GIS 中的重要构成因素。地理信息系统从其设计、建立、运行到维护的整个生命周期，处处都离不开人的作用。仅有系统软、硬件和数据还构不成完整的 GIS，需要人进行系统组织、管理、维护和数据更新、系统扩充完善、应用程序开发，并灵活采用地理分析模型提取多种信息，为研究和决策服务。

5.2.5　地理信息系统的功能

由计算机技术与空间数据相结合而产生的 GIS 这一高新技术，包含了处理信息的各种高级功能，但是它的基本功能是数据的采集、管理、处理、分析和输出。GIS 依托这些基本功能，通过利用空间分析技术、模型分析技术、网络技术、数据库和数据集成技术、二次开发环境等，演绎出丰富多彩的系统应用功能，满足用户的广泛需求。图 5-6 是一个典型的 GIS 功能框图。

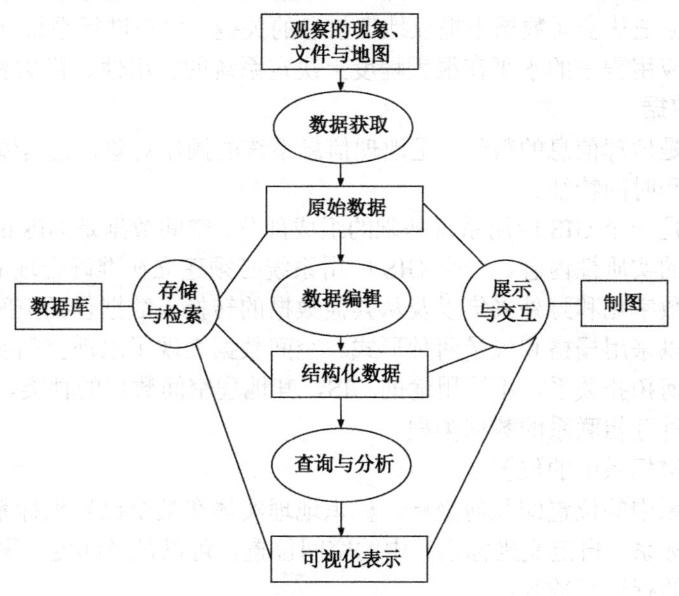

图 5-6　典型的 GIS 功能框架图

一个 GIS 软件系统应具备五项基本功能，即数据采集与输入、数据编辑、数据有效组织与管理、空间查询与分析、可视化表达与输出。GIS 软件系统应具备五项基本功能如图 5-7 所示。

1．数据采集与输入

数据输入是建立地理数据库必需的过程。数据输入功能指将地图数据、物化数据、统计数据和文字报告等输入、转换成计算机可处理的数字形式。用于地理信息系统空间数据采集的主要技术有两类，即使用数字化仪的手扶跟踪数字化技术和使用扫描仪的扫描技术。

数据采集与输入功能主要用于获取数据，保证地理信息系统数据库中的数据在内容与空间上的完整性、数值逻辑一致性与正确性等。其功能如图 5-8 所示。

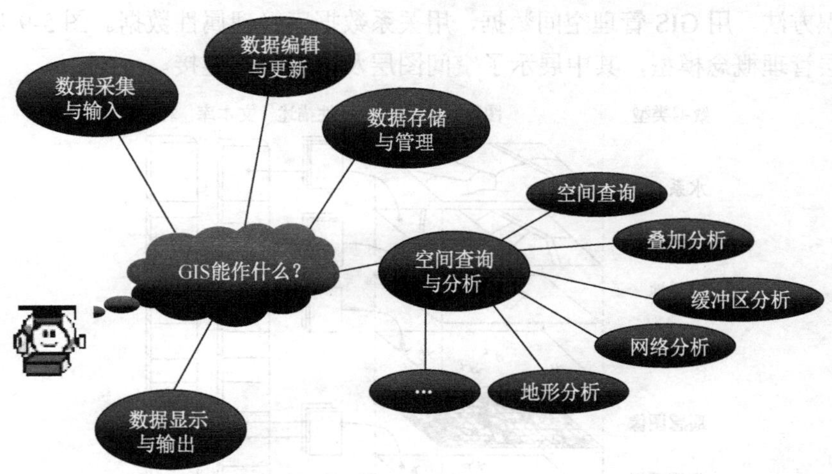

图 5-7　GIS 软件系统应具备五项基本功能

一般而言，地理信息系统数据库的建设占整个系统建设投资的 70%或更多，并且这种比例在近期内不会有明显的改变。因此，信息共享与自动化数据输入成为地理信息系统研究的重要内容。

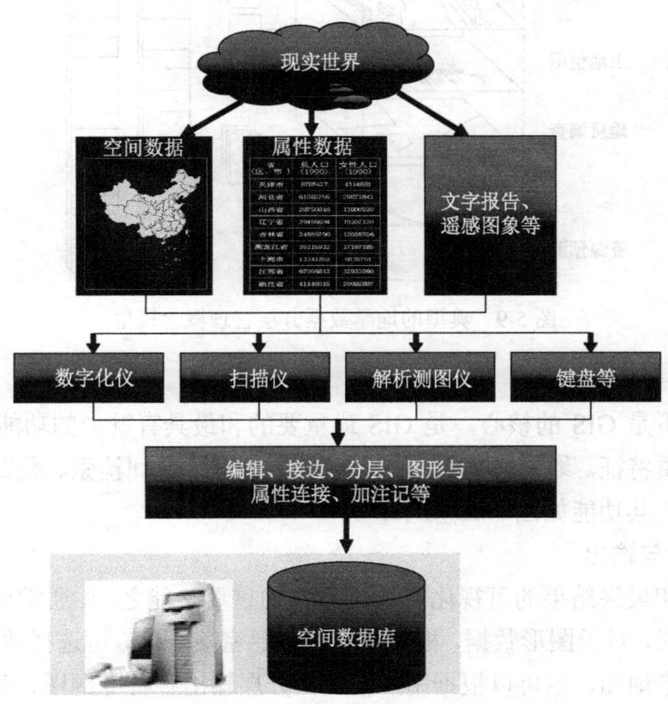

图 5-8　地理信息系统的数据采集与输入功能

2. 数据编辑

数据编辑主要包括图形编辑和属性编辑。属性编辑与数据库管理结合在一起完成，图形编辑主要包括拓扑关系建立、图形修改、图幅拼接、投影变换、误差校正等功能。

3．数据有效组织与管理

数据的有效组织与管理是GIS系统应用成功与否的关键，主要是提供空间与非空间数据的存储、查询、检索、修改和更新的能力。目前广泛使用的GIS软件大多采用空间分区、专题分层的数据组织方法，用GIS管理空间数据，用关系数据库管理属性数据。图5-9是一个典型的地学数据分层管理概念模型，其中展示了空间图层及其属性的连接。

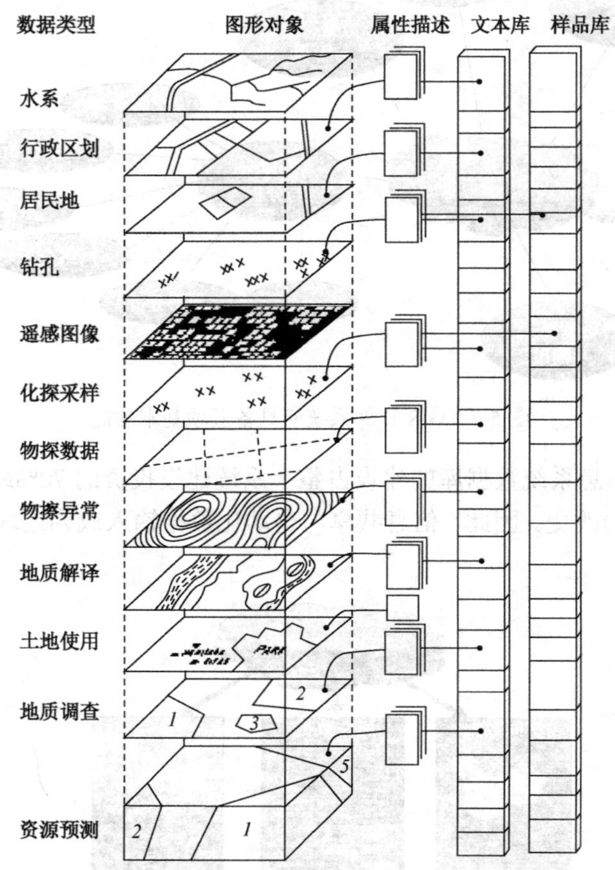

图5-9　典型的地学数据分层管理概念模型

4．空间查询与分析

空间查询与分析是GIS的核心，是GIS最重要的和最具有魅力的功能，也是GIS有别于其他信息系统的本质特征。地理信息系统的空间分析可分为空间检索、叠置分析和空间模型分析三个层次的内容。其功能如图5-10所示。

5．可视化表达与输出

中间处理过程和最终结果的可视化表达是GIS的重要功能之一。通常以人机交互方式来选择显示的对象与形式，对于图形数据，根据要素的信息密集程度，可选择放大或缩小显示。GIS不仅可以输出全要素地图，也可以根据用户需要，分层输出各种专题图、各类统计图、图表及数据等，其功能如图5-11所示。

除上述五大功能外，还有用户接收模块，用于接收用户的指令、程序或数据，是用户和系统交互的工具，主要包括用户界面，程序接口与数据接口。由于地理信息系统功能复杂，使地理信息系统成为人机交互的开放式系统。

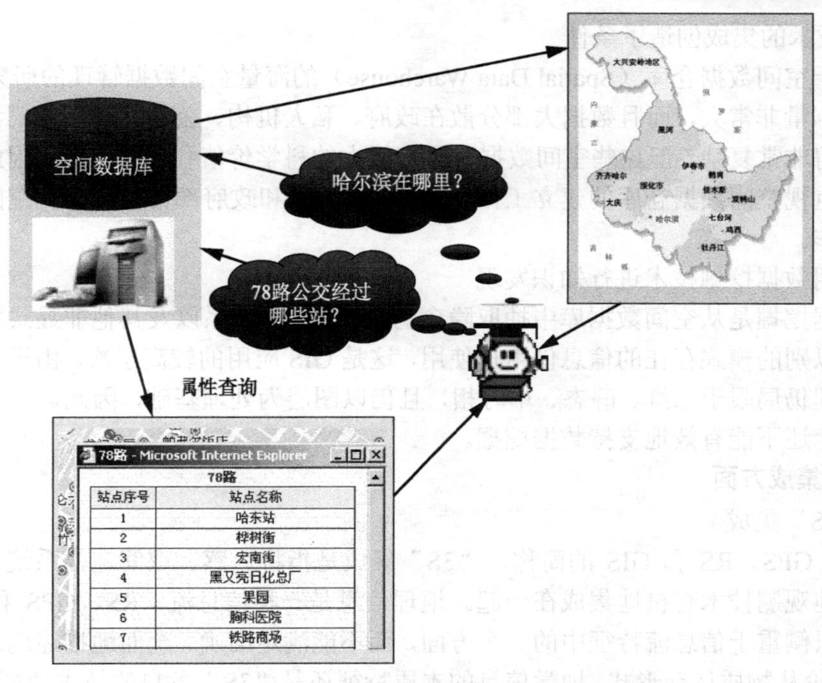

图 5-10 地理信息系统的空间查询与分析功能

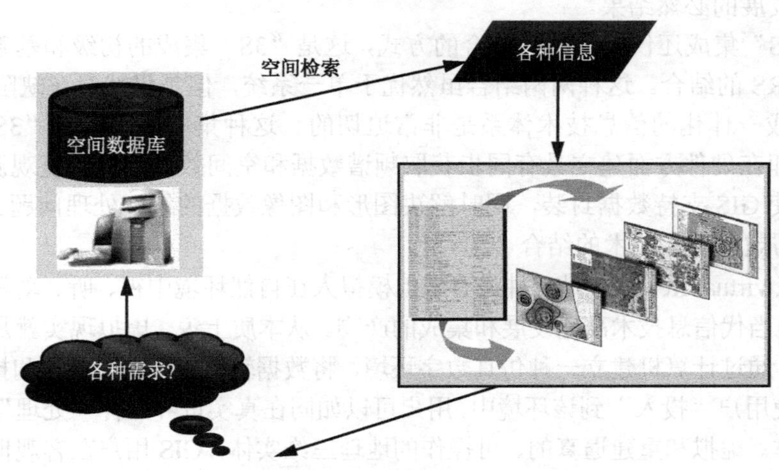

图 5-11 地理信息系统的可视化表达与输出功能

5.2.6 地理信息系统的发展趋势

1. 数据管理方面

（1）多比例尺、多尺度和多维空间数据的表达

对于多比例尺数据的显示，将运用影像金字塔技术、细节分层技术和地图综合等技术，而为了实现 GIS 的动态、实时和三维可视化，出现存储真三维坐标数据的 3D GIS 和真四维时空 GIS，这其中涉及了空间数据的海量存储、时空数据处理与分析以及快速广域三维计算与显示等多项理论与技术。

（2）三库一体化的数据结构方向

空间数据库向着真正面向对象的数据模型和图形矢量库、影像栅格库和 DEM 格网库三库一体化数据结构的方向发展。这种三库一体化的数据结构改变了以图层为处理基础的组织方式，实现了直接面向空间实体的数据组织，使多源空间数据的录入与融合成为了可能，从而为

GIS 与遥感技术的集成创造了条件。

（3）基于空间数据仓库（Spatial Data Warehouse）的海量空间数据管理的研究

空间数据量非常大，而且数据大都分散在政府、私人机构、公司的各个部门，数据的管理与使用就变得非常复杂，但这些空间数据又具有极大的科学价值和经济价值，因此大多数发达国家都比较重视空间数据仓库的建立工作，许多研究机构和政府部门都参与到空间数据仓库建立的研究工作。

（4）利用数据挖掘技术进行知识发现

空间数据挖掘是从空间数据库中抽取隐含的知识、空间关系以及其他非显式的包含在空间数据库中但以别的模式存在的信息供用户使用，这是 GIS 应用的较高层次。由于目前空间数据的组织与管理仍局限于二维、静态、单时相，且仍以图层为处理基础，因此，当前的 GIS 软件和空间数据库还不能有效地支持数据挖掘。

2．技术集成方面

（1）“3S”集成

“3S”是 GPS、RS 和 GIS 的简称，“3S”集成是指将遥感、空间定位系统和地理信息系统这三种对地观测技术有机地集成在一起。地理信息是一种信息流，RS、GPS 和 GIS 中任何一个系统都只侧重于信息流特征中的一个方面，而不能满足准确、全面地描述地理信息流的要求。因此，无论从物质运动形式、地学信息的本质特征还是“3S”各自的技术特征来说，“3S”集成都是科技发展的必然结果。

目前，“3S”集成还仅限于两两结合的方式，这是“3S”集成的初级和基础起步阶段，其核心是 GIS 与 RS 的结合。这种两两结合虽然优于单一系统，但是仍然存在缺陷。将“3S”进行集成从而形成一体化的信息技术体系是非常迫切的。这种集成包括空基“3S”集成和地基“3S”集成，即在硬件方面建立具有同步获取频谱数据和空间数据的高重复观测能力的平台，而在软件方面使 GIS 支持数据封装，同时解决图形和图像数据的统一处理问题。

（2）GIS 与虚拟现实技术的结合

虚拟现实（Virtual Reality）是一种最有效地模拟人在自然环境中视、听、动等行为的高级人机交互技术，是当代信息技术高速发展和集成的产物。从本质上说，虚拟现实就是一种先进的计算机用户接口，通过计算机建立一种仿真数字环境，将数据转换成图形、声音和接触感受，利用多种传感设备使用户“投入”到该环境中，用户可以如同在真实世界那样“处理”计算机系统所产生的虚拟物体。虚拟和重建逼真的、可操作的地理三维实体，GIS 用户在客观世界的虚拟环境中能更有效的管理、分析空间实体数据。因此，开发虚拟 GIS 已成为 GIS 发展的一大趋势。

（3）分布式技术、万维网与 GIS 的结合

目前，随着 Internet 技术的迅猛发展，其应用已经深入到各行各业，作为与我们日常生活息息相关的 GIS 也不例外，它们的结合产生了 Web GIS。当前 Web GIS 系统已经得到迅速的发展，到 1999 年 1 月，仅在美国出现的这类系统就有 23 种之多。又由于客户端可能会采用新的应用协议，因此也被认为是 Internet GIS。

计算机网络技术的飞速发展，分布式计算的优势日益凸显，GIS 与分布式技术结合也就成为必然，它们的结合即构成了分布式 GIS。它就是指利用最先进的分布式计算技术来处理分布在网络上的异构多源的地理信息，集成网络上不同平台上的空间服务，构建一个物理上分布，逻辑上统一的 GIS。它与传统 GIS 最大的区别在于它不是按照系统的应用类别、运行环境划分的，而是按照系统中的数据分布特征和针对其中数据处理的计算特征而分类的。

（4）移动通信技术与 GIS 的结合发展

WAP/WML 技术作为无线互联网领域的一个热点，已经显示了其巨大的应用前景和市场价

值。WAP/WML 技术与 GIS 技术的结合产生了移动 GIS（Mobile GIS）应用和无线定位服务 LBS（Location Based Services）。通过 WAR/WML 技术，移动用户几乎可以在任何地方、时间获得网络提供的各种服务。无线定位服务将提供一个机会使 GIS 突破其传统行业的角色而进入到主流的 IT 技术领域里。大多数的分析家都认为，到 2010 年，无线网络将成为全球数据传送的主要途径。GIS 的未来将会由其机动性决定。

当前用于地理信息交互的语言还不足以完成真正的“设备无关接口”的互操作。各种移动设备对于从地理信息服务器所获得的信息，其表现方式是各不相同的，用户输入方式也不相同。因此，对于不同的移动设备需要一种统一的标记语言。

（5）GIS 与决策支持系统（DSS）的集成

决策支持系统（Decision Support System，简称 DSS）是以管理学、运筹学、控制论、行为科学和人下智能为基础，运用信息仿真和计算手段为基础，综合利用现有的各种数据库、信息和模型来辅助决策者或决策分析人员解决结构化和半结构化问题，甚至非结构化问题的人机交互系统。

目前，绝大多数的 GIS 还仅限于图形的分析处理，缺乏对复杂空间问题的决策支持，而目前绝大多数的 DSS 则无法向决策者提供一个友好的可视化的决策环境。因此，将 GIS 与 DSS 相集成，最终形成空间决策支持系统（SDSS），借助 GIS 强大的空间数据处理分析功能，并在 DSS 中嵌入空间分析模块，从而辅助决策者求解复杂的空间问题，这是 GIS 应用向较高层次的发展。其中 SDSS 中知识的表达、获取和知识推理以及模型库、知识库、数据库三库接口的设计是亟待解决的关键问题。

5.3 GIS 的工作原理

GIS 把地理事物的空间数据和属性数据，以数字的方式存储在计算机中，再利用计算机图形技术、数据库技术，以及各种数学方法来管理、查询、分析和应用，输出各种地图和地理数据。

5.3.1 空间模型间模式

GIS 将现实世界抽象为相互联结的具有不同特征的图层（Layer）组合，这一简单实用的概念提供了解决各种复杂难题（如车辆追踪、大气循环模式）的捷径。在 GIS 中，地理数据以图层为单位进行组织和存储，一个图层表示一种类型的地理实体。图层来自于含有图形对象的数据库表，每个含有图形对象的数据库表都可以显示为一个图层。例如，有 3 个图层，一个图层包含世界各国边界，一个图层包含世界各个主要城市，另一个图层由标注文本组成，这样把 3 个图层叠加在一起就形成了一幅完整的世界主要城市地图。

5.3.2 地理参考系

地理空间数据包括绝对位置信息，如经纬度坐标，以及相对位置信息，包括地址、编码、统计调查等。地理空间数据是用于描述位置和空间要素属性的数据。GIS 可以将这些地球表面的空间要素作为地图要素展现在平面上，但地图图层必须基于相同的坐标系统。

与 GIS 有关的坐标系统主要有地理坐标和投影坐标，前者属于球面坐标系统，后者属于平面坐标系统。GIS 的地理坐标系统可有效帮助用户在地球表面任意空间定位。地球是个球体，如何将地表曲面转换成平面，从一种坐标系统转换到另一种坐标系统，就是地球投影问题。地球投影的类型很多，每一种投影都与一个坐标系统相联系。坐标系统是一套说明某一物体地理坐标的参数，其中参数之一就是“投影”。投影关系说明如何将图形物体显示于平面上，而坐标系统则显示出地形地物所在的相对位置。

5.3.3 矢量和栅格数据结构

要将实际地理世界的实体、现象在 GIS 概念世界表达，需要建立一定的数据模型来描述地理实体及实体关系。在 GIS 领域，目前普遍采用了两种数据模型：基于目标的和基于场的。与基于目标的观点对应的数据结构通常为矢量结构，与基于场的观点对应的数据结构为包括规则格网的栅格结构和不规则格网结构，两者的优缺点比较如表 5-2 所示。GIS 数据包括矢量和栅格两种基本模式。矢量数据以点、线、面方式编码并以（*X*，*Y*）坐标串存储管理，是表现离散空间特征的最佳方式；栅格数据（扫描图像或照片）是通过一系列网格单元表达连续地理特征。GIS 中矢量、栅格数据结合使用，取长补短。

表 5-2 矢量与栅格数据优缺点比较

类型	优点	缺点
矢量	便于面向现象（土壤类、土地利用单元等）； 结构紧凑，冗余度低，便于描述线或边界； 利用网络、检索分析，提供有效的拓扑编码，对需要拓扑信息的操作更有效； 图形显示质量好，精度高； 位置明显，属性隐含	数据结构复杂，各自定义，不便于数据标准化和规范化，数据交换困难； 多边形叠置分析困难，没有栅格有效，表达空间变化性能力差； 不能像数据图像那样做增强处理； 软硬件技术要求高，显示与绘图成本较高
栅格	结构简单，易于数据交换； 叠置分析和地理（能有效表达空间可变性），现象模拟较易； 利于与遥感数据的匹配应用和分析，便于图像处理； 输出快速，成本低廉； 属性明显，位置隐含	现象识别效果不如矢量方法，难以表达拓扑； 图形数据量大，数据结构不严密不紧凑，需要压缩技术解决该问题； 投影转换困难； 图形质量较低，图形输出不美观，线条有锯齿，需用增加栅格数量来克服，但会增加数据文件

5.4 GIS 的应用

GIS 的博才取胜的优势，使它成为国家宏观决策和区域多目标开发的重要技术工具，也成为与空间信息有关各行各业的基本工具，以下简要介绍 GIS 的一些主要应用场合。

1．测绘与地图制图

GIS 技术源于机助制图，GIS 技术与遥感（Remote Sensing，RS）、GPS 技术在测绘界的广泛应用，为测绘与地图制图带来了一场革命性的变化，集中体现在：地图数据获取与成图的技术流程发生根本的改变；地图的成图周期大大缩短；地图成图精度大幅度提高；地图的品种大大丰富。数字地图、网络地图、电子地图等一批崭新的地图形式为广大用户带来了巨大的应用便利。测绘与地图制图进入了一个崭新的时代。

2．资源管理

资源管理是 GIS 最基本的职能，这时系统的主要任务是将各种来源的数据汇集在一起，并通过系统的统计和覆盖分析功能，按多种边界和属性条件，提供区域多种条件组合形式的资源统计和进行原始数据的快速再现。以土地利用类型为例，可以输出不同土地利用类型的分布和面积，按不同高程带划分的土地利用类型、不同坡度区内的土地利用现状，以及不同时期的土地利用变化等，为资源的合理利用、开发和科学管理提供依据。再如，美国资源部和威斯康星州合作建立了以治理土壤侵蚀为主要目的的多用途专用的土地 GIS，该系统通过收集耕地面积、湿地分布面积、季节性洪水覆盖面积、土壤类型、专题图件信息、卫星遥感数据等信息，建立了潜在威斯康星地区的土壤侵蚀模型，据此，探讨了土壤恶化的机理，提出了合理的改良土壤方案，达到保护土壤资源的目的。

3．城乡规划

城市与区域规划中要处理许多不同性质和不同特点的问题，它涉及资源、环境、人口、交通、经济、教育、文化和金融等多个地理变量和大量数据。GIS 的数据库管理有利于将这些数据信息归并到统一系统中，最后进行城市与区域多目标的开发和规划，包括城镇总体规划、城市建设用地适宜性评价、环境质量评价、道路交通规划、公共设施配置，以及城市环境的动态监测等。这些规划功能的实现，是以 GIS 的空间搜索方法、多种信息的叠加处理和一系列分析软件（回归分析、投入产出计算、模糊加权评价、0-1 规划模型、系统动力学模型等）加以保证的。我国大城市数量居于世界前列，根据加快中心城市的规划建设、加强城市建设决策科学化的要求，利用 GIS 作为城市规划、管理和分析的工具，具有十分重要的意义。例如，北京某测绘部门以北京市大比例尺地形图为基础图形数据，在此基础上综合叠加地下及地面的八大类管线（包括上水、污水、电力、通信、燃气、工程管线），以及测量控制网、规划路等基础测绘信息，形成一个测绘数据的城市地下管线信息系统，从而实现了对地下管线信息的全面的现代化管理，为城市规划设计与管理部门、市政工程设计与管理部门、城市交通部门与道路建设部门等提供地下管线及其他测绘部门的查询服务。

4．灾害监测

利用 GIS，借助遥感遥测的数据，可以有效地用于森林火灾的预测预报、洪水灾情监测和洪水淹没损失的估算，为救灾抢险和防洪决策提供及时准确的信息。1994 年的美国洛杉矶大地震，就是利用 ARC/INFO 进行灾后应急响应决策支持，成为大都市利用 GIS 技术建立防震减灾系统的成功范例。通过对横滨大地震的震后影响做出评估，建立各类数字地图库，如地质、断层、倒塌建筑等图库，把各类图层进行叠加分析得出对应急有价值的信息，使有关机构可以对象神户一样的大都市大地震作出快速响应，最大程度地减少伤亡和损失。再如，据我国大兴安岭地区的研究表明，通过普查分析森林火灾实况，统计分析十几万个气象数据，从中筛选出气温、风速、降水、温度等气象要素，春秋两季植被生长情况和积雪覆盖程度等 14 个因子，用模糊数学方法建立数学模型，建立微机信息系统的多因子的综合指标森林火险预报方法，对预报火险等级的准确率可达 73%以上。

5．环境保护

利用 GIS 技术建立城市环境监测、分析及预报信息系统；为实现环境监测与管理的科学化自动化提供最基本的条件；在区域环境质量现状评价过程中，利用 GIS 技术的辅助，实现对整个区域的环境质量进行客观、全面的评价，以反映出区域中受污染的程度以及空间分布状态；在野生动植物保护中，世界野生动物基金会采用 GIS 空间分析功能，帮助世界最大的猫科动物改变它目前濒于灭种的境地。上述各方面都取得了很好的应用效果。

6．国防

现代战争的一个基本特点就是“3S”技术（遥感技术、GIS、GPS）被广泛地运用到从战略构思到战术安排的各个环节，它往往在一定程度上决定了战争的成败。例如，海湾战争期间，美国国防制图局为战争的需要在工作站上建立了GIS与遥感的集成系统，它能用自动影像匹配和自动目标识别技术，处理卫星和高空侦察机实时获得的战场数字影像，及时地将反映战场现状的正射影影像叠加到数字地图上，数据直接传送到海湾前线指挥部和五角大楼，为军事决策提供24小时的实时服务。

7．宏观决策支持

GIS利用拥有的数据库，通过一系列决策模型的构建和比较分析，为国家宏观决策提供依据。例如，系统支持下的土地承载力的研究，可以解决土地资源与人口容量的规划；我国在三峡地区研究中，通过利用GIS和机助制图的方法，建立环境监测系统，为三峡宏观决策提供了建库前后环境变化的数量、速度和演变趋势等可靠的数据。

总之，GIS越来越成为国民经济各有关领域必不可少的应用工具，相信它的不断成熟与完善将为社会的进步与发展做出更大的贡献。

5.5 地理信息系统的开发

随着地理信息系统应用领域的扩展，应用型GIS的开发工作日显重要。如何针对不同的应用目标，高效地开发出既合乎需要又具有方便美观丰富的界面形式的地理信息系统，是GIS开发者非常关心的问题。

1．应用型地理信息系统的设计

应用型地理信息系统设计的主要内容包括以下4个方面。

（1）系统总体设计

系统总体设计包括系统目标和任务、模块子系统设计、计算机系统选择、软件设计、代码设计及界面设计等。

（2）数据库详细设计

数据库详细设计包括概念设计、逻辑设计、物理设计和数据模型选择等。

（3）系统功能设计

系统功能设计包括总体模块功能设计、属性数据库管理系统结构与功能设计、图形数据库管理系统结构与功能设计。

（4）应用模型和方法设计

应用模型和方法设计包括常用应用模型设计、方法设计。

应用型地理信息系统的建立过程是一项耗费大量人力、物力、财力和时间的系统工程。为了系统开发达到预期目标，就必须针对组织、机构管理和计算机信息系统的特点，根据软件工程思想，采用科学的开发步骤和技术，对系统建立的全过程进行控制与协调。

2．地理信息系统的开发方法

地理信息系统开发方法主要分为独立开发、单纯二次开发和集成二次开发三种。

（1）独立开发

独立开发指不依赖于任何 GIS 工具软件，从空间数据的采集、编辑到数据的处理分析及结果输出，所有的算法都由开发者独立设计，然后选用某种程序设计语言，如 Visual C++、Delphi 等，在一定的操作系统平台上编程实现。这种方式的好处在于无须依赖任何商业 GIS 工具软件，减少了开发成本，但另一方面对于大多数开发者来说，能力、时间、财力方面的限制使其开发出来的产品很难在功能上与商业化 GIS 工具软件相比，而且在购买 GIS 工具软件上省下的钱可能还抵不上开发者在开发过程中绞尽脑汁所花的代价。

（2）单纯二次开发

单纯二次开发指完全借助于 GIS 工具软件提供的开发语言进行应用系统开发。GIS 工具软件大多提供了可供用户进行二次开发的宏语言，如 ESRI 的 ArcView 提供了 Avenue 语言，MapInfo 公司研制的 MapInfo Professional 提供了 MapBasic 语言等等。用户可以利用这些宏语言，以原 GIS 工具软件为开发平台，开发出自己的针对不同应用对象的应用程序。这种方式省时省心，但进行二次开发的宏语言，作为编程语言只能算是二流，功能极弱，用它们来开发应用程序欠缺灵活性。

（3）集成二次开发

集成二次开发是指利用专业的 GIS 工具软件，如 ArcView、MapInfo 等，实现 GIS 的基本功能，以通用软件开发工具尤其是可视化开发工具，如 Delphi、Visual C++、Visual Basic、Power Builder 等为开发平台，进行二者的集成开发。集成二次开发目前主要有两种方式：

1）OLE/DDE

采用 OLE Automation 技术或利用 DDE 技术，用软件开发工具开发前台可执行应用程序，以 OLE 自动化方式或 DDE 方式启动 GIS 工具软件在后台执行，利用回调技术动态获取其返回信息，实现应用程序中的地理信息处理功能。

2）GIS 控件

利用 GIS 工具软件生产厂家提供的建立在 OCX 技术基础上的 GIS 功能控件，如 ESRI 的 MapObjects、MapInfo 公司的 MapX 等，在 Delphi 等编程工具编制的应用程序中，直接将 GIS 功能嵌入其中，实现地理信息系统的各种功能。

由于独立开发难度太大，单纯二次开发受 GIS 工具提供的编程语言的限制差强人意，因此结合 GIS 工具软件与当今可视化开发语言的集成二次开发方式就成为 GIS 应用开发的主流。它的优点是既可以充分利用 GIS 工具软件对空间数据库的管理、分析功能，又可以利用其他可视化开发语言具有的高效、方便等编程优点，集二者之所长，不仅能大大提高应用系统的开发效率，而且使用可视化软件开发工具开发出来的应用程序具有更好的外观效果，更强大的数据库功能，而且可靠性好、易于移植、便于维护。尤其是使用 OCX 技术利用 GIS 功能组件进行集成开发，更能表现出这些优势。由于上述优点，集成二次开发正成为应用 GIS 开发的主流方向。

3．常用的地理信息系统开发工具

自 MapInfo 与 Arc/Info 率先进入中国地理信息系统市场以来，国内外地理信息系统软件在我国快速发展起来。下面我将对 MapInfo，Arc/Info，Maptitude 三种 GIS 软件中本人较熟悉的部分作简要的分析。

（1）MapInfo 软件

美国 MapInfo 公司自 1986 年成立以来，一直致力于提供先进的数据可视化、信息地图化技术，该公司的代表软件是桌面地图信息系统软件 MapInfo。在 MapInfo 的系列产品中，用得最多的是 MapInfo Professional 和 MapBasic。

MapInfo Professional 是基于普通 PC 微机的桌面地图信息软件，其主要特点是：

1）快速数据查询，高速屏幕刷新，使得用户界面具有良好的图形显示效果；

2）集成能力强，能够根据数据的地理属性分析信息的应用开发工具，是功能强大的地图数据组织和显示软件包；

3）数据可视化和数据分析能力较强，可以直接访问多种数据库的数据，如 Oracle，Microsoft Access，Informix，SQL Server，Dbase 等；

4）专题地图制作方便，数据地图化方便；

5）同时支持 16/32 位的应用开发，适用于多种计算机操作系统，如，Windows 系列，OS/2 等；

6）完整的 Client/Server 体系结构；

7）完善的图形无缝连接技术；

8）支持 OLE 2.0 标准，使得其他开发语言如：Visual Basic，Visual C++，PB，Delphi 等能运用 Integrated Mapping 技术将 MapInfo 作为 OLE 对象进行开发。

MapBasic 是基于 MapInfo 平台的用户开发语言，包括 300 多条语句和功能。通过 MapBasic 的二次开发，能够扩展 MapInfo 的功能，实现程序的自动操作，而且可以方便地将 MapInfo 与其他软件进行集成，其主要特点是：

1）由于 MapBasic 是一种类 Basic 程序语言，所以使用简单；

2）便于 MapInfo 界面的改造，功能的扩展与应用的可视化；

3）支持 OLE Automation 和 DDE（动态数据交换）技术，易于与其他应用软件相连接；

4）包含嵌入的 SQL 语句，数据查询、检索更加方便。

MapInfo 和 Mapbasic 提供了放大、缩小、漫游、选择、空间实体组合/分割等基本的图形操作功能；同时 MapBasic 可以直接读取点、线、面等空间实体和属性数据库，并提供条件分析、统计分析、缓冲区分析等分析功能。

MapInfo 的数据保存在数据库中，主要是两种数据库：内置数据库和通过 ODBC 连接的外部数据库。它的数据库通过 Table 的形式进行数据的组织和管理，每一个 Table 可存放若干空间实体及对于每一个空间实体的若干属性说明。当然也可只存放属性数据。Table 严格按照关系模式规范化的要求设计，空间实体在 Table 表中的存储不允许重复，以保证空间实体记录的唯一性。有 Table 表结构，可建立空间实体与属性数据之间的连接关系，从而利用标准 SQL 来进行查询和检索。

（2）Arc/Info 软件

Arc/Info 是目前功能最为完善、性能最为稳定的专业地理信息系统软件平台之一，也是最庞大的 GIS 软件。Arc/Info 一般用于部门级和企业级的大型地理信息系统的开发，而对于桌面级的 GIS 则主要用 ArcView 来进行开发。这两种软件相互兼容，可以相互调用数据。下面将简要列出本人所了解的 Arc/Info 的主要功能：

1）支持多种系统平台，如 Windows NT，UNIX，SUN Solaris，SGI IRIX，IBM AIX 等，可方便地调用各种系统平台上的数据和应用；

2）将最广泛的数据源集成到统一的环境下，如矢量（x，y 坐标）地图数据、栅格图像数据、CAD 数据、声像数据以及大量的 DBMS 表格数据；

3）地理数据和相关数据的自动化采集、管理、显示功能；

4）强大的地理空间分析功能，Arc/Info 提供了各种分析工具，如：拓扑地理叠置分析、buffer 分析、空间与逻辑查询、临近性分析等；

5）建立了多种数据模型，如水文建模、网络建模、栅格建模等；

6）专业性和功能性非常强的 TIN 模块，可生成、显示、分析地表模型，同时进行地图晕暄、模拟飞行动画、通视分析、剖面提取及工程土方量计算等；

7）提供了栅格分析功能，可进行栅格矢量一体化查询与叠加显示；

8）开发了数据库管理模块，可管理大量的数据，并能进行工作数据的维护和动态更新；

9）高效的图形显示功能，Arc/Info 开发了一个图形加速模块，可提高图形显示的速度。

Arc/Info 提供了 AML（Arc Macro Language）语言开发环境，利用该开发环境可非常方便地编制用户的菜单和功能。AML 是一种解释性的开发语言，与 Maptitude 的 Caliper Script 类似，具有以下特点：

1）语法结构简单，容易掌握，易于开发；

2）可采用模块化的开发方法进行系统应用软件的开发；

3）支持多种风格的菜单、对话框、工具条的设计与开发；

4）提供多线程的调度和输入管理。

同时 Arc/Info 为了克服 AML 语言难于处理复杂的线程控制以及开发效率较低，对外部应用的可控制性差等缺陷，又提供了 ODE（Open Development Environment）功能。由于 ODE 是通过编译来执行的，因此可弥补 AML 语言的不足。

ArcView 与 MapInfo 比较类似，主要体现在以下方面：

1）均属于桌面地理信息系统范畴，开发方便、简洁；

2）可支持多种空间数据格式，并且两者空间数据可以互换；

3）空间数据不具有拓扑结构，需建立索引文件来完成各种空间查询和分析；

4）其他的一些基本的 GIS 功能两种软件都具有，这里就不再详述。

当然作为两种由不同厂家开发的软件也具有各自的特点，如在数据管理模式上，ArcView 利用 Shape 格式来保存无拓扑关系的矢量数据，而用 Table 来管理属性数据；MapInfo 则利用 Table 来管理所有的数据；两者开发工具不尽相同，ArcView 的 Avenue 是一种面向对象的程序设计语言，引入了类的概念，虽功能强大，但开发较难，而 MapInfo 的 MapBasic 是一种类 Basic 程序设计语言，容易掌握，且功能较完善，但是两种开发工具均可进行编译。由于 ArcView 的许多功能来源于 Arc/Info，因此在这里就不再多述。

（3）Maptitude 软件

Maptitude 的系列软件中用于各种专题地理信息系统开发的主要工具是 Maptitude 软件平台和 GISDK 开发工具。Maptitude 目前已升级到了 4.1 版本，但由于种种原因，我只试用过 3.0 版本。该软件的主要功能有：

1）数据接收功能强，支持多种 GIS 数据源，如 MapInfo，Arc/Info，MGE，CAD 等；

2）数据查询快速，方便，能较好地进行数据的动态更新；

3）支持 ODBC 技术，可与多种数据库进行通讯，如：Oracle，Informix，MS Access，SQL Server 等；

4）可方便制作各种专题地图，并通过各种方式输出；

5）支持 Windows 系统，但是 3.0 版本不支持 Windows NT4.0，对于 UNIX，OS 等操作系统是否支持，目前没有试验；

6）具有数据无缝连接功能；

7）支持多媒体，除了支持 BMP 图片以及制作可翻转的幻灯片外，还支持播放音乐和电影的多媒体功能；

8）具有快捷而强大的空间分析如 buffer 分析，最短路径分析等功能；

9）可利用工具自动建立拓扑关系；

10）支持 OLE 和 DDE 技术，可在通用的开发语言中将 Maptitude 作为 OLE 来调用，如：Visual Basic，Visual C++，Delphi 等；

11）数据压缩是 Caliper 公司引以为荣的专利技术，在 Maptitude 中地图数据以压缩形式存储，却可在不解压的环境下操作，所占空间小，速度大大提高。

Maptitude 提供的开发工具是 GISDK。GISDK 是一种解释性的开发语言，可利用任何文本编辑器来书写代码，Maptitude 本身不提供编辑窗口。GISDK 由两部分组成：Caliper Script 程序开发语言和用于应用程序编译和测试的交互开发工具。Caliper Script 程序语言是开发基于 Maptitude 应用程序的关键。该语言功能强大却使用简单，即使具有很少程序经验的人都能很快掌握。由于它是一组由命令组成的程序流，隐含变量说明，灵活的数组处理，结构化的函数调用等而使得类似 BASIC 语言的 GISDK 别有特色。Caliper Script 可以建立和管理诸如表、地图、地图要素、窗口、选择集以及工具、对话框、工具条等用户界面。此外，Caliper Script 还包含多达 600 个函数的函数库。高级函数调用充分调用 Maptitude 的功能，函数库包括 DDE 信息处理的特色函数库，实时应用开发，ODBC 目标管理等丰富内容。

Maptitude 的地理数据保存在自带的数据库（DBF 或 DAN）或外部数据库中，外部数据库通过 ODBC 调用。其空间数据由点、线、面组成，采用传统的 GIS 拓扑结构建立方法，数据以拓扑方式进行存储。由于其数据本身就具有拓扑关系，因此有利于进行各种空间分析，如多边形叠加分析，最短路径分析，buffer 分析等。

导读 5-2　GPS 技术在交通管理中的应用

北京市目前已成为全国拥有汽车数量最多的城市，汽车已成为犯罪分子侵害的重点目标。据调查显示，北京市被盗车辆中装有防盗装置的占 68.8%，但近 10 年来汽车盗窃案却上升了 8 倍，可见当前的汽车防盗窃手段在犯罪分子面前不堪一击，解决汽车反劫防盗问题迫在眉睫。

最新的汽车反劫防盗系统是在汽车上装配一台能发出信号的 GPS 终端设备，一旦汽车被盗或出现异常，指挥中心可立即通过 GPS，接收终端设备信号，确定汽车实时地理位置和多方面的信息，配合各方面力量及网络优势追回汽车，同时能熄灭发动机，使汽车不能行驶。

思考题：

（1）分析 GPS 技术在交通管理中所起到的作用。

（2）GPS 技术如何实现对车辆的定位？

5.6 GPS 技术概述

5.6.1 GPS 概述

1. GPS 的定义

全球定位系统（Global Positioning System，GPS）是利用空间卫星星座（通信卫星）、地面控制部分及信号接收机对地球上任何地方的用户都能进行全方位导航和定位的系统，也称为全球卫星定位系统。

GPS最早由美国军方开发使用，用于定时、定位及导航。从1978年第一颗GPS卫星升空，历时十多年，耗资200亿美元，于1994年全面建成，是具有在海、陆、空进行全方位实时三维导航与定位能力的新一代卫星导航与定位系统。经近10年我国测绘等部门的使用表明，GPS以全天候、高精度、自动化、高效益等显著特点，赢得广大测绘工作者的信赖，并成功地应用于大地测量、工程测量、航空摄影测量、运载工具导航和管制、地壳运动监测、工程变形监测、资源勘察、地球动力学等多种学科，从而给测绘领域带来一场深刻的技术革命。

目前，全球有两个公开的GPS系统可以利用，NAVSTAR系统由美国研制，归美国国防部管理和操作，而GLONASS系统则为俄罗斯所拥有。NAVSTAR提供了P码（精码）和C/A码（粗码）两种定位服务，P码为军方服务，定位精度可达到3m，C/A码对社会开放，定位精度可达到14m。图5-12所示为美国新一代导航卫星。

图5-12 美国新一代导航卫星GPS-2R M1

2．GPS的主要功能

GPS的功能可以从以下几个方面体现。

1）陆地应用。主要包括车辆导航、应急反应、大气物理观测、地球物理资源勘探、工程测量、变形监测、地壳运动监测，以及市政规划控制等。

2）海洋应用。包括远洋船最佳航程航线测定、船只实时调度与导航、海洋救援、海洋探宝、水文地质测量、海洋平台定位以及海平面升降监测等。

3）航空航天应用。包括飞机导航、航空遥感姿态控制、低轨卫星定轨、导弹制导、航空救援和载人航天器防护探测等。

3．GPS的主要特点

GPS具有高精度、全天候、高效率、多功能、操作简便、应用广泛等特点。

（1）定位精度高

应用实践已经证明，GPS相对定位精度在50km以内可达百万分之一，100～500km可达千万分之一，1000km可达十亿万分之一。在300～1500m工程精密定位中，1小时以上观测的解其平面位置误差小于1mm，与ME-5000电磁波测距仪测定的边长比较，其边长较差最大为0.5mm，校差中误差为0.3mm。

（2）定位时间短

随着GPS的不断完善，软件的不断更新，目前，20km以内相对静态定位仅需15～20分钟；快速静态相对定位测量时，当每个流动站与基准站相距在15km以内时，流动站观测时间只需1～2分钟，然后可随时定位，每站观测只需几秒钟。

（3）操作简便

随着GPS接收机的不断改进，自动化程度越来越高，有的已达“傻瓜化”的程度；接收机的体积越来越小，重量越来越轻，极大地减轻测量工作者的工作紧张程度和劳动强度，使野外工作变得轻松愉快。

（4）测站间无须通视

GPS测量不要求测站之间互相通视，只需测站上空开阔即可，因此可节省大量的造标费用。由于无须点间通视，点位位置可根据需要，可稀可密，使选点工作甚为灵活，也可省去经典大地网中的传算点、过渡点的测量工作。

（5）可提供三维坐标

经典大地测量将平面与高程采用不同方法分别施测，GPS 可同时精确测定测站点的三维坐标。目前 GPS 水准可满足四等水准测量的精度。

（6）全天候作业

目前 GPS 观测可在一天 24 小时内的任何时间进行，不受阴天黑夜、起雾刮风、下雨下雪等气候的影响。

（7）功能多、应用广

GPS 系统不仅可用于测量、导航，还可用于测速、测时。测速的精度可达 0.1m/s，测时的精度可达几十毫微秒。其应用领域不断扩大。当初，设计 GPS 的主要目的是用于导航、收集情报等军事目的，但是，后来的应用开发表明，GPS 不仅能够达到上述目的，而且用 GPS 卫星发来的导航定位信号能够进行厘米级甚至毫米级精度的静态相对定位，米级至亚米级精度的动态定位，亚米级至厘米级精度的速度测量和毫微秒级精度的时间测量。因此，GPS 展现了极其广阔的应用前景。

5.6.2 GPS 的构成

GPS 是美国第二代卫星导航系统，是在子午仪卫星导航系统的基础上发展起来的，它采纳了子午仪系统的成功经验，和子午仪系统一样，GPS 由空间部分（GPS 卫星星座）、地面控制部分（地面监控系统）、用户设备部分（GPS 信号接收机）三大部分组成。

1. 空间部分

GPS 的空间部分是由 24 颗 GPS 工作卫星共同组成的，这些 GPS 卫星共同组成了 GPS 卫星星座，其中 21 颗为可用于导航的卫星，3 颗为活动的备用卫星（见图 5-14）。这 24 颗卫星均匀分布在 6 个轨道平面上绕地球运行，各轨道平面相对于赤道平面的倾角为 55°，轨道平面间距 60°。在每一个轨道平面内，各卫星升交角距差 90°，任一轨道上的卫星比西边相邻轨道上的相应卫星超前 30°。事实上，空间部分的卫星数量要超过 24 颗，以便及时更换老化或损坏的卫星，保障系统正常工作。该卫星系统能够保证在地球的任一地点向使用者提供 4 颗以上可视卫星。

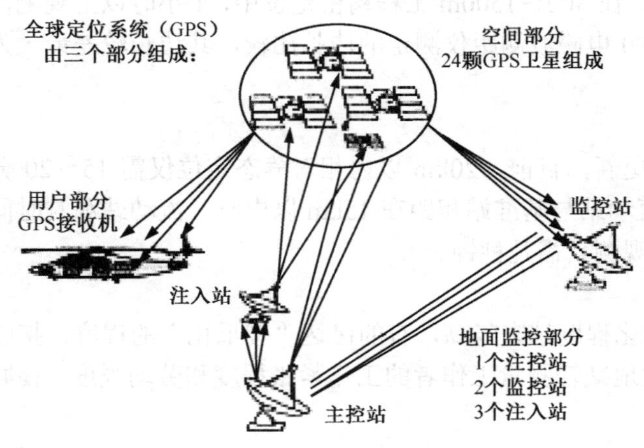

图 5-13　GPS 系统构成

图 5-14　GPS 卫星星座

空间部分的每颗卫星每 12 小时（恒星时）沿近圆形轨道绕地球一周，由星载高精度原子钟（基频 F=10.23MHz）控制无线电发射机"低噪声窗口"（无线电窗口中，2～8 区间的频区天线噪声最低的一段是空间遥测机射电干涉测量优先选用频段）附近发射 L1、L2 两种载波，向全球的用户接收系统连续地播发 GPS 导航信号。GPS 工作卫星组网保障全球任一时刻、任一地点都可对 4 颗以上的卫星进行观测（最多可达 11 颗），实现连续、实时地导航和定位。

GPS 卫星产生两组电码，一组称为 C/A 码（Coarse/Acquisition Code 11023MHz）；一组称为 P 码（Procise Code 10123MHz），P 码因频率较高，不易受干扰，定位精度高，因此受美国军方管制，并设有密码，一般民间无法解读，主要为美国军方服务。C/A 码人为采取措施而刻意降低精度后，主要开放给民间使用。

2．地面控制部分

GPS 地面控制部分由分布在全球的由若干个跟踪站所组成的监控系统所构成，根据其作用的不同，这些跟踪站又被分为主控站、监控站和注入站。地面控制部分由均匀分布在美国本土和三大洋的美军基地上的 5 个监测站、一个主控站和 3 个注入站构成。该系统的功能是，对空间卫星系统进行监测、控制，并向每颗卫星注入更新的导航电文。

主控站有一个，位于美国科罗拉多（Colorado）的法尔孔（Falcon）空军基地，它的作用是根据各监控站对 GPS 的观测数据，计算出卫星的星历和卫星钟的改正参数等，并将这些数据通过注入站注入到卫星中去；同时，它还对卫星进行控制，向卫星发布指令，当工作卫星出现故障时，调度备用卫星，替代失效的工作卫星工作；另外，主控站也具有监控站的功能。监控站有 5 个，除了主控站外，其他 4 个分别位于夏威夷、阿松森群岛、迭戈加西亚、卡瓦加兰，监控站的作用是接受卫星信号，监测卫星的工作状态；注入站有 3 个，它们分别位于阿松森群岛、迭戈加西亚、卡瓦加兰，注入站的作用是将主控站计算出的卫星星历和卫星钟的改正数等注入到卫星中去。

3．用户设备部分

GPS 的用户部分是由 GPS 接收机、数据处理软件及相应的用户设备（如计算机气象仪器）等组成，但其中心设备是 GPS 接收器，它的作用是接收 GPS 卫星所发出的信号，利用这些信号进行导航定位等工作。

（1）GPS 接收机

GPS 接收机的结构（见图 5-15）分为天线单元和接收单元两部分。接收机一般采用机内和机外两种直流电源。设置机内电源的目的在于更换外电源时不中断连续观测，在用机外电源时机内电池自动充电。关机后，机内电池为 RAM 存储器供电，以防止数据丢失。目前各种类型的接收机体积越来越小，重量越来越轻，便于野外观测使用。

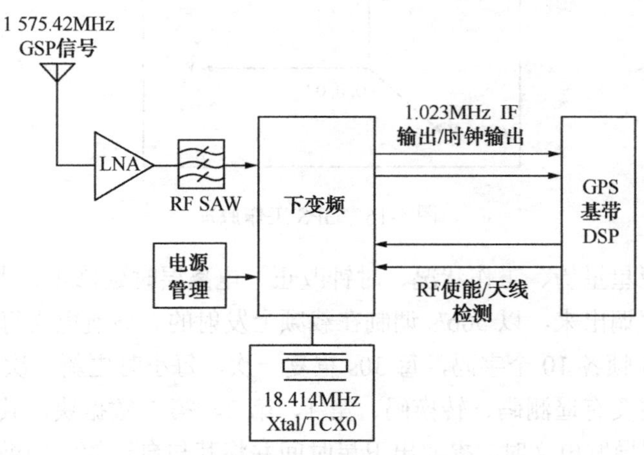

图 5-15　GPS 接收机的结构

当接收机捕获到跟踪的卫星信号后，即可测量出接收天线至卫星的伪距离和距离的变化率，解调出卫星轨道参数等数据。根据这些数据，接收机中的微处理计算机就可按定位解算方法进行定位计算，计算出用户所在地理位置的经纬度、高度、速度、时间等信息。

（2）GPS 数据处理软件

GPS 数据处理软件是 GPS 用户系统的重要部分，其主要功能是对 GPS 接收机获取的卫星测量记录数据进行“粗加工”、“预处理”，并对处理结果进行平差计算、坐标转换及分析综合处理。解得测站的三维坐标，测体的坐标、运动速度、方向及精确时刻。

GPS 的工作原理及应用

5.7.1 GPS 的工作原理

GPS 导航系统的基本原理是测量出已知位置的卫星到用户接收机之间的距离，然后综合多颗卫星的数据就可知道接收机的具体位置。要达到这一目的，卫星的位置可以根据星载时钟所记录的时间在卫星星历中查出，而用户到卫星的距离则通过记录卫星信号传播到用户所经历的时间，再将其乘以光速得到（由于大气层电离层的干扰，这一距离并不是用户与卫星之间的真实距离，而是伪距，当 GPS 卫星正常工作时，会不断地用 1 和 0 二进制码元组成的伪随机码（简称伪码）发射导航电文。GPS 的工作原理如图 5-16 所示。

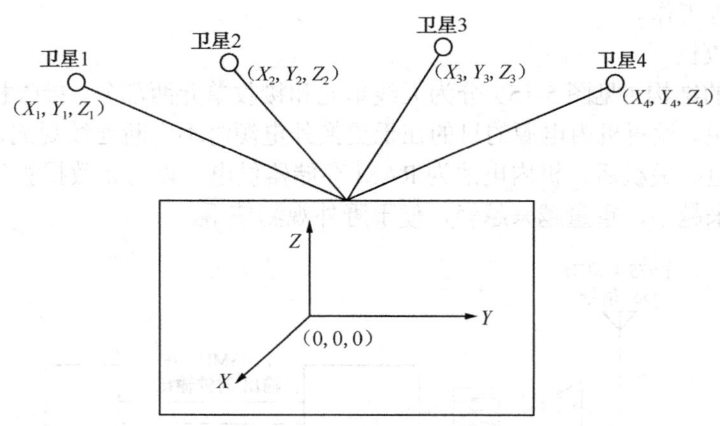

图 5-16　GPS 工作原理

导航电文包括卫星星历、工作状况、时钟改正、电离层时延修正、大气折射修正等信息，它是从卫星信号中解调出来，以 50b/s 调制在载频上发射的。导航电文每个主帧中包含 5 个子帧，每帧长 6s，前 3 帧各 10 个字码，每 30s 重复一次，每小时更新一次；后两帧共 15 000b。导航电文中的内容主要有遥测码、转换码、第 1、第 2、第 3 数据块，其中最重要的则为星历数据。当用户接受到导航电文时，提取出卫星时间并将其与自己的时钟做对比便可得知卫星与用户的距离，再利用导航电文中的卫星星历数据推算出卫星发射电文时所处位置，用户在

WGS-84 大地坐标系中的位置速度等信息便可得知。

GPS 导航系统卫星部分的作用就是不断地发射导航电文。然而，由于用户接收机使用的时钟与卫星星载时钟不可能总是同步，因此除了用户的三维坐标 X、Y、Z 外，还要引进一个Δt即卫星与接收机之间的时间差作为未知数，然后用 4 个方程将这 4 个未知数解出来。所以如果想知道接收机所处的位置，至少要能接收到 4 个卫星的信号。

GPS 接收机可接收到可用于授时的准确至纳秒级的时间信息，用于预报未来几个月内卫星所处概略位置的预报星历，用于计算定位时所需卫星坐标的广播星历，精度为几米至几十米（各个卫星不同，随时变化），以及 GPS 系统信息，如卫星状况等。

通过 GPS 接收机对码的量测就可得到卫星到接收机的距离，由于含有接收机卫星钟的误差及大气传播误差，故称为伪距。对 OA 码测得的伪距称为 UA 码伪距，精度约为 20m 左右，对 P 码测得的伪距称为 P 码伪距，精度约为 2m。

GPS 接收机对收到的卫星信号进行解码或采用其他技术，将调制在载波上的信息去掉后，就可以恢复载波。严格而言，载波相位应被称为载波拍频相位，它是收到的受多普勒频移影响的卫星信号载波相位与接收机本机振荡产生信号相位之差。一般在接收机钟确定的历元时刻量测，保持对卫星信号的跟踪，就可记录下相位的变化值，但开始观测时的接收机和卫星振荡器的相位初值是不知道的，起始历元的相位整数也是不知道的，即整周模糊度，只能在数据处理中作为参数解算。相位观测值的精度高至毫米，但前提是解出整周模糊度，因此只有在相对定位并有一段连续观测值时才能使用相位观测值，而要达到优于米级的定位精度也只能采用相位观测值。

按定位方式，GPS 定位分为单点定位和相对定位（差分定位）。单点定位是根据一台接收机的观测数据来确定接收机位置的方式，它只能采用伪距观测量，可用于车船等的概略导航定位。相对定位（差分定位）是根据两台以上接收机的观测数据来确定观测点之间的相对位置的方法，它既可采用伪距观测量也可采用相位观测量，大地测量或工程测量均应采用相位观测值进行相对定位。

在 GPS 观测量中包含了卫星和接收机的钟差、大气传播延迟、多路径效应等误差，在定位计算时还要受到卫星广播星历误差的影响，在进行相对定位时大部分公共误差被抵消或削弱，因此定位精度将大大提高，双频接收机可以根据两个频率的观测量抵消大气中电离层误差的主要部分，在精度要求高，接收机间距离较远时（大气有明显差别），应选用双频接收机。

5.7.2　GPS 的应用

GPS 技术已发展成多领域（陆地、海洋、航空航天）、多模式（GPS、DGPS、LADGPS、WADGPS 等）、多用途（在途导航、精密定位、精确定时、卫星定轨、灾害监测、资源调查、工程建设、市政规划、海洋开发、交通管制等）、多机型（测地型、定时型、手持型、集成型、车载式、船载式、机载式、星载式、弹载式等）的高新技术国际性产业。GPS 的应用领域，上至航空航天器，下至捕鱼、导游和农业生产，已经无所不在，正如人们所说的“今后 GPS 的应用，将只受人类想象力的制约”。

1．GPS 在道路工程中的应用

GPS 在道路工程中的应用，目前主要是用于建立各种道路工程控制网及测定航测外控点等。随着高等级公路的迅速发展，对勘测技术提出了更高的要求，由于线路长，已知点少，因此，用常规测量手段不仅布网困难，而且难以满足高精度的要求。目前，国内已逐步采用 GPS

技术建立线路首级高精度控制网，然后用常规方法布设导线加密。实践证明，在几十千米范围内的点位误差只有2cm左右，达到了常规方法难以实现的精度，同时也大大提前了工期。GPS技术也同样应用于特大桥梁的控制测量中。由于无须通视，可构成较强的网形，提高点位精度，同时对检测常规测量的支点也非常有效。GPS技术在隧道测量中也具有广泛的应用前景，GPS测量无须通视，减少了常规方法的中间环节，因此，速度快、精度高，具有明显的经济和社会效益。

2．GPS在汽车导航和交通管理中的应用

三维导航是GPS的首要功能，飞机、轮船、地面车辆及步行者都可以利用GPS导航器进行导航。汽车导航系统是在GPS基础上发展起来的一门新型技术，汽车导航系统由GPS导航、自律导航、微处理机、车速传感器、陀螺传感器、CD-ROM驱动器、LCD显示器组成。GPS导航系统与电子地图、无线电通信网络、计算机车辆管理信息系统相结合，可以实现车辆跟踪和交通管理等许多功能。

（1）车辆跟踪

利用GPS和电子地图可以实时显示出车辆的实际位置，并可任意放大、缩小、还原、换图；可以随目标移动，使目标始终保持在屏幕上；还可实现多窗口、多车辆、多屏幕同时跟踪。利用该功能可对重要车辆和货物进行跟踪运输。

（2）提供出行路线规划和导航

提供出行路线规划是汽车导航系统的一项重要的辅助功能，它包括自动线路规划和人工线路设计。自动线路规划是由驾驶者确定起点和目的地，由计算机软件按要求自动设计最佳行驶路线，包括最快的路线、最简单的路线、通过高速公路路段次数最少的路线的计算。人工线路设计是由驾驶员根据自己的目的地设计起点、终点和途经点等，自动建立路线库。线路规划完毕后，显示器能够在电子地图上显示设计路线，并同时显示汽车运行路径和运行方法。

（3）信息查询

为用户提供主要物标、如旅游景点、宾馆、医院等数据库，用户能够在电子地图上显示其位置，同时，监测中心可以利用监测控制台对区域内的任意目标所在位置进行查询，车辆信息以数字形式在控制中心的电子地图上显示出来。

（4）话务指挥

指挥中心可以监测区域内车辆运行状况，对被监控车辆进行合理调度。指挥中心也可随时与被跟踪目标通话，实行管理。

（5）紧急援助

通过GPS定位和监控管理系统可以对遇有险情或发生事故的车辆进行紧急援助。监控台的电子地图显示求助信息和报警目标，规划最优援助方案，并以报警声光提醒值班人员进行应急处理。

3．GPS的其他应用

由于GPS的空间卫星上载有的精确时钟可以发布时间和频率信息，因此，以空间卫星上的精确时钟为基础，在地面监测站的监控下，传送精确时间和频率是GPS的另一重要应用，应用该功能可进行精确时间或频率的控制，可为许多工程实验服务。此外，还可利用GPS获得气象数据，为某些实验和工程所应用。

5.8 GIS 与 GPS 在物流配送中的应用

1．GIS 与物流系统的关系

将 GIS 融入到物流系统中，利用其空间数据管理与分析能力，以及图形化的显示功能可以更方便地管理物流系统中货物的运输、仓储、装卸、送递等各个环节，特别是对如运输路线的选择、配送车辆的调度、仓库和配送中心位置的选择、仓库的容量设置、仓库的布局和合理装卸策略等问题进行有效的管理和决策分析，有助于企业有效地利用现有资源，降低成本消耗，提高效率。实际上，随着电子商务、物流和 GIS 本身的发展，GIS 技术将成为全程物流管理中不可或缺的重要组成部分。

2．GIS 与物流系统的结合

物流使用嵌入的 GIS（或者商业 GIS）作为地理数据输出的平台或者服务系统。其中物流网络设计、销售与营销区域划分、配送资源计划、生产地点选址/设施布置及车辆计划等，应用 GIS 的地理显示或者图表都能够得到比较不错的效果。

通常在使用 GIS 进行物流建模时，需要估计运输时间。在大多数的物流应用中，为了估计运输时间和运输成本，有必要计算出两个位置之间的距离。通常有以下几种做法：一种是计算两个坐标之间的直线距离并将它同一个因子相乘，以此来估计两点之间的迂回路程，这当然是一个非常简单的方法，除了两点的坐标之外，并不需要其他的信息，在这种方法中，DSS（Decision Support System，决策支持系统）根据不同的地区而使用不同的因子；另一种计算运输距离的方法是使用实际的路线网络，从中找到最好的一条路线，接着确定它的距离，这种方法需要有关道路网络的大量精确信息，其中可能包括单向行驶街道、转弯障碍及类似的其他细节材料。

此外，物流网络中的各个节点（如工厂、仓库、零售/服务中心等）的选址也是一个十分重要的决策问题，它决定了整个物流系统的模式、结构和形状。早期的选址模型研究通常把运输成本作为重要的因素。物流网络中设施选址不仅要考虑运输服务水平，还影响着库存战略决策，同时要考虑上游提供服务的供应商以及下游接受服务的客户，因此十分复杂。

其中的供应商/客户位置定位、配送中心的位置、仓库的布局、运输的最佳路径规划都是空间信息的基本应用。因此，可以以 GIS 技术为支持，结合最短路径分析，构建物流网络中设施选址模型。

物流设施选址是一个复杂的决策过程，一个最佳的位置是由许多因素决定的，传统的选址方法几乎都是先建一个模型，然后经过一系列的计算得出设施点的位置，缺乏计算机和决策者的动态交互过程，而这样的功能只有 GIS 能够实现，这就是基于 GIS 建立物流设施选址模型的基础。

物流具有空间尺度和空间特征的性质是 GIS 技术与物流技术集成的基础，GIS 应用于物流，从根本上改变传统物流的管理方式和分析模式，具有广阔的应用前景。物流活动具有资源庞杂、流动空间广、过程复杂的特点，而 GIS 具有强大的空间信息获取、管理、分析、决策及其他的强大功能。将 GIS 应用于与人们生活有密切关系的精确物流，对于解决物资的高效、合理流动，达到物资配给效益最大化问题将具有广阔的应用前景，具有很强的时代特征。

3．GIS 与物流系统的结合

物流配送是将物资商品从供货点通过运输工具配送到需求点的空间位置转移过程。因而在物流配送过程中，运用 GIS 技术可以对供货点、需求点、交通线路等的地理信息进行提取、加工、分析，选择配送对象，合理调整物流配送路线和流量，合理配置仓储设备，科学调配运力，实现企业物流管理的可视化、动态化，提高物流管理的水平和效益。

据估算，在物流配送中，超过 80%的物流数据具有空间特性或者与空间位置有关，如厂家、仓库和客户的地理位置、道路交通状况等；在配送过程中的理货、调度、配送路线优化等都是空间分析的具体应用。网络分析模型通常用于解决寻求最有效分配货物的路径问题，以及物流网点的布局问题。例如，将货物从 N 个仓库运到 M 个商店，每个商店都有固定的需求量，需要确定由哪个仓库提供货物给哪个商店，使得总的运输代价最小。对于包罗万象的空间信息，传统方法局限于枯燥无味的数据处理和表现，缺乏直观性和决策可视化。而 GIS 能够将晦涩抽象的数据表格变为清晰简明的彩色地图，将电子表格和数据库中无法看到的数据之间的模式和发展趋势以图形的形式清晰直观地表现出来，帮助管理者进行配送中心选址、运输调度优化、配送路线优化、分析客户分布及销售情况、确定潜在客户的分布、确定服务范围等分析决策，并能够与库存集成系统、财务集成系统及 ERP 等其他系统实现有机集成，满足物流配送过程中决策多维性的需求。

GPS 与 GIS 一样，是收集处理位置信息的重要工具，如图 5-17 所示，在 GIS 中的应用主要有以下几个方面。

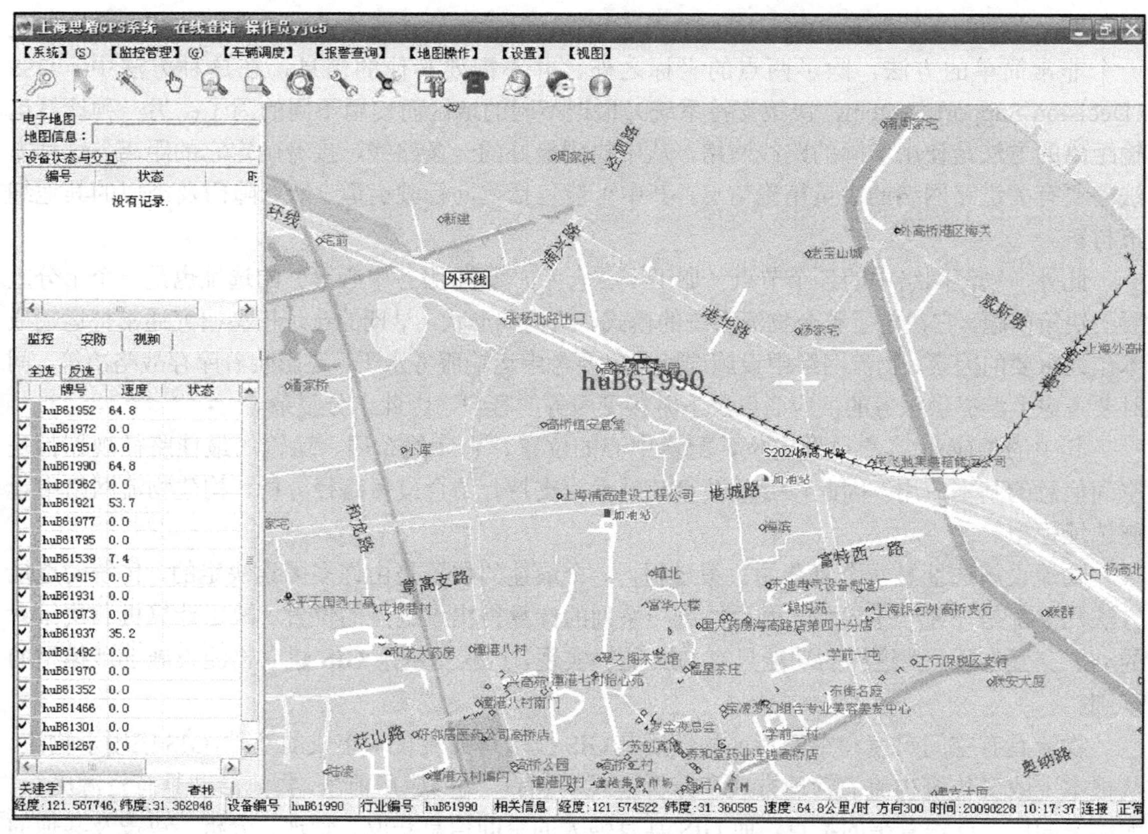

图 5-17　GPS 与 GIS 集成应用系统

1）导航。这是 GPS 的首要功能，也是最基本的功能。利用 GPS 测得汽车位置坐标，并与地图上的路线相匹配，在电子地图上显示汽车的正确位置，以指示出正确的行驶路线。

2）车辆跟踪。利用 GPS 与 GIS，以及全球移动通信系统（Global System for Mobile Communication，GSM）与车辆管理信息系统相结合，可以实现车辆跟踪功能。利用 GPS 与 GIS 技术实时显示出车辆的实际位置并任意放大、缩小、漫游，可以随目标移动，对车辆进行实时跟踪、报警、通信等，掌握车辆基本信息，对车辆进行远程管理，有效避免车辆空载现象。

3）配送路线。配送路线规划是 GPS 的一项重要辅助功能，可以进行人工设计线路和自动线路规划，找出最快、最简单、最短等路线。

4）信息查询。为客户提供主要物标，如重要旅游景点、医院、宾馆等的精确坐标，使用户能够在电子地图上根据需要进行查询，显示其位置。

5）话务指挥。指挥中心可以检测区域内车辆的运行状况，对被监控车辆进行合理调度。指挥中心可以随时与被跟踪目标进行通话，实行管理。

6）紧急援助功能。通过 GPS 定位和监控管理系统可以对遇有险情或发生事故的车辆进行经济援助。监控台的电子地图可以显示求助信息和报警目标，规划出最优援助方案，并以报警声、光提醒值班人员进行应急处理。

将 GIS 和 GPS 应用于物流配送，国内外已经出现了不少成功案例。不少国外公司已经开发出专门的 GIS 物流分析软件，特别是车辆行驶路线管理软件。比较著名的有 ESRI Arc GIS 系列产品中的 Arc Logistics Route、美国 Caliper 公司开发的 TransCAD 等，这些软件都已经有了非常广大的客户群体。在国内，基于 GIS 的物流配送信息系统产品也出现了不下二三十种，如武大吉奥信息工程技术有限公司开发的 GIS 产品 GeoStar 就包含了最短路径分析模块。我国目前已经出现了很多专为物流企业提供全面解决方案的软件公司，如我国四大海外投资集团之一招商局集团就成立了目前国内规模最大的信息物流供应链管理服务企业——招商迪辰系统公司，首次将 GIS、GPS、GSM 和 Web 等技术集成一体，提供全方位、多层次物流和供应链管理信息技术解决方案。不少国内外知名企业都应用了基于 GIS 的物流配送信息系统，并取得了巨大的经济效益，获得了巨大的成功。如配送和快递领域的 UPS、FedEx、TNT 等，零售连锁超市领域的美国沃尔玛、日本神户生协等。

Velocity Express 是北美最大的速递公司，以提供当天速递和货物配送著称。该公司拥有一套先进的路径分析系统，为美国最大的一家零售商提供货物配送服务。提供配送服务的车辆全部从加州的 Fontana 出发，对南加州的 63 个地点进行货物的配送。这个路径分析系统采用了 ESRI 的 Arc Logistics Route，通过模拟运输过程来预计运输成本和效率，可以在非常短的时间内轻松地模拟出许多不同的速递地点和假想路线，快速地为零售商提供非常精确的信息，节约现实递送的成本和时间。Velocity Express 的这套路径分析系统使得客户非常满意，并已开始全面实施这个计划。

小红帽报刊发行服务有限责任公司是北京著名的配送企业，该公司构建的“小红帽”GIS 针对订阅发行、订货送货、广告投递业务在地理信息方面的需求，以业务数据图形化管理和业务机构、业务对象图形化编辑为核心，从客户、产品、业务结构 3 个管理层次上实现对业务的全面图形化管理，使得该企业极大的提高了竞争实力。该系统采用了以 Internet 为基础的 B/S（Browser/Server，浏览器/服务器模式）结构，服务器端用 ASP、MapXtreme 与 Oracle8i 作为后台，客户端浏览器用 DHTML 和 OCX 实现友好界面。GIS 的地图数据有两类：北京市 10m 精度的电子地图作为基础底图，公司机构分布区域地图作为业务管理图层。这种物流配送的 Web GIS 模式对其他行业也有参照意义。

5.9 GIS 实训

5.9.1 实训目的

1）了解 GIS 的功能和构成。

2）了解几种主要 GIS 软件的特点（简单分类、工作原理、帮助系统等）。

3）了解 MapInfo 的窗口界面、菜单操作等。

4）通过 MapInfo 的实例演示和操作，加深对课堂学习的 GIS 基本概念和基本功能的理解。

5）培养学生协作与交流的意识与能力。

5.9.2 实训设备及软件

1. 实训设备

1）机房应给教师和学生配备计算机 60 台。

2）部门级服务器一台计算机控制系统。

3）投影机一台，其他多媒体教学系统设备。

2. 软件环境

1）服务器采用 Microsoft Windows 2000 Server 操作系统。

2）数据库管理系统采用 SQL Server 2000。

3）桌面 GIS 软件，如 MapInfo、SuperMap 等。

5.9.3 实训任务

实训任务如表 5-3 所示。

表 5-3 GIS 实训任务

任务编号	5
任务名称	电子地图的制作
任务内容	1. 以 china.jpg（见图 5-8）为参照，绘制出三省电子地图（湖南、湖北、江西）（效果如图 5-9 所示） 2. 电子地图要求包含省面、省边界、省级城市、市级城市信息 3. 电子地图中以面表示省面信息，以线表示省边界信息，符号●表示省会级城市，符号◎表示市级城市 4. 以文字表示出省级城市的名称
提交资料	1. 三省电子地图 2. 以省面信息创建的统计图
相关网站资料	1. 北京超图软件股份有限公司：http://www.supermap.com.cn/ 2. GIS 帝国论坛：http://www.gisempire.com
思考问题	1. 如何利用 GIS 表现空间实体 2. 收集并整理常见 GIS 软件（ArcGIS、MapInfo、SuperMap）的功能、特点及使用方法

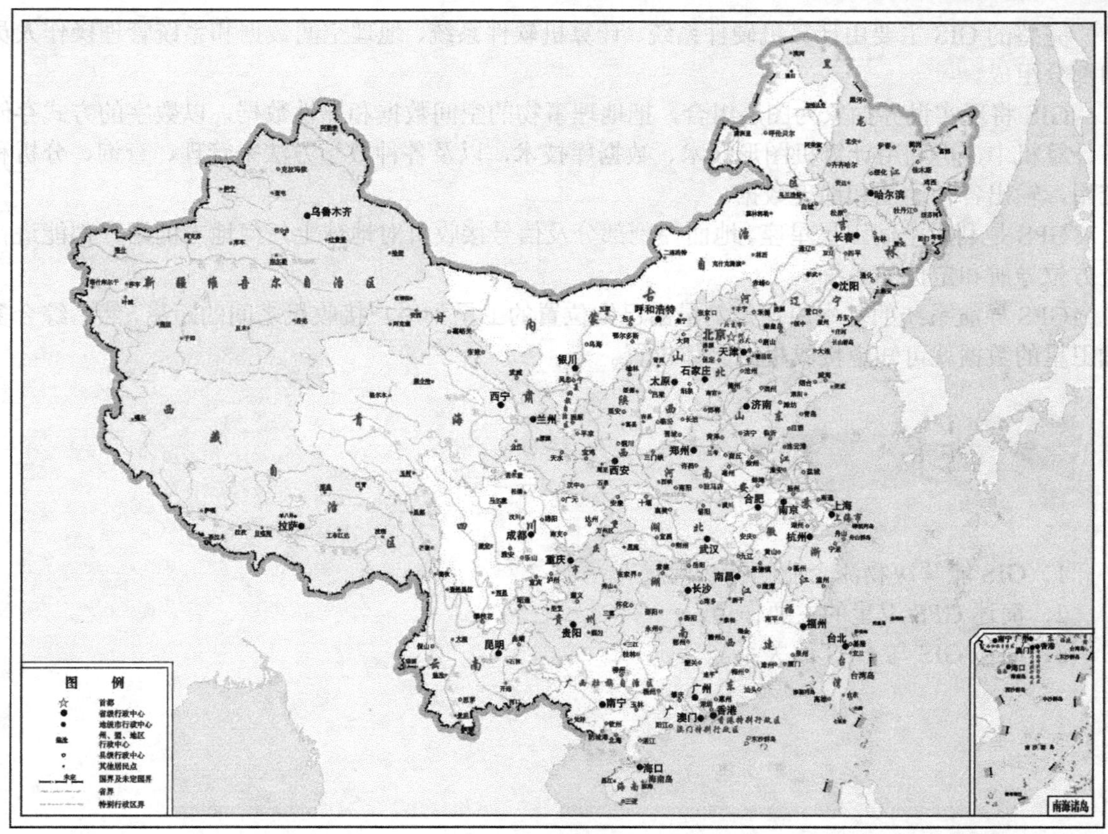

图 5-18　china.jpg

5.9.4　实训步骤

1）安装 MapInfo 软件。

2）启动 MapInfo，打开栅格图像 china。

3）单击“图层控制”按钮，使得装饰图层可使用，以 china 为参照，分别利用绘图工具栏的点、线、面按钮绘制地图。

4）每绘制完一个对象，利用地图菜单的保存装饰图层命令，分别对在装饰图层绘制的省级城市、市级城市、省面信息、边界信息进行保存。

5）将电子地图效果的最终效果以工作空间的形式进行保存，即利用文件菜单的保存工作空间命令进行保存。

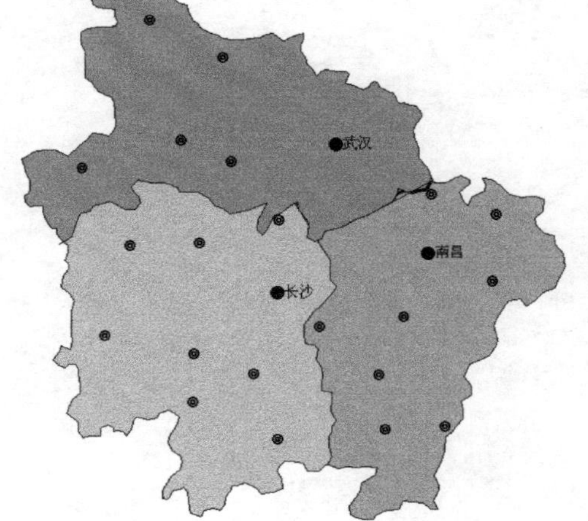

图 5-19　三省电子地图效果图

本章主要介绍了 GIS 和 GPS 的概念、构成、工作原理及应用。

GIS 作为传统地理科学和现代信息科学相结合的产物，目前已发展为集遥感、GPS、互联网技术于一身的综合学科。

完整的GIS主要由计算机硬件系统、计算机软件系统、地理空间数据和系统管理操作人员四部分组成。

GIS将现实世界抽象为图层组合，把地理事物的空间数据和属性数据，以数字的方式存储在计算机中，再利用计算机图形技术、数据库技术，以及各种数学方法来管理、查询、分析和应用，输出各种地图和地理数据。

GPS是利用空间卫星星座、地面控制部分及信号接收机对地球上任何地方的用户都能进行全方位导航和定位的系统。

GPS导航系统的基本原理是测量出已知位置的卫星到用户接收机之间的距离，然后综合多颗卫星的数据就可知道接收机的具体位置。

1. GIS能解决物流企业的什么问题？
2. 简述GPS卫星的主要作用。
3. 简述GIS与GPS的关系。

第 6 章 物流数据库技术与数据挖掘

导教 教学导航

职业能力要求

■ 专业能力：掌握数据库基础知识；了解数据库技术的发展方向；掌握物流数据库设计；熟悉数据挖掘的基础知识；掌握物流领域中的数据挖掘过程；能对现代物流企业进行简单数据挖掘应用。

学习目标

- ■ 掌握数据库基础知识；
- ■ 掌握数据挖掘基础知识；
- ■ 能进行物流数据库设计；
- ■ 能进行物流企业数据挖掘应用。

导读 6-1 数据挖掘——物流业的新宠

物流公司决策系统是一种结合了数据挖掘和人工智能的新型经营决策系统，主要通过人工智能对原料采购、加工生产、分销配送到商品销售的各个环节的信息进行采集，并利用数据仓库和数据挖掘对其进行分析处理，确定相应的经营策略。

现代物流系统是一个庞大复杂的系统，特别是全程东莞物流公司，包括危险品运输、仓储、配送、搬运、包装和再加工等环节，每个环节信息流量十分巨大，使企业很难对这些数据进行及时、准确的处理。为了帮助决策者快速、准确地做出决策，提高企业的运作效率，降低物流公司成本、增加收益，就需要一种新的数据分析技术来处理数据。数据挖掘技术能帮助企业在物流信息系统管理中，及时、准确地收集和分析各种信息，对客户的行为及市场趋势进行有效的分析，了解不同客户的爱好，从而为客户提供有针对性的产品和服务，提高各类客户对企业和产品的满意度。

数据仓库作为数据挖掘的基础，它具有面向主题的、集成的、随时间变化的特性。各个联机事务处理系统作为数据仓库的原始数据源，以文件方式提供企业在日常活动中收集的数据资料和报表，同时还有大量的外部信息等数据。基于数据挖掘的物流信息的体系结构主要由以下几部分组成。

1. 运输配送管理系统

运输配送管理系统包括出货配送管理、运输调度计划、分配计划等功能子系统。

2. 物流分析系统

物流分析系统的主要功能是应用 GIS 技术与运筹决策模型，完善物流分析技术。

3. 销货出货管理系统

销售出货管理系统的功能是收集客户需求信息、记录客户购买信息、管理销售价格、处理应收货款及退款等。

4. 库存储位管理系统

库存储位管理系统包括储存管理、进出货管理、机械设备管理、流通加工等功能子系统，负责相关信息的处理。

5. 采购进货管理系统

采购进货管理系统的主要功能是面对供货商的作业，包括向厂商发出订购信息或接收厂商的出货信息、采购决策、存货控制、采购价格管理等信息管理子系统。

6. 财务管理和结算系统

财务管理系统的主要功能是对销售管理系统和采购系统所形成的应付、应收账进行会计操作，同时对物流中心的整个业务与资金进行平衡、测算和分析，编制财务报表，并与银行进行转账。结算系统的主要功能是利用现有的业务信息管理系统和计算机处理能力，自动为客户提供各类业务费用信息，为广大物流企业的自动结算提供一套完整的解决方案。

7. 物流决策支持系统

物流决策支持系统的功能获取内部各系统业务信息，取得外部信息，并结合内部和外部信息编制各种报告，提供分析图表。通过建立决策支持系统，及时地掌握商流、物流、资金流和信息流所产生的信息并加以利用，在数据仓库技术、运筹学模型的基础上，运用数据挖掘工具对历史数据进行多角度、立体的分析，实现对物流中心的资源的综合管理，为决策提供科学决策的依据。

思考题：

（1）数据挖掘为物流企业解决了什么难题？

（2）物流企业主要从哪些方面进行数据挖掘？

6.1 数据库技术基础知识

6.1.1 数据库系统概述

数据库技术产生于20世纪60年代末，是数据管理的最新技术，计算机科学的重要分支。在当今信息社会中，信息已成为各个行业、部门的重要财富和资源，信息系统也越来越显示出它的重要性。数据库技术是信息系统的核心和基础，它的出现极大地促进了计算机应用向各行各业的渗透。从一般的小型事务处理到大型的信息系统，越来越多的新应用领域开始采用数据库技术存储与处理其信息资源。数据库的建设规模、数据库信息量的大小和使用频度已成为衡量一个国家信息化程度的重要标志。

1. 数据库系统的组成

数据（Data）是数据库中存储的基本对象。数据的种类很多，如文字、图形、图像和声音等都是数据。

数据可定义为描述事物的符号记录。数据有多种形式，它们均可以经过数字化后储存到计算机中。在描述事物的过程中，数据与其解释是不可分的。

数据库是指长期储存在计算机内的、有组织的、可共享的数据集合。数据库中的数据是按一定的数据模型组织、描述和储存的，具有较小的冗余度、较高的数据独立性和易扩展性，并且可以被多个用户、多个应用程序共享。

数据库管理系统（Database Management System，DBMS）是位于用户与操作系统之间的一层数据管理软件，是数据库系统的中心枢纽。数据库管理系统能科学地组织和存储数据、高效地获取和维护数据。用户对数据库进行的各种操作，如数据库的建立、使用和维护，都是在数据库管理系统的统一管理和控制下进行的。

数据库管理系统的主要功能有以下几个方面。

（1）数据定义功能

提供数据定义语言（Data Definition Language，DDL），用于定义数据库中的数据对象。

（2）数据操纵功能

提供数据操纵语言（Data Manipulation Language，DML），用于操纵数据实现对数据库的基本操作，如查询、插入、删除和修改等。

（3）数据库的运行管理

保证数据的安全性、完整性、多用户对数据的并发使用及发生故障后的系统恢复。

（4）数据库的建立和维护功能

提供数据库数据输入、批量装载、数据库转储、介质故障恢复、数据库的重组织及性能监视等功能。

数据库系统（Database System，DBS）是指在计算机系统中引入数据库之后组成的系统，是用来组织和存取大量数据的管理系统。数据库系统是由计算机系统（硬件和基本软件）、数据库、数据库管理系统（及其开发工具）、应用系统和有关人员（数据库管理员、应用设计人员、最终用户）组成的具有高度组织性的总体。

通常情况下，把数据库系统简称为数据库。数据库系统组件之间的关系如图 6-1 所示。

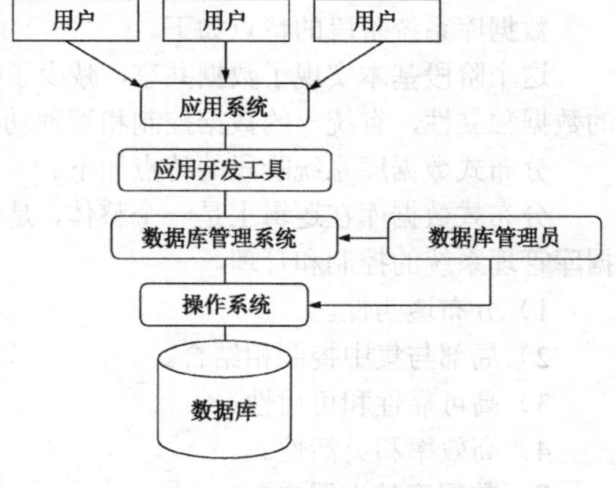

图 6-1　数据库系统组成

数据库技术原核心任务是数据处理。数据处理是指对各种数据进行收集、存储、加工和传播等一系列活动的总和。数据管理则是指对数据进行分类、组织、编码、存储、检索和维护，它是数据处理的中心问题。

数据管理技术的发展，与计算机硬件（主要是外部存储器）、系统软件及计算机应用的范围有着密切的联系。数据管理技术的发展经历了以下几个阶段：人工管理阶段、文件系统阶段、数据库系统阶段和分布式数据库系统阶段。

20 世纪 50 年代中期以前，计算机主要用于科学计算。那时的计算机硬件方面，外存只有卡片、纸带及磁带，没有磁盘等可直接存取的存储设备；软件方面，只有汇编语言，没有操作系统和高级语言，更没有管理数据的软件；数据处理的方式是批处理。这些决定了当时的数据管理只能依赖人工来进行。

人工管理阶段的特点如下。

1）数据不进行保存。当时的计算机主要用于科学计算，一个程序对应一个数据。在计算某一问题时，把程序和对应的数据装入，计算完就退出，没有将数据长期保存的必要。

2）没有专门的数据管理软件。数据需要由应用程序自己管理，因此应用程序的设计者不仅要考虑数据的逻辑结构，还考虑数据的物理结构，如存储结构、存取方法、输入输出方式等。存储结构发生变化，应用程序也要做相应的修改，程序员的负担非常重，数据的独立性也很差。

3）数据面向应用。一组数据对应一组程序。倘若多个程序使用相同的数据，必须各自定义，不能共享。所以程序之间存在大量的数据冗余。

4）只有程序的概念，基本上没有文件的概念。

20 世纪 60 年代，计算机技术有了很大提高，计算机的应用范围不断扩大，不仅用于科学计算，还大量用于管理。这时的计算机硬件已经有了磁盘、磁鼓等直接存取的外存设备；软件则有了操作系统、高级语言，操作系统中的文件系统专门用于数据管理；处理方式不仅有批处理，还增加了联机实时处理。

文件系统阶段的特点如下。

1）数据可以长期保存在磁盘上。用户可以反复对文件进行查询、修改、插入和删除等操作。

2）文件系统提供了数据与程序之间的存取方法。应用程序和数据有了一定的独立性，数据存储结构的改变也不一定反映在程序上，大大减轻了程序员的负担。

3）数据冗余量大。文件系统中，文件仍然是面向应用的，一个文件基本上对应于一个应用程序，不能对数据项进行共享，因此数据冗余大，存储空间浪费。由于数据可能有多个副本，对其中之一进行修改时还容易造成数据的不一致性。

4）文件之间缺乏联系，相对孤立，仍然不能反映客观世界各个事物之间错综复杂的联系。

数据库系统阶段的特点如下。

这个阶段基本实现了数据共享，减少了数据冗余，数据库采用特定的数据模型，具有较高的数据独立性，有统一的数据控制和管理功能。

分布式数据库系统阶段的特点如下。

分布式数据库在逻辑上是一个整体，是分布在不同地理位置上的数据集合，它受分布式数据库管理系统的控制和管理。

1）分布透明性。

2）局部与集中控制相结合。

3）高可靠性和可用性。

4）高效率和灵活性。

2．数据库的发展方向

目前，数据库技术的发展方向主要有两个：一是改造和扩充关系数据库，以适应新的应用要求；二是改用新的数据库模型。目前，这两个方面都取得了很大发展，主要出现了下列新的数据库技术。

（1）并行数据库技术

并行数据库技术包括对数据库的分区管理和并行查询。它通过将一个数据库任务分割成多个子任务的方法由多个处理机协同完成这个任务，从而极大地提高了事务处理能力，并且通过数据分区可以实现数据的并行 I/O（Input/Output，输入/输出）操作。

（2）数据仓库和数据采掘技术

所谓数据仓库，就是按决策目标将传统的事务型数据库中的数据重新组织划分，由此造成一种面向主题的、集成的、稳定的及随时间发展的数据集合。数据仓库与传统数据库的区别在于存储的数据容量大、存储的数据时间跨度大、存储的数据来源复杂、可用于企业与组织的决策分析处理等。所谓数据采掘（Data Mining，DM），就是从大型数据库或数据仓库的数据中提取人们感兴趣的、隐含的、事先未知的、潜在的知识。数据采掘方法的提出使人们有能力从过去若干年时间里积累的海量的、以不同的形式存储的、十分繁杂的数据资料中认识数据的真正价值。目前，数据采掘的研究已与数据库的研究结合起来。

（3）多媒体数据库

人们通常把能够管理数值、文本、图形、图像和声音等媒体类型的数据库称为多媒体数据库（Multimedia Database）。与传统数据库管理系统一样，多媒体数据库管理系统也要进行数据的处理、查询和事物的管理等，但是多媒体数据库有不同的用户接口和存储构造，在多媒体数据库管理系统中特别强调"媒体独立性"（所谓媒体独立性，是指不论管理的多媒体数据的媒体如何变化，都不需改变数据库管理系统）。

（4）模糊数据库

传统的数据库仅允许对精确的数据进行存储和处理，而客观世界中有许多事物是不精确的。模糊数据库技术的研究和实践就是为了解决模糊数据的表达和处理问题，使得数据库描述的模型更自然、更贴切地反映客观世界。

（5）网络数据库

网络数据库是数据库技术与 Web 技术相互融合的技术。

此外，还有其他一些新的数据库技术，如模糊演绎数据库、主动数据库、集中式工程数据库和面向对象数据库等。

6.1.2　数据模型

模型是现实世界特征的模拟和抽象。数据模型也是一种模型，只不过它模拟的对象是数据。根据模型应用的不同层次和目的，可以将模型分为两类：第一类是概念模型，按用户的观点来对数据和信息建模，主要用于数据库设计；另一类是数据模型，主要包括网状模型、层次模型和关系模型等，它是按计算机系统的观点对数据建模。

1．数据模型的概念

数据模型是现实世界数据特征的抽象。数据模型是工具，是用来抽象、表示和处理现实世界中的数据和信息的工具。在数据库中用数据模型这个工具来抽象、表示和处理现实世界的数据和信息，现有数据库系统均是基于某种数据模型的。

数据模型应满足 3 个方面的要求。

1）能够比较真实地模拟现实世界。

2）容易被人理解。

3）便于在计算机系统中实现。

2．数据模型的组成要素

数据模型是由数据结构、数据操作和数据的约束条件三部分组成的。

数据结构是所研究对象的集合，这些对象是数据库的组成成分，如表中的字段、名称等。数据结构分为两类：一类是与数据类型、内容、性质有关的对象；一类是与数据之间联系有关的对象。

数据操作是指对数据库中各种对象（型）的实例（值）允许执行的操作的集合，包括操作及有关的操作规则。数据库的操作主要有检索和更新两大类。数据模型必须定义数据操作的确切含义、操作符号、操作规则及实现操作的语言。

数据的约束条件是一组完整性规则的集合。完整性规则是给定的数据模型中数据及其联系所具有的制约和依存规则，用以限定符合数据模型的数据库状态及状态的变化，以保证数据的正确、有效和相容。

数据模型给出了在计算机系统上描述和动态模拟现实数据及其变化的一种抽象方法，数据模型不同，描述和实现方法亦不相同，相应的支持软件，即数据库管理系统也就不同。严格地讲，一个数据模型应由上述三部分组成，但数据结构是数据模型的本质标志。

3．概念模型

概念模型是现实世界到信息世界的第一层抽象，是现实世界到计算机的一个中间层次。概念模型是数据库设计的有力工具和数据库设计人员与用户之间进行交流的语言。它必须具有较强的语义表达能力，能够方便、直接地表达应用中的各种语义知识，且简单、清晰、易于用户理解。

在现实世界中，事物之间的联系是客观存在的。概念世界是现实世界在人们头脑中的反映，是对客观事物及其联系的一种抽象描述，不是现实世界的简单录像，而是把现实世界中的客观对象抽象为某一种信任结构，这种信任结构不是某一个数据库管理系统支持的数据模型，而是概念级的模型。

建立概念模型涉及以下几个术语。

（1）实体

客观存在并可相互区别的事物称为实体（Entity）。实体可以是实际事物，也可以是抽象事件。例如，一个职工、一个部门属于实际事物；一次订货、借阅若干本图书、一场演出是比较抽象的事件。

同一类实体的集合称为实体集。例如，全体学生的集合、全馆图书等。用命名的实体型表示抽象的实体集，实体型“学生”表示全体学生的概念，并不具体指职工甲或学生乙。

（2）属性

描述实体的特性称为属性（Attribute）。例如，学生实体用若干个属性（学号、姓名、性别、出生日期、籍贯等）来描述。属性的具体取值称为属性值，用以刻画一个具体实体。

（3）关键字

如果某个属性或属性组合能够唯一地标识出实体集中的各个实体，可以选作关键字，也称为码。

（4）联系

实体集之间的对应关系称为联系（Relationship），它反映现实世界事物之间的相互关联。联系分为两种，一种是实体内部各属性之间的联系，另一种是实体之间的联系。

（5）E-R 图

概念模型的表示方法有很多，常用实体-联系方法（E-R 方法或 E-R 图）来描述现实世界的概念模型，E-R 方法也称为 E-R 模型。

E-R 图有 3 个要素。

实体——用矩形并在框内标注实体名称来表示。

属性——用椭圆形表示，并用连线将其与相应的实体连接起来。

联系——用菱形表示，菱形框内写明联系名，并用连线分别与有关实体连接起来，同时在连线上标上联系的类型（1∶1、1∶n 或 m∶n）。图 6-2 为 E-R 图的示例。

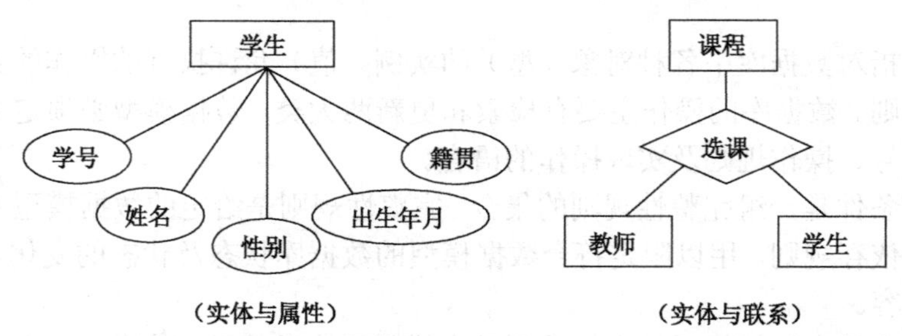

图 6-2　E-R 图示例

联系有 3 种类型。

1）一对一联系。如果对于实体集 A 中的每一个实体，实体集 B 中至多有一个实体与之联系，反之亦然，则称实体集 A 与实体集 B 具有一对一联系，记为 1∶1。

2）一对多联系。如果对于实体集 A 中的每一个实体，实体集 B 中有 n 个实体（$n \geqslant 0$）与之联系，反之，对于实体集 B 中的每一个实体，实体集 A 中至多只有一个实体与之联系，则称实体集 A 与实体集 B 有一对多联系，记为 1∶n。

3）多对多的联系（m∶n）。如果对于实体集 A 中的每一个实体，实体集 B 中有 n 个实体（$n \geqslant 0$）与之联系，反之，对于实体集 B 中的每一个实体，实体集 A 中也有 m 个实体（$m \geqslant 0$）与之联系，则称实体集 A 与实体集 B 具有多对多联系，记为 m∶n。

4．常用的数据模型

每个数据库管理系统都是基于某种数据模型的。在目前数据库领域中，常用的数据模型有 4 种：层次模型、网状模型、关系模型和面向对象模型。

（1）层次模型

层次和网状模型是最早用于数据库系统的数据模型。层次模型的基本数据结构是层次结构，也称树型结构，树中每个结点表示一个实体类型，这些结点应满足：①有且只有一个结点无双亲结点，这个结点称为根结点；②其他结点有且仅有一个双亲结点。

在层次结构中，每个结点表示一个记录类型（实体），结点之间的连线（有向边）表示实体间的联系。现实世界中许多实体间存在着自然的层次关系，如组织机构、家庭关系和物品分类等。图 6-3 就是一个层次模型的例子。

（2）网状模型

网状模型的数据结构是一个网络结构。在数据库中，把满足以下两个条件的基本层次联系集合称为网状模型：①一个结点可以有多个双亲结点；②多个结点可以无双亲结点。

在网状模型中每个结点表示一个实体类型，结点间的连线表示实体间的联系。与层次模型不同，网状模型中的任意结点间都可以有联系，适用于表示多对多的联系，因此，与层次模型相比网状模型更具有普遍性。

网状模型虽然可以表示实体间的复杂关系，但它与层次模型没有本质的区别，它们都用连线表示实体间的联系，在物理实现上也有许多相同之处，如都用指针表示实体间的联系。层次模型是网状模型的特例，它们都称为格式化的数据模型。图 6-4 就是一个网状层次模型的例子。

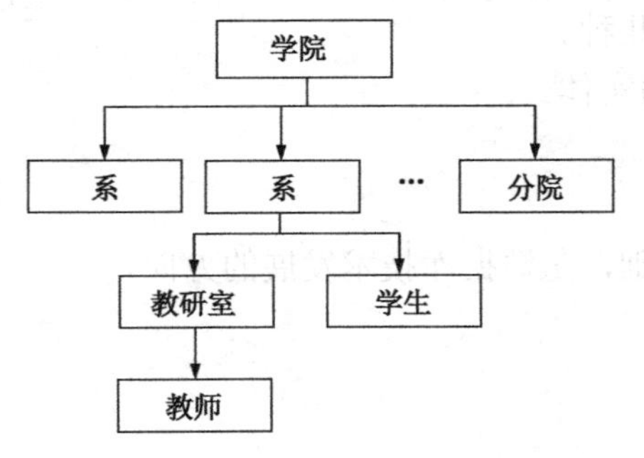

图 6-3　层次模型示例

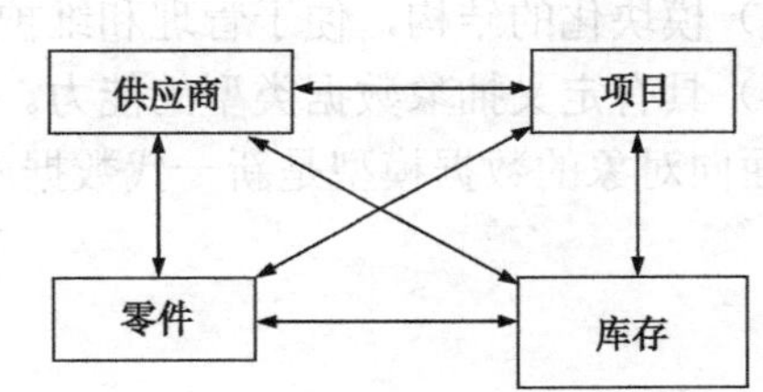

图 6-4　网状模型示例

（3）关系模型

关系模型的数据结构是二维表，由行和列组成。一张二维表称为一个关系。

表 6-1 和表 6-2 分别表示学生关系和教师任课关系。这两个关系也表示了学生和任课教师间的多对多联系，他们之间的联系是由在两个关系中的同名属性“班级”表示的。

表 6-1 学生关系

学 号	姓 名	班 级	…
30203301	杜少华	1	…
30203302	张大伟	1	…
30203303	王朋立	1	…
30203322	王小宁	1	…
30203327	林李鸣	1	…
…	…	…	…

表 6-2 教师任课关系

教师姓名	系 别	任课名称	班 级	…
吴丰	数学系	离散数学	1	…
赵立伟	外语系	英语	1	…
李健	计算机系	数据库技术	1	…
曲立涛	计算机系	操作系统	2	…
…	…	…	…	…

关系模型中的主要概念有关系、属性、元组、域和关键字等。

与层次和网状模型相比，关系模型有下列优点。

1）数据结构单一，不管实体还是实体间的联系都用关系来表示。

2）建立在严格的数学概念基础上，具有坚实的理论基础。

3）将数据定义和数据操纵统一在一种语言中，使用方便，易学易用。

（4）面向对象模型

面向对象的数据模型中的基本数据结构是对象，一个对象由一组属性和一组方法组成，属性用来描述对象的特征，方法用来描述对象的操作。一个对象的属性可以是另一个对象，另一个对象的属性还可以用其他对象描述，以此来模拟现实世界中的复杂实体。

在面向对象的数据模型中对象是封装的，对对象的操作通过调用其方法来实现。面向对象数据模型中的主要概念有对象、类、方法、消息、封装、继承和多态等。

面向对象的数据模型有许多优点，主要有以下几种。

1）可以表示复杂对象，精确模拟现实世界中的实体。

2）模块化的结构，便于管理和维护。

3）具有定义抽象数据类型的能力。

面向对象的数据模型是新一代数据库系统的基础，是数据库技术发展的方向。

6.2 空间数据库基础知识

在当前形势下，数字城市、数字省区等数字工程的建设如火如荼，面对的主要是海量数据的管理和处理，研究空间数据及其空间数据库就变得非常重要和迫切。

6.2.1　空间数据的概念与特征

1．空间数据的概念

空间数据是描述地理数据中空间特征部分的数据，即描述地理现象或地理实体的空间位置、形状、大小以及他们之间的关系（如拓扑关系等）的数据。空间数据是一类具有多维特征，即时间维、空间维以及众多的属性维的数据。其空间维决定了空间数据具有方向、距离、层次和地理位置等空间属性；其属性维则表示空间数据所代表的空间对象的客观存在的性质和属性特征；其时间维则描绘了空间对象随着时间的迁移行为和状态的变化。

一般说来，空间数据具有以下特点:

① 具有空间结构，观察不独立，数据不确定而且有较大的冗余；

② 数据项之间的关系是区域性的空间关系；

③ 数据非正态分布并具有不确定和时变特征。根据系统科学和复杂性科学的观点，在大多数情况下，人们所研究的客观对象是复杂系统组成部分之一。

空间数据描述了复杂系统的状态、系统的性质、系统的空间分布和系统的发展演化。空间数据分析的任务就是要从大量的空间数据中发现与空间对象之间的相互关系及反映其演化规律的知识。由于空间数据的复杂性以及它们所表征的系统的复杂性，目前还没有有效的方法来进行空间数据的分析处理。

2．空间数据的特征

根据空间数据的特点，空间数据主要具有以下 3 个基本特征：

（1）属性特征——用以描述事物或现象的特征，即用来说明“是什么”，如事物或现象的类别、等级、数量、名称等。

（2）空间特征——用以描述事物或现象的地理位置，又称几何特征、定位特征，如界桩的经纬度等。

（3）时间特征——用以描述事物或现象随时间的变化，例如人口数的逐年变化。由于空间数据具有上述特征，所以在 GIS 中的表示是非常复杂的。目前的 GIS 还较少考虑到空间数据的时间特征，只考虑其属性特征与空间特征的结合。实际上，由于空间数据具有时间维，过时的信息虽不具有现势性，但却可以作为历史性数据保存。

3．空间数据的分类

根据空间数据的特征，可以把空间数据归纳为 3 类:

（1）属性数据——描述空间数据的属性特征的数据，也称非几何数据。即说明“是什么”，如类型、等级、名称、状态等。

（2）几何数据——描述空间数据的空间特征的数据，也称位置数据、定位数据。即说明“在哪里”，如用 *X*、*Y* 坐标来表示。

（3）关系数据——描述空间数据之间的空间关系的数据，如空间数据的相邻、包含和相交等，主要是指拓扑关系。拓扑关系是一种对空间关系进行明确定义的数学方法，其在地理信息系统和空间数据库的研究和应用中具有十分重要的意义。

4．空间数据的作用

（1）从信息抽象体系来看：GIS 数据库是从现实世界的真实地球到计算机世界中的映射。信息流是有关人流、物质流和能量流的性质、特征和状态的表征，它依附于人流、物质流和能量流而存在，即以人流、物质流和能量流为载体。因此可以通过研究地球系统信息流来认识、理解和模拟地球人流、物质流和能量流的运动规律。

（2）从空间信息技术体系的构成看：空间数据是空间信息技术体系三个组成部分——空间信息的获取技术、空间信息处理技术、空间信息应用技术的共同基础和核心。

（3）从社会需求体系的构成看：社会的信息需求中有很多是与空间有关的。就目前的情况来看，主要是政务需求。空间信息基础设施建设已经成为电子政务建的重要组成部分。在个人对空间信息的需求也日益突出，主要涉及旅游、交通等方面。

（4）从国际空间战略来看：地理空间已作为各个国家共享的资源，所以对地理空间的数字化管理具有高度战略意义。在军事防御、环境监测、资源管理等方面都具有非常重要的意义。“数字地球”作为一个战略目标现在还未能实现。但是从它的技术框架来看，空间数据是其中一个很重要的组成部分。

6.2.2 空间数据模型

1．空间数据的拓扑关系

在地理信息系统中，为了真实地反映地理实体，不仅要包括实体的位置、形状、大小和属性，还必须反映实体之间的相互关系，即拓扑关系。地理空间研究中有三种重要的拓扑关系，即实体之间的邻接关系、关联关系和包含关系。

（1）邻接关系

空间图形中同类元素之间的拓扑关系。例如，四边形之间的邻接关系，P_2/P_3，P_1/P_2；又如节点之间的邻接关系，A 与 D，C 与 D 等。

（2）关联关系

空间图形中不同元素之间的拓扑关系。例如，节点与弧段的关联关系 A 与 e、a、c；多边形与弧段的关联关系 P_2 与 e、c、f。

（3）包含关系

空间图形中同类但不同级元素之间的拓扑关系。如多边形 P_1 中包含多边形 P_4。

空间数据的拓扑关系，对数据处理和空间分析具有重要的意义，体现在以下几个方面：

（1）根据拓扑关系，不需要利用坐标或距离，可以确定一种空间实体相对于另一个空间实体的位置关系。拓扑关系能清楚地反映实体之间的逻辑结构关系，它比几何数据有更大的稳定性，不随地图投影而变化。

（2）利用拓扑关系有利于空间要素的查询。例如，某条铁路通过哪些区域，某县与哪些县邻接；又如分析某河流能为哪些地区的居民提供水源，某湖泊周围的土地类型及对生物栖息环境做出评价等。

（3）可以根据拓扑关系重建地理实体。例如，根据弧段构建多边形，实现道路选取，进行最佳路径选择等。

2．空间数据模型

地理空间中存在着各种事物或现象，或是物质的，或是非物质的，它们都与一定的地理空间相关，具有特定的几何形状。空间数据描述这些事物或现象的地理本质内涵，反映它们在地理空间中的位置、分布状况及它们之间的相互关系。

为了使地理信息系统能够对空间信息进行分析处理，首先必须管理工作空间信息，而这就需要对现实地理世界进行建模以及数字化，然后才能被信息系统所管理。如图 6-5 所示。

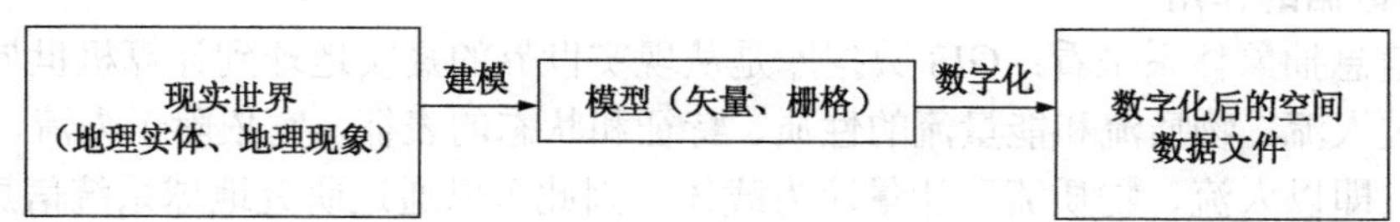

图 6-5 地理信息系统对现实世界建模

一般而言，GIS 空间数据模型由概念数据模型、逻辑数据模型和物理数据模型三个有机联系的层次所组成。其中概念数据模型是关于实体及实体间联系的抽象概念集；逻辑数据模型是表达概念数据模型中数据实体及其相互间的关系；而物理数据模型则是描述数据在计算机中的物理组织、存储路径和数据库结构，三者之间的关系如图 6-6 所示。

粗略地讲，在地理信息系统中，地理现象和地理实体对应着两种不同的记录存储方式，分别是栅格方法和矢量方法。

（1）矢量数据模型

矢量方法（图 6-7）强调了离散现象的存在，由边界线（点、线、面）来确定边界，因此可以看成是基于要素的。然而，在一些基于矢量的 GIS 中，表现表面的便利，带给它模拟二维场的可能性，最常见的例子就是地表高程。栅格技术将重点放置在了空间格网像元位置的内容上，因此经常被描述为基于位置的。栅格数据模型似乎与上面所描述的场的观点相似，但是所储存的空间信息模型并不是对一个连续变量的描述，而它是格网——像元值的一个集合，这些值当然可以被看成抽样一个场模型，但是同样可以被抽样成一个基于对象的模型。

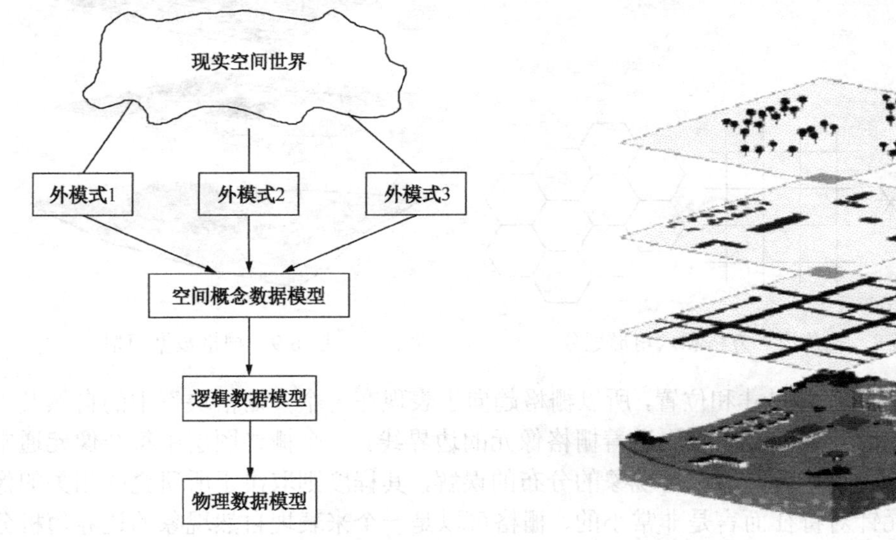

图 6-6　空间数据模型的三个层次　　图 6-7　矢量数据模型

矢量数据模型将现象看作原形实体的集合，且组成空间实体。在二维模型内，原型实体是点、线和面；而在三维中，原型也包括表面和体。观察的尺度或者概括的程度，决定了使用的原型的种类。在一个小比例尺表现中，诸如城镇这一现象可以由个别的点所组成，而路和河流由线来表示。当表现的比例尺增大时，必然要考虑到现象的尺度；在一个中等比例尺上，一个城镇可以由特定的原型，如线，来表示用以记录其边界。在较大的比例尺中，城镇将被表现为特定的原型的复杂的集合，包括建筑物的边界、道路、公园以及所包含的其他的自然与管理现象。

矢量模型的表达源于原型空间实体本身，通常以坐标来定义。一个点的位置可以二维或者三维中的坐标的单一集合来描述。一条线通常由有序的两个或者多个坐标对集合来表示。特定坐标之间线的路径可以是一个线性函数或者一个较高次的数学函数，而线本身可以由中间点的集合来确定。一个面通常由一个边界来定义，而边界是由形成一个封闭的环状的一条或多条线所组成。如果区域有个洞在其中，那么可以采用多个环描述它。

（2）栅格数据模型

栅格数据模型是基于连续铺盖的，它是将连续空间离散化，即用二维铺盖或划分覆盖整个连续空间；铺盖可以分为规则的和不规则*的，后者可当做拓扑多边形处理，如社会经济分区、

* “空间分析”一章中提及的 Voronoi 多边形和 TIN 属于不规则铺盖。

城市街区；铺盖的特征参数有尺寸、形状、方位和间距。对同一现象，也可能有若干不同尺度、不同聚分性（Aggregation or Subdivisions）的铺盖。在边数从 3 到 N 的规则铺盖（Regular Tesselations）中，方格、三角形和六角形是空间数据处理中最常用的。三角形是最基本的不可再分的单元，根据角度和边长的不同，可以取不同的形状，方格、三角形和六角形可完整地铺满一个平面（图 6-8）。

基于栅格的空间模型把空间看作像元（Pixel）的划分（Tessellation），每个像元都与分类或者标识所包含的现象的一个记录有关。像元与“栅格”两者都是来自图像处理的内容，其中单个的图像可以通过扫描每个栅格产生。GIS 中栅格数据经常是来自人工和卫星遥感扫描设备中，以及用于数字化文件的设备中。采用栅格模型的信息系统，通常应用了前面所述的分层的方法。在每个图层中栅格像元记录了特殊的现象的存在。每个像元的值表明了在已知类中现象的分类情况（图 6-9）。

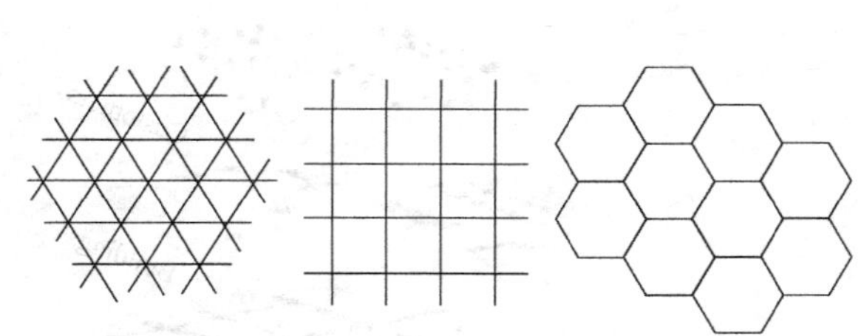

图 6-8　三角形、方格和六角形划分

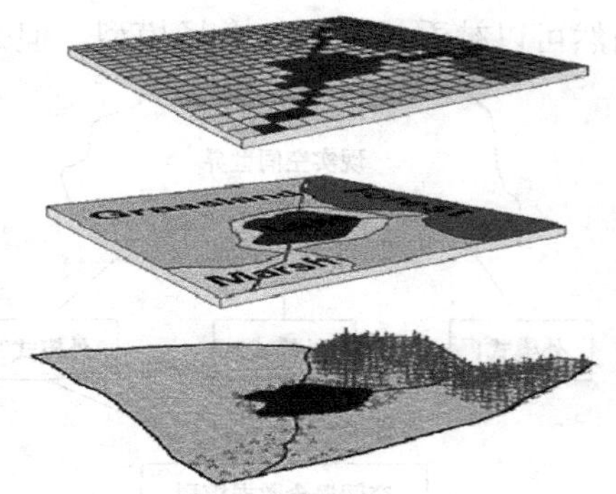

图 6-9　栅格数据模型

由于像元具有固定的尺寸和位置，所以栅格趋向于表现在一个“栅格块”中的自然及人工现象。因此分类之间的界限被迫采用沿着栅格像元的边界线。一个栅格图层中每个像元通常被分为一个单一的类型。这可能造成对现象的分布的误解，其程度则取决于所研究的相关的像元的大小。如果像元针对特征而言是非常小的，栅格可以是一个来表现自然现象的边界随机分布的特别有效的方式，该现象趋于逐渐地彼此结合，而不是简单地划分。如果每个像元限定为一个类，栅格模型就不能充分地表现一些自然现象的转换属性。除非抽样被降低到一个微观的水平，否则许多数据类事实上都是混合类。模糊的特征通过混合像元，在一个栅格内可以被有效地表达，其中组成分类通过像元所有组成度量的或者预测的百分比来表示。尽管如此，也应该强调一个栅格的像元仅仅被赋予一个单一的值。

为了 GIS 数据处理，栅格模型的一个重要的特征就是每个栅格中的像元的位置被预先确定，所以很容易进行重叠运算以比较不同图层中所存储的特征。由于像元位置是预先确定的，且是相同的，在一个具体的应用的不同的图层中，每个属性可以从逻辑上或者从算法上与其他图层中的像元的属性相结合以便产生相应的重叠中一个的属性值。其不同于基于图层的矢量模型之处，在于图层中的面单元彼此是独立的，直接地比较图层必须作进一步处理以识别重叠的属性。

6.2.3　空间数据的获取

1. 空间数据的数据源种类

地理信息系统的数据源是指建立地理信息系统数据库所需要的各种类型数据的来源。地理信息系统的数据源是多种多样的，并随系统功能的不同而不同，主要包括以下各种。

（1）地图

各种类型的地图是 GIS 最主要的数据源，因为地图是地理数据的传统描述形式，是具有共同参考坐标系统的点、线、面的二维平面形式的表示，内容丰富，图上实体间的空间关系直观，而且实体的类别或属性可以用各种不同的符号加以识别和表示。我国大多数的 GIS 系统其图形数据大部分都来自地图。

（2）遥感影像数据

遥感影像是 GIS 中一个极其重要的信息源。

通过遥感影像可以快速、准确地获得大面积的、综合的各种专题信息，航天遥感影像还可以取得周期性的资料，这些都为 GIS 提供了丰富的信息。但是因为每种遥感影像都有其自身的成像规律、变形规律，所以对其的应用要注意影像的纠正、影像的分辨率、影像的解译特征等方面的问题。

（3）统计数据

国民经济的各种统计数据常常也是 GIS 的数据源，如人口数量、人口构成、国民生产总值等。

（4）实测数据

各种实测数据特别是一些 GPS 点位数据、地籍测量数据常常是 GIS 的一个很准确和很现势的资料。

（5）数字数据

目前，随着各种专题图件的制作和各种 GIS 系统的建立，直接获取数字图形数据和属性数据的可能性越来越大。数字数据也成为 GIS 信息源不可缺少的一部分。但对数字数据的采用需注意数据格式的转换和数据精度、可信度的问题。

（6）各种文字报告和立法文件

各种文字报告和立法文件在一些管理类的 GIS 系统中，有很大的应用，如在城市规划管理信息系统中，各种城市管理法规及规划报告在规划管理工作中起着很大的作用。对于一个多用途的或综合型的系统，一般都要建立一个大而灵活的数据库，以支持其非常广泛的应用范围。而对于专题型和区域型统一的系统，则数据类型与系统功能之间具有非常密切的关系。

2．空间数据的数据采集方式

（1）手工方式

通过手工在计算机终端上输入数据，主要是键盘输入，主要用于属性数据的输入。

（2）手扶跟踪数字化仪输入

1）手扶跟踪数字化仪

手扶跟踪数字化仪，根据其采集数据的方式分为机械式、超声波式和全电子式三种，其中全电子式数字化仪精度最高，应用最广。按照其数字化版面的大小可分为 A0、A1、A2、A3、A4 等。

数字化仪由电磁感应板、游标和相应的电子电路组成。这种设备利用电磁感应原理：在电磁感应板的 x，y 方向上有许多平行的印刷线，每隔 200μm 有一条。游标中装有一个线圈。当使用者在电磁感应板上移动游标到图件的指定位置，并将十字叉丝的交点对准数字化的点位，按动相应的按钮时，线圈中就会产生交流信号，十字叉丝的中心也便产生了一个电磁场，当游标在电磁感应板上运动时，板下的印制线上就会产生感应电流。印制板周围的多路开关等线路可以检测出最大信号的位置，即十字叉线中心所在的位置，从而得到该点的坐标值。

2）数字化过程

把待数字化的图件固定在图形输入板上，首先用鼠标器输入图幅范围和至少四个控制点的坐标，随后即可输入图幅内各点、曲线的坐标。

通过数字化仪采集数据数据量小，数据处理的软件也比较完备，但由于数字化的速度比较慢，工作量大，自动化程度低，数字化的精度与作业员的操作有很大关系，所以，目前很多单位在大批量数字化时，已不再采用它。

（3）扫描输入

扫描仪直接把图形（如地形图）和图像（如遥感影像、照片）扫描输入到计算机中，以像素信息进行存储表示的设备。扫描参数设置完后，即可通过扫描获得某个地区的栅格数据。

通过扫描获得的是栅格数据，数据量比较大。如一张地形图采用 300dpi 灰度扫描其数据量就有 20 兆左右。一般对获得的栅格数据还要进行一些后续处理如图像纠正、矢量化等。扫描输入因其输入速度快、不受人为因素的影响、操作简单而越来越受到大家的欢迎，再加之计算机运算速度、存储容量的提高和矢量化软件的踊跃出现，使得扫描输入已成为图形数据输入的主要方法。

（4）影像处理和信息提取方式

从遥感影像上直接提取专题信息。

（5）数据通讯方式

联网方式下，信息系统内部各子系统之间以及与其他信息系统之间实现信息交流和信息共享的主要方式。

6.2.4 空间数据的组织与管理

空间数据（Spatial Data）也可以称为地理数据。空间数据库是以地理空间数据存储和操作为对象的空间数据库，把被管理的数据从一维推向了二维、三维甚至更高维。由于传统数据库系统（如关系数据库系统）的数据模型主要针对简单对象，因而无法有效地支持以复杂对象（如图形、影像等）为主体的工程应用。空间数据库系统必须具备对地理对象（大多为具有复杂结构和内涵的复杂对象）进行模拟和推理的功能。一方面可将空间数据库技术视为传统数据库技术的扩充；另一方面，空间数据库突破了传统数据库理论（如将规范关系推向非规范关系），其实质性发展必然导致理论上的创新。

目前，现行空间数据库管理方案主要有 3 种，即：①文件与关系式数据库的空间数据混合管理模型；②关系式数据库的空间数据管理模型；③对象—关系式数据库的空间数据管理模型。

1．文件关系数据库混合管理模型

文件关系数据库混合管理模型的基本思想是用两个子系统分别存储和检索空间数据与属性数据，其中属性数据存储在常规的 RDBMS 中，几何数据存储中空间数据管理系统中，两个子系统之间使用一种标识符联系起来，如图 6-10 所示。其特点是：属性数据建立在 RDBMS 上，数据存储和检索比较可靠、有效；几何数据采用图形文件管理，功能较弱，特别是在数据的安全性、一致性、完整性、并发控制方面，比商用数据库要逊色得多。空间数据分开存储，数据的完整性有可能遭到破坏。属于这种混合结构模型的 GIS 软件有 Arc/Info，MGE，GenMap 等。

2．全关系式数据库管理模型

混合型结构模型的缺陷是因为两个存储子系统具有各自的职责，互相很难保证数据存储、操作的统一。全关系式数据库管理模型采用同一 DBMS 存储属性数据、空间数据（几何数据），如图 6-11 所示。它的特点是空间数据和属性数据不必进行烦琐的连接，数据存取较快，属间接存取，但由于是间接存取，在效率上总是低于 DBMS 中所用的直接操作过程，且查询过程复杂。属于这种全关系式数据管理模型的 GIS 软件有 System9，Small World、Geovision 等。

3．对象关系数据库管理模型

这种空间数据存储模型不是基于标准的 RDBMS，而是开放型 DBMS 基础上扩充空间数据表达能力，如图 6-12 所示。它的特点是，对现有的关系数据库进行扩展，增加空间数据类型，解决了空间数据变长记录的存储问题，由数据库软件商开发，效率较高，用户不能根据 GIS 要求进行空间对象的再定义，因而不能将设计的拓扑结构进行存储。该模型的缺点是，用户必须在 DBMS 环境中实施自己的数据类型，对有些应用将相当复杂。属于这种对象关系数据库模型的 GIS 软件有 TIGER，Geo++、Geo Tropics 等。

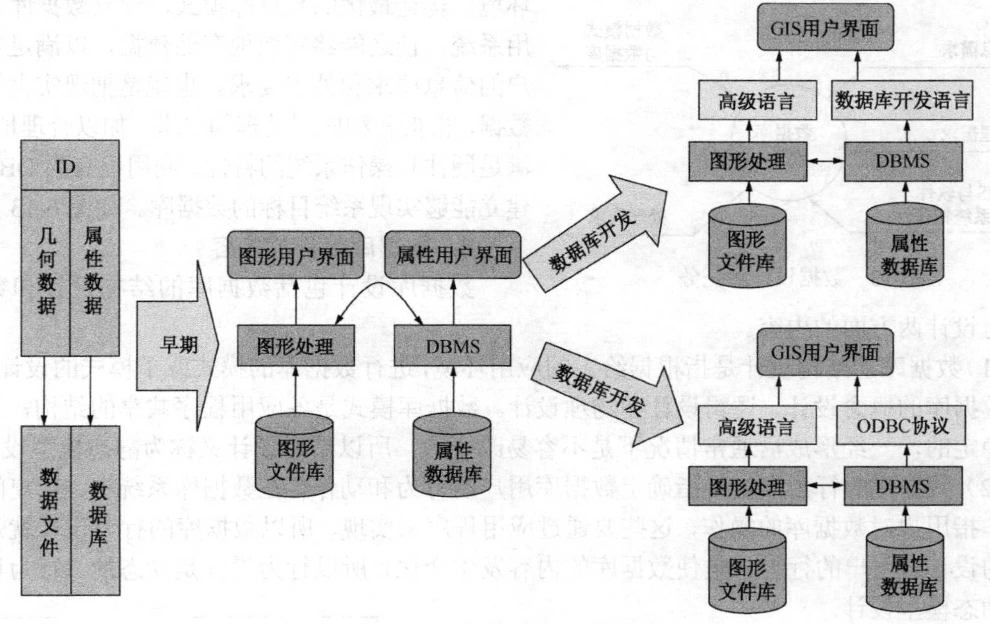

图 6-10　文件关系数据库混合管理

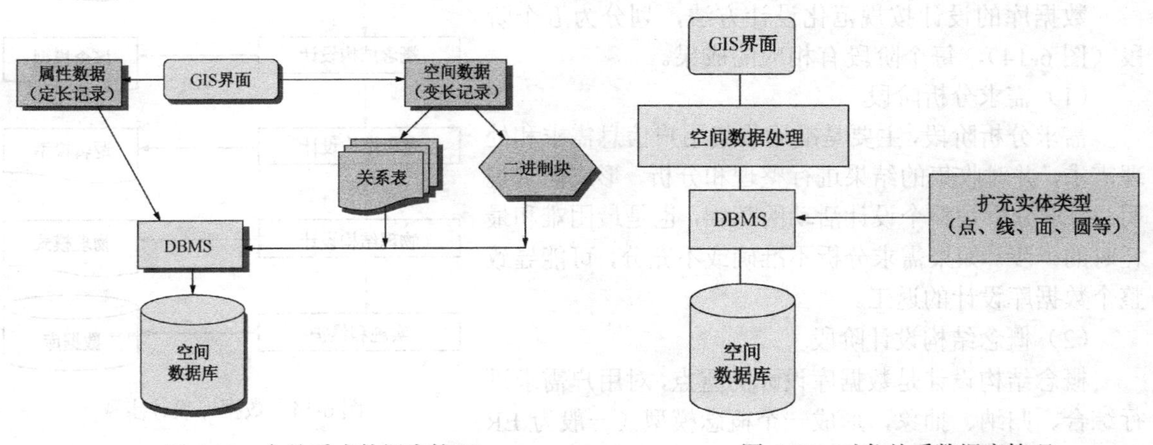

图 6-11　全关系式数据库管理　　图 6-12　对象关系数据库管理

6.3 数据库设计概述

6.3.1 数据库设计基本知识

数据库设计是建立数据库及其应用系统的技术，是信息系统开发和建设中的核心技术。数据库设计是数据库应用系统设计的一部分。

1. 数据库设计的任务

数据库设计是指根据用户需求研制数据库结构的过程，具体地说，是指对于一个给定的应用环境，构造最优的数据库模式，建立数据库及其应用系统，使之能够有效地存储数据，以满足各种用户的信息要求和处理要求。也就是把现实世界中的数据，根据各种应用处理的要求，加以合理地组织，满足硬件和操作系统的特性。利用已有的DBMS来建立能够实现系统目标的数据库。如图6-13所示。

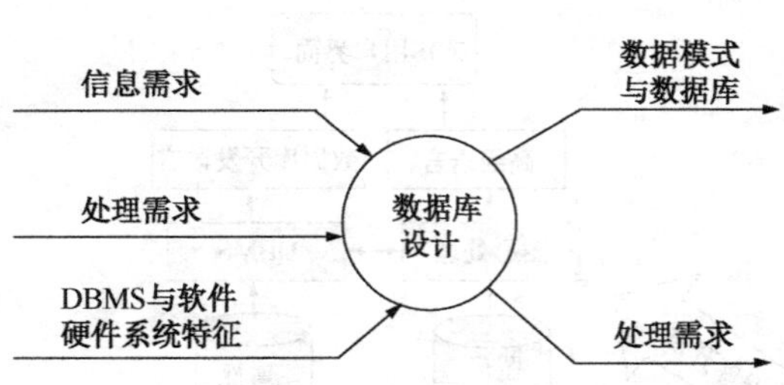

图6-13　数据设计的任务

2. 数据库设计的内容

数据库设计包括数据库的结构设计和数据库的行为设计两方面的内容。

（1）数据库的结构设计是指根据给定的应用环境，进行数据库的模式或子模式的设计。 它包括数据库的概念设计、逻辑设计和物理设计。数据库模式是各应用程序共享的结构，是静态的、稳定的，一经形成后通常情况下是不容易改变的，所以结构设计又称为静态模型设计。

（2）数据库的行为设计是指确定数据库用户的行为和动作。在数据库系统中，用户的行为和动作指用户对数据库的操作，这些要通过应用程序来实现，所以数据库的行为设计就是应用程序的设计。用户的行为总是使数据库的内容发生变化，所以行为设计是动态的，行为设计又称为动态模型设计。

3. 数据库设计的步骤

数据库的设计按规范化设计方法，划分为五个阶段（图6-14），每个阶段有相应的成果。

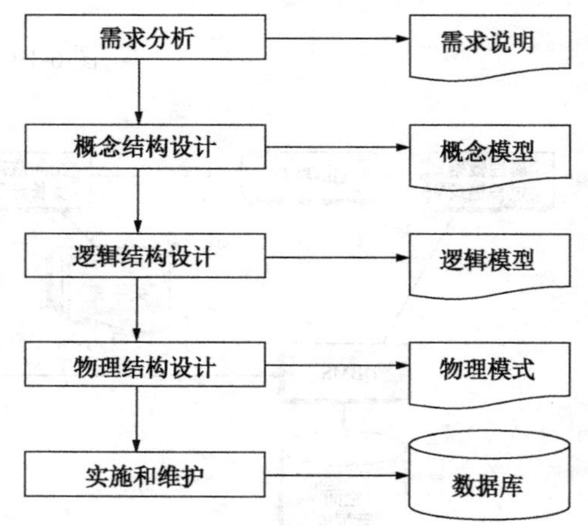

图6-14　数据库设计步骤

（1）需求分析阶段

需求分析阶段，主要是准确收集用户信息需求和处理需求，并对收集的结果进行整理和分析，形成需求说明。需求分析是整个设计活动的基础，也是最困难和最耗时的一步。如果需求分析不准确或不充分，可能导致整个数据库设计的返工。

（2）概念结构设计阶段

概念结构设计是数据库设计的重点，对用户需求进行综合、归纳、抽象，形成一个概念模型（一般为ER模型），形成的概念模型是与具体的DBMS无关的模型，是对现实世界的可视化描述，属于信息世界，是逻辑结构设计的基础。

（3）逻辑结构设计阶段

逻辑结构设计是将概念结构设计的概念模型转化为某个特定的DBMS所支持的数据模型，建立数据库逻辑模式，并对其进行优化，同时为各种用户和应用设计外模式。

（4）物理结构设计阶段

物理结构设计是为设计好的逻辑模型选择物理结构，包括存储结构和存取方法，建立数据库物理模式（内模式）。

（5）实施和维护阶段

实施阶段就是使用DLL语言建立数据库模式，将实际数据载入数据库，建立真正的数据库；在数据库上建立应用系统，并经过测试、试运行后正式投入使用。维护阶段是对运行中的数据库进行评价、调整和修改。

6.4 物流数据库设计

物流数据库设计整体上是依照数据设计的内容、步骤进行，但也有其具体的特点。

6.4.1 物流数据库设计命名规范

1．表名命名规则

数据库使用的表名一律采用有意义的小写英文字符命名，考虑将来编码方便，表名不使用“-”连接相关。

2．表项命名规则

数据库各个表的每个字段，依照表名命名规则，全部使用有意义的小写英文字符命名，字段名不使用“-”连接相关字符，方便编码书写。

6.4.2 物流数据库逻辑设计

表设计中应注意的问题如下。

1）对于字符类型的字段，要仔细确认字段的可能长度。在 Oracle 数据库设计中，一般来说，对于定长的字符数据字段，取字符类型（char），对于不定长的，取变长字符类型（varchar）。

2）对于以分类形式出现的字段，建议不使用字符类型，而使用数字类型。例如，货物是否配送为是或（和）否；如果用字符类型，则将这些字符串需要入库；如果使用数字类型分别用 1、0 代表高职、中职，则入库的是数字信息，从程序编写的角度考虑，后者更好维护一些，主要体现在如果是多语言版本时，不需要在程序中将这些字符串信息进行判断处理。

1．物流数据库表名汇总

数据库表如表 6-3 所示。

表 6-3　数据库表

数据库表名	中文名	文字说明
automobile	车辆	保存公司车辆的基本信息
baseroad	基本路线	保存基本路线的相关信息
charge	收费标准	保存收费标准的设置信息
class	班次	保存班次的相关信息
custom	顾客	保存网上顾客的基本信息
join	交接单	保存交接单的基本信息
point	配送点	保存配送点的基本信息
profits	实际利润	保存实际利润的基本信息
profitsset	利润分配	保存利润分配的相关信息
staff	员工	保存员工的基信息
order	订单	保存订单的基本信息
Transfer	运费计算方案	保存运费计算的参数信息
user	用户	保存用户的基本信息

2．物流数据库表结构设计

（1）逻辑表结构

Automobile 表项如表 6-4 所示。

表 6-4　Automobile 表项

中　文	英　文	数据类型	可否空	初始值	说　明
车辆 ID	automobileid	NUMBER	否		主键，流水自增
类型 ID	carsizeid	NUMBER	否		
车辆载重	carweight	VARCHAR2（30）	否		
车辆类型	carvol	VARCHAR2（30）	否		
车辆牌号	carnum	VARCHAR2（30）	否		

Baseroad 表项如表 6-5 所示。

表 6-5　Baseroad 表项

中　文	英　文	数据类型	可否空	初始值	说　明
基本路线 ID	baseid	NUMBER	否		主键，流水自增
开始配送点 ID	sendpointid	NUMBER	可		
结束配送点 ID	recvpointid	NUMBER	可		
路线名称	basename	VARCHAR2（30）	否		

Charge 表项如表 6-6 所示。

表 6-6　Charge 表项

中　文	英　文	数据类型	可否空	初始值	说　明
收费标准 ID	chargeid	NUMBER	否		主键，流水自增
配送点 ID	cityid	NUMBER	可		
首重量单价	firstweight	FLOAT	否		
次重量单价	secondweight	FLOAT	否		

Class 表项如表 6-7 所示。

表 6-7　Class 表项

中　文	英　文	数据类型	可否空	初始值	说　明
班次 ID	classid	NUMBER	否		主键，流水自增
线路 ID	roadid	NUMBER	否		
发车时间	classstarttime	DATE	否		
抵达时间	classendtime	DATE	否		
状态	classstate	VARCHAR2（10）	否		

Custom 表项如表 6-8 所示。

表 6-8　Custom 表项

中　文	英　文	数据类型	可否空	初始值	说　明
顾客 ID	customid	NUMBER	否		主键，流水自增
顾客名称	customname	VARCHAR2（30）	否		
顾客密码	custompsw	VARCHAR2（30）	否		

Join 表项如表 6-9 所示。

表 6-9　Join 表项

中　文	英　文	数据类型	可否空	初始值	说　明
交接单 ID	joinid	NUMBER	否		主键，流水自增
发货配送点 ID	sendpointid	NUMBER	可		
收货配送点 ID	recvpointid	NUMBER	可		
班次 ID	classid	NUMBER	可		
重量	joinweight	FLOAT（20）	否		
出发时间	joinsendtime	DATE	否		
实际抵达时间	joinrecvtime	DATE	否		

Point 表项如表 6-10 所示。

表 6-10　Point 表项

中　文	英　文	数据类型	可否空	初始值	说　明
配送点 ID	pointid	NUMBER	否		主键，流水自增
城市编号	cityid	NUMBER	可		
配送点姓名	pointname	VARCHAR2（20）	否		
配送点地址	pointaddr	VARCHAR2（100）	否		
联系电话	pointphone	VARCHAR2（20）	否		

Profits 表项如表 6-11 所示。

表 6-11　Profits 表项

中　文	英　文	数据类型	可否空	初始值	说　明
实际利润 ID	profitsid	NUMBER	否		主键，流水自增
全部利润	allprofits	FLOAT	否		
发货配送点利润	sendprofits	FLOAT	否		
总公司利润	companyprofits	FLOAT	否		
收货配送点利润	recvprofits	FLOAT	否		

Staff 表项如表 6-12 所示。

表 6-12　Staff 表项

中　文	英　文	数据类型	可否空	初始值	说　明
员工 ID	staffid	NUMBER	否		主键，流水自增
员工姓名	staffname	VARCHAR2（20）	否		
员工职务	staffpost	VARCHAR2（20）	否		
联系方法	staffphone	VARCHAR2（20）	否		

Order 表项如表 6-13 所示。

表 6-13　Order 表项

中　文	英　文	数据类型	可否空	初始值	说　明
订单 ID	orderid	NUMBER	否		主键，流水自增
顾客 ID	customid	NUMBER	可		
起点城市	startcityid	NUMBER	可		
终止城市	endcityid	NUMBER	可		
起始配送点	startpointid	NUMBER	可		
终止配送点	endpointid	NUMBER	可		
下单时间	sendtime	DATE	否		
完成时间	recvtime	DATE	否		
物品质量	weight	FLOAT（20）	否		
物品描述	describe	VARCHAR2（300）	否		
发件人姓名	sendname	VARCHAR2（20）	否		
发件人电话	sendphone	VARCHAR2（30）	否		
发件人地址	sendaddress	VARCHAR2（100）	否		
收件人姓名	recvname	VARCHAR2（20）	否		
收件人电话	recvphone	VARCHAR2（30）	否		
收件人地址	recvaddress	VARCHAR2（100）	否		
物品计费	cost	NUMBER（8，2）	否		
状态	state	VARCHAR2（10）	否		

User 表项如表 6-14 所示。

表 6-14　User 表项

中　文	英　文	数据类型	可否空	初始值	说　明
用户 ID	userid	NUMBER	否		主键，流水自增
配送点 ID	pointid	NUMBER	可		
用户姓名	username	VARCHAR2（40）	否		
用户密码	password	VARCHAR2（40）	否		

Report 表项如表 6-15 所示。

表 6-15　Report 表项

中　文	英　文	数 据 类 型	可 否 空	初 始 值	说　明
公告 ID	reportid	NUMBER	否		主键，流水自增
用户 ID	userid	NUMBER	否		
公告标题	reportname	VARCHAR2（40）	否		
公告内容	reportword	VARCHAR2（400）	否		

表设计中应注意的问题如下。

1）对于字符类型的字段，要仔细确认字段的可能长度。在 SQL Server 数据库设计中，一般来说，对于定长的字符数据字段，取字符类型（char），对于不定长的，取变长字符类型（varchar）。

2）对于以分类形式出现的字段，建议不使用字符类型，而使用数字类型。例如，人员分类为高职、中职、低职；如果用字符类型，则将这些字符串需要入库；如果使用数字类型分别用 1、2、3 代表高职、中职、低职，则入库的是数字信息，从程序编写的角度考虑，后者更好维护一些，主要体现在如果是多语言版本时，我们不需要在程序中将这些字符串信息进行判断处理。

（2）表之间的关联设计

为了保证数据的完整性，需要对表之间相互的数据进行约束，主要是通过外键来实现数据增删时的数据完备。（说明表中所有关系并作解释：如，路线与运输价格关系，一条线路可能包含多个送达的配送点对，因此就有多个运输价格）

3．路线与运输价格关系

一条线路可能包含多个送达的配送点对，因此就有多个运输价格。路线与运输价格关系如表 6-16 所示。

表 6-16　路线与运输价格关系

Table	Column	Code	Description
车辆	车辆 ID	automobileid	主键索引
	类型 ID	carsizeid	
	车辆载重	carweight	
	车辆牌号	carnum	
基本路线	基本路线 ID	baseid	主键索引
	开始配送点 ID	sendpointid	由配送点表引用的外键
	结束配送点 ID	recvpointid	由配送点表引用的外键
	路线名称	basename	
配送费用标准	收费标准 ID	chargeid	主键索引
	配送点	cityid	由配送点表引用的外键
	首重量单价	firstweight	
	次重量单价	secondweight	
班次	班次 ID	classid	主键索引
	线路 ID	roadid	由基本路线表引用的外键
	发车时间	classstarttime	
	抵达时间	classendtime	
	状态	classstate	

续表

Table	Column	Code	Description
顾客	顾客 ID	customid	主键索引
	顾客名称	customname	
	顾客密码	custompsw	
	顾客邮箱	custommail	
交接单	交接单 ID	joinid	主键索引
	发货配送点 ID	sendpointid	由配送点表引用的外键
	收货配送点 ID	recvpointid	由配送点表引用的外键
	班次 ID	classid	由班次表引用的外键
交接单	车辆类型		由车辆信息表引用的外键
	出发时间	joinsendtime	
	抵达时间	joinrecvtime	
配送点	配送点 ID	pointid	主键索引
	城市编号	cityid	
	配送点名称	pointname	
	配送点地址	pointaddr	
实际利润	实际利润 ID	profitsid	主键索引
	订单 ID	orderid	由订单表引用的外键
	全部利润	allprofits	
	发货配送点利润	sendprofits	
	总公司利润	companyprofits	
	收货配送点利润	recvprofits	
利润分配	利润分配 ID	profitsid	主键索引
	发货配送点	sendpoint	
	收货配送点	recvpoint	
	总公司	company	
员工	员工 ID	staffid	主键索引
	员工姓名	staffname	
	员工地址	staffadd	
	联系方法	staffphone	
订单	订单 ID	orderid	主键索引
	起始配送点	startpointid	由配送点表引用的外键
	终止配送点	endpointid	由配送点表引用的外键
	下单时间	sendtime	
	完成时间	recvtime	
	物品质量	weight	
	物品描述	describe	
	发件人姓名	sendname	由顾客表引用的外键
	发件人电话	sendphone	由顾客表引用的外键
	发件人地址	sendaddress	由顾客表引用的外键
	收件人姓名	recvname	

续表

Table	Column	Code	Description
订单	收件人电话	recvphone	
	收件人地址	recvaddress	
	物品计费	cost	
	状态	state	
用户	用户 ID	userid	主键索引
	用户姓名	username	
	用户密码	password	

6.5 数据挖掘技术基础知识

1．数据挖掘技术的定义

数据挖掘技术是利用人工智能和统计分析等技术，在海量数据中发现模型和数据间的关系，自动地帮助决策者分析历史数据和当前的数据，并做出归纳性的推理，从中挖掘出潜在的模式，从而预测客户的行为，帮助企业的决策者调整市场策略、减少风险、做出正确的决策。结合现代物流的特质和外部环境考虑，数据挖掘技术能够提供越来越强大的支持功能。从商业的角度考虑，由于在商业行为中存在着大量的信息，而这些信息并不是都是所需要的，也就是，它是有噪声的、模糊的、随机的数据，必须通过某种技术对这些隐含在其中的，人们不知道的，但又是潜在有用的信息和只是的过程。只有通过类似于数据挖掘的这样的技术对商业数据库进行抽取、转换、分析等操作，才可以让这些埋藏着的金子发光发亮。

2．数据挖掘技术的特点

数据挖掘技术具有以下特点。

1）处理的数据规模十分庞大，达到 GB、TB 数据级，甚至更大。

2）查询一般是决策制定者提出的即时随机查询，往往不能形成精确的查询要求，需要靠系统本身寻找其可能感兴趣的东西。

3）在一些应用中（如商业投资等），由于数据变化迅速，因此要求数据挖掘能快速做出相应反应以随时提供决策支持。

4）数据挖掘中，规则的发现基于统计规律。因此，所发现的规则不必适用于所有数据，而是当达到某一临界值即认为有效。因此，利用数据挖掘技术可能会发现大量的规则。

5）数据挖掘所发现的规则是动态的，它只找到了当前状态的数据库具有的规则，随着不断地向数据库中加入新数据，需要随时对其进行更新。

3．数据挖掘的一般过程

数据挖掘过程可以大体分为 4 个步骤：数据准备、数据挖掘、结果的解释和评价、用户界面，如图 6-15 所示。

（1）步骤 1：数据准备

1）数据选择。搜索所有与业务对象有关的内部和外部数据信息，并从中选择出适用于数据挖掘的应用的数据。以物流领域中的仓库管理为例，仓库管理中通常会对货物进行一定的分类，从而来有效利用平面、空间利用率，同时让工作流程更加的高效。在物流上，通常取用ABC分类法（即按货物的价值与数量）进行分类。而这些数据多从市场上搜集得来，部分是直接从零售商处取得的。在这种情况下，数据选择应选择那些跟市场销售上有更多关联的数据。

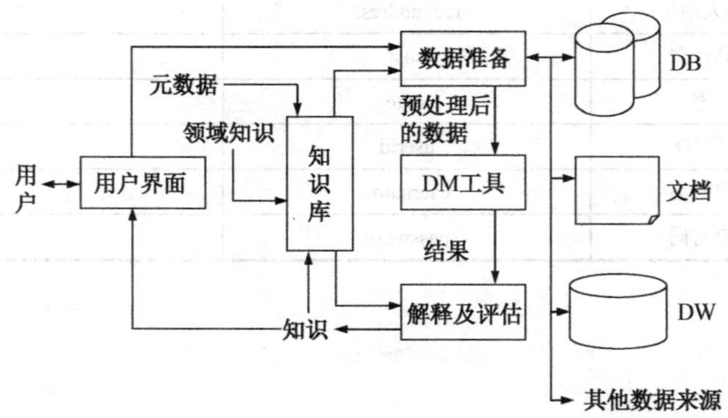

图6-15　数据挖掘一般过程

2）数据的预处理。研究数据的质量，为进一步的分析做准备，并确定将要进行的挖掘操作的类型。仍以上述例子说明，通过各类市场搜集回来的各种数据中存在有很多的噪声，如由于某些特别的原因，导致某产品在特定的短时期内价格有所上升，偏离平时情况。数据预处理则是要先对这样的偏离的数据预先剔走。

3）数据的转换。将数据转换成一个分析模型。这个分析模型是针对挖掘算法建成的，建立一个真正的适合挖掘算法的分析模型是数据挖掘成功的关键。

（2）步骤2：数据挖掘

对所得到的经过转换的数据进行挖掘，除了进一步完善挖掘算法外，其余一切工作都能自动完成。以下一些情况可能影响数据挖掘的效果。以上述例子为例，出现填写错误的订单；部分重复的订单数据；缺少相应可以实施的功能；挖掘出来的结果缺乏充分的理由；耗时太长等。

（3）步骤3：结果的解释和评价

解释并评估结果，其使用的分析方法一般应视不同的数据挖掘操作而定。根据最终用户的决策目的对提取的信息进行分析，把最有价值的信息区分出来，并且通过决策支持工具提交给决策者。因此这一步骤的任务不仅是把结果表达出来，还要对信息进行过滤处理，如果不能令决策者满意，需要重复以上数据挖掘过程。

（4）步骤4：用户界面

将分析所得到的知识集成到业务信息系统组织结构中去。

6.6 数据挖掘技术在物流领域中的应用

现代物流系统是一个庞大复杂的系统，特别是全程物流，包括运输、仓储、配送、搬运、包装和再加工等环节，每个环节的信息量非常大，使企业很难对这些数据进行有条理，有选择性的分析。如何将企业中积累的大量的原始客户数据转化成有用的信息为决策者提供决策支持，已经成为数据库研究中一个很有应用价值的新领域，数据挖掘技术由此应运而生。数据挖掘技术能帮助企业在物流信息管理系统中，及时、准确地搜集数据并对其进行分析。对客户的行为及市场趋势进行有效的分析，了解不同客户的爱好，从而为客户提供有针对性的产品和服务。提升物流企业的客户满意度，对物流企业的长远发展有着极大的促进作用。

1．物流领域中的数据挖掘过程

1）定义商业问题。每一个客户关系管理应用程序都有一个或多个商业目标，为此需要建立恰当的有针对性的模型。在数据挖掘之前，应从企业角度分析要达到的需求和目标，将物流目标转换成数据挖掘目标，给出数据挖掘问题的定义，并设计一个达到目标的初步计划。

2）建立行销数据库。因为操作性数据库和共同的数据仓库常常没有提供所需格式的数据，因此需要建立一个行销数据库。建立行销数据库时，要对它进行净化。因为需要的数据可能在不同的数据库中，所以需要集成和合并数据到单一的行销数据库中，并协调来自多个数据源的数据在数值上的差异。

3）为建模准备数据。根据已确定的挖掘目标，选择挖掘的数据源，一般包括企业客户数据库、业务数据库、外部数据库，对取得的各种数据源进行预处理，检查数据的完整性和一致性。

4）数据挖掘模型的构建。模型建立是一个迭代的过程，需要研究可供选择的模型，从中找出最能解决企业商业问题的一个。根据确定的挖掘目标，选择适合的挖掘模型和挖掘算法，对数据挖掘库中数据进行处理，对模型的参数进行调整，可综合运用几种挖掘模型，然后再对结果进行分析。

5）模型评估。要及时对建立的模型进行解释和评估。企业的客户关系管理人员根据挖掘的结果和先确立的挖掘目标进行解释和评价，过滤出要呈现给用户的知识，并将有意义的知识以图形或逻辑可视化的形式表现出来，易于让用户理解。如果跟挖掘目标有出入，需要重新对数据建模、改进和完善。

6）将数据挖掘运用到客户关系管理方案中。在建立客户关系管理应用时，数据挖掘常常是整个产品中很小的但意义重大的一部分。通过数据挖掘而得出的预测模式可以和各个领域的专家知识结合在一起，构成一个可供不同类型的人使用的应用程序。我国物流企业现阶段总体上还处于向现代物流转型的时期，在客户关系管理方面，虽然企业对客户十分关注，并积累了一定的客户信息，但仍然存在着许多问题。虽然客户关系管理逐步得到应用，但在客户关系管理中积累下来的海量数据并没有得到企业决策层的足够的认识，尚未完全挖掘出这些数据中蕴藏的有用信息。客户关系管理以其先进理念，为提高企业核心竞争力创造了条件，数据挖掘以其强大的数据分析能力，为切实落实物流企业的客户管理计划提供了可能。随着经济的不断发展，数据挖掘技术与物流企业客户关系管理的结合，将为物流企业客户关系管理带来更好的应用前景和市场价值。

基于数据仓库与数据挖掘技术的现代物流体系可由采购进货管理系统、销货出货管理系统、库存仓储管理系统、财务管理和结算系统、物流客户管理系统、OLAP（On-line Analytical Processing，联机分析处理）、数据仓库、数据挖掘处理的物流分析系统、解释评价系统、运输配送管理系统、物流决策支持等系统组成。

在采购进货、销货出货、财务管理和结算系统中，利用数据仓库和数据挖掘技术，可以改善物流业务与资金的平衡、提高资金的周转，结合物流客户管理系统，以确保把握住利润最高的商品品种、数量和可靠的物流客户，发展良好的客户关系。库存仓储管理中利用数据仓库和数据挖掘技术，可以合理安排货品的存储，有效地提高拣货效率，动态把握货品流通，最大限度实现“零库存”，降低企业成本，提高企业效益。

运输配送管理系统中，应用 GIS 技术与运筹决策模型建立的物流分析系统，通过数据挖掘中的分类树的方法，确定配送中心点的位置及各地址间的物品运输量，编制配送计划，设计和优化

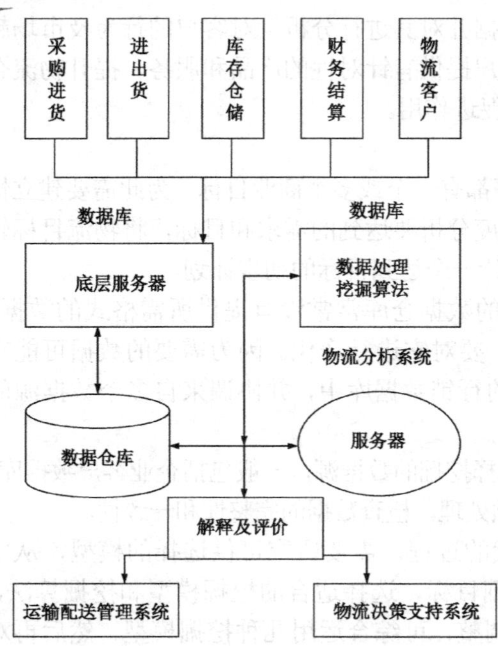

图 6-16 物流业中数据挖掘一般过程设想

配送路线，确定有效配送策略，并结合物流决策支持系统中，分析内外各种信息、图表。运用数据挖掘工具对历史数据进行多角度、立体的分析，建立决策支持系统，实现对物流中心的资源的综合管理，为物流决策提供科学的依据，如图 6-16 所示。

由图 6-6 可见，我们将现代物流系统按功能的不同简单分成了 5 个系统：采购进货系统、进出货系统、库存仓储系统、财务结算系统、物流客户服务系统。我们分别对这 5 个系统建立自己的数据库，数据库的数据要根据各个系统的特征进行建立。在挖掘过程中，建立了物流分析系统，系统将根据不同的计算原则采用不同的挖掘算法对各个数据库进行数据挖掘，以其得出理想的数据。最后将对数据进行解释和评价，归纳总结后用于支持决策的制定。

2．现代物流中如何应用数据挖掘

（1）目前的挑战

在我国现代物流是一个新兴的行业。一个关键的问题是虽然伴随着国外物流管理成功经验的传入很多企业或者专门提供物流服务的 3PL（Third-part Logistics，第三方物流）和 4PL（第四方物流）都意识到了数据挖掘在这个新兴行业中应用的必然趋势和广阔前景，但因现代物流的涵盖之广，如何把数据挖掘应用在其中，发现各方面有意义的知识以供领导决策，仍然是个令多方人士困惑的问题。

（2）以活动为基础现代物流剖析

数据挖掘是基于数据库和/或数据仓库而进行的，而数据库是基于企业各方面的底层经营资料搭建而成的。数据仓库的组织是面向主题的。现代物流则是一个过程，包含了计划、实施和控制的功能，提供了各种各样的服务。 那么，如何将二者结合起来，使数据挖掘技术全面地支撑起其在现代物流中的应用呢？

资料介绍有一种解决方法。基于活动的现代物流剖析——ABP（Active Based Paunching），我们注意到，把现代物流按照其经营活动进行剖析。进而继续细分可以逐渐渗透到企业的底层经营中去，即把物流活动的分析同日常的经营联系起来，从而在现代物流和数据挖掘之间搭建起一座相互沟通的桥梁，这样数据挖掘就可以在现代物流的各个方面都可以得到应用。

依据这种理念，现代物流管理在第一次的剖析中，可以认为包含以下 5 个相互依赖的活动：客户反应、库存计划与管理、供应、运输和仓储。接下来，基于这 5 种活动进行第二次剖析，即：①客户活动剖析；②库存活动剖析；③供应活动剖析；④运输活动剖析；⑤仓储活动剖析。

数据挖掘技术源于物流的直接需求，虽然它在各种领域都存在广泛的使用价值，但是物流领域是数据挖掘的主要应用领域之一。这是因为条形码等技术的发展，物流部门可以利用前端 PC 系统收集、存储大量的进出历史记录、货物进出状况和服务记录等数据。物流业同其数据密集型企业一样积累了大量的数据。这些数据正是数据挖掘的基础。数据挖掘技术有助于识别运输行为，发现配送新模式和趋势，改进运输效率，取得更高的核心竞争力，减少物流成本。同时，我国物流企业已经开始摆脱简单的技术应用阶段，已经从单纯的应用数据库系统和简单 MIS 发展到应用智能决策系统。从传统管理提高到依靠企业市场竞争力的战略角度来实施物流业信息化。然而，在这一过程中，最缺乏的就是对数据的有效利用，即缺乏对数据进行深层次的分析，然后应用分析结果于经营活动中去。数据如果不进行分析，它就只是一种简单的原始数据，不能生成可供企业分析、决策的信息。宏观地来说，数据挖掘可以从下面几个方面将各类物流活动进行剖析和相互联系。

1）纵览全局，提高物流决策的总体效率。通过分类信息（按货物的种类、数量、地点和日期等）了解每天的运营和财政情况，掌控每一货物的运输成本和库存的变化。在运输货物时，随时检查货物运输结构是否合理，这一点十分重要。

2）降低库存成本。通过数据挖掘系统，将运输数据和库存数据集中起来，通过数据分析，决定对哪些货物进行先行发货，以确保合适的库存。数据挖掘系统还可以将库存信息和货物预测信息通过 EDI 系统直接送到客户那里，这样可以定期增加或者减少库存，进而减少自身的负担。

3）货物分组布局、运输推荐参照分析。通过从统计记录中挖掘的有关信息，可以发现运输某一种货物的顾客可能运输其他货物。这类信息，可以形成固定的运输推荐，或者保持一定的组合（货物分组布局），以帮助客户方便的发送货物，打动顾客的心，从而增加营业额。

4）市场和趋势分析。利用数据挖掘工具和统计模型对数据库的数据仔细研究，以分析客户的运输习惯和其他战略性信息。通过检索数据库中近年来的物流数据，运用数据挖掘，可以对货物的季节性、运输量、品种和库存等的趋势进行数据挖掘分析，从而可确定风险货物，对物流运作管理做出决策。

5）客户细分。客户细分是将人的消费群体划分为若干小细分群体，同属一个细分群的消费者彼此相似。客户细分可以使商家以不同的方法区别对待处于不同细分群中的客户，但这并不意味着服务与质量上的差别。

6）交叉盈利。物流企业和客户之间的关系是一种持续不断的发展关系，交叉盈利是建立在业务双方互利原则的基础之上的。客户因得到更多、更好的符合他们需求的服务而获益，企业也因业务增长而获益。在很多情况下对老客户状况的数据挖掘与对新客户的数据挖掘是一致的。交叉盈利的优势在于，企业可以比较容易地得到关于老客户的比较丰富的信息，大量的数据可以保证数据挖掘的准确性。

3．运用数据挖掘技术时应注意的问题

首先应该注意的是，在物流决策过程中，不是所有的数据挖掘系统都能解决物流领域上的问题的。如果不能将特殊领域的物流业逻辑与数据挖掘技术集成起来，数据挖掘的分析效果和效益就不可能达到最佳值。总的说来，决策者在应用数据挖掘技术时，应该考虑两方面的因素：一是用数据挖掘“发现”问题；二是用数据挖掘“发明”解决问题的方法。“发现”就是从数据中寻找规律，从物流业运作过程产生的大量业务数据中寻找出聚类性质的相互关系，以获得有价值的物流业信息。“发明”就是以数据规律为基础，通过利用某些数学方法（如统计分析和人工智能等）将实际问题抽象为数学模型，以指导解决实际问题。具体来说，应该注意以下几个方面的问题。

（1）避免重复投资

数据挖掘是从大量数据中提取有价值的信息，而数据一般存储在数据库中。物流业进行信息化建设的前期一般已经选用了一种数据库产品，因此要首先考虑数据库更新的问题，以及数据挖掘系统与物流其他系统的集成问题。这样，才能有利于企业降低成本，达到最大效益并且保护已有的投资。

（2）技术人员及其素质

数据挖掘人员首先要有良好的统计概念，其次要懂得基本的物流和行业概念，他们所选用的技术和优化方法会对模型的准确度和生成速度产生很大影响。物流业中一般不具备上述人才，物流决策者应该重视引进并保留住合格的人才。

（3）数据挖掘的工具选择

目前的数据挖掘工具大多是国外的舶来品，是否适合我国物流业的特点还有待于实践的检验，

但在国内数据挖掘工具还不成熟的情况下，只有选择合适的国外产品。引进这些外国产品的时候要考虑定制问题，只有适合并能正确反映企业具体经营状况的工具才是首选工具。

（4）数据质量

国内很多大的物流公司和企业都建立起了自己的业务系统，同时伴随着一个比较庞大的数据中心。但这种面向事务而产生的数据在质量、完整性和一致性上都存在着很多问题，这就使得数据挖掘应用专家很难集中精神去建立模型，而是投入太多的精力和时间去解决数据的抽取、净化和处理。

（5）数据的准备

为了保证数据挖掘结果的价值，必须了解数据，这一点至关重要。输入数据库中的异常数据、不相关的字段或互相冲突的字段、数据的编码方式等都会对数据挖掘输出结果的质量产生影响。虽然一些数据挖掘算法自身会对上面提到的问题做一些考虑，但让算法自己做所有这些决定是不明智的。在进行数据挖掘前，要对以前的经营数据进行必要的“整理”与“筛选”，以提高数据挖掘的效率与正确性。

6.7 物流系统数据库设计实训

6.7.1 实训目的及要求

1．实训目的

通过对某物流企业的仓储管理业务进行物流数据库设计的需求分析、概念设计、逻辑设计、物理设计、数据库实施和数据库运行及维护阶段工作的实践，掌握数据库设计的一般方法与步骤，深入掌握数据库设计的基本理论、方法和步骤。

2．实训要求

根据本章所学课程的内容，运用相应数据库管理系统或Excel电子表格，完成某物流企业的仓储管理业务数据库设计的需求分析、概念设计、逻辑设计、物理设计、数据库实施和上机运行及维护工作，要求绘制E-R关系图。

6.7.2 实训任务

实训任务如表6-17所示。

表6-17 实训任务

任务编号	6
任务名称	物流系统数据库实训
任务内容	1．需求分析：需求分析的任务是准确了解并分析用户对系统的需要和要求，弄清系统要达到的目标和实现的功能，得到分析结果（包括流程图、系统模块图、必要的文字说明等） 2．概念设计：将需求分析得到的用户需求抽象为概念模型（即E-R图） 3．逻辑设计：逻辑设计的任务就是将概念结构转换为选用数据库所支持的数据模型；然后用关系数据库规范化理论对数据模型进行优化，使之至少达到3NF 4．数据库的实施：建立数据库基本对象（包括基本表、索引、视图等），实现数据库的安全性，完整性

续表

提 交 资 料	1．物流企业数据库表 2．E-R 图
相关网站资料	1．物流信息技术与应用国家级精品课程网：http://jpkc3.56edu.com:88/study/wlxxjs/index.html 2．数据挖掘大讲堂：http://www.kddchina.com/
思 考 问 题	1．数据挖掘对物流企业的发展起什么作用 2．物流企业应用如何进行数据挖掘

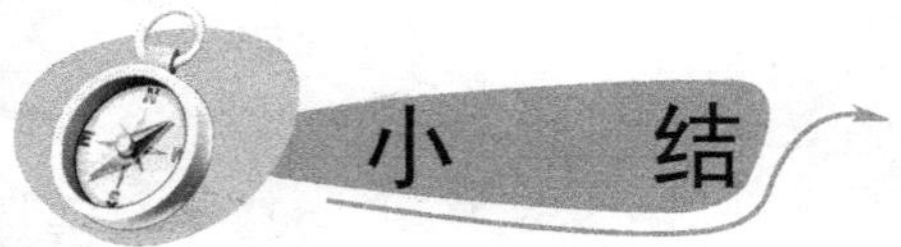

小　结

本章介绍了数据库基础知识，物流数据库设计的基本方法及过程，数据挖掘的基础知识，阐述了物流领域中的数据挖掘过程，分析了现代物流中如何应用数据挖掘技术。

习　题

1．什么是数据挖掘？
2．简述物流领域中的数据挖掘过程。
3．请分析现代物流中如何应用数据挖掘。

第7章 物流数据交换技术

导教 教学导航

职业能力要求

■ 专业能力：掌握EDI物流数据交换技术、ebXML物流数据交换技术及物流服务交换技术的基本概念，明晓物流数据交换技术在物流信息技术中的作用，能在今后工作中分析物流信息系统在数据处理、交换过程中的具体问题。

学习目标

- ■ 掌握数据交换技术的主要方法；
- ■ 掌握EDI的特点、分类及工作过程；
- ■ 掌握ebXML的数据交换技术；
- ■ 掌握物流服务交换技术；
- ■ 学习常用物流数据交换技术在物流中的应用。

导读7-1 一力物流的仓储与电子商务系统数据交换

湖南一力股份有限公司（以下简称一力物流）创建于1995年，注册资金3.68亿元人民币，1999年投资20亿元人民币兴建湖南钢材大市场，目前已发展成融物流信息、商品融资、电子交易、仓储分拣、加工制造、配载配送等功能为一体的国家级现代物流园区。一力物流园自建铁路专用线4股道4.8km，拥有72万平方米货场区，36万平方米室内仓储和加工制造区，13条钢材加工生产线和128台（辆）龙门吊、行吊、汽车吊等装卸设备，18万平方米交易和综合配套区。2009年园区入驻企业近1000家，从业人员达15 000余人，年货物吞吐量600万吨，年交易额近200亿元人民币。

在2009年以前，一力物流建成了仓储管理信息系统和电子商务系统，以仓储管理为核心业务的运输、加工、搬运装卸、商贸融资等配套物流增值业务在这两个系统的基础上获得了迅速的发展和提升。然而在这两个基础性的系统之间，需要交换仓储库存、客户信息、货物价值等数据，为此一力物流和湖南现代物流职业技术学院开展了联合科技攻关，于2010年研发成功了基于SOA-BPM组合架构的EDI，在这两个系统之间实现了库存、货品、客户、订单、质押、控货等业务数据的实时交换，采用了XML报文作为数据交换报文格式，使用Web Service作为系统集成平台的数据交换功能组件，大大缩短了仓单质押、代购、客户管理、库存调整、业务单据流转等的业务操作时间，优化了业务处理流程，为物流园区提升更好更快的物流增值业务提供了基础性的保障。

思考题：

（1）什么是 EDI 系统？谈谈你对它的理解。

（2）结合一力物流的成功经验，你认为 EDI 系统能给企业带来哪些收益？

7.1 EDI 物流数据交换技术

7.1.1　EDI 概述

1．EDI 的发展背景

在国际贸易中，由于买卖双方地处不同的国家和地区，因此在大多数情况下，不是简单地直接地面对面地买卖，而必须以银行进行担保，以各种纸面单证为凭证，方能达到商品与货币交换的目的。这时，纸面单证就代表了货物所有权的转移。

全球贸易额的上升带来了各种贸易单证、文件数量的激增。在各类商业贸易单证中有相当大的一部分数据是重复出现的，需要反复地输入。有人对此也做过统计，计算机的输入平均 70%来自另一台计算机的输出，且重复输入也使出差错的机率增高，据美国一家大型分销中心统计，有 5%的单证中存在着错误。同时重复录入浪费人力、浪费时间、降低效率。因此，纸面贸易文件成了阻碍贸易发展的一个比较突出的因素。

另外，在整个贸易链中，绝大多数的企业既是供货商又是销售商，因此提高商业文件传递速度和处理速度成了所有贸易链中成员的共同需求，同时通信条件和技术的完善，网络的普及又为 EDI 的应用提供了坚实的基础。

时至今日，EDI 历经萌芽期、发展期已步入成熟期。英国的 EDI 专家明确指出：“以现有的信息技术水平，实现 EDI 已不是技术问题，而仅仅是一个商业问题”。

2．EDI 的概念

EDI 是英文 Electronic Data Interchange 的缩写，中文可译为“电子数据互换”。它是一种在公司之间传输订单、发票等作业文件的电子化手段，它通过计算机通信网络将贸易、运输、保险、银行和海关等行业信息，用一种国际公认的标准格式，实现各有关部门或公司与企业之间的数据交换与处理，并完成以贸易为中心的全部过程。ISO 将 EDI 描述成“将贸易（商业）或行政事务处理按照一个共认的标准变成结构化的事务处理或信息数据格式，从计算机到计算机的电子传输”。而 ITU-T（原 CCITT）将 EDI 定义为“从计算机到计算机之间的结构化的事务数据互换”。又由于使用 EDI 可以减少甚至消除贸易过程中的纸面文件，因此 EDI 又被人们通俗地称为“无纸贸易”。

从上述 EDI 定义不难看出，EDI 包含了 3 个方面的内容，即计算机应用、通信、网络和数据标准化。其中计算机应用是 EDI 的条件，通信环境是 EDI 应用的基础，标准化是 EDI 的特征。这 3 方面相互衔接、相互依存，构成 EDI 的基础框架。EDI 系统模型如图 7-1 所示。

3．EDI 的分类

根据功能，EDI 可分为 4 类。

第一类是前面所述的订货信息系统，是最基本的，也是最知名的 EDI 系统。它又可称为贸易数据互换系统（Trade Data Interchange，　TDI），它用电子数据文件来传输订单、发货票和各类通知。

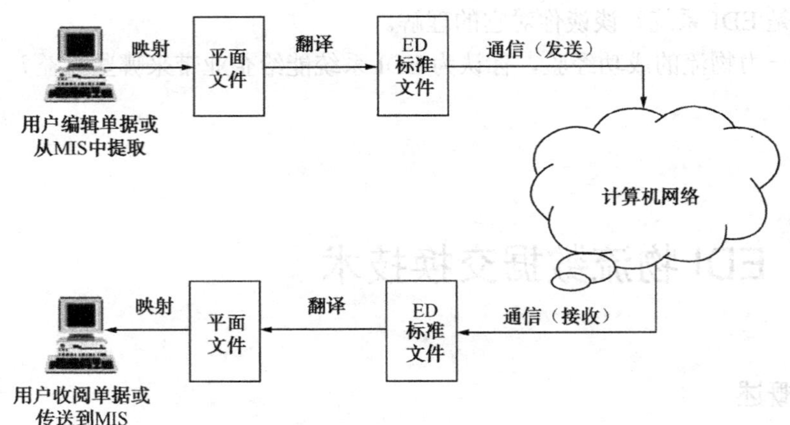

图 7-1 EDI 系统模型

第二类常用的 EDI 系统是电子金融汇兑系统（Electronic Fund Transfer，EFT），即在银行和其他组织之间实行电子费用汇兑。EFT 已使用多年，但它仍在不断的改进中。最大的改进是同订货系统联系起来，形成一个自动化水平更高的系统。

第三类常见的 EDI 系统是交互式应答系统（Interactive Query Response，IQR）。它可应用在旅行社或航空公司作为机票预订系统。这种 EDI 在应用时要询问到达某一目的地的航班，要求显示航班的时间、票价或其他信息，然后根据旅客的要求确定所要的航班，并打印机票。

第四类是带有图形资料自动传输的 EDI。最常见的是计算机辅助设计图形的自动传输。例如，美国一个厨房用品制造公司——Kraft Maid 公司，在 PC 机上用 CAD 设计厨房的平面布置图，再用 EDI 传输设计图纸、订货、收据等。

4．EDI 的应用

一个传统企业简单的购货贸易过程：买方向卖方提出订单。卖方得到订单后，就进行它内部的纸张文字票据处理，准备发货。纸张票据中包括发货票等。买方在收到货和发货票之后，开出支票，寄给卖方。卖方持支票至银行兑现，银行再开出一个票据，确认这笔款项的汇兑。

而一个生产企业的 EDI 系统，就是要把上述买卖双方在贸易处理过程中的所有纸面单证由 EDI 通信网来传送，并由计算机自动完成全部（或大部分）处理过程。具体为：企业收到一份 EDI 订单，则系统自动处理该订单，检查订单是否符合要求；然后通知企业内部管理系统安排生产；向零配件供销商订购零配件等；有关部门申请进出口许可证；通知银行并给订货方开出 EDI 发票；向保险公司申请保险单等。从而使整个商贸活动过程在最短时间内准确地完成。一个真正的 EDI 系统是将订单、发货、报关、商检和银行结算合成一体，从而大大加速了贸易的全过程。因此，EDI 对企业文化、业务流程和组织机构的影响是巨大的。

7.1.2 EDI 数据交换的系统功能模型

在 EDI 中，EDI 参与者所交换的信息客体称为邮包。在交换过程中，如果接收者从发送者所得到的全部信息包括在所交换的邮包中，则认为语义完整，并称该邮包为完整语义单元。完整语义单元的生产者和消费者统称为 EDI 的终端用户。在 EDI 工作过程中，所交换的报文都是结构化的数据，整个过程都是由 EDI 系统完成的。EDI 系统结构如图 7-2 所示。

（1）用户接口模块

业务管理人员可用此模块进行输入、查询、统计、中断、打印等，及时地了解市场变化，调整策略。

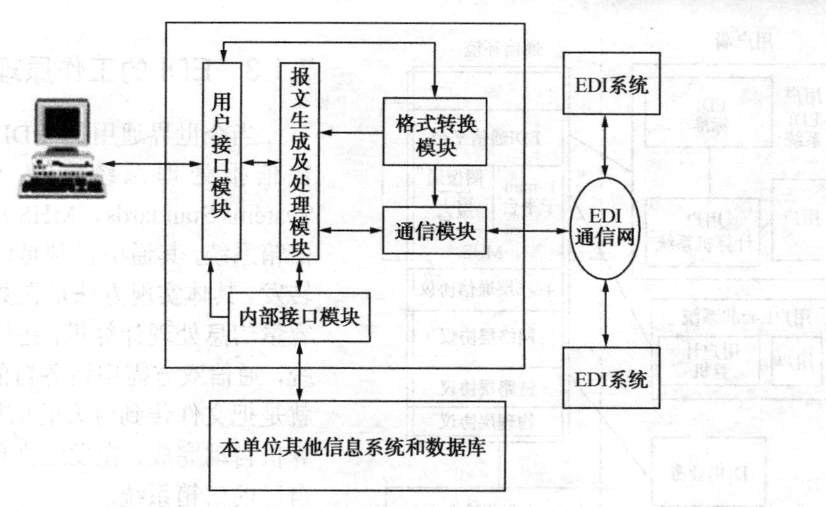

图 7-2　EDI 系统结构

（2）内部接口模块

内部接口模块是 EDI 系统和本单位内部其他信息系统及数据库的接口，一份来自外部的 EDI 报文，经过 EDI 系统处理之后，大部分相关内容都需要经内部接口模块送往其他信息系统，或查询其他信息系统才能给对方 EDI 报文以确认的答复。

（3）报文生成及处理模块

报文生成及处理模块有两个功能。

1）接受来自用户接口模块和内部接口模块的命令和信息，按照 EDI 标准生成订单、发票等各种 EDI 报文和单证，经格式转换模块处理之后，由通信模块经 EDI 网络发给其他 EDI 用户。

2）自动处理由其他 EDI 系统发来的报文。在处理过程中要与本单位信息系统相连，获取必要信息并给其他 EDI 系统答复，同时将有关信息送给本单位其他信息系统。如因特殊情况不能满足对方的要求，经双方 EDI 系统多次交涉后不能妥善解决的，则把这一类事件提交用户接口模块，由人工干预决策。

（4）格式转换模块

所有的 EDI 单证都必须转换成标准的交换格式，转换过程包括语法上的压缩、嵌套、代码的替换及必要的 EDI 语法控制字符。在格式转换过程中要进行语法检查，对于语法出错的 EDI 报文应拒收并通知对方重发。

（5）通信模块

通信模块是 EDI 系统与 EDI 通信网络的接口。包括执行呼叫、自动重发、合法性和完整性检查、出错报警、自动应答、通信记录、报文拼装和拆卸等功能。

（6）必须具备的一些基本功能

1）命名和寻址功能。EDI 的终端用户在共享的名字当中必须是唯一可标识的。命名和寻址功能包括通信和鉴别两个方面。

2）安全功能。EDI 的安全功能应包含在上述所有模块中。它包括以下一些内容：终端用户及所有 EDI 参与方之间的相互验证；数据完整性； EDI 参与方之间的电子（数字）签名；否定 EDI 操作活动的可能性；密钥管理。

3）语义数据管理功能。完整语义单元是由多个信息单元组成的。其完整语义单元和信息单元的管理服务功能包括：信息单元应该是可标识和可区分的；信息单元必须支持可靠的全局参考；应能够存取指明信息单元属性的内容，如语法、结构语义、字符集和编码等；应能够跟踪和对信息单元定位；对终端用户提供方便和始终如一的访问方式。

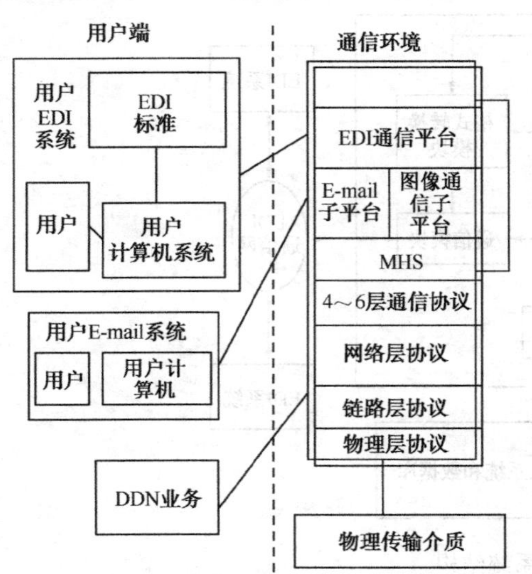

图 7-3　EDI 在计算机通信网络七层协议中的地位和作用

7.1.3　EDI 的工作原理

当今世界通用的 EDI 通信网络，是建立在信报处理系统标准（Message Handling Systems Standards，MHS）数据通信平台上的信箱系统，其通信机制是信箱间信息的存储和转发。具体实现方法是在数据通信网上加挂大容量信息处理计算机，在计算机上建立信箱系统，通信双方需申请各自的信箱，其通信过程就是把文件传到对方的信箱中。文件交换由计算机自动完成，在发送文件时，用户只需进入自己的信箱系统。

EDI 可以看作 MHS 通信子平台，图 7-3～图 7-5 分别表示了 EDI 在计算机通信网络七层协议中的地位和作用、EDI 信箱系统通信和交换原理，以及完整的通信流程。

通信流程中各功能模块说明如下。

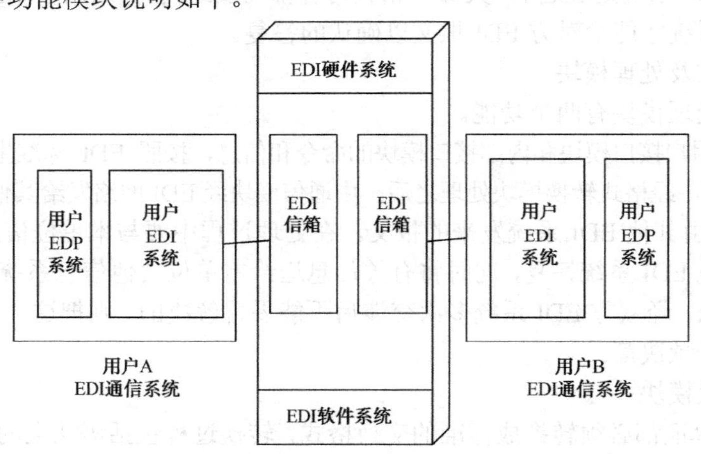

图 7-4　EDI 信箱系统通信和交换原理

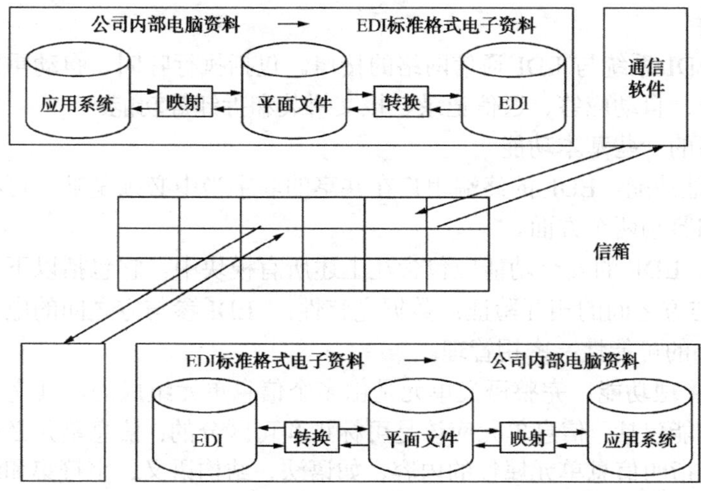

图 7-5　EDI 完整的通信流程

1．映射——生成 EDI 平面文件

EDI 平面文件（Flat File）是通过应用系统将用户的应用文件（如单证、票据）或数据库中的数据，映射成的一种标准的中间文件。这一过程称为映射（Mapping）。

平面文件是用户通过应用系统直接编辑、修改和操作的单证和票据文件，它可直接阅读、显示和打印输出。

2．翻译——生成 EDI 标准格式文件

翻译（Translation）的其功能是将平面文件通过翻译软件（Translation Software）生成 EDI 标准格式文件。

EDI 标准格式文件，就是所谓的 EDI 电子单证，或称电子票据。它是 EDI 用户之间进行贸易和业务往来的依据。EDI 标准格式文件是一种只有计算机才能阅读的 ASCII 文件。它是按照 EDI 数据交换标准（即 EDI 标准）的要求，将单证文件（平面文件）中的目录项，加上特定的分割符、控制符和其他信息，生成的一种包括控制符、代码和单证信息在内的 ASCII 码文件。

3．通信

这一步由计算机通信软件完成。用户通过通信网络，接入 EDI 信箱系统，将 EDI 电子单证投递到对方的信箱中。

EDI 信箱系统则自动完成投递和转接，并按照 X.400（或 X.435）通信协议的要求，为电子单证加上信封、信头、信尾、投送地址、安全要求及其他辅助信息。

4．EDI 文件的接收和处理

接收和处理过程是发送过程的逆过程。首先需要接收用户通过通信网络接入 EDI 信箱系统，打开自己的信箱，将来信接收到自己的计算机中，经格式校验、翻译、映射还原成应用文件。最后对应用文件进行编辑、处理和回复。

在实际操作过程中，EDI 系统为用户提供的 EDI 应用软件包，包括了应用系统、映射、翻译、格式校验和通信连接等全部功能。其处理过程，用户可看做一个“黑匣子”，完全不必关心里面具体的过程。

7.1.4　EDI 在物流中的应用

1．物流 EDI 的框架结构

物流 EDI（Logistics EDI）是指货主、承运业主及其他相关的单位之间，通过 EDI 系统进行物流数据交换，并以此为基础实施物流作业活动的方法。

近年来，EDI 在物流中被广泛应用。物流 EDI 的参与对象有货主（如生产厂家、贸易商、批发商、零售商等）、承运商业主（如独立的物流承运企业等）、实际运送货物的交通运输企业（铁路企业、水运企业、航空企业、公里运输企业等）、协助单位（政府有关部门、金融企业等）和其他的物流相关单位（如仓库业者、配送中心等）。物流 EDI 的框架结构如图 7-6 所示。

下面是一个由发送货物业主、物流运输业主和接收货物业主组成的物流模型，这个物流模型的运作步骤如下。

（1）发送货物业主（如生产厂家）在接到订货后制定物运送计划，并把运送货物的清单及运送时间安排等信息通过 EDI 发送给物流运输业主和接收货物业主（如零售商），以便物流运输业主预先制订车辆调配计划和接收货物业主制定货物接受计划。

（2）发送货物业主依据顾客订货的要求和货物运送计划下达发货指令、分拣配货、打印出物流条形码的货物标签（Shipping Carton Marking，SCM）并贴在货物包装箱上，同时把运送货物品种、数量、包装等信息通过 EDI 发送给物流运输业主和接收货物业主，时期以剧情是厦大车辆调配指令。

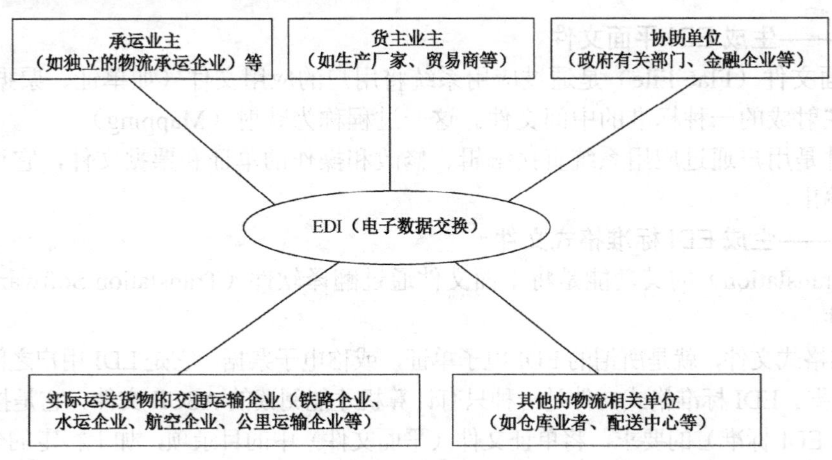

图 7-6 物流 EDI 的框架结构

（3）物流运输业主在想发送货物业主取货时，利用车载扫描读数仪读取货物标签的物流条形码，并与先前收到的货物运输数据进行核对，确认运输货物。

（4）物流运输业主在物流中心对货物进行整理、集装，做成送货清单并通过 EDI 向收货业主发送发货信息。在货物运送的同时进行货物跟踪管理，并在货物交给收货业主之后，通过 EDI 向发送货物业主发送完成运送业务信息和运费请示信息。

（5）收货业主在货物到达时，利用扫描读数仪读取货物标签的条形码，并与先前收到货物运输数据进行核对确认，并出收货发票，办理货物入库。同时通过 EDI 向物流运输业主和发送货物业主发送收货确认信息。

物流 EDI 的直接利益包括：提高内部生产率；改善渠道关系；提高外部生产率；提高国际竞争能力；降低作业成本。

2. EDI 系统结构和功能特点

物流 EDI 系统的构成要素是标准、系统和通信。从系统结构上来看，系统基本上属于存取系统。文件传输管理是将报文实时传输到收件者的邮箱，无须人工干预。图 7-7 显示了物流 EDI 系统的整体结构物流 EDI 系统的主要功能是提供报文转换。不同类型的企业，对报文的要求是不一样的。

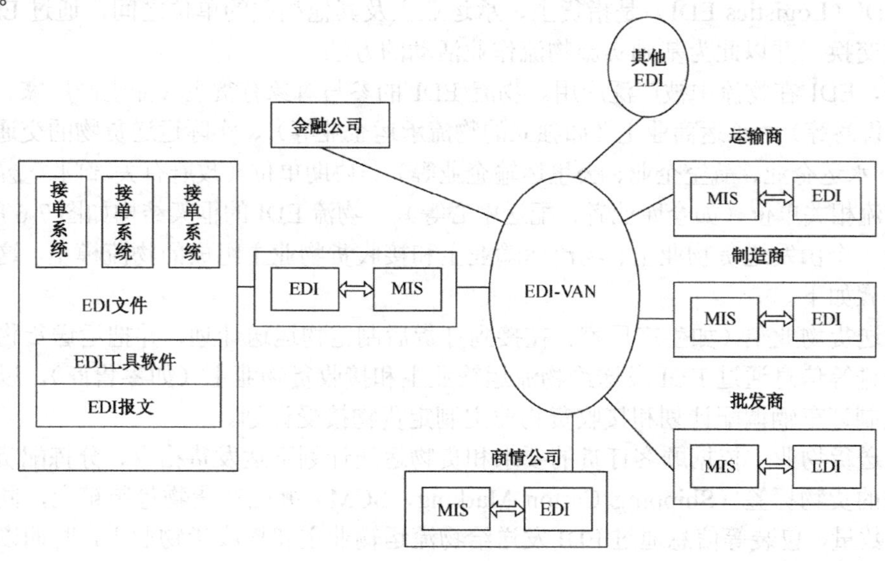

图 7-7 物流 EDI 系统的整体结构

1）物流公司：生成并将采购进货单传给供应商；生成并将退货单传给供应商；生成并将询价单传给供应商；接受并打印供应商传来的报价单。

2）供应商：接受并使用客户传来的采购进货单；接受并使用客户传来的退货单；接受并打印客户传来的询价单；生成报价单并传送给客户；生成出货单并传送给物流公司。

3）运输商：生成托运单并传送给运输商；接受并使用托运人传来的托运单；生成出货单并传给物流公司；接受并使用客户传来的出货单。

物流 EDI 的优点在于供应链组成各方基于标准化的信息格式和处理方法，通过 EDI 共同分享信息、提高流通效率、降低物流成本。例如，对零售商来说，应用 EDI 系统可以大大降低进货作业的出错率，节省进货商品检验的时间和成本，能迅速核对订货与到货的数据，易于发现错误。

3．物流 EDI 系统业务流程

企业在进行系统规划时，应考虑企业的作业流程，利用信息系统分析方法对流程进行重组。图 7-8、图 7-9 分别为引入 EDI 候鸟内部信息系统 MIS 与 EDI 的关联、EDI 作业流程图。

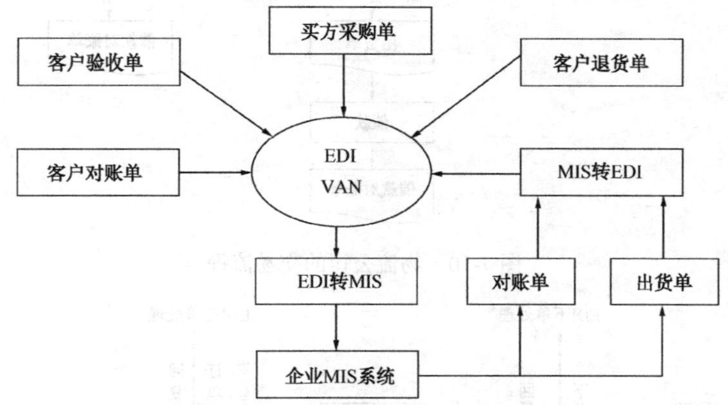

图 7-8　引入 EDI 候鸟内部信息系统 MIS 与 EDI 的关联

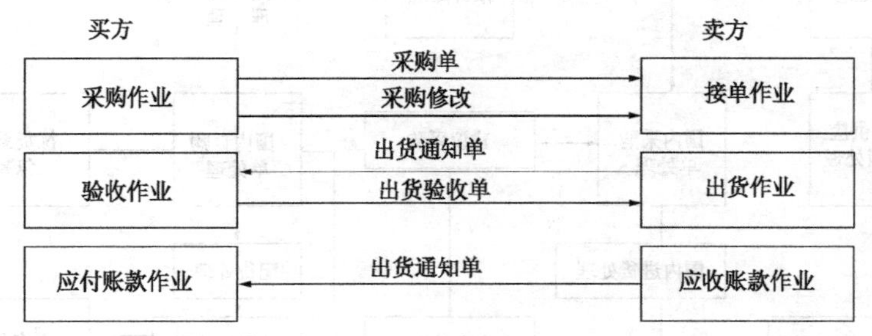

图 7-9　EDI 作业流程

4．物流 EDI 的典型应用

物流公司是供应商与客户之间的桥梁，它对调节产品，缩短流通渠道，解决不经济的流通规模及降低流通成本有极大的作用。图 7-10 为物流公司的交易流程。图 7-11 为物流公司 EDI 与 MIS 集成。

如果配送中心引入 EDI 是为了传输数据，则可以低成本引入出货单的接收。

如果希望引入 EDI 改善作业流程，可依据引入个单证，并与企业内部信息系统集成，逐步改善接单、配送、催款的作业流程。

1）引入出货单。对物流公司来说，出货单是客户发出的出货指示。物流公司引入 EDI 出货单后可与自己的拣货系统集成，生成拣货单，这样就可以加快内部作业速度，缩短配货时间；在出货完成后，可将出货结果用 EDI 通知客户，使客户及时指导出货情况，也可尽快处理缺货情况。

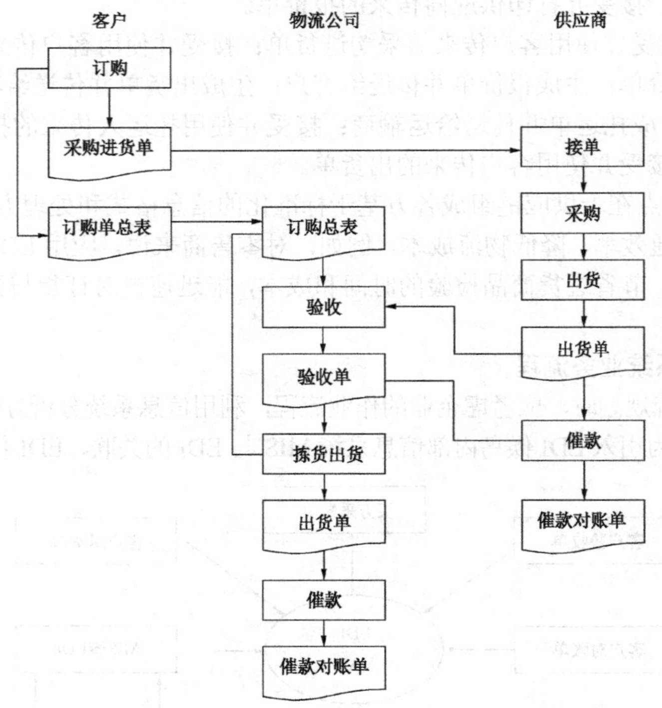

图 7-10　物流公司的交易流程

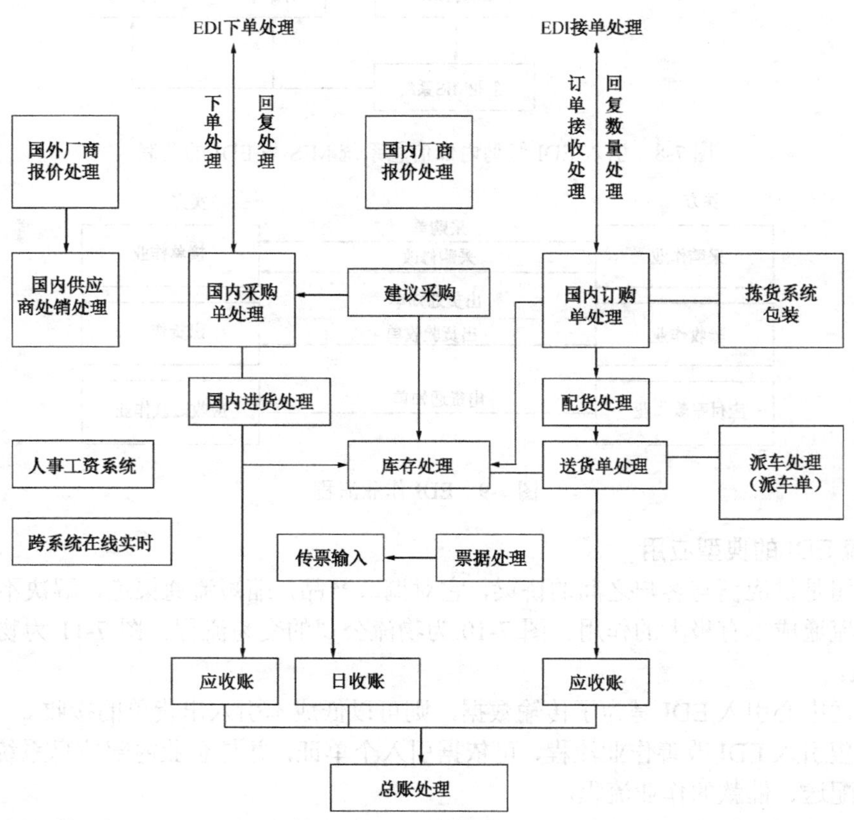

图 7-11　物流公司的 EDI 与 MIS 集成

2）引入催款对账单。对于每月的出货配送系统集成来生成对账单，从而减轻财务部门每月的对账工作量，降低对账出错率，节省业务部门的催款人力。

出数据传输及改善作业流程外，企业可以以 EDI 为工具进行企业再造。

7.2 ebXML 物流数据交换技术

7.2.1 ebXML 简介

1. ebXML 的产生背景

ebXML（电子商务扩展标记语言）是联合国为了实现贸易简易化和电子商务的中心（UN/CEFACT），由结构化信息标准进步组织所制定的国际标准。正如 ebXML 授权调查范围中一样，ebXML 开始的目的是研究和确定技术基础，该基础基于 XML 标准化的全球实现。目标是提供一个基于 XML 的开放式的技术框架，使 XML 能在电子商务数据交换的一致性和统一性方式上被使用。该数据交换将在以下一些方面得到使用：应用到应用，应用到人和人到应用环境，这样也就创建了单一全球电子商务市场。

2. ebXML 的系统概述

图 7-12 描绘了两个贸易伙伴商务活动的场景，首先是配置，然后是应用一个简单的商业交易和交换。这个模型提供了配置和部署 ebXML 应用及相关体系结构部件的所需过程和步骤。这些部件可以由渐进的方式实现。

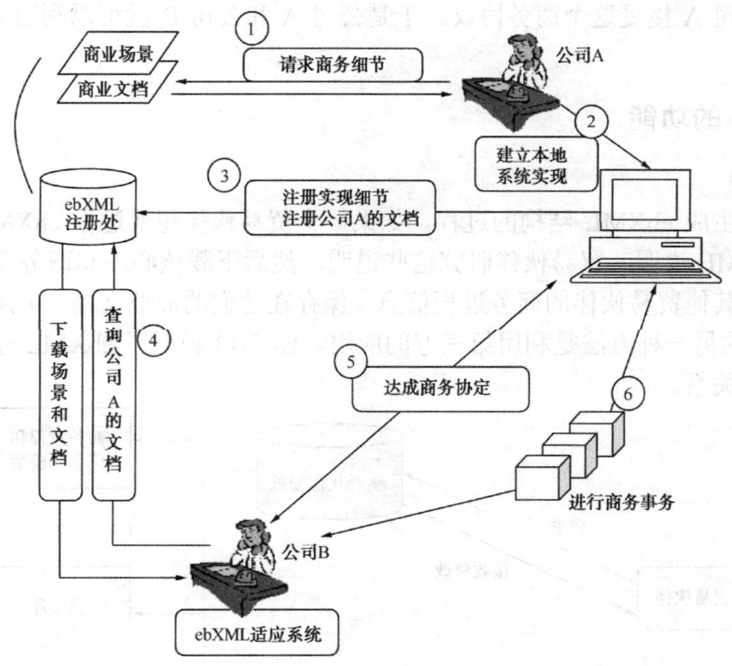

图 7-12　两个贸易伙伴的高层应用场景

下面的概念简介将介绍一些概念和基本体系结构。

一个描述商务活动的过程和相关信息模型的标准机制。

1）一个注册、存储商务活动的过程及其信息元模型，并能使它们得到共享和重用的机制。

2）发掘每个商务活动参与者的信息，其中包括它们所支持的商务过程、为支持商务过程所提供的商务服务接口、各个商务服务接口之间交换的商务信息和它们所支持的传输、安全和编码协议的技术结构。

3）一个用来注册上述信息并使信息可以得到查询和检索的机制。

4）一个用来描述如何相互认可的商务安排进行的执行机制，这一机制可以从上述第三条也就是参与者的信息中得到。

5）为贸易伙伴之间提供互用的、安全和可靠的信息交换的标准商务信息服务框架。

6）可用来配置各自信息服务的机制，并使商务过程和商务安排的约束一致。

图 7-12 描绘了两个贸易伙伴商务活动的场景，其步骤如下。

第一步，公司 A 意识到可以通过 Internet 来注册 ebXML。

第二步，公司 A 在了解了 ebXML 注册的过程后，决定建立配置一个自己的 ebXML 应用。

第三步，加入 ebXML 并不需要客户端软件的建立作为前提。ebXML 应用和相关软件可以通过商业的办法获得。公司 A 向 ebXML 注册处提交了它的商务介绍信息。提交到 ebXML 注册处的商务介绍描述了公司的 ebXML 能力和约束，以及公司所支持的商务活动。这些商务活动是公司所从事的商务过程和相关信息的 XML 版本。当得到有关商业活动格式和用途的确认后，发给公司 A 一个确认信息。

第四步，公司 B 在 ebXML 注册处发现了公司的商务活动。公司 B 发给公司 A 一个请求，要求使用 ebXML 来处理商务活动。

第五步，在双方开始商务活动之前，公司 B 直接向公司的 ebXML 适应软件接口提交一个提议的商务安排。这个提议的商务安排描述了双方在商务活动和特定协议上达成的条约。这个商务安排同时还包括了有关开展贸易、连续的计划和安全要求相关的信息；

第六步，公司 A 接受这个商务协议。于是公司 A 和公司 B 就可以利用 ebXML 开展电子商务了。

7.2.2 ebXML 的功能

1. 实现阶段

实现阶段是生成 ebXML 结构的过程。如果一个贸易伙伴想要进行 ebXML 来交易，他必须首先获得 ebXML 说明。贸易伙伴研究这些说明，然后下载核心库和商务库。贸易伙伴同时也可以请求得到其他贸易伙伴的商务过程信息（保存在他们的商业文档中）用来分析。贸易伙伴实现 ebXML 的另一种方法是利用第三方的应用。图 7-13 说明了 ebXML 注册服务处和贸易伙伴之间的基本关系。

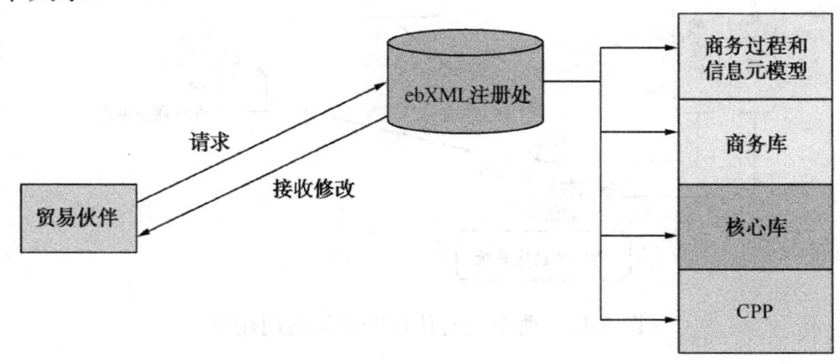

图 7-13　功能视图——实现阶段

2．发现和检索阶段

发现和检索阶段包含了发现与 ebXML 相关的资源的所有方面。一个已经实现了 ebXML 商务服务接口的贸易伙伴现在可以开始进行发现和检索，如图 7-14 所示。一个可行的发现方法就是请求获得另一个贸易伙伴的协作协议文档用来升级核心库，ebXML 商务服务接口必须支持升级过的或者是新的商务过程和信息元模型。正是在这个阶段贸易伙伴发现商务信息被另一个贸易伙伴请求。

3．运行时阶段

运行时阶段是处理真实 ebXML 交易。在运行时阶段，使用 ebXML 消息服务在贸易伙伴之间交换 ebXML 消息。

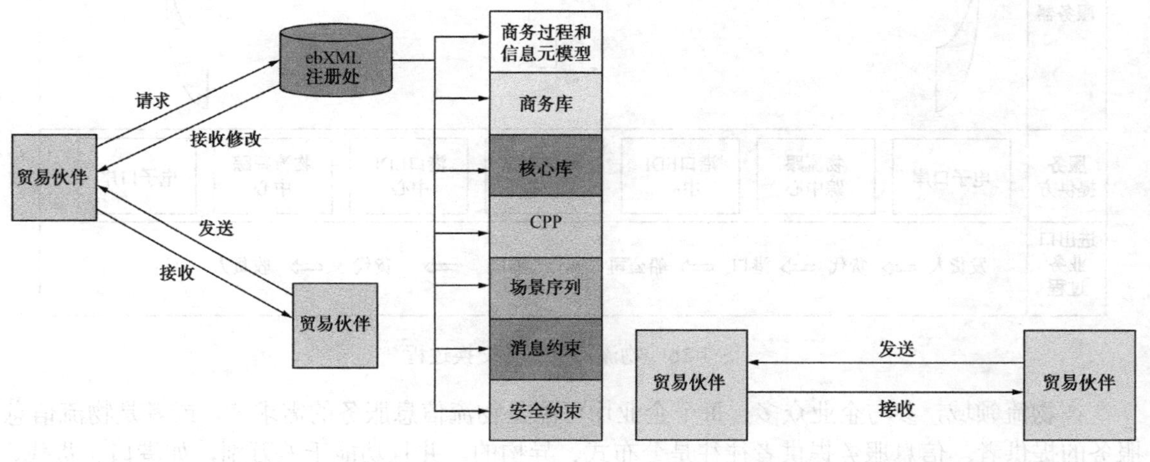

图 7-14　功能视图——发现和检索阶段　　图 7-15　功能服务视图——运行时阶段

注意：运行时阶段不能访问注册处。如果在运行时必须访问注册处，必须退回到发现和检索阶段。

4．ebXML 的一致性

ebXML 的一致性被定义为 ebXML 体系的一致性和每个 ebXML 说明的一致性。当 ebXML 说明的要求被满足时，互用性和开放式交换才更有可能达到。

7.3 物流信息服务交换技术

7.3.1　物流信息服务交换技术概述

物流链上各个环节存在众多的各类信息系统，但是由于信息系统标准不一致，信息系统互相之间不能有效衔接，只能通过定制开发来获取各个环节的物流信息服务，导致用户需要通过不同的借口才能访问各个系统，而各个系统的服务分散，难以进行有效的数据共享，并且缺乏服务整合，难以实现物流链全程跟踪，因而造成了成本高、效率低的局面。因此，非常需要一体化的物流信息服务，实现全过程信息共享，提高物流链各业务环节的协作效率。

为达到上述目的，本书提出了信息服务交换的概念，其基本思想是，在一个分布式的开放环境中，通过信息服务的索引与指向，建立异构服务提供方与服务需求之间的链接，为服务需求提供可用的服务资源的信息，将异构的信息服务标准化，通过服务索引与路由功能，为用户提供一站式信息服务。物流信息服务交换过程如图 7-16 所示。

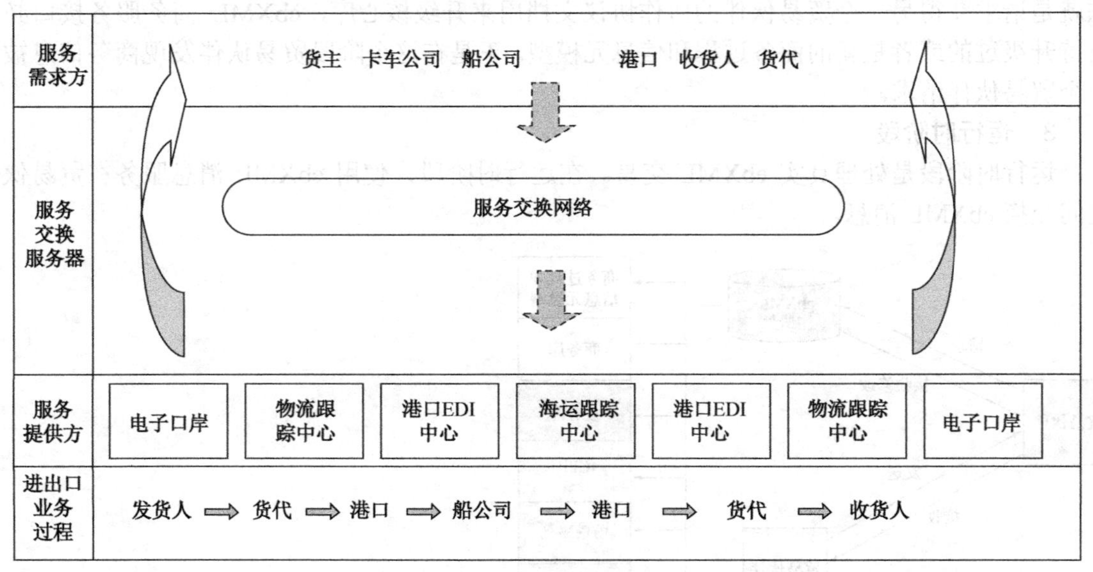

图 7-16 物流信息服务交换过程

在物流领域，参与企业众多，每个企业均可能是物流信息服务的需求者，或者是物流信息服务的提供者。信息服务提供者往往是分布式、异构的，并且功能千差万别，如港口、货代、船公司、卡车公司、生产企业、贸易企业、电子口岸、信用中心、跟踪中心与车货交易中心等，均能提供各种类型的物流信息服务。

服务交换技术在物流信息化领域的价值体现在以下几个方面。

1）数据在服务提供方本地，只在需要时提供给服务需求方，而不需要集中建立海量数据中心。

2）用户及服务提供方不需要开发大量异构的接口，只需要一个标准接口。

3）提供一体化的物流信息服务，实现物流全过程跟踪与供应链可视化。

4）拓展了物流服务需求方获取服务资源的范围，同时也扩大了物流服务提供方的客户范围与规模。

7.3.2 物流信息服务交换技术与标准现状

服务交换的本质是一种面向服务的系统集成。可以实现动态的应用集成和大范围的业务逻辑共享，这种目标是通过整合业务层服务来实现的，具体体现为一种对共享对象上“方法”的调用。这种“方法”通过一些基础设施服务为多个系统所共享，而且这种“方法”可以位于集中服务器、分布服务器、Internet 上，并以标准的“Web 服务”机制来提供。

在国际上采用服务交换的理念获取远程服务的主要有 EPCglobal 的 EPC 技术体系，采用的标准规范主要有 GS1 的 TDS、ONS、EPCIS 等。它的基本思想是，采集 RFID 标签的数据，构建 EPCIS，并对外提供各类信息查询与订阅服务，其中 EPCIS 的信息服务地址是服务需求方通过 EPC 及 ONS 自动获取的。

在 EPC 架构中，服务的提供方是众多分布式的遵循 EPCIS 标准规范的 EPCIS，服务的需求方是广大的企业用户的客户端，而连接服务需求方和服务提供方的是进行域名解析和服务路由的 ONS。

EPC 的一系列标准有 EPCglobal 小组负责实施，如图 7-17 所示，整个标准分识别、捕捉、交换 3 个层次，分别于 EPC 物联网的整个结构相一致。

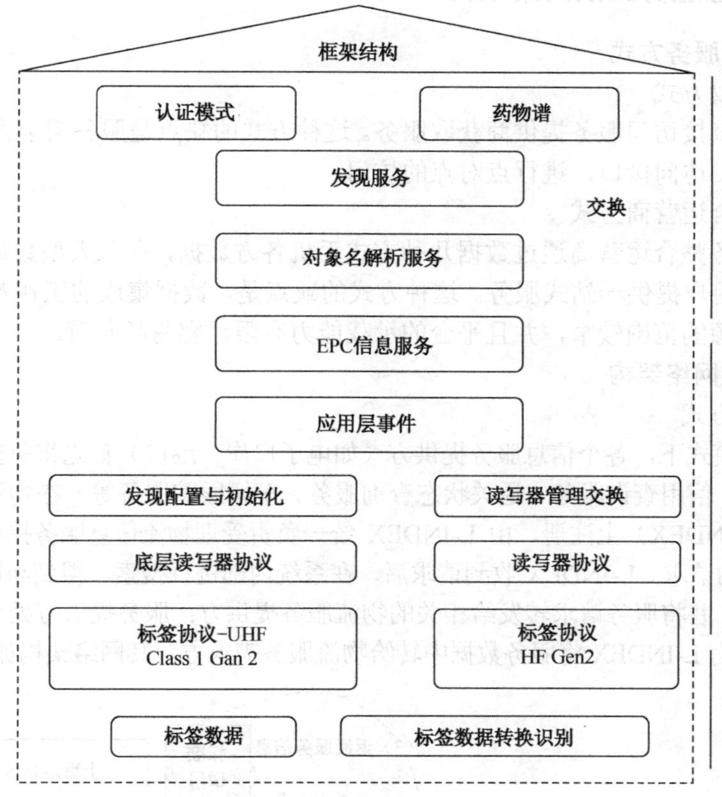

图 7-17　EPC 标准结构

EPC 框架结构标准是硬件、软件、数据接口及 EPC 物联网的核心服务等标准的结合，所有服务的目的在于通过 EPC 代码的使用，增强物流供应链的可视化。

EPCIS 是针对 RFID 特定应用的服务提供者，采用统一的系统结构，数据库中的数据也规范。但在物流信息领域中，各类信息服务系统无论是在系统架构上、数据结构上，还是在功能上均是异构的。因此，有必要将这种思想进行扩展，形成更普适的服务交换框架。因此，需要在参考 EPC 技术规范的基础上，针对更为普适意义的服务交换，研究制定服务交换技术标准规范。

在国内，百度的框计算（Box Computing）在一定程度上采用了服务交换的思想。

百度的框计算针对互联网，用户只要在“框”中输入服务需求，系统就能明确识别这种需求，并将该需求分配给最优的内容资源或应用提供商处理，最终精准高效地返回给用户相匹配的结果。这种高度智能的互联网需求交互模式，以及“最简答可依赖”的信息交互实现机制与过程，称为“框计算”。框计算最大的特色是强调前端用户需求的研究和相应。“框”是一个功能强大的需求收集器和分析器，实现对用户搜索需求的语义化识别，再通过平台化的汇聚，使整个互联网各领域对应的优质服务，与用户的海量需求相对接，给用户提供更直接的一站式物联网服务。

采用传统搜索方式，用户只能搜索网页信息，且只能获得“标题、摘要和结果链接”等自然搜索结果。应用框计算之后，除了传统网页信息搜索外，如词典、计算器、日历、地图、列车时刻查询、天气查询、下载、登录等，通过百度框查询也都能直接获得结果。另外，游戏、视频、视听、阅读、购物、理财、杀毒等各种应用也都能通过百度框在线直接体验和使用。

7.3.3 物流信息服务交换网络架构

1．传统信息服务方式

（1）直接获取方式

服务需求方直接访问服务提供商获取服务。这种方式的缺点是服务需求方需要针对每个服务提供商制定开发访问接口，进行点对点的访问。

（2）服务整合运营商方式

物流信息服务整合运营商通过数据几种方式手机各方数据，存入大型数据库，并进行数据整合与处理，向用户提供一站式服务。这种方式的缺点是，数据集成的工作难度大，数据同步不及时，数据来源的范围较窄，并且平台的承载能力有限，容易超负荷。

2．服务交换网络架构

（1）胖网络方式

在服务交换模式下，各个信息服务提供方（如电子口岸、港口）首先将所提供的服务（如动态船期查询服务、信用查询服务、通关状态查询服务、车辆跟踪服务等）在物流信息服务交换网络（以下简称 L-INDEX）上注册，由 L-INDEX 统一负责受理物流信息服务提供方注册，并统一受理服务需求方的请求。L-INDEX 收到请求后，在系统内部进行搜索，得到与该请求相关的物流服务提供方清单，并将服务请求转发给相关的物流服务提供方；服务提供方处理后，将服务数据放回 L-INDEX，有 L-INDEX 将服务数据中转给物流服务需求方。其网络架构如图 7-18 所示。

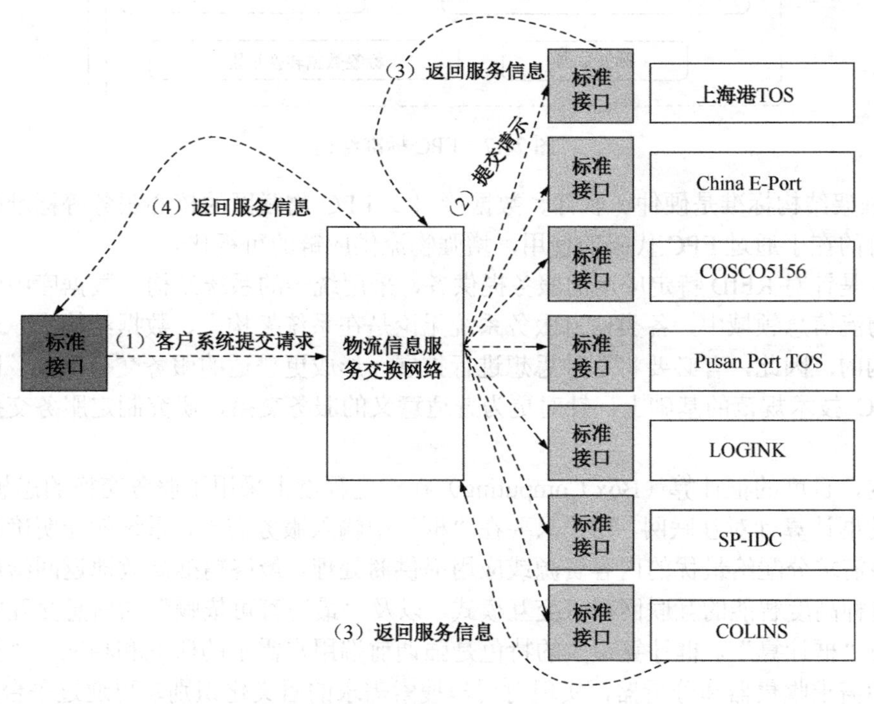

图 7-18 物流信息服务交换网络架构 I

这种网络架构的特点是，物流信息服务交换网络不仅是负责信息服务地址的搜索，还作为中介实现数据传递。因此，对物流信息服务网络的数据传递和处理速度、可靠性、安全性要求比较高。

上述网络架构还可以加以变化，如图 7-19 所示。

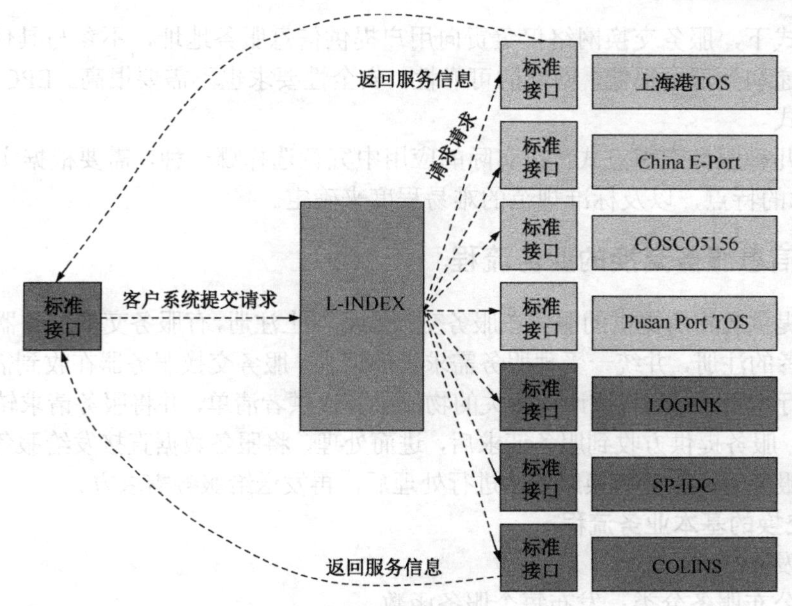

图 7-19　物流信息服务交换网络架构 II

在图 7-19 中，L-INDEX 在将服务请求转发给相关的物流服务提供方后，由它们直接向物流服务需求方提供各自的服务。在这种方式下，服务交换网络除负责信息服务地址的搜索外，还负责将用户的请求转发给相关服务提供商，但不负责相应信息的传递，从而大大减少了数据的传递和处理量。

（2）瘦网络方式

L-INDEX 收到请求后，在系统内部进行搜索，得到与该请求相关的物流服务提供方的服务器地址信息，并将服务器地址信息返回给服务需求方；服务需求方根据放回的服务地址信息，向相应的服务提供方提交请求，服务提供方收到请求后进行处理，向物流服务需求方返回服务数据。其网络架构如图 7-20 所示。

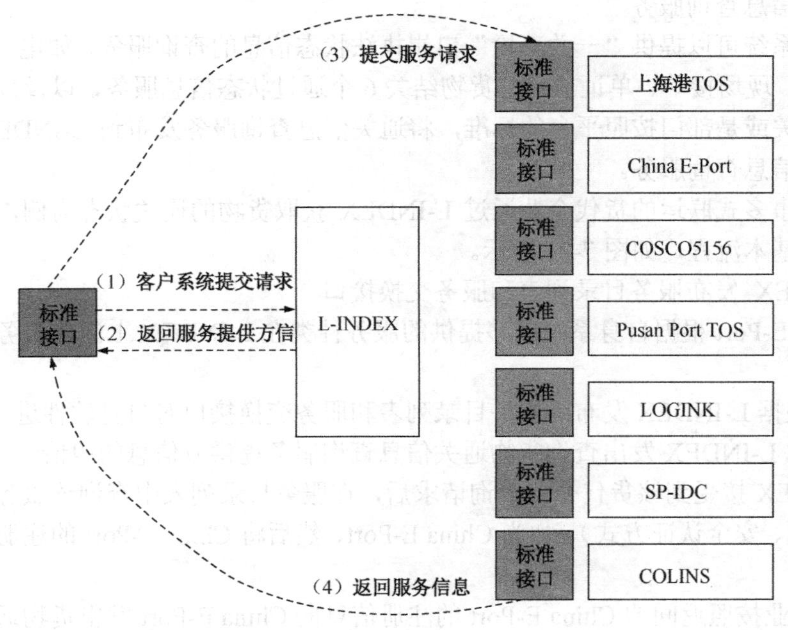

图 7-20　物流信息服务交换网络架构III

在这种方式下，服务交换网络仅负责向用户提供信息服务地址，不参与具体的信息查询，因而数据的传递和处理量很低，网络的可靠性、安全性要求也不需要很高。EPC的网络架构即采用了这种模式。

对于上述几种服务索引方式，在实际的应用中究竟选择哪一种，需要根据实际的需求、所采用的IT技术的特点，以及标准规范的难易程度来确定。

7.3.4 物流信息服务交换的业务流程

各个服务提供者将所提供的服务在服务交换服务器上注册，有服务交换服务器统一负责受理物流服务提供者的注册，并统一受理服务需求者的请求。服务交换服务器在收到需求请求后，想在系统内部进行搜索，得到与该请求相关的物流服务提供者清单，并将服务请求转发给相关的物流服务提供者。服务提供方收到服务请求后，进而处理，将服务数据直接发给服务提供者，或者发给服务交换服务器，服务交换服务器进行处理后，再发送给服务需求方。

1．服务交换的基本业务流程

（1）服务发布

管理中心公布服务分类，发布每个服务函数。

（2）服务注册

服务提供方按照服务分类的要求将它的相关服务在管理中心注册。

（3）服务调用

1）服务需求方按照特定服务函数的格式向服务交换服务器提交请求消息。

2）服务交换服务器收到请求消息后，进行服务索引，将请求消息发给相关服务提供方。

3）服务提供方进行处理后，将服务信息返回给服务交换服务器。

4）服务交换服务器对信息进行处理整合后，将信息反馈给服务需求方。

5）如果是订阅服务，则订阅数据由服务提供方直接推送给用户。

2．服务交换业务流程示例

下面以瘦网络为例说明上述过程。

（1）通关信息查询服务

我国通关系统可以提供“一关三检”口岸执法状态信息的查询服务，如电子申报、电子审单、人工审单、现场接单、单证放行、货物结关6个通过状态信息服务，以及危货装载信息查询服务等。海关或是部门按照平台的标准，将通关信息查询服务发布到L-INDEX上，统一为用户提供通关信息查询服务。

以某个从事多式联运的货代企业通过L-INDEX获取货物的通关状态为例，说明服务发布和调用场景的基本流程，如图7-21所示。

1）L-INDEX 发布服务目录列表和服务交换接口。

2）China E-Port根据自身系统能够提供的服务种类在L-INDEX上注册服务提供商信息及服务种类。

3）货代根据L-INDEX发布的服务目录列表和服务交换接口对自身软件进行接口改造。

4）货代向L-INDEX发出查询货物通关信息查询服务提供方信息的申请。

5）L-INDEX接受到该货代企业查询请求后，在服务目录列表中查询该服务提供方的信息（包括连接方式、安全认证方式），如为China E-Port，然后将China E-Port的注册信息返回给货代企业。

6）货代企业按照返回的China E-Port的注册信息向China E-Port发出货物通关信息查询服务申请。

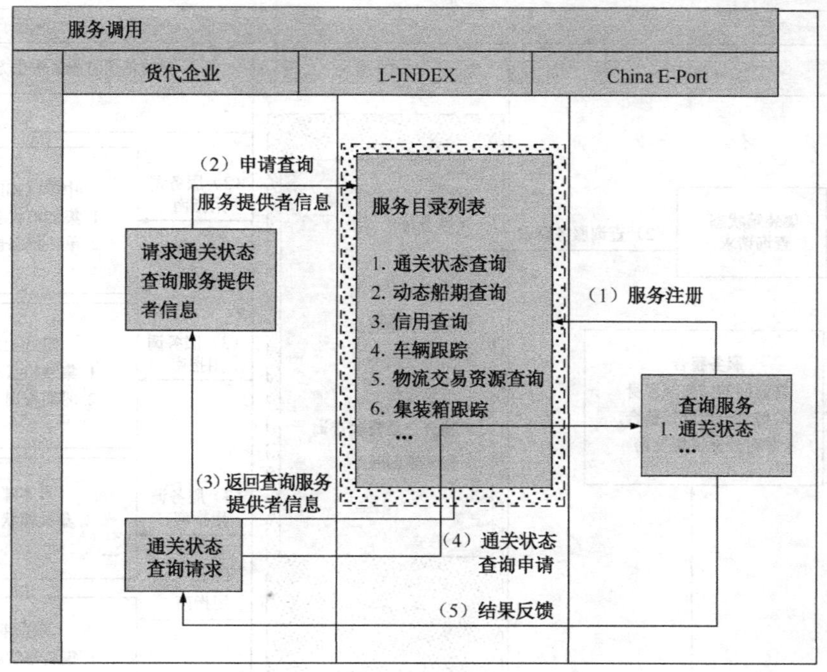

图 7-21 基于服务交换的通关状态信息查询服务

7）China E-Port 根据查询请求进行查找，并将查询结果反馈给货代企业。

（2）集装箱跟踪服务

跨国的集装箱运输跨越多个环节，涉及多个角色，包括发货人、货代、船代、码头、拖车公司、船公司、海关、国检、国税、外管局、保险公司、运输公司、仓储公司等，这些角色的信息系统可以提供业务范围内的物流单证的跟踪服务，如托运单、运输作业单、装箱单、订舱单、提单的状态跟踪服务。另外，还有一些专业的系统，如 RFID 系统、GPS 等实现对车辆和集装箱位置的动态跟踪服务。港口、物流园区、船公司、集装箱场站等集装箱信息服务提供商将各自提供的信息服务，按照标准化改造后，在 L-INDEX 上注册。服务需求方可以调用这些服务，并通过对这些服务的整合就可以实现对集装箱运输全过程跟踪。

以中、日、韩集装箱跟踪为例，LOGINK、COLINS、SP-IDC 均可作为运营商提供中、日、韩集装箱跟踪服务。LOGINK、COLINS、SP-IDC 在现有资源的基础上，通过 L-INDEX 获取港口、海关、船公司、货代、道路运输企业等各个物流跟踪服务系统中的集装箱状态信息，并进行整合，为用户提供集装箱全过程跟踪服务。

其工作过程如图 7-22 所示。

1）LOGINK、SP-IDC、日本游船、东京港分别将所提供的信息服务在 L-INDEX 上注册。

2）日本货代向 COLINS 提交集装状态查询请求。

3）COLINS 向 L-INDEX 提交集装箱状态查询请求。

4）L-INDEX 在服务目录列表中查询，得到提供该项物流信息服务的提供商，如 LOGINK、SP-IDC 日本邮船、东京港。

5）COLINS 将该查询请求分别转发给相应的物流信息服务的提供商。

6）LOGINK、SP-IDC、日本游船、东京港等根据查询请求分别进行查询，并将查询结果发给 COLINS。

7）COLINS 将返回的结果与自身的信息一起进行整合、处理，然后反馈给日本货代企业。

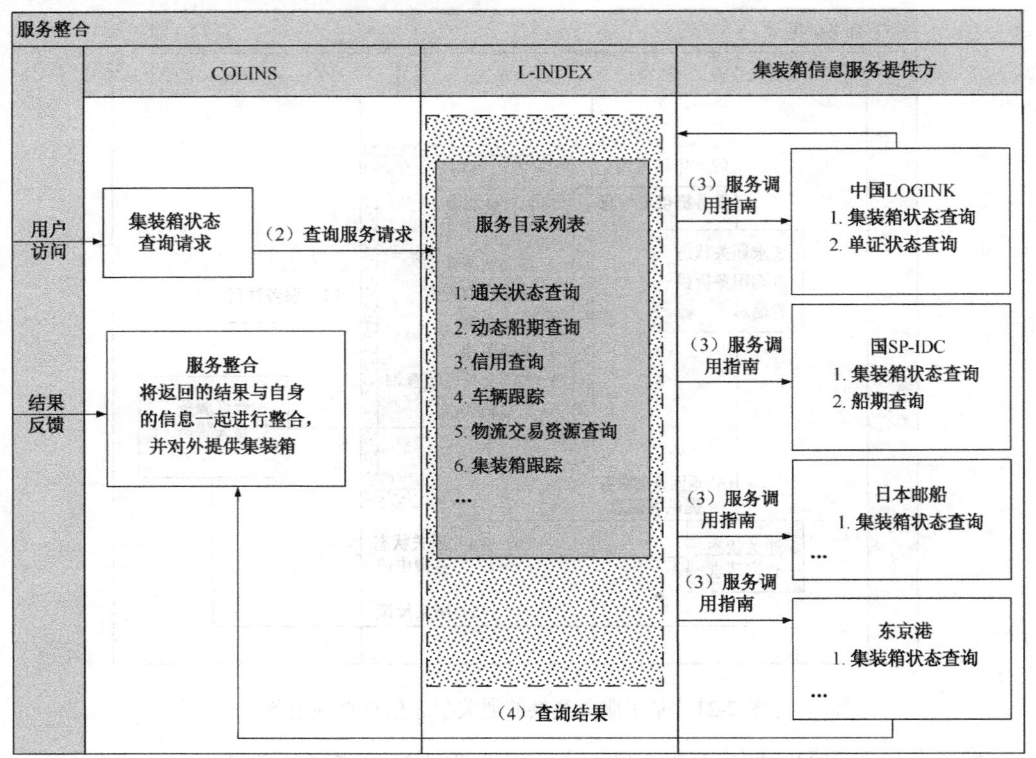

图 7-22　基于服务交换的集装箱跟踪服务

7.3.5　服务交换业务分类

服务交换的业务分类如下。

1．查询服务

查询业务指服务需求方在提交查询条件以后即得到查询结果。当需求方在查询条件中不明确提供方时，则为轮询，即服务交换中心想支持该项服务的所有服务提供方进行轮询，如车辆单点定位查询、历史运行查询、企业信用查询等。

2．订阅服务

订阅服务指服务需求方提交查询条件，同时提交订阅触发条件后，服务提供方根据订阅触发条件，多次主动推送放回查询结果。此服务包括订阅服务设置、订阅数据推送、订阅服务取消 3 个步骤。

1）订阅服务设置：设置订阅触发条件及查询条件。例如，在设置车辆定位事件通知服务、设置单车连续定位服务中订阅设置条件包括定时器和触发器两种方式。

定时器方式是服务提供方每隔一定的时间，主动推送返回一个查询结果，如每隔 1 个小时就主动推送返回一个查询结果。

触发器方式是服务提供方对数据进行监控，一旦满足触发条件（如集装箱状态发生变化），就主动推送返回一个查询结果。

2）订阅数据推送：服务提供方向需求方推送所订阅的数据，如车辆定位事件通知、车辆连续跟踪服务要求服务需求方拥有固定的 URI 地址。

3）订阅服务取消：取消先前所订阅的服务。例如，取消车辆定位事件通知服务、取消单车连续定位服务。如果在订阅设置时，设置了订阅服务的时长或期限，则到期订阅自动取消，无须需求方进行订阅服务取消操作。

7.3.6　物流信息服务主要函数

服务函数描述的是服务调用过程中请求与响应中的业务收之间的映射关系，用于规范服务需求方、服务交换中心、服务提供方之间的请求和响应中的业务信息。

1．服务函数的基本形式

LOGINK 中应用的服务函数的基本形式如下。

Output ServiceName（Input）

ServiceName：服务函数名称。

Input：服务函数的输入。

Output：服务函数的输出。

服务函数的输入、输出均可以采用表格的形式表示。列表结构属性如表 7-1 所示。

表 7-1　服务函数的输入、输出列表结构属性

序　号	属 性 名 称	说　明
1	元素	构成服务函数输入或输出的数据项
2	类型	分为单一型和复合型两种类型。单一型指元素由一个数据元组成。复合型指元素由多个单一型的元素按照一定的层次结构组合而成
3	描述	元素的含义和应用说明

2．服务函数的分类

（1）查询类服务函数

查询类服务是用户在提交查询条件以后即得到查询结果，即一次查询请求（Request），对应返回一个结果（Response）。

查询类服务函数如下。

1）适用范围。

用于服务交换业务中的查询类业务。

2）基本形式。

Results ServiceName（Params）

ServiceName：服务函数名称。

Params：Input 的具体表现形式，即请求参数，是一个参数列 params 1，params 2，…，params n。

Result：Output 的具体表现形式，即响应结果。

3）请求参数。

查询类服务函数的请求参数如下。

Params=ServiceDemanderCode，ServicePoviderCode，UserTokentID，UserName，Password，QueryParams

查询类服务函数的请求参数如表 7-2 所示。

表 7-2　查询类服务函数的请求参数

元　素	类　型	描　述
ServiceDemanderCode	单一型	服务需求方代码，如 LOGINK 的物流交换代码
ServiceProviderCode	单一型	服务提供方代码，如 LOGINK 的物流交换代码。 若指定服务提供方代码，可以将查询转发到该服务提供方的接口，从而使查询范围限于该服务提供方。 若不指定服务提供方代码，服务交换服务器在一定条件下将轮询支持该项查询的所有服务提供方

续表

元　素	类　型	描　述
UserTokentID	单一型	服务需求方与需求交换中心之间，或者服务交换中心与服务提供方之间的访问令牌
UserName	单一型	服务交换中心或提供方授权查询的用户名
Password	单一型	服务交换中心或提供方授权查询的用户名对应的密码
QueryParams	复合型	查询条件的业务参数

4）响应结果。

查询类服务函数的响应结果如下。

Result=ResultCode，ExceptionInformationCode，ExceptionInformation，ServiceSupplier Information，ResultsBody

查询类服务函数的响应结果如表 7-3 所示。

表 7-3　查询类服务函数的响应结果

元　素	类　型	描　述
ResultCode	单一型	结果代码
ExceptionInformationCode	单一型	异常信息代码
ExceptionInformation	单一型	异常信息描述
ServiceSupplierInformation	复合型	服务提供方的代码。轮询是，在返回数据中需要明确服务提供商
ResultBody	复合型	具体返回的业务信息，不同的服务函数返回的信息不同

（2）订阅设置类型服务函数

订阅设置类服务函数是用户在提交订阅设置条件以后即时得到订阅设置结果。

1）适用范围。

用于服务交换业务总的订阅服务设置。

2）基本形式。

Results ServiceName（params）

ServiceName：服务函数名称。

Params：请求参数，是一个参数列 params 1，params 2，…，params n。

Result：响应结果。

3）请求参数。

订阅设置类服务函数的请求参数如下。

Params= ServiceDemanderCode，ServiceproviderCode，UserTokentID，UserName，Password，QueryParams，DataPushSet，SubscriptionControls

订阅设置类服务函数的请求参数如表 7-4 所示。

表 7-4　订阅设置类服务函数的请求参数

元　素	类　型	描　述
ServiceDemandCode	单一型	服务需求方的代码，如 LOGINK 的物流交换代码
ServiceProviderCode	单一型	服务提供方的代码，如 LOGINK 的物流交换代码 若指定服务提供商代码，可以将查询转发到该服务提供商的接口，从而使查询范围限于该服务提供商。 若不指定服务提供方代码，服务交换服务器在一定条件下将轮询支持该项查询的所有服务提供商

续表

元　素	类　型	描　述
UserTokentID	单一型	服务需求方与服务交换中心的访问令牌
UserName	单一型	提供方授权订阅的用户名
Password	单一型	提供方授权订阅的用户名对应的密码
QueryParams	复合型	订阅设置中的业务查询参数
DataPushSet	复合型	数据推送方式设置，包括推送的方式、接收端地址等。推送方式包括服务交换方式、数据交换方式、手机短信方式。采用服务交换方式时，需设置接收端的网络地址；采用手机短信方式时，需设置手机号码；采用数据交换方式时，无须额外设置，直接采用需求方的代码
SubscriptionControls	复合型	订阅控制器，用于设定数据推送的触发条件，包括定时器、触发器及订阅服务的时长等

4）响应结果。

订阅设置类服务函数的响应结果如下。

Result=ResultCode，ExceptionInformationCode，ExceptionInformation，ServiceSupplier Information，SubscriptionUID

订阅设置类服务函数的响应结果如表 7-5 所示。

表 7-5　订阅设置类服务函数的响应结果

元　素	类　型	描　述
ResultCode	单一型	结果代码，表示是否成功设置了订阅
ExceptionInformationCode	单一型	异常信息代码
ExceptionInformation	单一型	异常信息代码
ServiceSupplierInformation	复合型	服务提供方的代码。轮询时，在返回数据中需要明确服务提供方
SubscriptionUID	单一型	服务提供方分配给本次订阅的订阅 ID 号，用于唯一表示该订阅

（3）订阅取消类服务函数

订阅取消类服务指的是用户在提交订阅 ID 号以后及时得到订阅是否取消的结果。

1）适用范围。

用于服务交换业务中的订阅服务取消。

2）基本形式。

Results ServiceName（params）

ServiceName：服务函数名称。

Params：请求参数，是一个参数列 params 1，params 2，…，params n。

Result：响应结果。

3）请求参数。

订阅取消类服务函数的请求参数如下。

Params=ServiceDemanderCode，UserTokentID，ServiceProviderCode，Username，Password，SubscriptionUID

订阅取消类服务函数的请求参数如表 7-6 所示。

表 7-6　订阅取消类服务函数的请求参数

元　　素	类　　型	描　　述
ServiceDemanderCode	单一型	服务需求方的代码，如 LOGINK 的物流交换代码
UserTokentID	单一型	服务需求方与服务交换中心的访问令牌
ServiceProviderCode	单一型	提供本订阅服务的服务提供方的代码，如 LOGINK 的物流交换代码
UserName	单一型	提供方授权订阅的用户名
Password	单一型	提供方授权定于的用户名对应的密码
SubscriptionUID	单一型	待取消的订阅 ID 号

4）响应结果。

订阅取消类服务函数的响应结果如下。

Results=ResultCode，ExceptionInformationCode，ExceptionInformation

订阅取消类服务函数的响应结果如表 7-7 所示。

表 7-7　订阅取消类服务函数的响应结果

元　　素	类　　型	描　　述
ResultCode	单一型	结果代码，表示是否成功取消了订阅
ExceptionInformationCode	单一型	异常信息代码
ExceptionInformation	单一型	异常信息代码

（4）订阅数据推送类服务函数

服务提供方根据订阅设置条件进行监控，一旦满足触发条件（如集装箱状态发生裱花，车辆进入某个区域，时间间隔到了 1 个小时），就主动推送返回一个查询结果。要求服务需求方拥有固定的 URI 地址。

1）适用范围。

用于服务交换业务中的订阅数据推送。要求服务需求方应有一个固定的 URI 地址。

2）基本形式。

Void ServiceName（Input）

ServiceName：服务函数名称。

Input：输入。

Void：输入。

3）输入。

订阅数据推送类服务函数的输入如下。

Input=ServiceDemanderCode，ServiceProviderCode，CustomerNetAdderss，SubscriptionID，SubscriptionData

订阅数据推送类服务函数的输入如表 7-8 所示。

表 7-8　订阅数据推送类服务函数的输入

元　　素	类　　型	描　　述
ServiceDemanderCode	单一型	服务需求方的代码，如 LOGINK 的物流交换代码
ServiceProviderCode	单一型	服务需求方的代码，如 LOGINK 的物流交换代码
CustomerNetAddress	单一型	数据接收端的网络地址
SubscriptionID	单一型	订阅 ID 号
SubscriptionData	复合型	订阅的业务数据

4）输出。

订阅数据推送类服务函数的输出为 Void，为空，则不返回结果。

7.4 物流 EDI 实训

7.4.1 实训目的及要求

1．实训目的

通过 EDI Express 软件实训让同学们了解 EDI 的结构和流程及 EDI 的功能与作用，让同学们掌握 EDI 数据交换的功能原理，能看懂并绘制 EDI 工作原理图，并明白使用 EDI 进行数据交换的重要性，让同学们能够通过教学软件把贸易商业发票换成 EDI 标准报文。

2．实训要求

服务器、交换机和 PC 机组成局域网络、EDI Express 2.0。

7.4.2 实训任务

实训任务如表 7-9 所示。

表 7-9 实训任务

任务编号	7
任务名称	EDI 实训
任务内容	通过实训让学生了解 EDI 的结构和流程，能看懂并绘制 EDI 工作原理图，通过教学软件把贸易商业发票换成 EDI 标准报文。
提交资料	1．实训报告 2．画出 EDI Express 应用流程图
相关网站资料	1．宁波 EDI 网：http://www.npedi.com/edi/ediweb/index.jsp 2．EDI 基础网站：http://www.edibasics.cn/ 3. EDI Express 下载中心:http://www.portinfo.net.cn/ediexp/download/dl.php

7.4.3 实训准备

1．下载位置：http://www.portinfo.net.cn/ediexp/download/dl.php，下载时需要邮箱。

2．下载后，解压文件 EDIExp_2.0.0_010810.zip 至某一临时目录，双击 setup.exe 文件进行安装。安装成功后，系统将创建：C:\WINDOWS/PROGRAM/EDI EXPRESS/EDI EXPRESS。点击 C:\WINDOWS/PROGRAM/EDI EXPRESS/EDI EXPRESS 运行。

7.4.4 实训步骤

1．进入系统

运行系统后，系统出现图 7-23 的登录（Login)窗口。如果是第一次使用，UserName 和 Password 都为空，（如果用户希望更改用户名和密码，在进入系统后，在菜单“/系统维护/口令设置”中进行修改。）点击“OK”进入的系统主窗口。

2．系统设置

进入系统后，在进行其他操作之前，需要根据用户各自的情况进行系统设置，才能正确校验、收发文件。

➢ **首先要获取系统管理员的口令**

进入菜单“/帮助/关于”，系统将显示一个关于系统信息的窗口，在窗口的倒数第二行有字样：S/N：XXXX，“XXXX”就是系统管理员口令，该口令每天更新一次，所以用户如果要获得口令，必须查看该窗口，前一天的口令无效。如图 7-24 所示，系统管理员口令为 B1022。

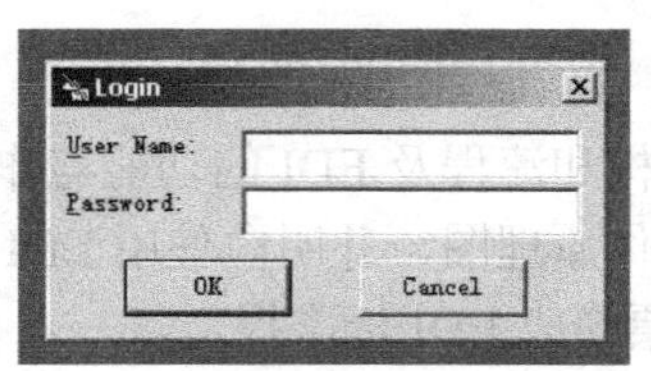

图 7-23　登录界面

图 7-24　“关于”窗口

➢ **再进行系统参数的设置**

进入菜单“/系统维护/系统设置”，系统将提示：“请输入系统管理员口令：”，此时用户需输入系统管理员口令。如果口令正确，将进入系统设置窗口（图 7-25）。

➢ **用户代码维护**

进入菜单“系统维护/用户代码维护”（如图 7-26 所示）。首先增加新的记录，填入自己的代码、名称，将其用户类型设为 99。若有新的用户加入，本中心将及时通知各用户，用户通过该界面对其进行及时维护。

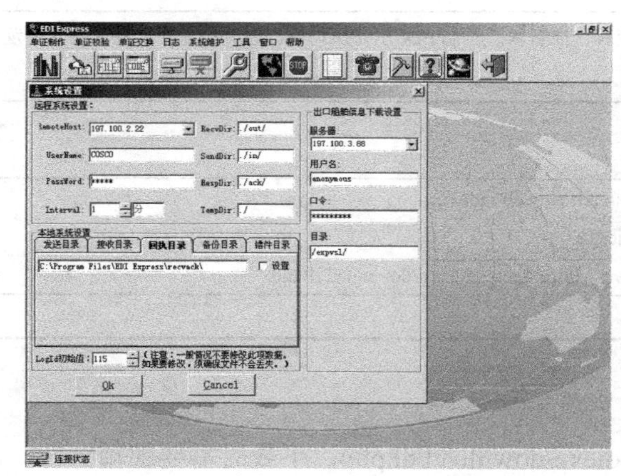

图 7-25　系统设置窗口

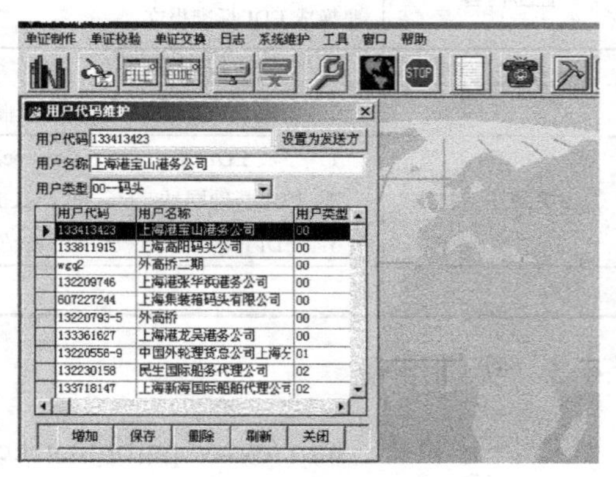

图 7-26　用户代码维护界面

3．单证输入

步骤一：进入菜单“单证制作/新建”，再选择单证类型，即可进入单证输入界面（图 7-27）。以下内容以装箱单的制作为例。

步骤二：在弹出的窗口中选择要制作的单证类型，制作单证（在本文以创建装箱单报文为例制作新单证）。双击“COSTCO 装箱单报文”，进入单证制作窗口。

图 7-27　单证输入界面

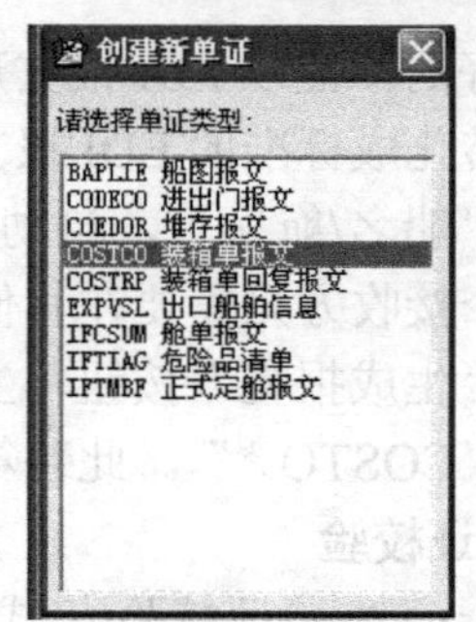

图 7-28　以创建装箱单报文为例

步骤三：输入单证内容。

输入界面是以箱号为关键字段，同一箱号下可以输入多票提单。输入数据时，请注意使用标准化代码。如有补充信息，按“补充信息”或“Alt+Z”键，在弹出窗口中输入相关信息。

步骤四：保存单证。

单证内容输入完整后即可单击“保存”按钮或利用“Alt+S”键保存单证。若单证必选内容没有输入，系统会弹出提示信息，输入必要内容。

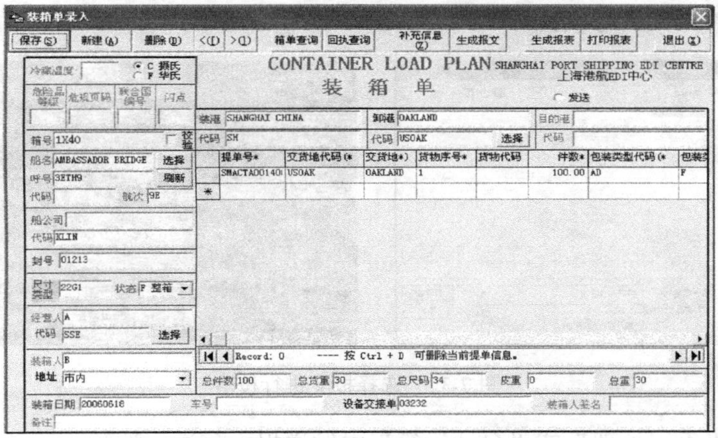

图 7-29　输入单证内容

步骤五：生成报文。

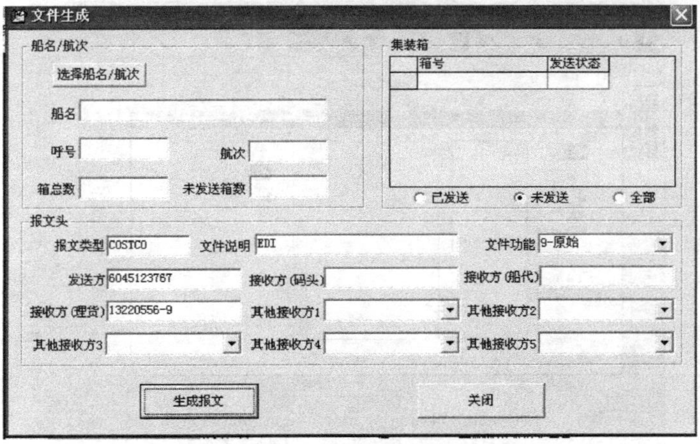

图 7-30　生成报文

制作好的单证以 EDI 报文形式发送出去，要将单证翻译成 EDI 报文。软件 EDI Express 具备将单证转化成标准的 EDI 报文的功能。

选择“船名/航次”，自动生成报文头信息。报文还可以发给多个接收方，若要将此报文发送给多个接收方只需要在其他接收方后的编辑栏中选择用户。

单击“生成报文”按钮，生成 EDI 报文。文件保存到先前系统参数设置时的发送目录下，文件名为“COSTO.*”。此装箱单报文为 COSTCO.176。

4．单证校验

方法一：“/单证校验/格式校验”或工具栏中“格式校验”按钮中实现。

单证内容输入完整后即可单击“保存”按钮或利用“Alt+S”键保存单证。若单证必选内容没有输入，系统会弹出提示信息，输入必要内容。

图 7-31　单证校验方法一

选择要校验的报文进行校验。

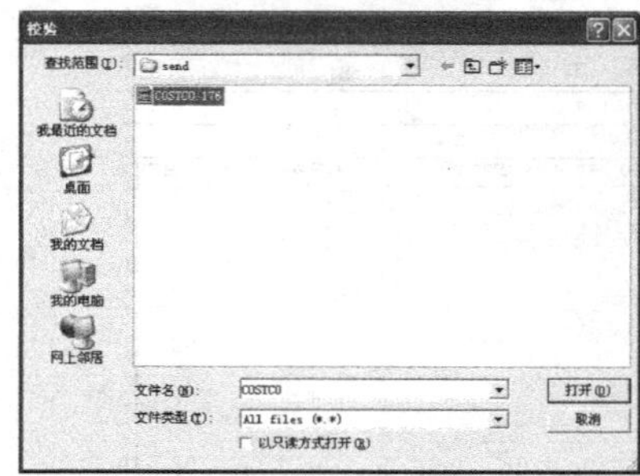

图 7-32　选择报文进行校验

方法二：在“手工处理”或“自动运行”中发送报文前进行校验。

选择“手工处理”，弹出手工处理窗口。在手工处理窗口中将校验前面的复选框选中，选择要发送的报文，在报文发送之前即对它进行校验。

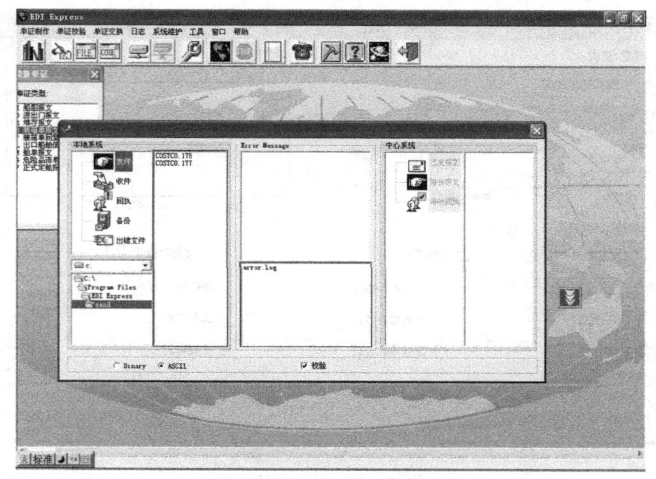

图 7-33　单证校验方法二

5．单证交换

单证交换是报文发送传输的过程，有以下几个步骤。

➢　**拨号**：用户通过拨号连接 EDI 中心（或通过专线）。

用户可以有两种拨号选择：拨中心的电话号码 56125252，用户名和口令由中心提供；或拨号上 Internet，但不同的拨号只要在系统设置中选择不同的主机地址和下载出口船舶的服务器地址即可。

用户可以通过工具栏中的“拨号”按钮进行拨号连接。

➢　**连接**：指每个用户与各自的远程目录连接，进入文件传输状态。

进入菜单“/单证交换/连接”或单击按钮“连接”，如果系统已设置好，即可连接网络。连接成功后，原来“不可用”的“手工处理”、“自动运行”按钮或菜单项将变为“可用”，此时可进行报文收发处理。进入菜单“/单证交换/断开连接”或单击按钮“断开连接”，将断开网络连接。

➢　**报文发送**：本系统提供两种传输方式——手工处理和自动运行。

手工处理：进入菜单“/单证交换/手工”或单击按钮“手工处理”，进入手工处理的窗口界面。界面分为三部分：①本地系统；②传输信息；③远程系统。（如图 7-34 所示）。选中文件后，右击文件列表框，可打开、删除、复制、粘贴该文件，或刷新该目录。

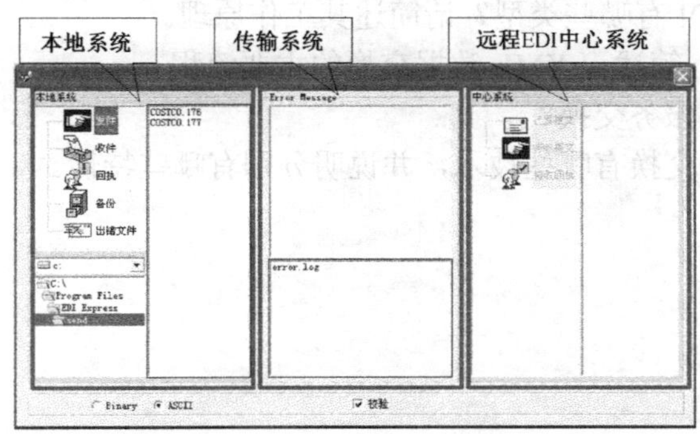

图 7-34　报文发送

自动运行：进入菜单“/单证交换/自动”或单击按钮“自动运行”，进入“自动运行”的“Current Event Log”窗口界面，同时主窗口极小化成图标至 WINDOWS 任务栏托盘中。若要停止自动运行，则双击任务栏托盘中极小化的图标，恢复主窗口，按“STOP”按钮。

6．查看日志

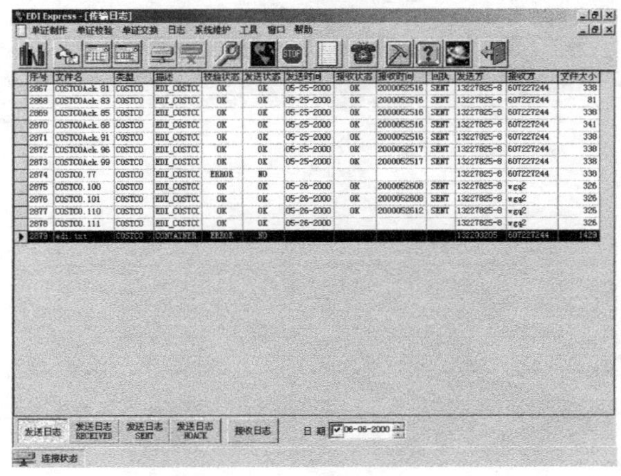

图 7-35　查看日志

进入菜单"/日志/日志"或单击"日志"按钮，即可查看数据交换日志。在日志窗口底部，有两类选项按钮：①发送日志；②接收日志。文件传输后，中心会给用户两个传输回执：received和sent，根据回执接受情况，将发送日志分为收到received回执的发送文件、收到sent回执的发送文件和没有收到回执的发送文件，还可以按日期查询发送情况。

小　结

本章介绍了EDI的定义、发展背景、分类及其应用，EDI数据交换的系统功能模型、EDI的工作原理；ebXML产生的背景、功能及ebXML数据交换的流程；物流信息服务交换技术与标准现状、交换网络架构以及交换业务流程等知识。

习　题

1．什么是EDI？EDI有哪些类型？请简述其工作原理。
2．什么是ebXML？简述ebXML数据交换的主要流程。
3．什么是物流信息服务交换？
4．请简述物流数据交换有哪些技术，并说明分别有哪些特性。

第8章 物流管理信息系统

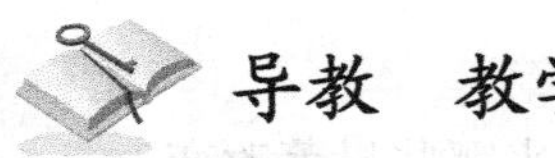

导教　教学导航

职业能力要求

■ 专业能力：掌握物流管理信息系统的概念和体系结构，学会使用第三方物流管理信息系统。

学习目标

■ 掌握物流管理信息系统的概念；
■ 掌握物流管理信息系统的体系结构；
■ 了解几种典型的物流管理信息系统；
■ 学会使用第三方物流管理信息系统。

导读 8-1　物流信息系统在中铁联合物流的应用

一、中铁联合物流简介

中铁联合物流有限公司是在铁道部和各铁路局、分局的大力支持下，在铁道部多种经营发展中心的帮助和指导下，以全路各铁路局、分局货运代理企业为主，由 36 家路内股东和 2 家路外股东共同出资组建的有限责任公司，股东单位涉及全路的 14 个铁路局。它从 2001 年 11 月正式开始营业。

公司业务经营领域涉及国际国内货运代理、进出口、仓储运输、物流综合服务及公共营销等。经营网络遍布全国除西藏、海南、台湾以外的各省、自治区和直辖市。

二、中铁联合物流信息系统的应用

在运营管理中，中铁联合物流信息系统平台是企业内部业务操作和管理决策的基础，也是企业与客户、合作伙伴和外部资源协同商务的枢纽。

无论是业务应用的多样性、个性化还是基础设施建设规模，中铁联合物流信息系统都是非常庞大的，在充分考虑既要满足当前业务需要，还要适应未来业务发展的基础上，设计出中铁联合物流信息系统总体架构，并以此架构为蓝图，统一规划，分步实施。

整体信息系统的设计采用了目前最先进的企业信息门户技术，在统一的平台上开发和集成企业各种应用系统，避免了信息孤岛现象。所有的应用子系统通过统一的数据库平台进行数据整合，实现信息高度共享、数据挖掘以及提供综合决策支持。系统用户的管理利用 LDAP（Lightweight Directory Access Protocol，轻量目录访问协议）标准实行集中式管理，在大大方便用户使用的同时，加强了系统的内部安全防范。整体系统开发主要基于 Java 技术，遵循 J2EE（Java 2 Platform,

Enterprise Edition，Java 2 平台企业版）标准，支持 XML，提供多种数据库、Web 服务器接口，适应中铁联合物流的快速业务扩展，系统的稳定性、安全性、扩展性在技术上得到了充分保证。

在应用系统方面，以中铁联合物流六大主营业务系统为主体，其中，在相关子业务系统中，充分考虑了专业物流企业的管理运作需要，高度集成了主流物流技术的应用系统，如条形码、无线射频、GPS/GIS、高架立体仓库、自动分拣等。应用系统还包括企业网站、内联网、办公自动化系统、财务系统、决策支持系统等。

思考题：

（1）通过上述案例，分析物流管理信息系统的实施能给中铁物流带来哪些显著改变？

（2）举例说明典型的物流管理信息系统有哪些。

8.1 物流管理信息系统概述

8.1.1 物流管理信息系统

物流管理信息系统以物流过程为特定的对象，把物流和物流信息结合成一个有机的系统。这个系统用各种方式收集、输入物流计划、业务、统计的各种有关数据，经过有针对性、有目的性的计算机处理，即根据管理工作的要求，采用特定的软件技术，将原始数据进行处理后输出对管理工作有用的信息。

目前，国内专业的物流软件公司数量很少拥有自己的物流软件产品，主要是产品的销售和二次开发，通常难以全面满足不同类型企业的物流以外的系统需求。

通过近几年的磨合，许多优秀的软件和咨询公司逐渐从软件产品转向物流业务本身，提高了自己的专业咨询服务能力，物流企业也从务虚到务实，悟出了信息化的核心是应用加服务的道理。因为对于大型的物流软件企业来说，要开发一个适合各类企业的软件并非易事，所以，与其说是物流企业选择物流软件，不如说是选择长期的信息技术合作伙伴。系统供应商之间也已经不再是单纯的软件产品竞赛，而是品牌质量和整体实力服务的比拼。

8.1.2 物流管理信息系统的体系结构

从整个物流行业的角度看，物流活动以物流企业为中心展开，涉及物流企业与运输设备之间的信息交换，对物流设备进行管理，与用户进行信息交流，并从政府相关部门或物流枢纽获取信息支撑。物流软件目前就其所适应的应用范围，主要包含以下系统。

（1）仓储管理系统

仓储管理系统主要提供一整套仓储业务以及作业管理，实现储位分配自动化和智能化，提高仓储作业效率和速度，提高准确的库存信息，并使之与实际库存变化同步。

（2）运输管理系统

运输管理系统是物流软件的重要子系统，该系统提供以下功能：运输资源管理，包括车辆、驾驶员及允许的运输范围和线路资源等；运输成本管理，包括单车营运成本的管理；运输计划管理，包括生成运输计划、运输执行命令系统等；装载优化，提供优化的配载计划，使得车辆车型的使用和搭配达到最优；路径及站点顺序优化，提供站点顺序合理性建设以及优化的路径路线引导。

（3）订单管理系统

订单管理系统的主要功能是通过统一订单提供用户整合的一站式供应链服务。这一思想的提出是基于单一功能的物流企业已经不再适应现代物流环境的激烈竞争，国际化跨国物流企业正不断地通过并购航空公司及船运码头和空港，并充分利用其完整的物流服务资源提供更加高效和便利的物流服务，从而逐渐占有物流市场的很大一部分。单一功能的物流服务提供商在这种市场环境中将沦为补充服务提供商或被并购的对象。对于第三方物流公司，订单管理及订单跟踪管理能够使用户的物流服务得到全程的满足。同时，这种服务是透明的，也是稳定和可靠的。

（4）服务管理系统

服务管理系统是基于物流系统具有峰值服务量并发的基础上提出的，其功能就是通过对服务进行地区、时间分类和分析，平衡作业资源，使服务资源能够承担更大的业务挑战。

8.1.3 物流管理信息系统的内容

企业物流是对企业从原材料供应地一直到产品用户之间的实物流及有关信息流进行组织和管理的过程。具体来说，企业物流包括运输、仓储、物料管理、订货处理、顾客服务等活动，以及支持这些活动的信息和对整个物流过程的管理。

为了实现物流系统服务于企业的生产与销售活动的目的，必须由一定的人员、设施、设备、材料、资金、能源、信息等要素构成各种具有特定功能的子系统，并通过这些子系统的相互配合形成系统的整理功能。

物流管理信息系统涉及各个功能系统，是保证各个子系统正常运行、相互配合的基础。例如，某一企业物流管理信息系统的功能结构图如图 8-1 所示。

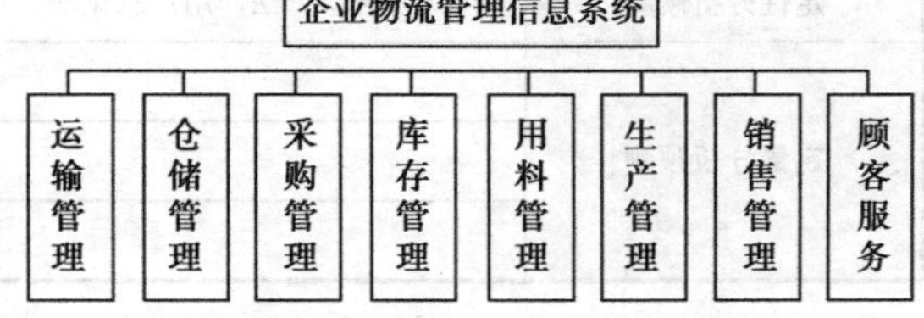

图 8-1 物流管理信息系统的功能结构

1）运输管理子系统：包括搬运管理，以及车辆、设备管理。

2）仓储管理子系统：包括各种原料、在制品、成品的仓储管理。

3）采购管理子系统：包括各种原料采购、上游客户的管理。

4）库存管理子系统：包括各种库存原料、在制品、成品的库存控制。

5）用料管理子系统：包括各种生产用料、合理用料的管理。

6）生产管理子系统：包括生产计划编制、生产过程控制、生产实绩管理、生产设配的维护管理。

7）销售管理子系统：包括销售策略、销售渠道、销售预测、销售订单、下游客户的管理。

（8）顾客服务子系统：包括产品销售服务、顾客问题解答与售后服务。

8.2 几种典型的物流管理信息系统

由于物流管理信息系统综合应用了许多学科的研究成果，因此，任何一门相关学科的发展，也会相应地影响物流信息系统的应用与发展，而且，不同行业的物流管理信息系统也会呈现出具有不同行业特点的应用和发展趋势。以运输系统为例，随着全球经济一体化，社会对交通运输的需求持续增长，交通运输向着能发挥各种运输方式优势的综合运输体系发展。下面重点介绍物流决策支持系统、自动仓储系统、智能运输系统、供应链物流信息系统和电子商务环境下的物流信息系统，它们很好地体系了物流信息系统的应用和发展。

8.2.1 物流决策支持系统

物流决策支持系统是一种计算机辅助决策支持，是指以支持半结构化或非结构化的物流系统决策过程为特征的计算机辅助决策信息系统。它通过综合应用各种数据、模型和分析技术，为物流系统决策者创造分析问题、构造模型、模拟决策过程和评价决策效果的决策支持环境，通过各种友好的人-机交互界面，帮助决策者利用各种数据、模型进行方案的设计和选择。通过物流决策支持系统的使用，可以提高物流系统的预测与决策水平。

物流系统预测的作用主要体现在：预测是决策的前提和基础，同时又是决策过程的一个重要组成部分，正确的决策取决于可靠的预测；预测是编制计划的基础，物流系统的采购、仓储、运输等业务活动的计划都是以预测资料为基础制订的，预测资料的正确与否，直接影响到计划的可行性，进而决定组织运营的成败；预测是提高管理预见性的一种手段，有助于各级主管人员向前看、面向未来。表 8-1 列出了常用的定性、定量预测方法。

表 8-1 常用的定性、定量预测方法

定性分析预测	集合意见法，用户意见法，员工意见法，专家评估法，类推法，判断预测，目标分解法等
定量分析预测	情景分析法
	时间序列分析法
	因果分析法

预测的主要步骤如下。

1）确定预测目标，包括预测对象、目标、对象的范围等，制定工作方案。

2）调查、收集和整理组织内部、外部资料。

3）选择预测方法，建立预测模型，处理相关数据。

4）进行预测并分析预测误差，修正预测模型。

5）确定预测值，评价预测结果。

6）提交预测报告，用于决策计划。

把决策的理论、方法运用于物流系统中，就是物流系统的决策。我们可以对物流系统的决策按层次划分，如表 8-2 所示。

表 8-2 物流管理信息系统的决策举例

项目	战略计划决策	管理控制战术计划决策	作业控制计划决策
选址	设施的地点、数量、规模	库存分布等	路线、路线上产品的分配等
运输	运输方式、运输能力等	季节性的运输服务等	运输路线、车辆优化调度、运输批量、日程安排等
仓库	布局、地点、设备、库存模型、库存水平、库存管理方式等	库存盘点（ABC）	库位、货架等的配置订单履行
采购	采购政策	供应商选择、合同管理	订单送出
销售	设计订单流程系统	客户的优惠待遇	执行订单流程
客户服务	客户服务水平	客户分类和差异化管理	投诉问题的处理

决策支持系统的结构是随着计算机应用、人工智能及各相关领域的发展而发展的。物流决策支持系统一般包括了数据库管理子系统、模型库管理子系统、方法库管理子系统、知识库管理子系统和人机交互子系统，如图 8-2 所示。

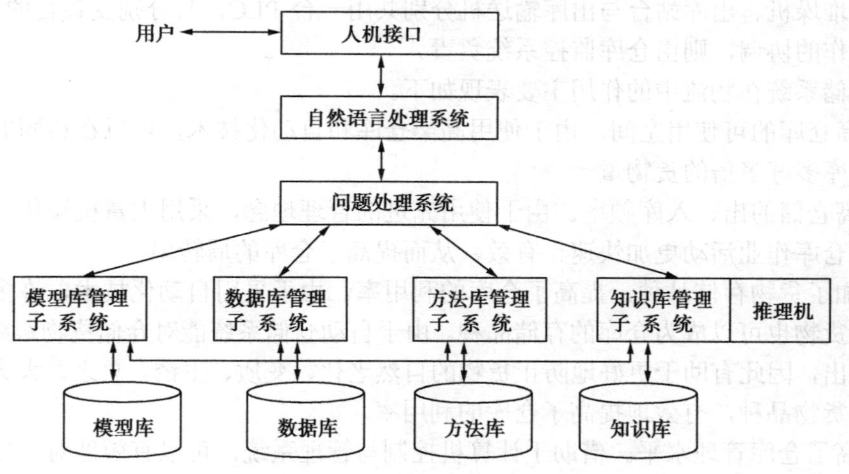

图 8-2　决策支持系统结构

智能决策支持系统是人工智能（Artificial Intelligence，AI）和 DSS（Decision Support System，决策支持系统）相结合，应用专家系统（Expert System，ES）技术，使 DSS 能够更充分地应用人类的知识（如关于决策问题的描述性知识，决策过程中的过程性知识，求解问题的推理性知识），通过逻辑推理来帮助解决复杂的决策问题的辅助决策系统。

8.2.2　自动仓储系统

自动化仓储系统是由高层立体货架、堆垛机、各种类型的叉车、出入库系统、无人搬运车、控制系统及周边设备组成的自动化系统。利用自动化仓储系统可持续地检查过期或找库存的产品，防止不良库存，提高管理水平。自动化仓储系统能充分利用存储空间，通过计算机可实现设备的联机控制，以先入先出的原则，迅速准确地处理物品，合理地进行库存管理及数据处理。

对于一个全自动的仓储系统，计算机管理与控制系统是它的灵魂。图 8-3 为自动仓储系统中整个计算机管理与控制系统的示意图。

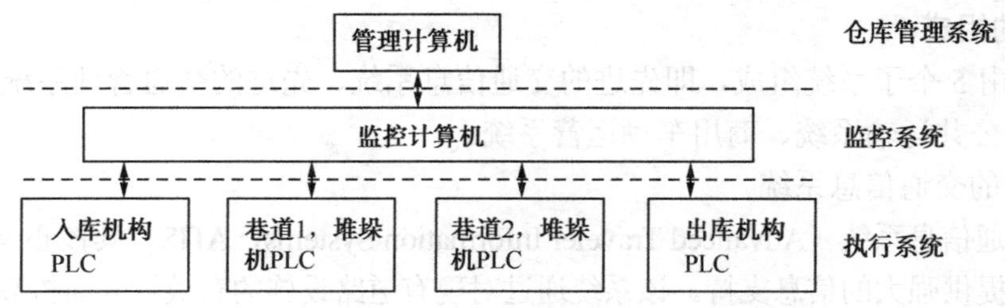

图 8-3　自动仓储系统计算机管理与控制系统示意

1）仓库管理系统：向仓库的监控系统发送出、入库作业任务单，接收来自监控系统对出、入库任务完成情况的反馈。

2）监控系统：负责协调控制各套结构的操作作业；监控整个自动仓储系统的运行状态，承担货位分配等工作；接收来自仓库管理系统的货物出、入库任务，并向仓库管理系统反馈任务完成情况。计算机监控系统向各 PLC（Programmable Logic Controller，可编程逻辑控制器）

发出操作作业任务，并实时接收来自 PLC 的任务完成情况反馈。因此，计算机监控系统必须具有极高的实时处理速度，才能顺利地完成对整个自动仓储系统的协调运行。

3）执行系统：一般采用 PLC 实现对各种执行机构动作的控制。入库站台与入库输送机、巷道站台与堆垛机、出库站台与出库输送机分别共用一台 PLC，且分别受各自的 PLC 控制。对各机构动作的协调，则由仓库监控系统负责。

自动仓储系统在物流中的作用主要表现如下。

1）提高仓库的可使用空间。由于使用高架仓库和自动化技术，可以在相同的面积上，存储比普通仓库多好多倍的货物量。

2）提高仓储的出、入库频率。由于使用先进的管理理念，采用大量机械化、自动化的作业，使各种仓库作业活动更加快速、有效，从而提高了仓库的周转率。

3）增加了货物存储品种，提高了仓库的利用率。由于采用自动化技术，许多不适于人工直接作业的货物也可以成为仓库的存储品种。由于自动仓储系统能对仓储货物跟踪，很容易地实现先进先出，因此有助于更好地防止货物的自然老化、变质、生锈。总之，大大增加了仓库所能接收的货物品种，有效地提高了仓库的利用率。

4）提高了仓库管理水平。借助于计算机控制与管理系统，可以有效地对各项物流作业进行协调控制，跟踪各项物品，提高存货准确率，有效消除存储和拣选错误，减少装运错误，充分利用仓库的存储能力，合理减少库存，减少流动资金的占用，优化人力资源和仓库资源的利用，降低库存成本，增进存货投资回报，减少订单处理时间，改善客户服务水准。通过与企业内、外各种信息系统的集成，可以促进整个物流系统的合理化。总之，从整体上提高了仓库的管理水平。

8.2.3 智能运输系统

智能运输系统（Intelligent Transportation Systems，ITS）是将先进的信息技术、数据通信传输技术、电子控制技术及计算机处理技术等有效地综合运用于整个运输管理体系而建立起的一种在大范围内、全方位发挥作用的，实时、准确、高效的综合运输管理系统。它将道路管理者、用户、交通工具和设施，以及环境等有机地结合在系统之中，实现各种运输方式的现代化，提高了交通运输网络这个大系统的运行效率。ITS 涉及公路、铁路、水运、航空和管道等多种运输方式。ITS 的主要支持技术包括传感器、电子视野图像识别、位置测量、判断处理技术、数字化和数据库、车辆控制、计算机、通信网络及移动通信等。

1．ITS 的组成

ITS 主要由 5 个子系统组成，即先进的交通信息系统、先进的交通管理系统、先进的车辆系统、先进的公共运输系统、商用车辆运营系统。

（1）先进的交通信息系统

先进的交通信息系统（Advanced Traveler Information Systems，ATIS）其核心是信息中心，该中心为出行者提供强大的信息支持。该系统通过对现有道路设施的有效管理而提高道路的通行能力，实现道路交通的安全与高效。例如，为出行者提供所需的有关公交线路图及发车时刻表、某一时刻某一路段的车速状况、道路施工情况、绕行路线和气候条件等实时信息；提供与目的地相关的信息，如沿途加油站、汽车修理厂、餐馆、医院等设施的地理位置分布、地址、电话、营业时间等；提供沿途交通及道路状况信息，如道路线形、路宽、交叉口、坡度、交通堵塞情况等信息；提供最佳行驶路线及实时导航信息等。

（2）先进的交通管理系统

先进的交通管理系统（Advanced Traffic Management Systems，ATMS）由一系列监视公路

状况、支持交通管理与出行建议系统所组成。交通管理控制中心通过交通探测车、车辆探测器、雷达探测器、气象检测器、能见度检测器、视频检测系统、不停车电子收费系统和紧急电话等手段采集有关信息并加工，然后通过电子地图、大屏幕显示器、可变标志、可变情报板、电话、电视、路侧通信广播、交通广播、微机信息灯系统、匝道控制系统、视频监测系统和不停车电子收费系统等手段将有关信息传递给司机和相关人员，并不断优化交通信号灯的绿信比，随时采取相关措施保障良好的交通秩序，此外还对一些突发事件（如交通事故、道路维修、特殊的政治活动）迅速确定解决方案，并做出准确的反应。

（3）先进的车辆控制系统

先进的车辆控制系统（Advanced Vehicle Control Systems，AVCS）是指借助车载设备及路侧、路表的电子设备来检测周围行驶环境的变化情况，进行部分或完全的自动驾驶控制，以达到行车安全和增加道路通行能力的目的。其本质就是在车辆与道路系统中，将现代通信技术、控制技术和交通流理论加以集成，提供一个良好的辅助驾驶环境，在特定条件下，车辆在自动控制下安全行驶。

（4）先进的公共运输系统

先进的公共运输系统（Advanced Public Transportation Systems，APTS）作为智能运输系统的子系统，是保证对各种可选交通方式有足够的考虑。该系统采用先进的公共汽车、车辆 GPS 和先进的电子技术等来达到不需要新建另外的公路却运送更多的出行者的目的。该系统利用计算机技术对公交车辆及公交设施的技术状况和服务水平进行实时分析，实现公交系统计划、运营和管理功能的自动化，为乘客提供实时的换乘信息。它具备完备的安全检测、预警和防范设施等。

（5）商业车辆运营系统

商用车辆包括货运汽车、公交汽车、出租车和紧急车辆。商业车辆运营系统（Commercial Vehicle Operation，CVO）系统可为商用车辆运营业户提供电子通关；对高速行驶中的车辆、货物状态和司机的安全情况进行检测，危险时预警，并在必要时进行自动控制；运送危险品的车辆发生事故时，能立刻确定事故的严重程度、事故地点、危险品种类，并推荐最佳应急方案；还可帮助司机确定车辆位置，避开交通阻塞路段，提高运输效率。

2. 智能运输技术的运用

ITS 通过技术平台可向物流企业管理提供的服务主要集中在物流配送管理和车辆动态控制两方面，如提供当前道路交通信息、线路诱导信息，为物流企业制定运输方案提供决策依据；通过对车辆位置状态的实时跟踪，可向物流企业甚至客户提供车辆预计到达时间；为物流中心的配送计划、仓库存货战略的确定提供依据。在现代物流发展过程中，主要可在以下 5 个方面利用智能运输技术：移动信息技术、车辆定位技术、车辆识别技术、车辆控制技术、通信与网络技术。

（1）移动信息技术

为了将移动的车辆信息纳入物流运转的信息链中，需要使用移动信息系统。该系统和物流企业的信息中心构成统一的整体。合同数据、运输线路数据、车辆数据和行驶数据都需要进行搜集、存储、交换和处理。将货运车辆纳入信息链所采用的主要手段是在车辆上配置便携式计算机或专门开发的信息处理和无线发射与接收装置。物流业中使用移动定位后，信息量非常大，其中用户主要是跨国物流企业和大型的物流企业，随着技术的更新及信息费用的下降，许多中小物流企业对移动信息技术也越来越感兴趣。

（2）车辆定位技术

车辆的实时定位有助于物流控制中心在任意时刻查询车辆的地理位置，并在电子地图上直观地显现出来，动态掌握车辆所在位置可帮助物流企业优化车辆配载和调度。另外，车辆定位技术也是搜寻被盗车辆的一个辅助手段，这对运输贵重货物来说具有特别重要的意义。GPS 技术是车辆定位最常用的解决方案。对于网络 GPS 的用户，还可使用 GPS 的话音功能与司机进行通话或使用安装在运输工具上的汉字液晶显示屏，进行汉字消息收发。

（3）车辆识别技术

借助电子识别系统，使运输中的货物可通过一个号码和特别的信息加以区别，便于运输途中对时间及地点的跟踪与监控。它还可以与其他系统连接，用于控制物流中的运输、转运、代销和存储过程。

（4）车辆控制技术

车辆控制技术是现代物流系统中货运车辆运营管理的重要组成部分。车辆控制技术提供支撑物流系统在运输环节对供应链进行全过程管理的功能，包含运营货运车队管理、货物运输管理、货运车辆电子通关、运营货运车辆行政管理、动态承重、车载安全监控、车辆车载安全保障、货车车辆维护等多方面。

（5）通信与网络技术

在现代运输网络中，数据越来越多地需要远程输送与交换。采用标准化 EDI 信息网，可使数据具有较好的兼容性与适用性，有利于加速信息流程，降低手工输入错误率，减少纸张需求及使数据易于检验等。远程数据通信可利用专门的数据交换网，也可借用互联网。由于互联网具有低通信成本、高联通率的特点，越来越多的货运企业把互联网作为数据交换台，进行数据通信。基于网络及时、准确的信息传递保证了物流系统高度集约化管理的信息需求，保证了物流网络各节点和总部之间，以及各节点之间的信息充分共享。

8.2.4 供应链物流信息系统

供应链物流信息系统是指通过现代信息技术，对供应链系统中的物流信息进行系统化的处理，并配送决策支持技术，对供应链中的各相关部分发出协调指令，从而实现供应链系统的低成本、高质量、高效率的运行。信息技术及信息系统的应用是实现供应链管理的前提和必要条件。供应链物流信息系统所设计的主要关键技术为统一的动态联盟企业建模和管理技术、分布式计算技术、标准化技术和信息安全等。目前，市场上有的供应链管理软件是原有 ERP 软件的扩展，还有一些则是具有单项供应链管理功能的软件。

1．供应链管理软件的组成

供应链管理软件一般有 5 个主要的模块：需求计划、生产计划和排序、分销计划、运输计划、企业或供应链分析等。

（1）需求技术模块

用统计工具、因果要素和层次分析等手段进行更为精确的需求预测，用 Internet 和协同引擎等通信技术帮助生成组织间的最新和实时的协作预测。

（2）生产计划和排序模块

分析组织内部和供应商生产设施的物料和能力的约束，编制满足物料和能力约束的生产进度计划，还可以按照给定条件进行优化，根据不同的生产环境应用不同的算法和技术。

（3）分销计划模块

帮助组织分析原始信息，确定如何优化分销成本或者根据生产能力和成本提高客户服务水平，保证产品可订货、可赢利。

（4）运输计划模块

帮助确定将产品送达客户的最好途径，包括运输方式、运输路线等的计划。

（5）企业或供应链分析。

一般是关于整个企业或供应链的图示模型，帮助企业从战略功能上对工厂和销售中心等进行调整。

2．供应链物流信息系统的功能

通过供应链物流信息系统的运用，可以使物流信息在整个供应链系统中共享和集成，从而支持供应链系统的快速反应，促进各伙伴的有效预测和协调。

（1）支持供应链的快速反应

由于所有供应链伙伴分享业务计划、预测信息、POS数据、库存信息、进货情况，以及其他有关协调物流的信息，因此，由所有供应链合作伙伴组成的目标一体化的供应链具有高速的反应力，如供应商知道何时增加生产，运输公司能随时掌握各地货源情况，分销商可以及时调整分销计划。

（2）促进有效预测

物流信息的共享，可以使供应链中的合作伙伴在进行需求、价格等预测时获得关于未来的更多信息，从而能使预测更加有效。如果供应链中的所有合作伙伴都能参加合作预测，则可以最大限度地减少牛鞭效应。

（3）有助于系统协调

供应链物流信息系统可以随时提供生产状况和成本、库存成本与库存水平、各种业务能力和顾客需求等信息，这些信息对于供应链成员从局部最优化转化为系统最优化的协调工作具有极其重要的价值。

8.2.5 电子商务下的物流信息系统

电子商务集信息流、资金流和物流于一体。其中，信息流包括商品信息、订单信息、采购信息、库存信息、运输信息、客户信息、供应商信息、认证信息、资金转账信息，以及各种统计、决策信息等的流转；资金流主要是指资金的转移；物流即通过各项具体的运输、储存、装卸、保管、包装、配送等物流活动，实现物质资料的空间位移。可见，物流是电子商务的重要组成部分。

在电子工具和网络通信技术的支持下，信息流、资金流可在瞬间完成，而物流一般是不可能直接通过网络传输的方式来完成的。因此，如果没有先进的现代物流系统做后盾，必然会给电子商务的发展带来巨大的阻碍。在电子商务时代，物流的信息化是电子商务的必然要求，一个高效、拥有电子商务功能的现代物流系统的运作必须以物流信息系统的全面应用为基础。

电子商务环境下的物流基本业务流程如图8-4所示。

1．B2C模式中物流系统电子商务业务流程

B2C模式的具体运作模式一般有两种：B2C网络直销模式，B2C亚马逊模式。前者是由商品制造商自己开设的，直接面对消费者提供购物服务的电子商务网站，戴尔公司的网上直销模式是该模式的典型实例。后者是一个购物平台，而非实物平台，它是生产者和消费者之间供求信息的沟通者，以及其他购物增值服务的提供者。无论哪种B2C模式，消费者都是通过电子商务网站进行购物活动的。

网上购物的参与方主要为：具有浏览器的消费者群；能处理信用卡业务并提供主页的商家；银行架构，包括发卡行和收单行；安全认证机构；物流配送中心。

2．B2B模式中物流系统电子商务业务流程

EDI是B2B电子商务模式的核心技术。图8-5是基于EDI的物流系统电子商务简单业务流程。供应商与供应商（或销售商）之间通过EDI进行售前、售中与售后的电子商务；物流中心使用 EDI 服务与客户进行数据交换，并完成相应的物流基本活动；认证机构、银行通过 EDI 技术进行安全认证、电子支付及结算等。最终消费者的购物流程与 B2C 模式中消费者与商家的网上购物流程基本相同。

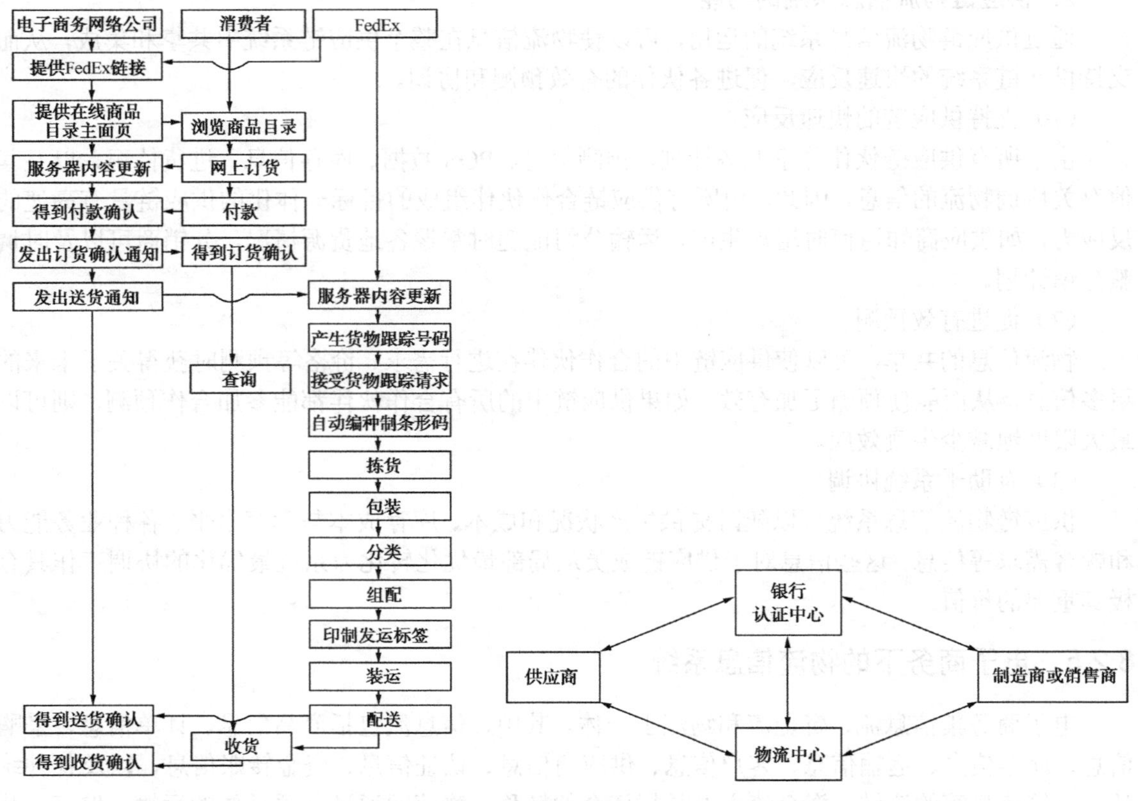

图 8-4　电子商务环境下的物流基本业务流程　　图 8-5　基于 EDI 的物流系统电子商务简单业务流程

8.3 第三方物流管理信息系统的使用实训

8.3.1 实训目的

让学生掌握第三方物流企业的主要业务及业务操作过程中遇到的术语的含义。其中各项基础数据的维护是最为基础的环节，学生不仅要根据任务分解出各个基础数据，而且要掌握各类基础数据的实际情况。通过该软件的学习，掌握运营第三方物流公司的基本技能，不仅要掌握如何维护各项数据的方法，而且要掌握实际业务中异常的处理方式，同时要分析软件的缺点，来提高工作效率。

8.3.2 实训设备及软件

1. 实训设备

1）机房应给教师和学生配备计算机 1 台/人。

2）部门级服务器一台计算机控制系统。

3）投影机一台，其他多媒体教学系统设备。

2. 软件环境

1）服务器采用 Microsoft Windows 2000 Server 操作系统。

2）数据库管理系统采用 SQL Server 2000。

3）易通交通信息发展有限公司开发的第三方物流管理系统。

8.3.3 实训任务

实训任务如表 8-3 所示。

表 8-3 第三方物流管理信息系统的使用实训任务

任务编号	8
任务名称	利用易通物流管理信息系统完成货物的入库、在库、出库管理
任务内容	已知甲方北海粮油食品有限公司，乙方易通物流公司。甲方现有仓库资源不能满足需求，特派出人员与易通物流公司进行仓储业务洽谈；易通物流公司在对客户需求进行调查后，决定成立北海粮油食品项目组，其具体业务如下： 1. 甲方委托乙方于×年×月×日入库货品到易通物流公司 1 号库。货品 1，餐饮油 500 件，出厂批号 2008BHFZG3，搬卸费用 800 元，入库费用 3000 元，其他费用 1000 元；货品 2，ARO 调和油 600 件，出厂批号 2008BHTHY3，搬卸费用 1000 元，入库费用 4000 元，其他费用 800 元 2. 次日，甲方委托乙方从 1 号库出库货品。货品 1，餐饮油 360 件，出厂批号 2008BHFZG3，搬卸费用 600 元，出库费用 2100 元，其他费用 600 元；货品 2，ARO 调和油 300 件，出厂批号 2008BHTHY3，搬卸费用 500 元，出库费用 2000 元，其他费用 800 元 3. 因易通物流公司库房业务调整需要，对甲方的货物进行移库作业，之后，进行盘库管理 4. 按乙方相关客房管理文件对库存货物存货量进行查询后，按甲方客户货物最低保有量要求进行补货业务操作 5. 按乙方要求对甲方仓储应收、应付款项进行结算
提交资料	1. 画出货物入库流程图 2. 各组提交角色分配表 3. 根据被分配的角色提交操作步骤文档
相关网站资料	湖南现代物流职业技术学院精品课程网——物流信息技术与应用： http：//jpkc.56edu.com/study/wlxxjs/linecourse.asp?id=20100301224043966646
思考问题	1. 易通管理信息系统的操作流程是什么 2. 利用易通管理信息系统进行入库操作时要做哪些权限设置

8.3.4 实训要求

在教学组织过程中，教师可以安排 4 或 5 名学生为一组，每组学生通过一单货物的入库和出库操作来掌握物流公司的运作，基本数据主要包括部门信息、员工信息、客户信息、货物信息、仓库信息、岗位名称、仓库类型等，由各管理员按各自的权限进行信息的添加。本节实训内容涉及客户货品入库、出库、移库、盘库、补货及结算等多项业务，涉及第三方物流信息管理系统中的系统管理、资源管理、客户管理、仓储管理与结算管理 5 个子功能模块，结合仓储业务流程及角色职能，可细分为 8 个步骤，分别由 8 个角色来承担相应管理职能，并可进行多角色合作演练。

8.3.5 操作步骤

使用本书的学校如果有相关软件，可参考如下操作步骤。

1. 系统管理员操作

该角色的主要职能是建立系统用户信息，为用户授权并进行项目管理。

1）安装易通管理信息系统后，输入网址，显示系统登录界面，在此界面上需要用户输入所授予的用户名和密码登录到操作界面，如图 8-6 所示。

图 8-6　系统登录界面和操作界面

2）在系统主界面中，选择“系统管理”→“分支机构管理”选项，进入到分支机构管理界面，如图 8-7 所示，在该界面中可对已存在的分支机构信息进行修改。

分支机构管理

分支机构列表

ID	机构简称	机构等级	所在地	负责人	电话	传真	操作
0000	湖北汽运	1	武汉市	周世剑	31800000	23456789	编辑 删除 添加下属机构
0002	黄石运输	2	黄石市	黄金刚			编辑 删除 添加下属机构
0001	捷龙汽运	2	武汉市	庞贵宾			编辑 删除 添加下属机构
0009	二运	3	保康县				编辑 删除 添加下属机构
0008	飞书	3	安庆市				编辑 删除 添加下属机构
0005	捷龙一运	3	武汉市	李伟			编辑 删除 添加下属机构
0006	捷龙一运2队	4	武汉市	李雷			编辑 删除 添加下属机构

1

共有 7 笔数据记录 总共有 1 页 目前是第 1 页　　首页 上一页 下一页 尾页

图 8-7　分支机构管理界面

单击“操作”列中的“添加下属机构”超链接进入新增下属机构界面，在该界面中输入全称、简称、所在地、负责人、地址、邮编、电话、传真、电子邮件。填写完毕后，单击“保存”按钮，对办事处信息进行保存，保存信息将显示在下属机构列表中；单击“取消”按钮，取消操作。

（3）选择“系统角色管理”选项进入系统角色管理界面，如图 8-8 所示。

系统角色管理

系统角色列表

ID	角色名称	排序	操作
role_10	捷龙项目经理		编辑 删除 菜单分配
role_11	监督员		编辑 删除 菜单分配
role_03	系统管理员	00	编辑 删除 菜单分配
role_02	总公司总经理	01	编辑 删除 菜单分配
role_01	分公司经理	02	编辑 删除 菜单分配
role_04	项目经理	03	编辑 删除 菜单分配
role_05	项目助理	04	编辑 删除 菜单分配
role_06	仓库管理员	05	编辑 删除 菜单分配
role_07	运输调度	06	编辑 删除 菜单分配
role_08	客服人员	07	编辑 删除 菜单分配

新增角色

图 8-8　系统角色管理界面

单击“新增角色”按钮进入新增角色界面，在该界面中输入角色名称、说明、排序等信息。

填写完成后，单击“保存”按钮，保存角色信息，保存结果将显示在系统角色列表中。单击“操作”列中的“菜单分配”超链接，进入菜单分配界面，在该界面中选择后，单击“保存”按钮，保存系统角色的菜单信息。

4）选择“系统用户管理”选项进入系统用户查询界面，单击“添加”按钮，进入到新增用户界面，如图 8-9 所示。

系统用户管理 >> 管理员信息列表 >> 管理员信息添加
管理员信息添加
姓名：*
用户名：*
单位：* --请选择--
角色：* --请选择--
密码：*
密码确认：*
客户操作权限：通过项目分配 全部
身份证号：
职务：
电话：
手机：
传真：
电子邮件：
备用联系：
保存 取消

图 8-9　新增用户界面

在新增用户界面中，“单位”由“分支机构管理”处产生，“角色”下拉列表框的信息由“角色管理”处生成。在新增用户界面中，“客户操作权限”包括“通过项目分配”和“全部”。“通过项目分配”是通过给用户分配项目来完成业务操作的，“通过项目分配”指已分配到项目。在该界面中输入真实姓名、用户名、密码等信息后，单击“保存”按钮，保存新用户信息，保存后的信息显示在系统用户列表中。单击“操作”列中的“菜单分配”超链接进入菜单分配界面，在该界面中选择菜单项，单击“保存”按钮，对菜单信息进行保存。单击“继承角色分配”按钮，对菜单的权限进行继承。单击“操作”列的“编辑”超链接进入用户编辑修改页面，系统管理员可对用户进行删除操作。

5）选择“业务项目管理”选项进入业务项目管理界面，单击“新增项目”按钮，进入到新增业务项目界面，如图 8-10 所示，在界面中输入：项目名称、客户、服务类型、服务内容、运输范围。单击“保存”按钮，对新增业务项目信息进行保存，单击“取消”按钮，回到业务项目列表界面。单击“操作”列中的“项目成员”超链接，进入项目成员分配界面，在该界面中选择相关人员，然后单击“保存”按钮，对项目成员信息进行保存。

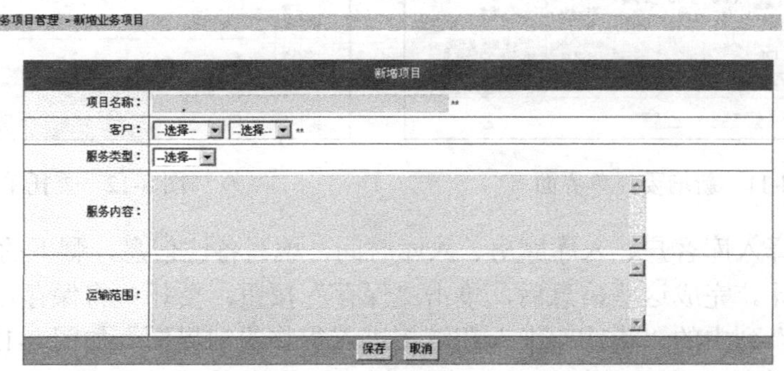

图 8-10　新增业务项目界面

2．资源管理员操作

在仓储管理业务中，资源管理员的主要职责是建立仓储供应商和仓库/货位信息。

1）建立仓储供应商的基本信息。在系统主界面中，选择“资源管理”→“仓储供应商管理”选项，进入“仓储供应商基本信息”界面，在该界面中单击“添加新供应商”按钮，添加新的供应商。

2）建立仓库/库位信息。在系统主界面中，选择“资源管理”→“商业资源管理”→“仓库/库位信息管理”选项，进入“仓库/库位信息管理”界面，在该界面，单击“新增仓库”按钮，显示新增仓库基本信息。

3. 客户管理员操作

客户管理员的主要职责是负责客户基本信息及客户货品信息的维护与管理。

1）添加客户基本信息。在系统主界面中，选择“客户管理”→“基本信息”选项，进入客户基本信息界面，在该界面中单击“添加一级客户”按钮，添加新的客户信息。

2）添加发货单位基本信息。选择“发货单位”选项，进入“客户发货人管理”界面，在该界面中选择相应的客户后进入发货单位列表界面，在该界面中单击“新增发货人”按钮，进入新增发货单位界面，在该界面完成基本信息的添加，单击“保存”按钮。

3）添加收货单位基本信息。选择“收货单位”选项，进入客户收货人管理界面，在该界面选择相应的客户后进入收货单位列表界面，在该界面中单击“新增收货人”按钮，进入新增收货单位界面，在该界面完成基本信息的添加，单击“保存”按钮。

4）添加货品基本信息。选择“货物字典”选项，进入客户货物字典界面，在该界面选择相应的客户后，单击“进入”按钮，进入客户货物列表界面，在该界面中单击“新增货物”按钮，进入新增货物界面，在该界面完成基本信息的添加，单击“保存”按钮。

4. 入库管理员操作

入库管理员的主要职责是负责“入库管理”模块的操作。在主界面中，选择“入库管理”选项，进入入库管理界面。

（1）填写委托单

选择“入库委托”选项，进入新增委托单界面，如图 8-11 所示。

单击“新增委托单”按钮，进入委托单录入界面，如图 8-12 所示。

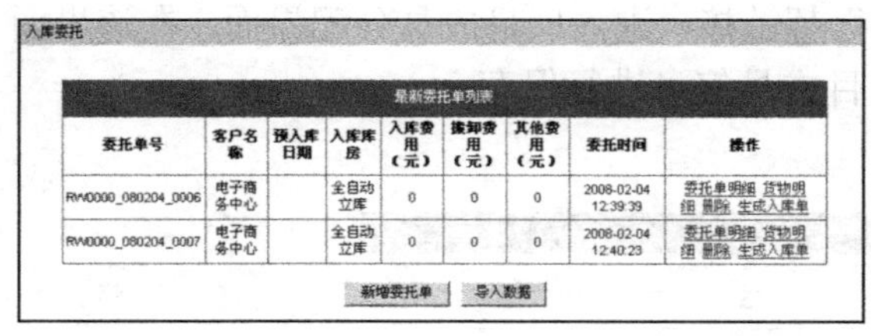

图 8-11　新增委托单界面

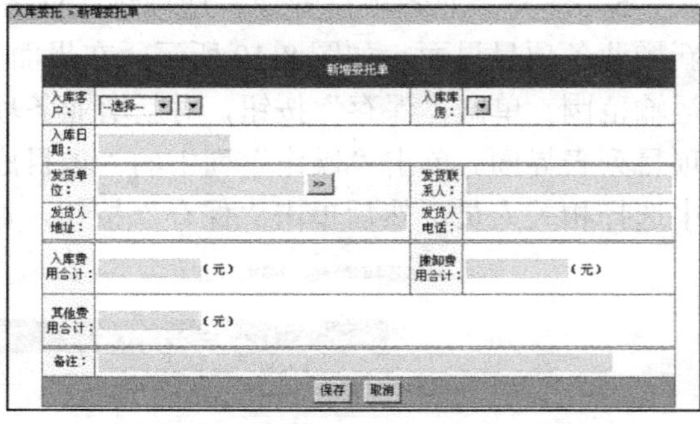

图 8-12　委托单录入界面

在此界面选择入库客户、入库库房、入库时间，填写备注信息，剩下的信息在填写完货物明细信息后做统计。完成这些信息后，单击“保存”按钮，委托单将保存在委托单列表中。

单击“操作”列中的“货物明细”超链接进入货物明细界面，如图 8-13 所示。

在该界面中选择货物品种规格、生产日期、包装/最小单位。输入委托批号、数量、入库费用、搬卸费用、其他费用、重量、体积。完成这些操作后，单击“增加”按钮，这条货物明细将被添加到货物明细列表中。单击“返回”按钮回到新增委托单界面。

单击“操作”列中的“委托明细单”超链接进入编辑委托单界面，如图 8-14 所示。

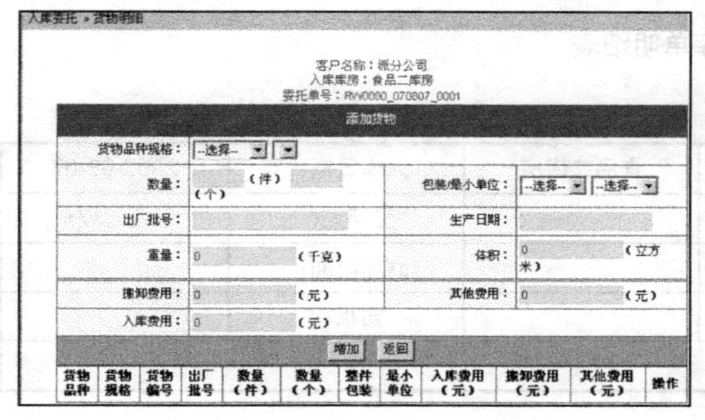

图 8-13　货物明细界面

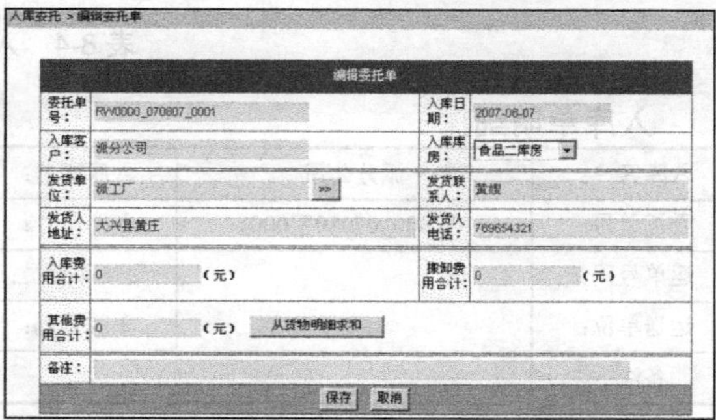

图 8-14　编辑委托单界面

单击“从货物明细求和”按钮，计算出货物明细中货物的入库费用合计、搬卸费用合计、其他费用合计。单击“保存”按钮，保存委托单。

（2）打印入库单

选择“入库单打印”选项，进入入库单打印界面，如图 8-15 所示。

单击“操作”列的“货物明细”超链接进入货物明细界面，如图 8-16 所示，在该界面中可对原来的货物进行货位安排。

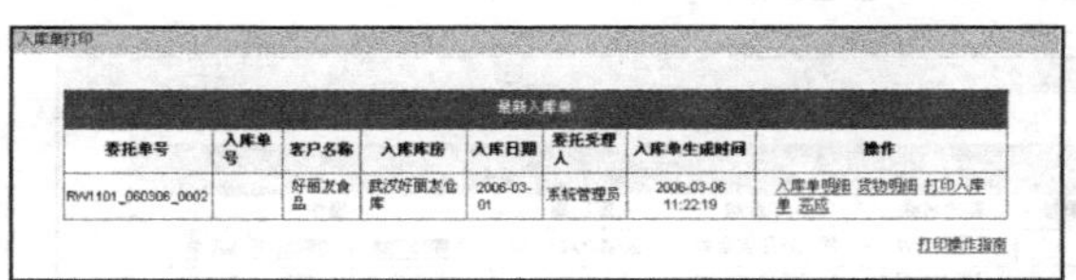

图 8-15　入库单打印界面

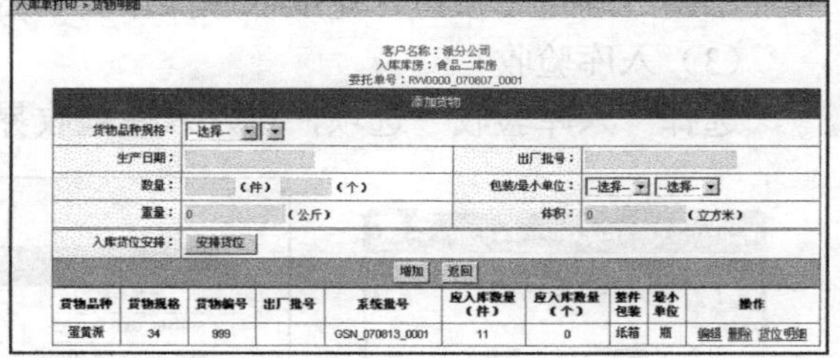

图 8-16　货物明细界面二

单击“安排货位”按钮，进入入库货位安排界面，如图 8-17 所示。

分别在各种货位中安排数量，安排完成后，单击“增加”按钮，完成货位安排工作，单击“返回”按钮，回到入库单打印界面。单击“操作”列的“货物明细”超链接可以查看货物的货位信息。

单击“入库单明细”超链接，进入入库单明细界面，如图 8-18 所示页面。

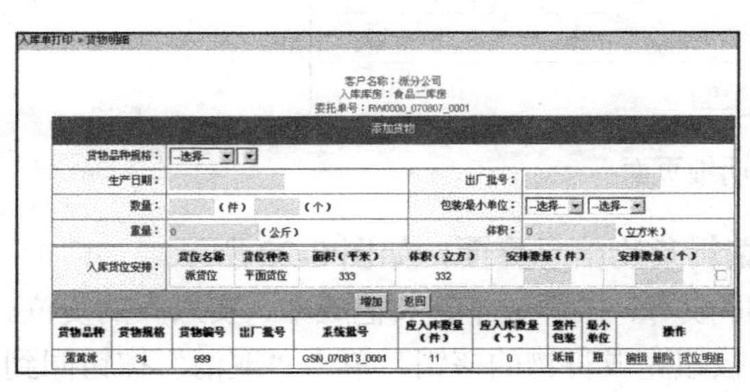

图 8-17　入库货位安排界面

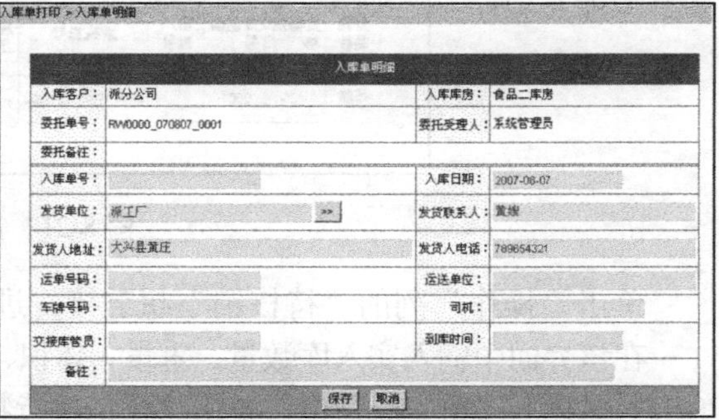

图 8-18　入库单明细界面一

填写入库单号、运单号码、运送单位、车辆号码、司机、交接库管员、到库时间。单击“保存”按钮完成操作，单击“取消”按钮返回入库单打印界面。单击“打印入库单”按钮，将会打印出格式如表 8-4 所示的入库单。

表 8-4　入库单明细表

入库单明细

入库客户:	派分公司	入库库房:	食品二库房	入库日期:	2007-08-07
委托单号:	RW000_070807_0001	入库单号:		受理人:	系统管理员
运单号码:		交接库管员:		到库时间:	
运送单位:		车牌号码:		司机:	
备注:					

货物明细

货物品种	货物规格	货物编号	出厂批号	系统批号	整件包装	最小单位	异常记录
入库货位	入库数量（件）	入库数量（个）	实入货位	实入数量（件）	实入数量（个）		
蛋黄派	34	999		GSN_070813_0001	纸箱	瓶	

单击“完成”按钮，弹出如图 8-19 所示的提示对话框。

单击“确定”按钮，完成入库操作。单击“取消”按钮，取消入库操作。

（3）入库验收

选择“入库验收”选项，进入入库验收界面，如图 8-20 所示。

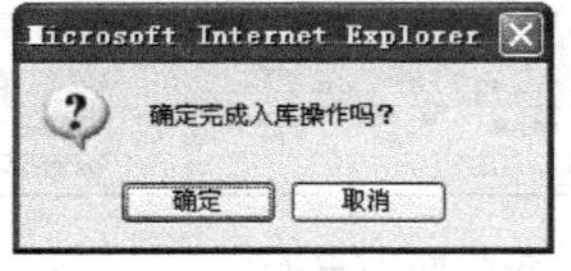

图 8-19　入库操作确认对话框

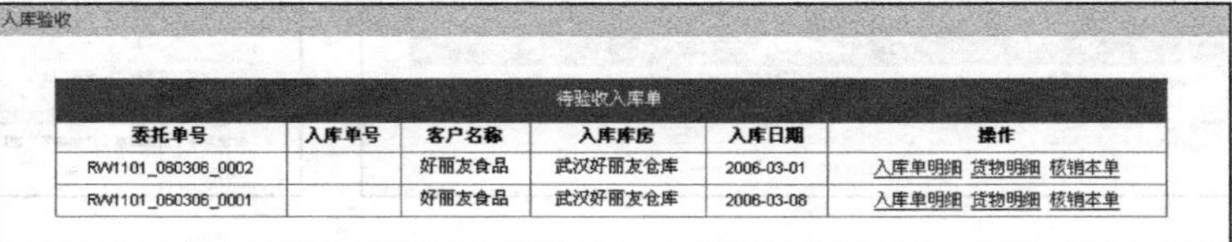

入库验收

待验收入库单

委托单号	入库单号	客户名称	入库库房	入库日期	操作
RW1101_060306_0002		好丽友食品	武汉好丽友仓库	2006-03-01	入库单明细 货物明细 核销本单
RW1101_060306_0001		好丽友食品	武汉好丽友仓库	2006-03-08	入库单明细 货物明细 核销本单

图 8-20　入库验收界面

单击“操作”列的“货物明细”超链接，进入“货物明细”界面如图 8-21 所示。

入库验收 > 货物明细

客户名称：湖北牛奶二分
入库库房：湖北仓储
委托单号：RW0000_070312_0001

货物明细

货物品种	货物规格	货物编号	出厂批号	系统批号	应入库数量（件）	应入库数量（个）	实入库数量（件）	实入库数量（个）	整件包装	最小单位	操作
奶酪	1*20	2001		GSN_070313_0002	33	0	0	0	纸箱	瓶	待核销 货位明细

返回上一级

图 8-21　货物明细页面

单击“操作”列的“待核销”超链接，进入编辑货物信息界面，如图 8-22 所示。

在该界面中输入实入库数量、重量、体积、入库成本、搬卸成本、其他成本、实入库的货位。单击“保存”按钮完成操作，单击“核销本货物”按钮完成货物的核销。单击“取消”按钮回到货物明细界面。其中，“实入库数量”是指真正的入库的数量，“入库成本”是指物流公司要付给供应商库房的费用，“搬卸成本”是指物流公司要付给供应商库房搬卸工的费用。单击“操作”列的“入库单明细”超链接，进入入库单明细界面，如图 8-23 所示。

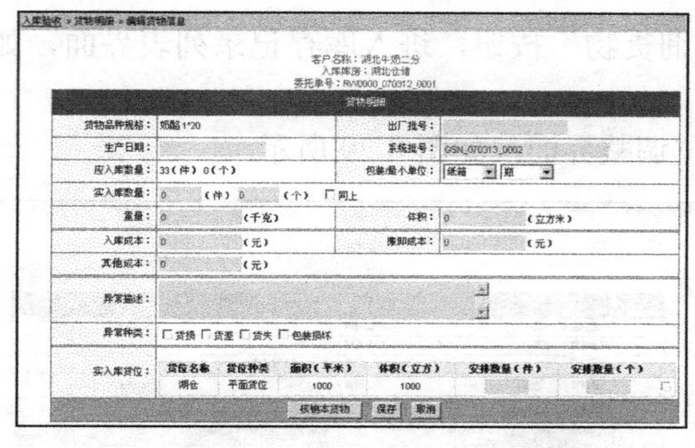

图 8-22　编辑货物信息界面二

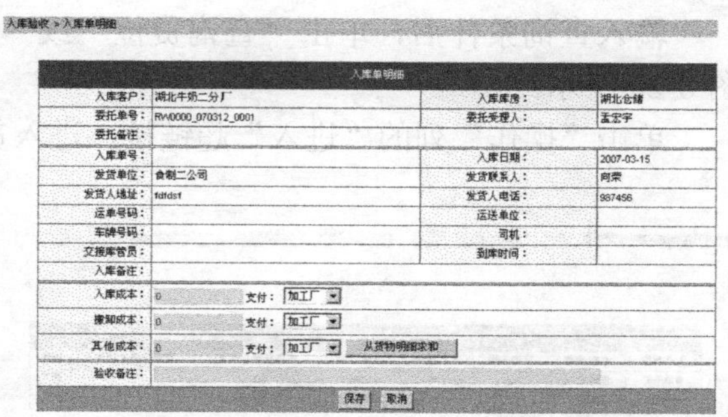

图 8-23　入库单明细界面二

单击“从货物明细求和”按钮统计入库成本、搬卸成本、其他成本，统计完成后，单击“保存”按钮完成入库单明细的操作。

（4）入库记录查询

选择“入库记录查询”选项，进入入库记录查询界面，如图 8-24 所示。

选择客户、入库库房、入库日期，然后单击“查询”按钮进行查询，进入入库记录列表界面，如图 8-25 所示。

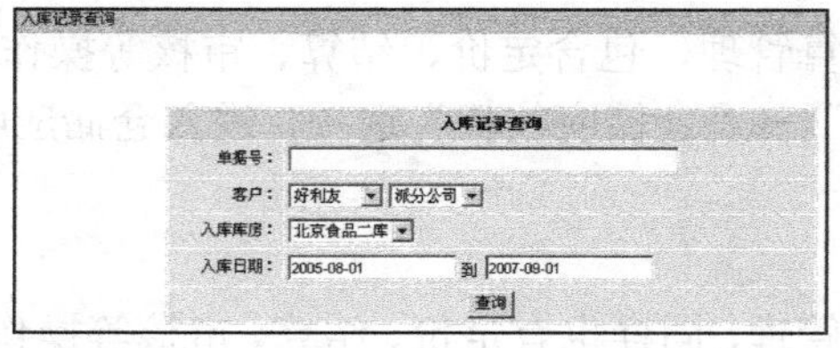

图 8-24　入库记录查询界面

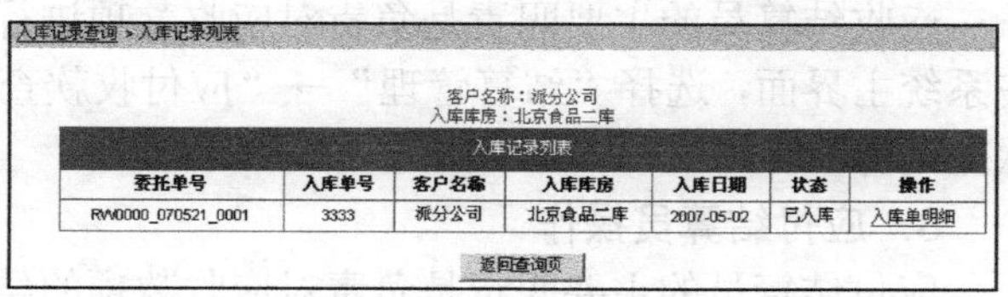

委托单号	入库单号	客户名称	入库库房	入库日期	状态	操作
RW0000_070521_0001	3333	强分公司	北京食品二库	2007-05-02	已入库	入库单明细

图 8-25　入库记录列表界面

单击“返回查询页”按钮回到查询界面。单击“操作”列的“入库单明细”超链接，进入入库单明细页面，如图 8-26 所示。

单击“返回”按钮回到入库记录列表界面。

5．出库管理员操作

出库管理员的主要职责是负责“出库管理”模块的操作。出库操作可参照入库操作流程。

6．库内管理员操作

库内管理员的主要职责是负责移库管理、盘库管理和库存查询。

（1）移库

在主界面中选择“系统管理”→“库存管理”→“货物移库”选项，进入货物或货位查询界面，如图 8-27 所示。

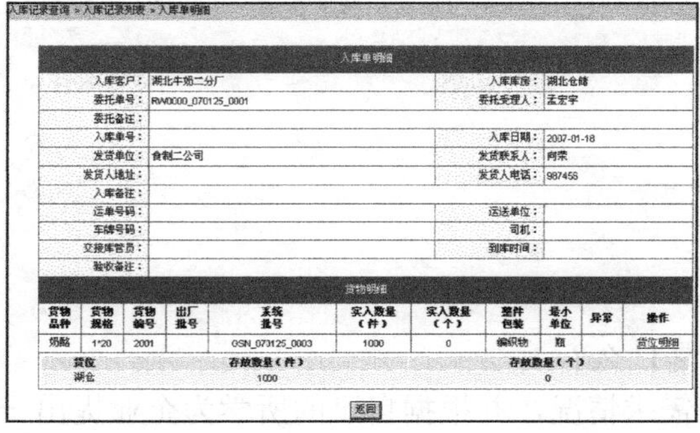

图 8-26　入库单明细界面三

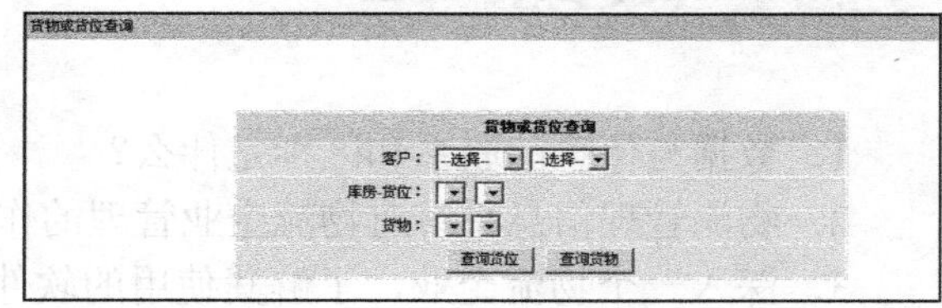

图 8-27　货物或货位查询界面

输入查询条件后，单击“查询货位”或“查询货物”按钮，进入库存记录列表界面，如图 8-28 所示。

单击“操作”列的“进入”超链接，进入货位调整界面，如图 8-29 所示。

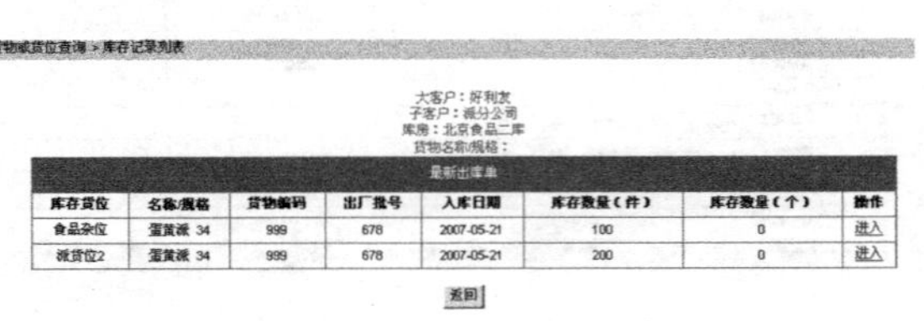

图 8-28　库存记录列表界面

图 8-29　货位调整界面

通过选择新货位，输入要移动的数量，然后输入用户密码，信息填写完毕后，单击“确认”按钮保存相应的信息。

（2）库存查询

在主界面中选择“系统管理”→“库存管理”→“客户货物库存”选项，进入客户货物库存界面，单击“查询”按钮后，得到库存记录列表，可查看入库和出库记录。

7．应收结算员操作

应收结算员的主要职责是负责对应收款项进行结算管理，包含定价、结算、审核等操作。在系统主界面，选择“结算管理”→“应付收款查询”→“仓储应收款”选项，进入仓储应收款查询界面。

8．应付结算员操作

应付结算员的主要职责是负责对应收款项的结算管理，同样也有定价、结算、审核等操作。在系统主界面，选择“结算管理”→“应付款查询”→“仓储应付款”选项，进入仓储应付款查询界面。与仓储应收操作过程相同。

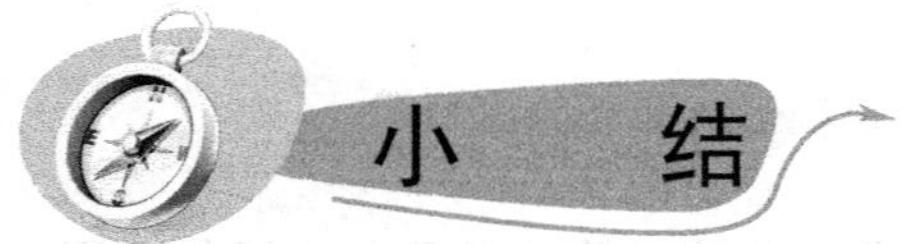

物流管理信息系统是以物流过程为特定的对象，把物流和物流信息结合成一个有机的系统，从本质上讲是把各种物流活动与某个一体化过程连接在一起的通道。

物流管理信息系统本身也是一个系统，在设计过程中可采用“自上而下”的原则将系统分解为若干子系统。物流管理子系统一般可以由运输管理子系统、仓储管理子系统、采购管理子系统、库存管理子系统、用料管理子系统、生产管理子系统等组成，各子系统均有自己特有的功能。

1．数据与信息的联系和区别是什么？

2．物流管理信息系统对物流企业管理的作用是什么？

3．深入一个物流企业，了解其使用的软件与需求情况，并根据自己的所学为企业提出一套解决方案。

第9章 物流自动化立体仓库信息管理系统

导教 教学导航

职业能力要求

■ 专业能力：掌握自动化立体仓库的概念、分类、优点、主要功能及规划设计，熟悉自动化立体仓库管理系统，学会使用自动化仓库系统。

学习目标

■ 掌握自动化立体仓库的概念；
■ 掌握自动化立体仓库的分类、优点和主要功能；
■ 掌握自动化立体仓库的规划设计；
■ 熟悉自动化立体仓库管理系统；
■ 学会使用自动化仓库系统。

导读 9-1 海尔国际物流中心先进的自动化立体仓库信息系统

一、海尔国际物流中心

海尔国际物流中心位于青岛海尔工业园区内，于 2001 年投入运营，配备了具有国际先进水平的自动化物流系统，整个系统的调度及各项业务流程都在计算机的控制下进行，并与海尔的 ERP 系统无缝对接，实现了物料的自动存取、自动输送以及信息的自动处理等功能。

物流中心库区面积为 148m×120m。按物料管理方式，自动化物流系统主要由两部分组成：原材料自动化仓库和成品件自动化仓库。

原材料自动化物流系统的主要功能是满足海尔工业园内各生产企业和车间的生产原料存储及搬运需要。该系统按照总部指令的生产计划安排，适时柔性变化自动仓库的原料供运量及库存量，并及时将库存信息传递给有关部门，使原材料可以方便地进行调度和管理，从而使企业资金得到高效利用。

成品自动化物流系统为海尔工业园内各生产企业和车间的成品提供存储功能，存储的产品品种包括冰箱、空调、小家电等制成品，同时该仓库作为青岛海尔集团产品配送的一级仓库，通过该系统，对集团生产的所有产品进行统一管理和控制，相关各部门可以实时获得产品库存信息，为产品的生产决策提供可靠依据。

二、自动化仓库的业务流程及设备运用情况

（一）原材料自动化仓库

1. 原材料入库

原材料由供货厂家送至自动化物流中心，由叉车卸车后堆放在原料入库暂存区，海尔质检人员对到达的原材料进行检验，对于检验合格的标准包装物料，叉车司机利用手持数据终端扫描包装上的条码信息并将条码信息实时传输到后台仓库管理系统后，由司机驾驶搬运叉车将原材料运送到自动化仓库的入库暂存区。入库输送机系统获得系统的入库指令，原材料由输送机进行运送，进入输送机的原材料经外形尺寸检测、条码识别及自动称重后，由计算机管理系统指挥调度环形穿梭车将货物输送到相应的巷道堆垛机入库站台，巷道堆垛机根据计算机的指令将原材料运送到指定的货位，系统自动更新库存信息。

2. 原材料出库

计算机系统根据提货清单，向巷道堆垛机发出出库指令。巷道堆垛机根据系统指定的货位将货位中的托盘货物取出，通过环形穿梭车将货物送往输送线，通过输送线将原料送到出库暂存区。输送机上设置条码自动检测装置，物料通过时自动识别物料信息，以确保出库货物的准确无误。到达出库暂存区的物料由搬运叉车提取出库，送到生产工厂或生产车间。

3. 原材料拣选出入库

当原材料需要按用户要求配单进行组盘时，在出入库暂存区设有原材料拣选组盘，在这里拣选人员按订单要求进行拣选组盘，然后对组盘后的托盘进行出入库作业。

（二）成品自动化仓库

1. 成品入库

生产线下线的成品由专用车辆送到自动化物流中心（含托盘），由叉车卸车后堆放在入库暂存区。计算机系统根据车间发来的成品信息向输送机系统发出入库指令，输送机根据入库指令在输送线上对产品进行外形尺寸检测、条码信息识别和自动称重后，将产品送到立体货架入库暂存区，再由计算机系统指挥调度 LGV 将产品送到立体货架相应货位的入库站台，此时，巷道堆垛机将货物取出，并将其送往指定的货位，系统对产品库存信息进行更新。

2. 成品出库

首先，计算机系统根据提货清单对巷道堆垛机发出取货指令，巷道堆垛机根据指令从相应货位中提取成品托盘，放入立体货架出货站台。此时，计算机系统调度 LGV 到该站台取货，并将成品托盘送往立体货架出库发货站台。然后由输送机将货物运送到立体仓库的出库暂存区等待出库。

三、海尔自动化仓库的技术创新与收益

（一）海尔自动化仓库的技术创新

海尔自动化仓库采用了多项技术创新，典型的创新项目是新颖的 LGV 系统。该系统使用了先进的激光导引方式、完善的小车调度管理软件。LGV 具有结构紧凑、高速、行驶路线自由灵活、充电时间短和持续运行时间长等优点，同时，采用该系统的柔性化，能够满足未来自动化仓库出入库能力增加的需求。新颖的 LGV 运用了单双托盘混合辊道式激光导引运输车型，提高了 LGV 的使用效率；采用多重安全保护装置，提高了 LGV 的安全性；采用智能交通管理技术，上位计算机系统可以自动调度，具有远程控制功能；采用了自动快速智能充电系统，提高了 LGV 的使用效率，减少了 LGV 的配置数量。

（二）自动化仓库带来的收益

海尔自动化仓库的库区面积仅为 148m×120m，但它相当于平面仓库近 30 万平方米，每天的吞吐量相当于 40 多个同样面积的普通平面仓库。库内原材料 4 小时可以送达车间工位，仅需要 19 名员工，其中叉车司机 9 名，其作业效率令人叹服。自动化仓库的使用对海尔物流的改革起到了很大的推动作用。

1. 提高了海尔物流的标准化运作水平

物流的标准化主要是指货物单元及托盘的标准化。由于采用了标准器具，因此顺利实现了搬运工具及物流作业流程的标准化。实施了标准化以后，大大降低了入库、验收、清点、堆垛、抽检、出库等一系列程序作业的工作量，减少了人工成本。

2. 增强了海尔物流服务能力

自动化仓库具有很好的灵活性和扩展性。刚开始设计立体仓库时考虑的只是放空调事业部的货物，但是通过计算机系统管理后，只占很少的库容，海尔马上把冰箱、洗衣机、电脑全部都放进去，很快减少了这些厂的外租库。整个效果非常明显。

思考题：

（1）海尔国际物流中心配置了哪些典型的物流技术装备？这些技术装备的主要作用是什么？

（2）海尔国际物流中心的自动化仓库投入运营对海尔集团带来了什么收益？

9.1 自动化立体仓库的基本知识

自动化立体仓库（Automatic Storage&Retrieval System，As/Rs）是高层货架仓库的高级形式，它以高层立体货架为主要标志，以先进的计算机控制技术为主要手段，实现搬运、存取的机械化和自动储存管理，并可与上级计算机联网组成内部局域网，从而实现管理、监控、执行的功能，是集信息、存储、管理于一体的高技术密集型机电一体化产品。高架仓库的出现和发展，使传统的仓储观念发生了根本性的变化。原来固定货位、人工搬运和管理、以存储为主的仓储作业，转变成为货位可随机安排，在储存的同时，还可以对货物进行拣选和配送。自动化高架立体仓库的出现使原来的“静止”仓库变成了“动态”仓库。由于立体仓库具有很高的空间利用率和很强的出入库能力，并且能通过计算机进行控制管理，因此它有利于企业实施现代化管理，已成为企业物流和生产管理不可缺少的仓储技术，越来越受到企业的重视。

9.1.1 自动化立体仓库的概念

自动化立体仓库就是采用高层货架存放货物，以巷道式堆垛起重机和出入库周边设备进行作业，由自动控制系统进行操纵的现代化仓库。能自动储存和输出物料的自动化立体仓库，是由多层货架、运输系统、计算机系统和通信系统组成的，集信息自动化技术、自动导引小车技术、机器人技术和自动仓储技术于一体的集成化系统。

1）立体仓库（Stereoscopic Warehouse）。立体仓库是指采用高层货架以货箱或托盘储存货物，用巷道堆垛起重机及其他机械进行作业的仓库。

2）自动化仓库（Automatic Warehouse）。自动化仓库是指由电子计算机进行管理和控制，不需要人工搬运作业而实现收发作业的仓库。

9.1.2 自动化立体仓库的分类

1. 按照高层货架与建筑物之间的关系分类

1）整体式自动化立体仓库。货架除了储存货物以外，还作为库房建筑物的支撑结构，是库房建筑的一个组成部分，即货架与建筑物形成一个整体。这种形式的仓库建筑费用低，抗震，尤其适用于 15m 以上的大型自动仓库。

2）分离式自动化立体仓库。货架与建筑物相互独立。适用于车间仓库、旧库技术改造和中小型自动仓库。

整体式、分离式自动化立体仓库如图 9-1 所示。

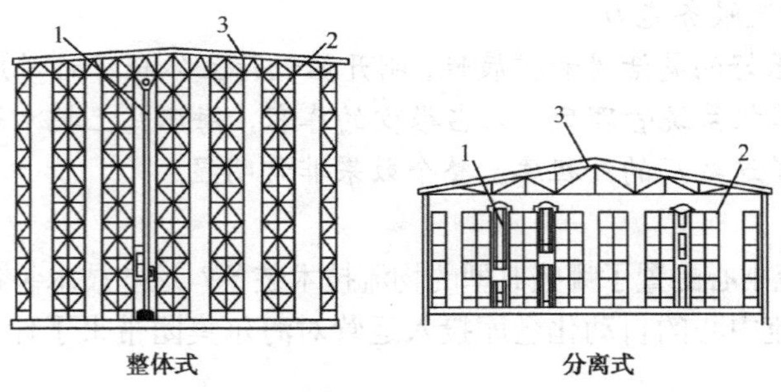

1—堆垛机；2—货架；3—仓库建筑物结构

图 9-1 整体式、分离式自动化立体仓库

2．按货架的结构形式分类

1）单元货格式自动化立体仓库。

2）贯通式自动化立体仓库。

3）旋转式自动化立体仓库。

4）移动式自动化立体仓库。

上述类型的自动化立体仓库如图 9-2～图 9-5 所示。

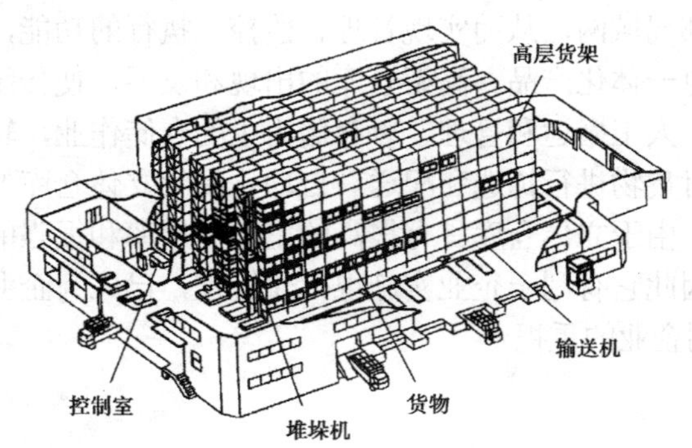

图 9-2 单元货格式自动化立体仓库

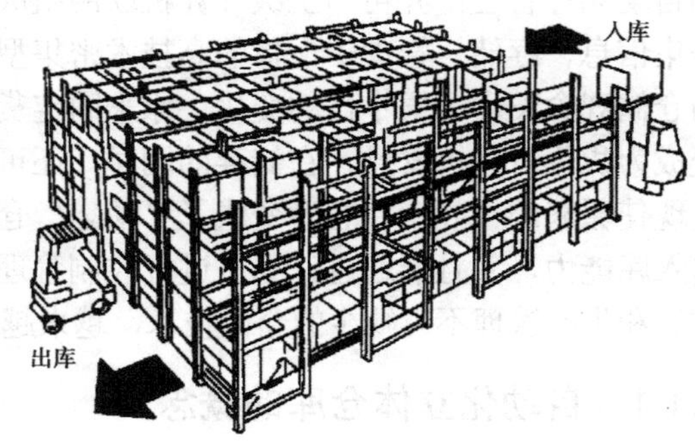

图 9-3 贯通式自动化立体仓库

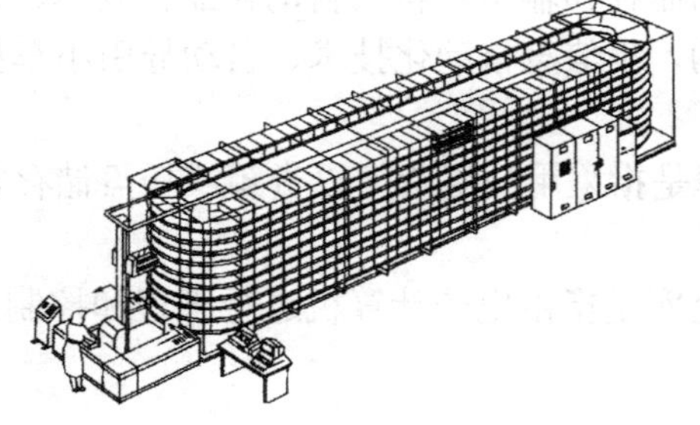

图 9-4 旋转式自动化立体仓库

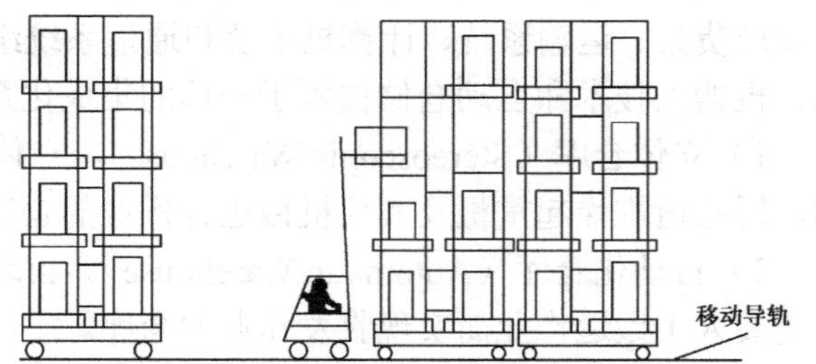

图 9-5 移动式自动化立体仓库

3．按仓库所提供的储存条件分类

1）常温自动化立体仓库。温度一般控制在 5～40℃，相对湿度控制在 90%以下。

2）低温自动化立体仓库。低温自动化立体仓库又包括恒温、冷藏和冷冻自动化仓库等。

① 恒温仓库：根据物品特性，自动调节储存温度和湿度。

② 冷藏仓库：温度一般控制在 0～5℃，主要用于蔬菜和水果的储存，要求有较高的湿度。

③ 冷冻仓库：温度一般控制在-35～-2℃。

（3）防爆型自动化立体仓库。主要以存放易燃易爆等危险货物为主，系统设计时应严格按照防爆的要求进行。

9.1.3　自动化立体仓库的优缺点及适用条件

自动化立体仓库与一般仓库相比较，有优点也有缺点。

1．自动化立体仓库的主要优点

1）占地面积小，仓储容量大。因为仓库向高层发展，同时堆垛机的作业通道减小，因此极大地提高了仓库的面积利用率和空间利用率。

2）提高保管质量。采用立体货架储存方式，由于每件货物分别存在不同货格内，互不堆压，取运手段又采用了机械化作业，从而提高了货物的完好性。

3）可方便、迅速地进行货物的出入库作业，提高工作效率。由于货物分别在货架的独立格内，彼此互不堆压，因此在存取时互不干扰，特别适用于库存品种繁多，且货物出入库次序无规律的仓库。

4）便于实现仓库作业的机械化、自动化。因而可以节省劳动力，减轻劳动强度，提高出入库作业率和仓库周转能力。

5）提高储存的经济效益。立体仓库可以大大提高库存管理的准确性和迅速性，相对减少库存量和库存资金，降低储存成本。

2．自动化立体仓库的缺点

1）结构复杂，配套设备多，需要的基建和设备投资高。

2）货架安装精度要求高，施工比较困难，而且施工周期长。

3）储存货物的品种受到一定限制，对长大笨重货物及要求特殊保管条件的货物，必须单独设立储存系统。

4）对仓库管理和技术人员要求较高，必须经过专门培训才能胜任。

5）工艺要求高，包括建库前的工艺设计和投产使用中按工艺设计进行作业。

6）弹性较小，难以应付储存高峰的需求。

7）必须注意设备的保管保养并与设备提供商保持长久联系。

8）由于自动化仓库要充分发挥其经济效益，就必须与采购管理系统、配送管理系统、销售管理系统等咨询系统相结合，但是这些管理咨询系统的建设需要大量投资。

3．自动化仓库的适用条件

1）物品的出入库频率较大，且货物流动比较稳定。

2）要有较大的资金投入。

3）要配备一支高素质的专业技术队伍。

4）货品包装要求严格。

5）仓库的建筑地面应有足够的承载能力。

9.1.4　自动化立体仓库的功能

自动化立体仓库的功能一般包括自动收货、自动存货、自动取货、自动发货和信息查询等。

1．自动收货功能

自动收货功能指仓库从供应方接受各种产品、材料或半成品，收存入仓库的过程。收货时需要站台或场地供运输车辆停靠，需要升降平台作为站台和载货车辆之间的过桥，需要装卸机械完成装卸作业。卸货时需要检查货物的品质和数量及货物的完好状态，确认完好后方能入库存放。一般的自动化立体仓库从货物卸载经查验进入自动系统的接货设备开始，将信息输入计算机，生成管理信息，由自动控制系统进行货物入库的自动操作。

2．自动存货功能

自动存货功能指自动化系统将货物存放到规定的位置，一般是放在高层货架上，存货之前首先要确定存货的位置。某些情况下可以采取分区固定存放的原则，即按货物的种类、大小和包装形式来实行分区存放。随着移动货架和自动识别技术的发展，已经可以做到随意存放，因此既能提高仓库的利用率，又可以节约存取时间。

3．自动取货功能

自动取货功能是指自动化系统根据需求从库房货架上取出所需货物。取货可以有不同的取货原则，通常采用的是先进先出的原则，即在出库时，先存入的货物先被取出。对某些自动化立体仓库来说，必须能够随时存取任意货位的货物，这种存取货要求搬运设备和地点能频繁更换。

4．自动发货功能

自动发货功能是指取出的货物按照严格的要求发往用户。根据服务对象的不同，有的仓库只向单一用户发货，有的则需要向多个用户发货。发货时需要配货，即根据使用要求对货物进行配套供应。

5．信息查询

信息查询是指能随时查询仓库的有关信息和伴随各种作业产生信息报表单据。在自动化立体仓库中可以随时查询库存信息、作业信息及其他相关的信息。这种查询可以在仓库范围内进行，有的可以在其他部门或分厂进行。

9.2 自动化立体仓库的规划设计

9.2.1 自动化立体仓库的设计原则

为了获得最优化的设计方案，设计人员必须具有扎实的理论基础、丰富的实践经验和对用户方需求的深入了解，在自动化仓库系统的设计时，一般需遵循以下原则。

1）系统高性能、低造价（高性价比），尽量使用简单合适的设备，使用设备最少，以简化整个物流系统。

2）物品处理次数最少，整体运行效率最高。

3）充分考虑人员和系统的安全，无人化程度高，尽量减少人工干预。

4）满足国家和行业有关标准，尽量采用标准的零部件和系统。

5）操作、维护简便，降低使用和维护成本。

6）系统集成有较高的服务质量，系统灵活性高，易于改进、扩充和升级。

近些年来，对于降低能耗、环保等方面的要求也日益明显。

9.2.2 自动化立体仓库的主要性能参数

自动化立体仓库的主要性能参数有库存容量、系统工作能力、信息处理、周边物流处理、人机衔接能力等。

1）库存容量。自动化立体仓库的容量包括所有需储存和暂存在该仓库中的物品总量或托盘单元总量。

2）系统工作能力。自动化立体仓库物流系统出库、入库和操作的能力。

3）信息处理。自动化立体仓库信息处理的能力包括信息采集、信息加工、信息查询、通信，以及业务信息处理等方面的能力。

4）周边物流处理。包括如何将货物卸车、检验、组盘，运送到高层货架的巷道口，货物从高层货架取出后拆盘、合并、拣选、搬运、装车等处理。

5）人机衔接能力。包括操作人员与自动化物流系统的衔接、人机可视化界面、信息录入、检验不合格品的处理、进入自动搬运线等。

9.2.3　自动化立体仓库的总体规划设计步骤

1．自动化立体仓库的总体规划设计的一般流程

自动化立体仓库的总体规划设计的一般流程如图 9-6 所示。

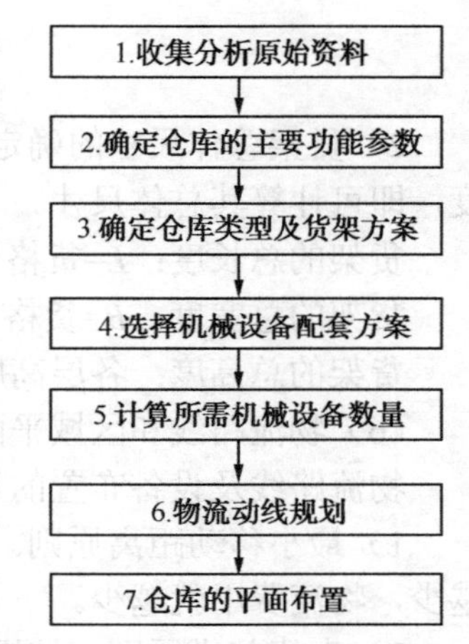

图 9-6　自动化立体仓库的总体规划设计的一般流程

2．设计的主要内容

（1）需求分析

1）了解物流系统的总体规划，如投资、人员配置、基本指标，以确定仓储系统的规模和机械化、自动化的程度。

2）调查库存货物基本情况，如货物的种类、基本特性、外形及尺寸、包装情况、平均库存量、每日入出库数量、出入库频率等，以便确定仓库的类型、规模和库容量等。

3）了解建库现场条件，包括气象、地形、地质条件、地面承载能力及其他环境因素等。

（2）确定货物储存单元的形式和规格

根据调查和统计结果，列出所有可能的货物单元形式和规格，并进行合理选择。

（3）确定仓库的类型、作业方式

在调查分析入库货物品种的基础上，确定仓库形式。

（4）确定仓储作业设备类型、主要性能参数及所需数量

掌握仓储作业的主要设备类型，如堆垛机、托盘、叉车等，确定其主要性能参数和所需数量。

（5）确定库存量和仓库总体尺寸

立体仓库的设计规模主要取决于其库存量，即同一时间内储存在仓库内的货物单元数，所以，了解和推算出库存量是建立合理的仓库系统，特别是立体仓库的重要参数。

设库存量为 N 个货物单元，巷道数为 A，货架高度方向可设为 B 层，则每一排货架在水平方向应具有列数 D 为

$$D = \frac{N}{2AB}$$

根据每排货架的列数 D 及货格横向尺寸可确定货架总长度 L。

已知货架总长度 L，又知仓库的宽度和高度，再根据实际需要，考虑办公室、操纵控制室、搬运机械的转弯及其他辅助设施等，就可以确定仓库的总体尺寸了。

在确定仓库总体尺寸和货架结构尺寸的同时、还要参照国内外仓库和仓储机械设计标准。确定货架总体尺寸的方法如下：

1）货格尺寸的确定。参照图 9-7。

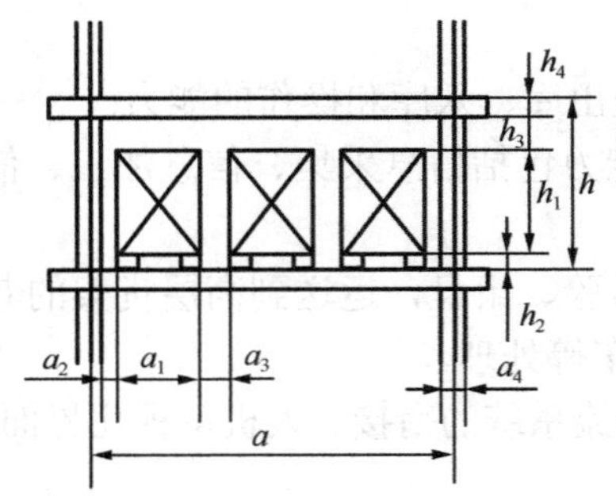

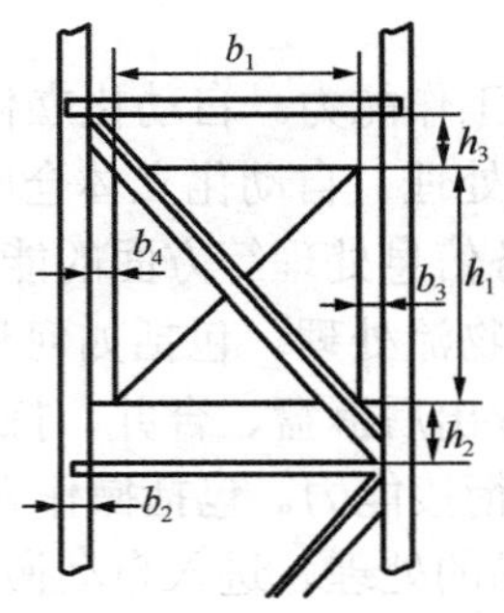

图 9-7 自动化立体仓库货格尺寸

2）货架总体尺寸的确定。货格尺寸确定后，只要知道货架的排数、列数、层数和巷道宽度，即可计算其总体尺寸。

货架的总长度：L=货格长度×列数。

货架的总宽度：B=货格宽度×排数+巷道宽度×巷道数。

货架的总高度：各层高度之和。

（6）物流路线和区域平面布置的规划设计

物流路线及设备布置的规划原则如下。

1）最小移动距离原则。仓库内各项操作之间的距离越小，物料和人员流动所需的时间就越少，物流费用就越少。

2）直线前进原则。按操作流程的要求，布置物流作业区，使物料的流动按自然顺序逐步进行，避免迂回、倒流。

3）充分利用空间、场地的原则。

4）生产力均衡原则。保证整个仓库的各个环节都能维持一个合理的运行速度。

5）最佳流程原则。保持各物流环节顺利进行，而无阻滞现象发生。

6）弹性原则。是指物流路线和物流设备的业务发生变化。

堆垛机的布置方式及运行路线如图 9-8 所示。

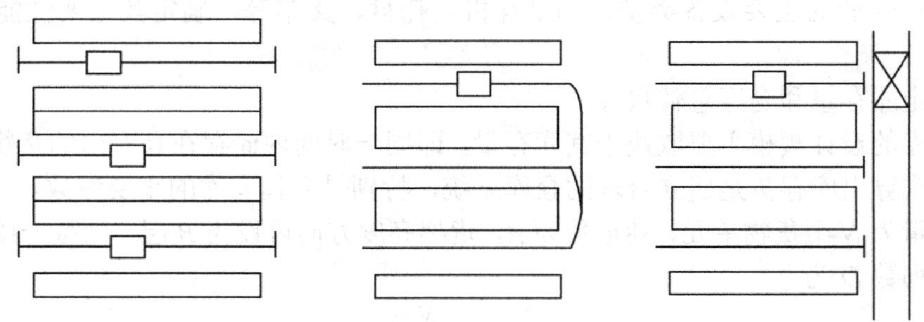

图 9-8 堆垛机的布置方式及运行路线

3．出、入库搬运周期及出、入库能力验算

立体仓库的出、入库搬运周期，一般来讲，主要取决于巷道堆垛起重机的作业循环时间。

4．自动化主体仓库的总体布置

确定了高层货架的总体尺寸之后，便可进一步根据仓库作业的要求进行总体布置。这种布置主要解决两个问题。

（1）高层货架区和作业区的衔接方式

确定仓库进、出货物同外界的连接，立体仓库本身就是一个小的物流系统。

1）叉车——出、入库台方式。

2）自动导引小车——出、入库台方式。

3）自动导引小车——输送机方式。

4）叉车（或升降机）——连续输送机方式。

（2）货物单元出、入高层货架的形式

1）贯通式：货物从巷道的一端入库，从另一端出库。

2）同端出入式：这是货物入库和出库在巷道的同一端的布置形式。

3）旁流式：货物从仓库的一端（或侧面）入库，从侧面（或一端）出库。

9.3 自动化立体仓库管理系统

1．自动化立体仓库管理的信息系统

自动化立体仓库管理的信息系统主要包含计算机监控系统、数据库系统及网络系统。计算机监控系统涉及管理计算机、监控计算机和控制具体设备执行的 PLC 控制器等；数据库系统完成底层数据的存储；网络系统则进行复杂信息的传送和交换。

自动化立体仓库管理系统的逻辑功能图如图 9-9 所示。

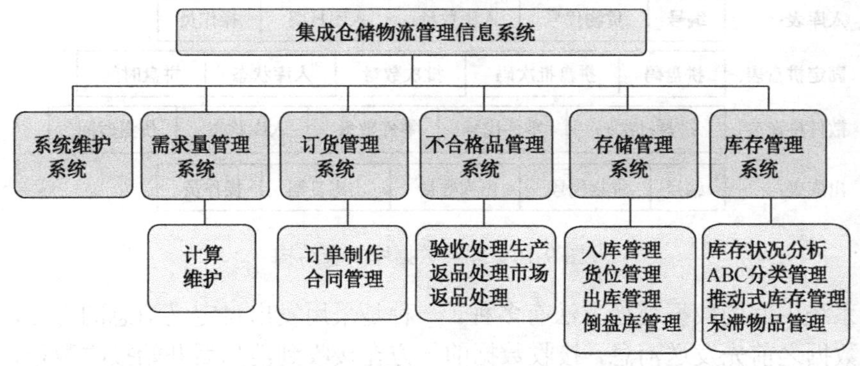

图 9-9　自动化立体仓库管理系统的逻辑功能

1）系统维护。对系统进行初始化，设置各种编码和处理方式，包括设置拼盘方式、出入库方式、批量方式和对日期、数据库、货位编码初始化。

2）需求量管理子系统。根据生产计划、销售状况、库存情况、货物清单、日期等信息估算物料需求数量和时间。

3）订货管理子系统。制作订单，录入合同，管理进货日程，统计合同并管理供货单位的信誉、供货能力和生产技术信息等基本档案资料。

4）不合格品管理子系统。管理零件到厂或货物到公司后的各种不合格品，根据从入库验收、生产和销售中返回的不合格品，生产追讨单和赔付单，将不合格品从库存中扣除。

5）存储管理子系统。该子系统提供存储管理中的各种功能，包括货位管理、入库管理、出库管理和导盘库管理的子系统。货位管理对入库件分配合理货位，对全库划分内部作业区，确定每种零件或货物的托盘的件数。导盘库管理按要求对全库进行盘点，根据货位管理提供的

信息完成货物或零件的倒库，并记录和维护有关的数据资料。

6）库存管理子系统。负责各种物料的收发存管理，实时处理存储管理系统、订货管理系统提供的数据，随时更新库存信息以反映库存的动态变化。该子系统包括收发存管理、库存状况分析、ABC 分类管理和呆滞物料管理等子系统。收发存管理提供某段时间内库存物流的信息状况，随机显示和打印当前的库存量等信息；库存状况分析提供库存中现有量、计划收到量、已分配量、可用量等库存信息；ABC 分类管理对库存的货物进行分类管理；呆滞物料管理提供库存积压货物的品种、数量及积压金额，便于采用措施进行处理。

2．自动化立体仓库管理的数据库系统

自动化立体仓库的信息管理系统是一个小型数据库管理系统，涉及库存数据库、入库数据库和出库数据库，其核心是库存数据库，各数据库之间可以进行数据交换。

数据库须反映管理系统的功能要求，库存数据库包括存储货物的种类、名称及其数量等与生产和销售相关的数据信息。可采用多表结构来构造库存数据库，分别为存储货物品种、需求及库存的库存数量表、生产厂家表、生产计划表及管理系统运行日志等，各表之间建立关联，来构成无冗余的高效数据库，其基本结构如图 9-10 所示。

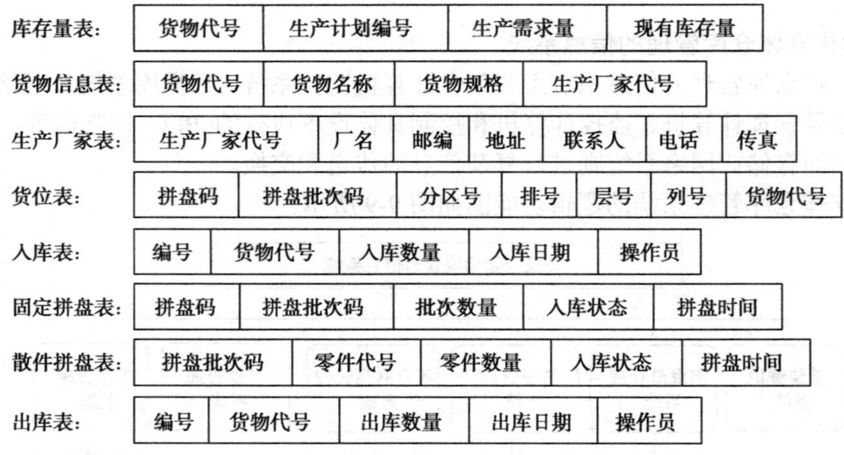

图 9-10　库存数据库多表结构

计算机系统中间的数据交换方法有多种。一种是采用发出自定义消息的方法，发出数据之一方在发出数据之前先发送消息，接收数据的一方在接收到消息后开始接收数据，通过编程系统消息来保证发出方与接收方的工作的同步，这种方法实时响应速度高，但实现起来比较复杂。另一种方法是定时查询法，发出数据的一方在发出数据的同时设定数据发出标志，接收数据的一方定时查询数据发出标志，一旦发现数据已发出，则接收数据，这种方法一般通过文件来传递数据，实时性差一些。

3．自动化立体仓库管理系统的主要技术性能

（1）智能控制系统

1）技术先进，采用现场控制总线直接通信的方式，真正做到计算机只监不控，所有的决策、作业调度和现场信息等均由堆垛机、出入库输送机等现场设备通过相互间的通信来协调完成。

2）每个货位的托盘号分别记录在堆垛机和计算机的数据库里，管理员可利用对比功能来比较计算机的记录和堆垛机里的记录，并进行修改，修改可自动完成和手动完成。

3）系统软、硬件功能齐全，用户界面清晰，便于操作维护。

4）堆垛机有自动召回原点的功能，即无论任何情况，只要货叉居中且水平运行正常时，可按照下达的命令自动返回原点。这意味着操作人员和维护人员可以尽量不进入巷道。

5）智能的控制系统，可以实现真正的自动盘库功能，避免了以往繁重的人工盘库工作，减轻了仓库管理人员的工作强度，同时保证出库作业的出错率为零。

（2）监控管理系统

监控管理系统包括数据管理、入库管理、出库管理、查询、报表、单据与盘库、报警、监控与动画等模块。

（3）库存信息管理系统。

库存信息管理系统亦称中央计算机管理系统，是自动化立体仓库系统的核心。目前典型的自动化立体仓库系统均采用大型的数据库系统（如 Oracle、SQLserver、Sybase 等）构筑典型的客户机/服务器体系，可以与其他系统（如 ERP 系统等）联网或集成。

9.3.1　自动化立体仓库管理系统的构成

自动化立体仓库管理系统一般由入库系统、货架系统、堆垛机、库内输送系统、出库系统和计算机管理控制系统构成。其主要面向配送中心和企业的仓储流通环节，系统的货架数量较多，出库系统和入库系统较复杂，往往带有分拣系统，这个系统和外界的运输企业、运输网点和用户一般通过广域 Internet 联系，如图 9-11 所示。

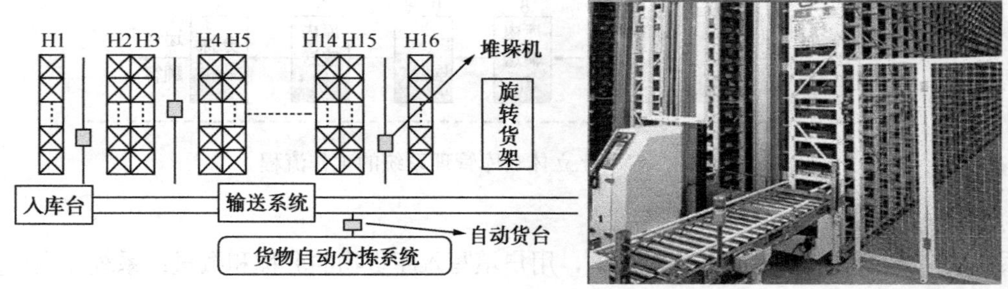

图 9-11　自动化立体仓库管理系统的构成

1）入库系统实现货物或物料的入库，也实现物流信息的采集和收集。入库系统由入库运送设备、货物或物料自动识别系统构成，其中入口输送设备为输送带，自动识别系统采用条码系统，该系统由打印在货物或物料上的条码、条码阅读器和入库计算机组成。

2）货架系统采用单元货格式货架。例如，货格的长度为 1.3m，深度 0.8m，高度为 1.2m，货架系统共有 16 排，22 列，11 层，共有 3872 个货位。

3）堆垛机实现货物单元的上架和下架。堆垛机可在巷道内来回穿梭，其货台可上下垂直升降，货叉可横行伸缩，从而实现货物的三维方向移动。堆垛机水平穿梭的三挡工作速度分别为 80m/min、60m/min、40m/min，垂直升降速度分为两挡，分别为 45m/min、20m/min，货叉存取速度为 20m/min。堆垛机的电力拖动采用交流变频调速，采用 PLC 对堆垛机进行控制，实现自动认址、货位虚实检测，以及与主控计算机之间的信息通信等功能。

4）库内输送系统的运送设备选用视觉导航 AGV（Automated Guided Vehicle，自动导引运输车），这种 AGV 具有运输柔性好、路径更改和维护方便、易于识别多路径、智能化程度高的特点。

5）出库系统由出库运送设备、货物或物料自动识别分拣系统构成，其中自动识别系统一般采用条码系统。

6）计算机管理控制系统由入库计算机、中央计算机、出库计算机和相互之间的通信系统组成，入库计算机完成入库货物和物料信息的采集、存储和传输，中央主控计算机则实现货位分配、堆垛机工作指令传输、堆垛机工作状态监控、库内 AGV 运输路径规划和调度、库内货物信息统计与报表打印、库存控制辅助决策等，出库计算机完成出库指令传输、出库货物信息存储与传输。

9.3.2 自动化立体仓库管理系统的工作流程

自动化立体仓库管理系统的工作流程一般是入库、库内运输、存放和出库，整个工作在计算机管理系统的控制下进行，如图 9-12 所示。计算机系统一般为三级管理控制系统，上位机与局域网相连，下位机与控制器 PLC 相连，通过无线和有线方式传送数据。

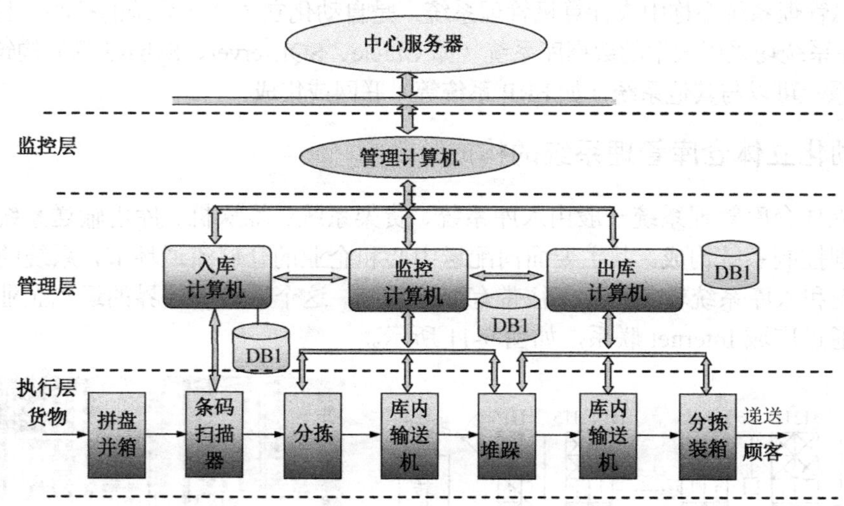

图 9-12 自动化立体仓库管理系统的工作流程

1. 入库流程

系统响应入库请求，弹出入库对话框，用户填写入库货物的名称和数量；系统查询订货量，如果订货量大于货物库存数量，则给出报警提示，否则，系统向入库计算机发送入库操作任务单，并打印入库单据，入库计算机控制条码系统扫描货物；扫描后入库计算机会判断扫描的货物和任务是否相符，如相符则执行入库分拣和运送，如不符，则给出报警信号。

2. 拼盘与并箱

小尺寸的货物或零件入库前，一般需进行拼盘并箱作业，以适应仓储要求和充分利用货位容积。大尺寸的货物可根据情况直接入库或放入托盘后再入库。一般采用固定拼盘并箱方式，即多个同种货物或零件放于一个托盘或货箱中。某些情况下，为了进一步增加仓储容量，可采用散件拼盘并箱模式，即随意品种随意数量的拼装入箱，这种模式中，需在管理系统的数据库中设定拼盘批次码、拼盘码、货物零件到场批次码等信息，将每个拼盘中货物数量、种类和其存放货位联系起来，以利于出库时倒盘拼箱。

3. 条形码扫描输入

条形码采用 UPC 码，表征货物的条形码一般含有 4 种信息：托盘号、货号、批次号和数量。条形码由扫描器读入，译码器解译后经串行口接口传入计算机。

4. 出库流程

系统响应出库请求，弹出出库对话框，用户填写出库货物的名称和数量；系统查询库存量，如果出库数量大于货物的库存数量，则给出报警提示，否则，系统向出库计算机发送出库操作任务单，并打印出库单据，出库计算机向堆垛机发出出库指令，堆垛机从货架出货，尽可能输送到出库台，出库计算机控制条码系统扫描货物；扫描后出库计算机会判断扫描的货物和任务是否相符，如相符则执行出库分拣和分装，如不符，则给出报警信号。

9.3.3　自动化立体仓库管理系统的管理技术

1．出入库调度原则

出入库作业调度主要是安排各出入库作业的开始执行时刻。常用的调度原则有以下几个。

（1）出库任务优先执行原则。

（2）优先级高的任务先执行原则。

（3）当入库任务的执行不影响任何出库任务的按时完成时方执行入库任务。

出入库调度的执行离不开必要的信息，具体需要的数据有：出库任务最迟时刻；入库任务申请时刻；出入库任务所需执行时间；堆垛机完成出入库任务的平均执行时间；估算出入库任务完成时刻的安全系数；运输车辆故障及恢复情况；运输任务情况（包括已下发未完成的运输及未下发的运输任务）。

当有多项出库和入库申请时，为了提高存取效率，可采用出入库联合作业，具体可根据入库货位和出库货位的位置将出库任务和入库任务进行组合优化。

2．货位分配原则

货位分配包含两个层面的意义：一是为入库货物分配合理的货位，二是选择确定出库货物的位置。货位分配的原则主要有以下几个。

1）货架受力良好。

2）同种货物先入先出。

3）同种货物分区存放。

4）为取而存。

5）货物分配的方法。

3．分类分区存放原则

根据入库货物的种类将仓储容积分为几个区域，按照出库频率来选择货物存放的分区，其中出库频率最高的货物放置在离出库台最近的分区。例如，有 5 种货物 A1、A2、A3、A4、A5，每种货物需要货箱的数量分别为 $Q1$、$Q2$、$Q3$、$Q4$、$Q5$，总需求量为 $Q=Q1+Q2+Q3+Q4+Q5$，总货位数为 M，则 A1 的分区大小为 $M1$=INT（M $Q1/Q$），A2 的分区大小为 $M2$=INT（M $Q2$/Q），A3 的分区大小为 $M3$=INT（M $Q3$/Q），A4 的分区大小为 $M4$=INT（M $Q4$/Q），则从货位号 1 到货物号 $M1$ 为货物 A1 的分区，从货位号 $M1+1$ 到货物号 $M1+M2$ 为货物 A2 的分区，从货位号 $M1+M2+1$ 到货物号 $M1+M2+M3$ 为货物 A3 的分区，从货位号 $M1+M2+M3+1$ 到货物号 $M1+M2+M3+M4$ 为货物 A4 的分区。分区的数目一般不超过 10 个，以免使每个分区容量过小。

9.4　自动化立体仓库管理系统操作实训

9.4.1　实训目的及要求

1．实训目的

1）通过仿真自动化立体仓库物流作业模拟操作，提高学生掌握物流基本流程、环节与操作的能力，直观了解物流企业的实际流程，锻炼学生对物流技术及设备的操作能力，创造就业实践竞争氛围，培养学生的责任心、敬业精神和认真细致的工作态度，形成良好的综合素质。

2）通过实训使学生了解自动化物流系统的设备构成和运行原理，使学生掌握自动化立体仓库管理系统软件的结构模块的作用、功能和使用方法，了解自动化立体管理系统硬件设备的结构、功能、特点、用途和操作方法。通过实训，初步培养学生对自动化物流系统的分析和认知能力，为后续课程的学习奠定基础。

2. 实训要求

1）掌握自动化仓库的一般构造和运作原理。

2）掌握自动化仓库货位选择的一般原理。

3）熟练操作自动化仓库控制软件。

9.4.2 实训设备及软件

1. 实训设备

1）自动化仓库基本设备，包括链式输送机、机柜、堆垛机、高层货架等。

2）计算机、条形码扫描器、托盘等。

2. 软件环境

1）服务器采用 Microsoft Windows 2000 Server 操作系统；数据库管理系统采用 SQL Server 2000。

2）北京易通第三方物流管理系统开发的条码识读软件、自动立体仓库控制软件“组态王”。

9.4.3 实训任务

实训任务如表 9-1 所示。

表 9-1 自动化立体仓库管理系统操作实训任务

任务编号	9
任务名称	自动化立体仓库管理系统操作
任务内容	1．张华强是某食品企业的产品销售部门负责人，如今有大量的标准件货在长沙星沙一带，请你以张华强的身份到湖南现代物流职业技术学院租用立体仓库 2．利用立体仓库进行自动化货物入库 3．利用立体仓库进行自动化货物出库
提交资料	1．自动化立体仓库管理系统入库流程图 2．自动化立体仓库管理系统出库流程图
相关网站资料	1．无锡中鼎物流设备有限公司：http：//www.wxfsd.com/ 2．现代物流网 http：//www.modern56.com/Common/ProductType/19.htm
思考问题	1．自动化立体化仓库如何与第三方物流管理信息系统对接 2．建设自动化立体仓库应注意哪些事项

9.4.4 实训的基本原理

1. 立体仓库的作业方式

在立体仓库中，货物的存取作业有两种基本方式，即单一作业方式和复合作业方式。单一作业方式即堆垛机从出入库台取一个货物单元送到选定的货位，然后返回巷道口的出入库台（单入库），或者从巷道口出发到某一个给定的货位取出一个货物单元送到出入库台（单出库）。复合作业方式即堆垛机从出入库台取一个货物单元送到选定的货位，然后直接转移到另一个给定货位，取出其中的货物单元，回到出入库台出库（多次取货一次出库）。

2．立体仓库货架

立体仓库是由几层、十几层乃至几十层高的货架，中间配以专门的有轨堆垛机进行作业而构成的系统。高层货架是立体仓库的主要储存设备。根据货架结构不同可以分为横梁式货架和牛腿式货架。

本实训所用货架系统的参数如表 9-2 所示。

表 9-2 货架系统的参数

货 架 类 型	横 梁 货 架
存储单元	300mm×480mm×260mm
巷道数量	1
货架数量	2 排×12 列×4 层
货架总货位数	96
货架高度	2200m

3．立库数据编码

（1）仓位编码

仓储货位的编号有多种方式，常见的有两种方法：一种是按照排、列、层号来编号，顺序可以是排列层，也可以是列层排，如 010203 表示放在第 1 排 2 列 3 层的货位号；另一种是根据货格位置距离出库台的距离进行编号，单排货架的货位编号如图 9-13 所示。

多排货架的货位编号时可进行联合编号，3 个巷道 6 排货架的编号如图 9-14 所示。

24	23	21	18	14	10
22	20	17	13	9	6
19	16	12	8	5	3
15	11	7	4	2	1

图 9-13 单排货架的货位编号

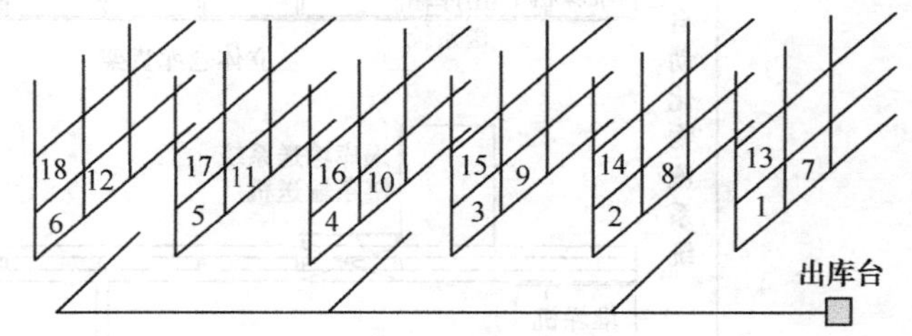

图 9-14 多排货架的货位联合编号

本实训的所用的货位采用排、列、层编码，货架分为 A、B 两排，12 列，4 层，共 96 位个货架，如 A 排 5 列 3 层，编码为 A0503；B 排 6 列 2 层，编码为 B0602。

（2）货箱和托盘编码

货箱或托盘通常是用箱号来指定的，可以将货箱号码编制成与货位序号相同，在这种情况下某个指定的货箱通常只放置在货箱号所指定的货位上，此时可以将货位和相应的货箱号码等同处理，而无须区别货位还是货箱。在分配货位时可根据货物的出库频率和数量按货位从小到大进行分配。

本实训的所用的货箱和托盘编码采用 128 码进行编码，如托盘号为“60000044”，其首位数字“6”代表高架区，后两位“44”代表托盘号。

4．入出库输送系统

本输送机系统是根据自动化立体仓库的工艺流程要求而设计的，总共 4 台设备，由链条输送机、辊道机组成。从功能上将整个系统分为入库区（设备号 1A）、出库区（设备号 1C）、拣选区

（设备号 1E）；电气上是由一套 PLC 分别控制，通过 PROFIBUS 总线同监控系统相连。

入出库输送系统构成包括辊道输送机 1 台，链条输送机 1 台，输送机控制系统 1 套及 LED 显示屏 1 个。输送系统参数及特点如表 9-3 所示。

表 9-3　入出库输送系统参数及特点

项　目	参　数
额定载荷	20kg
输送货物规格	300mm×480mm
输送速度	10 m/min
输送机高度	600mm
控制方式	联机自动控制方式

输送控制系统采用 SIEMENS S7-200 系列 PLC 作为控制主站，采用通信模块通过网络与上位管理、监控系统连接起来。系统采用通信电缆，与分布在现场的条码阅读器、传感器、电动机直接连接，进行现场数据采集、参数设定及过程控制。输送机的控制方式采用联机自动控制方式。

5．实训系统布置图

实训系统布置如图 9-15 所示。

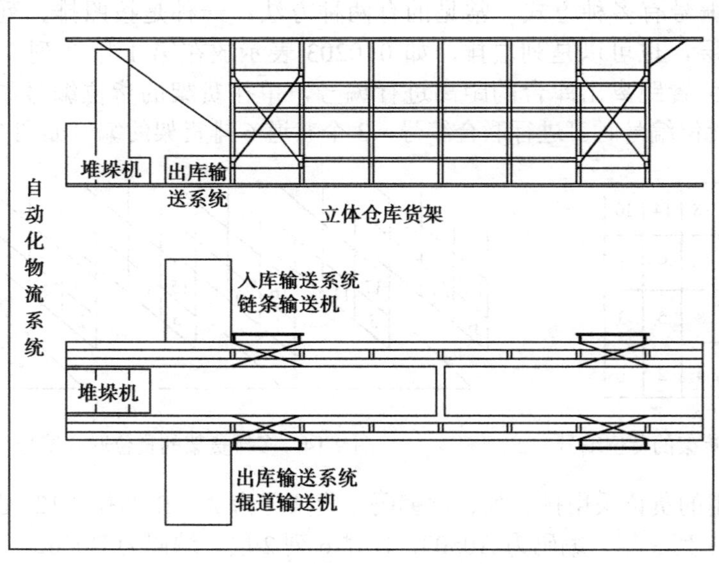

图 9-15　实训系统布置

9.4.5　实训步骤

1．启动相应程序，进入准备状态

1）打开所有设备的电源，确保所有设备处于开启状态。

2）双击桌面上的“快捷方式到读条码”图标，如图 9-16 所示，打开扫描条码的后台程序。

3）然后双击桌面上的“组态王 6.5”快捷方式，运行组态王，如图 9-17 所示。

4）单击组态王右上角的“运行”按钮，进入湖南现代物流职业技术学院立体仓库系统主页面，如图 9-18 所示。

5）进入堆垛机校验和扫描界面后，操作人员可根据实际情况输入堆垛机的仓位位置进行校验，如堆垛机的仓位位置与实际情况相符合可不进行设置，直接单击“确定”按钮进入主界面，如图 9-19 所示。

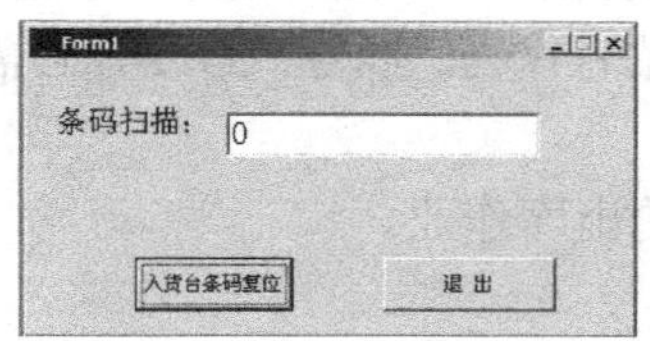

图 9-16　条码制作及货物扫描入库

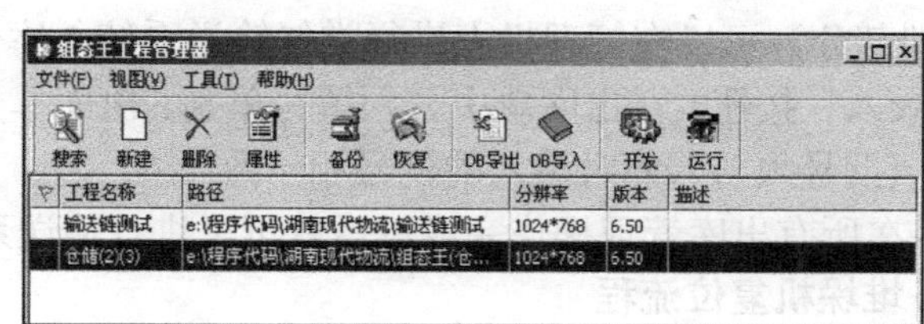

图 9-17　自动立库控制软件组态王

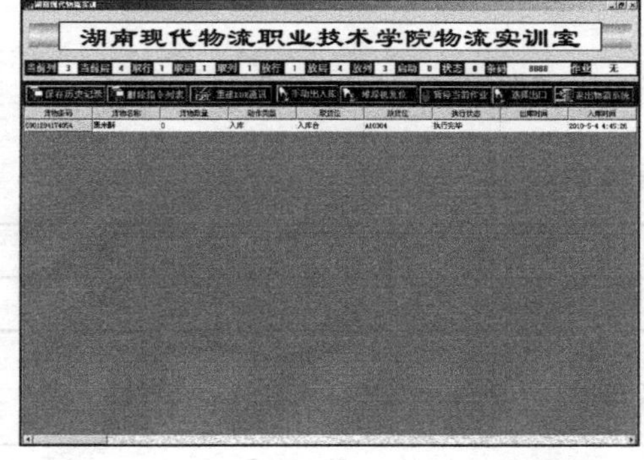

图 9-18　湖南现代物流职业技术学院立体仓库系统主界面

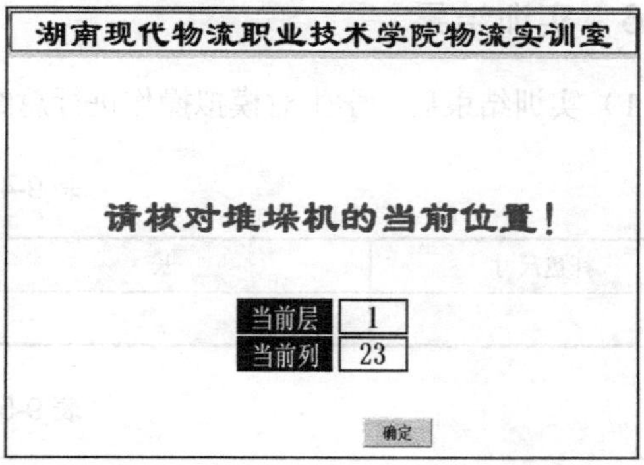

图 9-19　堆垛机的位置设置

2. 入库操作流程

1）启动物流管理系统（北京易通第三方物流管理系统，主要操作见第 8 章实训部分），录入入库委托单，分别填入单别、入库单号、品名代码、批号、生产日期、质检状态、件数、装置、入库数量等必要信息，如图 9-20 所示。其中必须记住所填批号以对应出库时的批号。

2）在入库单中入库状态下单击“收货”按钮，在收货单中填写单号、实收数量、托盘号等重要的入库收货信息。例如，实训的托盘号为“60000021”，其首位数字“6”代表高架区，后两位“21”代表托盘号。并安排相应货位，如图 9-21 所示。

图 9-20　北京易通第三方物流管理系统入库委托单

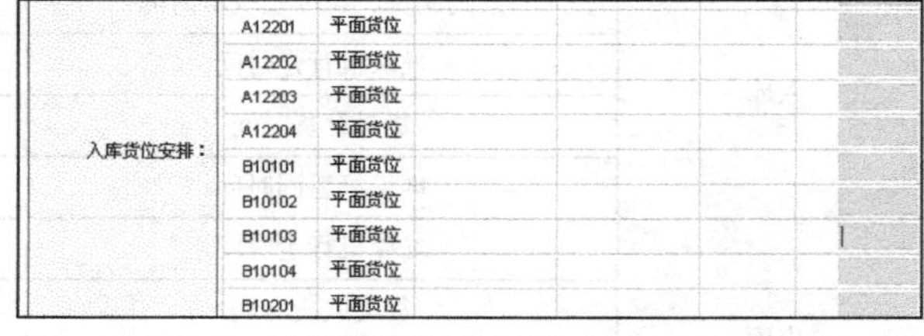

图 9-21　自动立库货位管理

3）在所有入库管理操作完成以后就可以进行输送系统的入库作业，如图 9-22 所示。

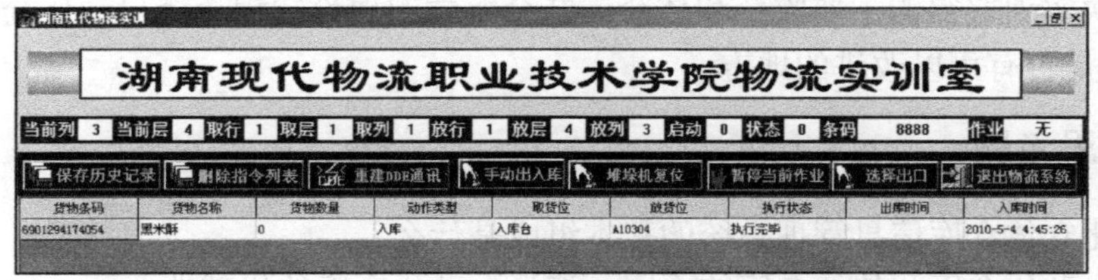

图 9-22　组态王立库入库操作

3. 出库操作流程

1）在有货物需要出库时，物流管理系统（北京易通第三方物流管理系统，主要操作见第8章实训部分）可以在管理机上进行类似输送系统入库作业的操作，即在“出库”状态下单击“出库录入”按钮，在出库单中分别填写单别、出库单号、品名代码、批号、路线等必需信息。其中所填批号须与入库时填入的批号相一致。

2）在所有出库管理操作完成以后就可以进行输送系统的出库作业。

4. 堆垛机复位流程

在自动化仓库控制软件组态王控制下，单击“堆垛机复位”按钮，堆垛机进行自动复位。

9.4.6 实训结果

1）实训结束后，学生对模拟操作进行总结，编写出实训报告，填写表9-4～表9-6。

表9-4 托盘尺寸

托盘尺寸	长	宽	高

表9-5 货架尺寸

名 称	数 据
货格长度、宽度、高度	
货架顶层高度	
货架底层高度	
巷道宽度	
货架排数、列数、层数	

表9-6 出入库操作时间记录

作业过程时间/s		一号货位（02-02-03）	二号货位（01-08-01）
入库	条码制作、识读及取货时间		
	堆垛机行走时间		
	货叉存货时间		
	堆垛机返回时间		
出库	堆垛机行走时间		
	货叉取货时间		
	堆垛机返回时间		
	链条输送机送、放货时间		

2）对本次实训取得的主要收获和体会，结合所学的理论知识谈谈自动化仓库的布局、设置及控制软件是否有可以改进的地方。

9.4.7 实训思考题

1）自动化立体仓库信息管理系统的基本组成是什么？

2）比较自动化仓库和传统仓库的不同，谈谈自动化仓库的优越性。

3）自动化仓库货位选择的一般原理是什么？

导入案例

国内系统规格最高的全自动立体仓库亮相

近日，国内系统规格最高的全自动化立体仓库在兰州石化建成并投入使用，这也是中国石油首座全自动化立体仓库。

它是目前国内最先进的自动化立体仓库系统之一，由一套 11000 多个托盘货位货架系统、9 台有轨巷道堆垛起重机、3 套托盘入出库输送系统组成，总库容为 5670t，储存天数为 15 天，为我国第三代物流仓储系统关键设备及技术的奠基技术，集成和体现了我国当前物流仓储最新技术成果，是目前国内规格最高的全自动化物流配送系统。它具有节约用地、减轻劳动强度、消除差错、提高仓储自动化水平及管理水平、提高管理和操作人员素质、降低储运损耗、有效地减少流动资金的积压、提高物流效率等诸多优点。

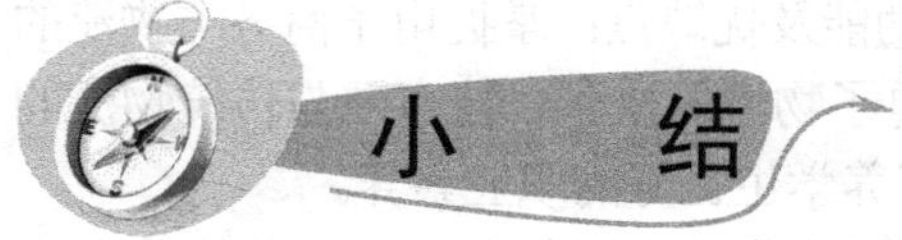

小　结

本章介绍了自动化立体仓库的概念、国内外发展状况、分类优缺点、主要功能，自动化立库仓库的设计原则、主要性能参数、总体规划设计步骤，自动化立库仓库管理系统的逻辑功能，自动化立体仓库管理系统的工作流程等内容。

习　题

1．什么是自动化立体仓库？有什么功能？有哪些类型？
2．自动化立体仓库有哪些优点和缺点？
3．自动化立体仓库的主要性能参数有哪些？
4．简述自动化立体仓库管理的工作流程。

第10章 电子商务与物流协同发展

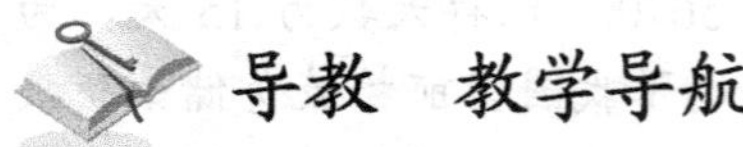

导教 教学导航

职业能力要求

■ 专业能力：掌握电子商务的定义；了解电子商务的功能及优缺点；掌握电子商务与物流的关系；熟悉物流电子商务物流应用模式；掌握电子商务下电子物流的概念、特点及与传统物流的主区别，了解电子商务与现代物流协同发展的关键技术；培养学生良好的职业素养。

■ 社会能力：具有认真负责、严谨细致的工作态度和工作作风，具备良好的团队协作和沟通交流能力。

■ 方法能力：良好的自学能力，对新技术有学习、钻研精神，有较强的实践能力。

学习目标

■ 掌握电子商务的定义；
■ 了解电子商务功能及其优缺点；
■ 掌握电子商务与物流的关系；
■ 熟悉物流电子商务应用模式；
■ 了解电子商务与现代物流的协同发展的关键技术。

导读 10-1 电子商务与物流：互融协同是王道

近几年，电子商务公司（以下简称电商）纷纷主动自建物流体系。京东商城2011年获得第3轮15亿美元融资，将几乎全部投入物流和技术研发建设项目中；当当网在2010年的一份新闻资料中披露将斥资10亿元在华北、华东、华南新增3个物流基地；卓越亚马逊在昆山花桥建立的物流仓储一体化基地面积达10万平方米，成为亚马逊在中国最大的运营中心……

1. 电子商务企业主动构建“大物流体系”

同样，2010年6月淘宝网宣布推出淘宝大物流计划，分别是基于物流信息、交易消息和商家ERP系统全面打通的淘宝物流宝平台，以及淘宝物流合作伙伴体系和物流服务标准体系。2010年10月，淘宝网乃至整个阿里巴巴集团决心自建物流，在今明两年淘宝将在全国52个城市陆续建立分仓，以解决掣肘发展的物流问题。同时阿里巴巴还将入股部分物流公司，并与它们开展仓储方面的合作。2011年4月26日，阿里巴巴与浙江省邮政物流速递有限公司签署了协议，双方将在仓储和配送等外贸物流环节进行合作。

连续的3件事件可以看出“马云急了”。从第一步基于交易、物流信息、商家ERP等信息领域涉入，到第二步阿里巴巴集团决定自建物流（即物流重要节点的52个仓储网络体系），再到外部整合资源与浙江省邮政物流速递的战略合作。马云看到了当前和未来——物流将是电子商务的主要短板与潜在危机。

通过有效的市场预测和供应链计划管理，引导建立淘宝平台独有的供应链管理体系。这一体系是在建立服务于淘宝 B2C、C2C 多模式下的标准供应链管理体系，整合商流、物流、信息流，实现淘宝大物流的发展战略。

2. 物流业切入电子商务荆棘满地

2011 年 4 月，在物流业做大之后，顺丰将在电子商务和金融业务上开疆辟壤。除顺丰外，其他物流企业同样对电子商务虎视眈眈：2010 年中国邮政携 TOM 亲耕 B2C 电子商务“邮乐网”上线；2011 年 4 月中铁快运打造公共网络交易平台 “快运商城”正式上线运行。

物流企业涉入电子商务领域，可以说是“逆向而行”，也可以看成从被动服务到主动服务的角色转变，有的尝鲜，也有的迎合资本。

2011 年 5 月，国家邮政局发布的 3 月快递邮政业申诉情况通告，快件延误、快件丢失及内件短少的问题占有效申诉量的比例较大。可以看出物流没有做好，盲目涉入非专业领域，带来的将是致命的风险。

在快递行业经历一番折腾后，最终通过重组并购还是会回归正统，该玩电商的玩电商，该玩物流的玩物流，“专注”、“专业”永远是正道，不得不说，面对诱惑时，企业往往会忘了自己的核心能力和使命。

3. 唇齿相依、互融协同是王道

“未来的市场竞争将不再是单个企业的竞争，而是行业供应链整体的竞争”，谁掌握了行业、产业的供应链，成为链主，谁将成为未来最大的赢家；电子商务与物流唇齿相依、互融协同，谁掌握了电子商务的供应链，成为真正的链主，谁就会赢在未来的电子商务。有人说，阿里巴巴的马云、京东商城的刘强东、顺丰速递的王卫是未来电子商务与快递融合后的“三足鼎立”的王者。这一天也许会到来，因为他们都是在做好自己领域的同时，延伸到整体供应链建设，都具备做链主的派头。

思考题：

（1）为什么电子商务企业要构建大物流？

（2）为什么物流企业想涉入电子商务领域？

（3）为什么说电子商务与物流，互融协同是王道？

10.1 电子商务与现代物流的关系

10.1.1 电子商务概述

1. 电子商务的定义

电子商务的英文是 Electronic Commerce，简称 EC。电子商务通常是指在全球各地广泛的商业贸易活动中，在 Internet 开放的网络环境下，基于浏览器/服务器应用方式，买卖双方不谋面地进行各种商贸活动，实现消费者的网上购物、商户之间的网上交易和在线电子支付，以及各种商务活动、交易活动、金融活动和相关的综合服务活动的一种新型的商业运营模式。

电子商务是一场商业领域的根本性革命，它打破了时空的局限，改变了贸易形态，是对传统贸易方式的革新。电子商务在整个供需链与贸易链过程中，从原材料采购供应到对消费者服务都进行双向的信息交换、传递和应用集成，并以高效快捷的信息交流与直接应用完成全部商务活动。因此，它既是一场商业领域的根本性革命，又是一次世界性的声势浩大的创新活动，是未来贸易方式的发展方向，是全新的商务模式，也是21世纪主流商业与贸易形态。世界将变成一个全新的数字化的庞大的虚拟市场。如果有人问电子商务市场有多大？边界有多长？我们的回答是：市场要多大有多大；边界要多长有多长。电子商务是一个没有边界的庞大的虚拟市场。

2．电子商务的分类

电子商务可按交易涉及的对象、电子商务交易所涉及的商品内容和进行电子业务的企业所使用的网络类型等对电子商务进行不同的分类。

（1）按参与交易的对象分类

按参与电子商务交易涉及的对象分类，电子商务可以分为以下3种类型：

1）企业与消费者之间的电子商务（Business to Customer，B2C）。这是消费者利用Internet直接参与经济活动的形式，类同于商业电子化的零售商务。随着万维网的出现，网上销售迅速地发展起来。目前，在Internet上有许许多多各种类型的虚拟商店和虚拟企业，提供各种与商品销售有关的服务。通过网上商店买卖的商品可以是实体化的，如书籍、鲜花、服装、食品、汽车、电视等；也可以是数字化的，如新闻、音乐、电影、数据库、软件及各类基于知识的商品；还有提供的各类服务，如安排旅游、在线医疗诊断和远程教育等。

2）企业与企业之间的电子商务（Business to Business，B2B）。B2B方式是电子商务应用最重和最受企业重视的形式，企业可以使用Internet或其他网络对每笔交易寻找最佳合作伙伴，完成从定购到结算的全部交易行为，包括向供应商订货、签约、接受发票和使用电子资金转移、信用证、银行托收等方式进行付款，以及在商贸过程中发生的其他问题如索赔、商品发送管理和运输跟踪等。企业对企业的电子商务经营额大，所需的各种硬软件环境较复杂，但在EDI商务成功的基础上发展得最快。

3）企业与政府方面的电子商务（Business to Government，B2G）。这种商务活动覆盖企业与政府组织间的各项事务。例如，企业与政府之间进行的各种手续的报批，政府通过Internet发布采购清单、企业以电子化方式响应：政府在网上以电子交换方式来完成对企业和电子交易的征税等，这成为政府机关政务公开的手段和方法。

（2）按交易涉及的商品内容分类

如果按照电子商务交易所涉及的商品内容分类，电子商务主要包括两类商业活动。

1）间接电子商务。电子商务涉及商品是有形货物的电子订货，如鲜花、书籍、食品、汽车等，交易的商品需要通过传统的渠道如邮政业的服务和商业快递服务来完成送货，因此，间接电子商务要依靠送货的运输系统等外部要素。

2）直接电子商务。电子商务涉及的商品是无形的货物和服务，如计算机软件、娱乐内容的联机订购、付款和交付，或者是全球规模的信息服务。直接电子商务能使双方越过地理界线直接进行交易，充分挖掘全球市场的潜力。目前我国大部分的农业网站都属于这一类，但这还是真正意义上的直接电子商务。

（3）按电子商务使用的网络类型分类

根据开展电子商务业务的企业所使用的网络类型框架的不同，电子商务可以分为如下3种形式。

1）EDI网络电子商务。EDI是按照一个公认的标准和协议，将商务活动中涉及的文件标准化和格化式，通过计算机网络，在贸易伙伴的计算机网络系统之间进行数据交换和自动处理。

EDI 主要应用于企业与企业、企业与批发商、批发商与零售商之间的批发业务。

2）Internet 电子商务（Internet 网络）。是指利用连通全球的 Internet 网络开展的电子商务活动，在 Internet 上可以进行各种形式的电子商务业务，所涉及的领域广泛，全世界各个企业和个人都可以参与，正以飞快的速度在发展，其前景十分诱人，是目前电子商务的主要形式。

3）内联网络电子商务（Intranet 网络）。是指在一个大型企业的内部或一个行业内开展的电子商务活动，形成一个商务活动链，可以大大提高工作效率和降低业务的成本。3 种网络电子商务关系如图 10-1 所示。

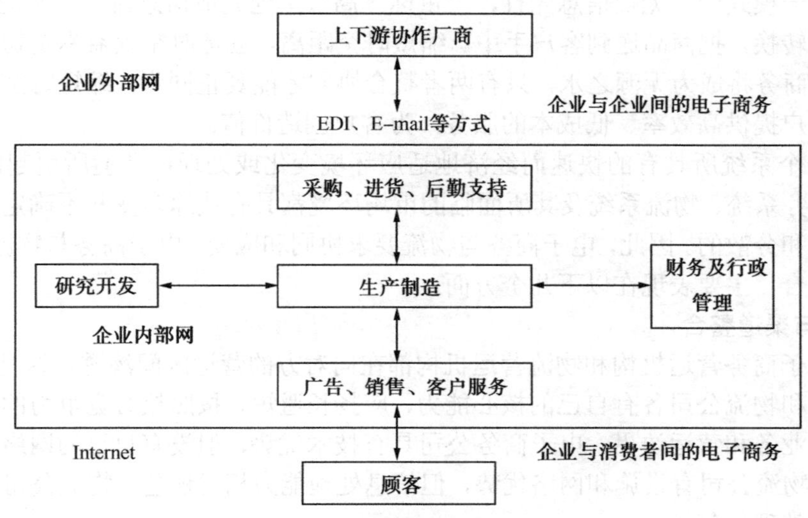

图 10-1　三种网络电子商务关系

3．电子商务的功能

电子商务可提供网上交易和管理等全过程的服务，因此它具有广告宣传、咨询洽谈、网上订购、网上支付、电子账户、意见征询、交易管理等功能。

4．电子商务的基本模型

电子商务具有四大基本要素：信息流、商流、资金流和物流，这充分说明了物流是电子商务中必不可少的重要组成部分。电子商务的基本模型如图 10-2 所示。

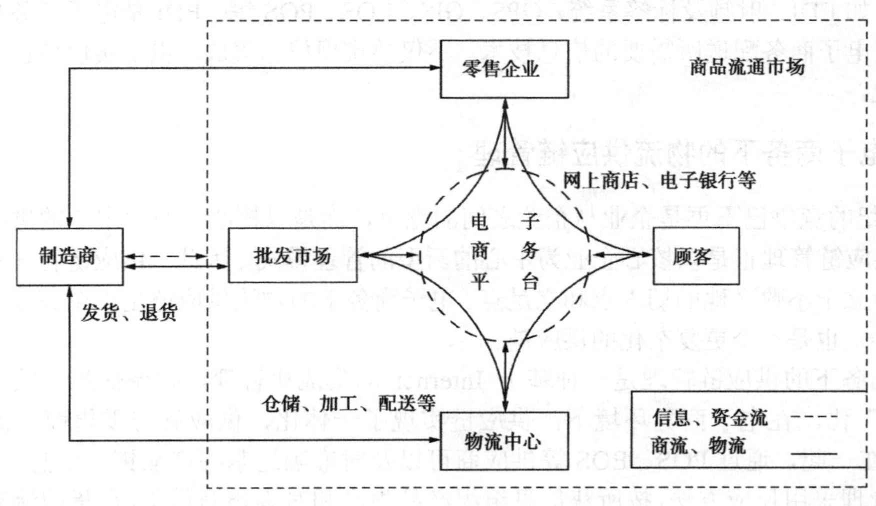

图 10-2　电子商务的基本模型

商流可以包括服务（此处的“服务”不包含物流服务）所有权的转移，而服务的真实“交付”，即消费，并不是物流的内容，但这也是一种“虚实相应”关系，把服务消费与实物位移合并在一起，与电子商务称“虚实相应”才真正恰当。

10.1.2 电子商务与物流的整合

电子商务与物流的整合是“鼠标”与“水泥”的资源整合，信息流与物流的协同。“鼠标+水泥”的电子商务模式需要快速响应和低成本的JIT（Just in Time，准时制生产方式）物流系统支持。在这一模式中，无疑信息先行，“鼠标”高效率地完成信息流，“水泥”完成物流，实现物的空间转换，把商品送到客户手中。缩短时空距离，创造时空效益本是物流的使命。没有物流，电子商务将成为无源之水，只有两者整合协同才能真正同步，缩短时空距离，创造时空效益，为客户提供高效率、低成本的服务，为客户创造价值。

柔性是一个系统所具有的快速而经济地适应环境变化或处理由环境所引起的不确定性的能力。电子商务系统、物流系统及其所面临的市场环境都具有快速多变和不确定性特征，其典型客户是未知和分散的。因此，电子商务与物流要求协同和应变。电子商务与物流应从多方面，多层次进行整合，主要表现在以下几个方面。

1．组织与渠道整合

目前，电子商务营运机构和物流营运机构都在向对方的营运区间渗透，这是值得研究的，电子商务公司和物流公司各有自己的核心能力，应扬长避短，按照核心竞争力的培养要求，确定各自的核心业务和营运边界。电子商务公司具有技术优势，但没有自己的网络优势，可以实施物流外包；物流公司有设施和网络优势，但信息处理能力相对逊色，物流公司可以致力于物流，而将信息处理外包。

2．基础设施整合

基础设施包括物流基础设施和信息基础设施。电子商务的健康发展需要良好的区域物流平台和信息基础设施。区域物流平台是区域物流的载体，一个包括诸多的复杂网络体系，其结构包括物流基础设施、物流设备和物流标准。因此，电子商务需要整合区域物流设施，通过共同配送为电子商务提供快速、低成本的JIT配送。

3．信息整合

区域物流信息平台需要与电子商务系统对接，实现信息集成、共享与整合，也包括信息技术的共享，如EDI、射频及标签系统、GPS、GIS、EOS、POS等。EDI是电子商务与物流共有的，其他是电子商务配送所需要的信息技术。不仅要实现信息集成，也要实现各自信息系统的跨系统集成。

10.1.3 电子商务下的物流供应链管理

21世纪的竞争已不再是企业与企业之间的竞争，而是以核心企业为中心的供应链之间的竞争，而供应链管理正是以核心企业为中心的新型的管理模式。因此，供应链管理将成为企业在新世纪中立于不败之地的切入点和立足点。电子商务下的物流供应链是一个高度集成的智能化的供应链，也是一个更复杂化的供应链。

电子商务下的供应链管理是一种基于Internet的集成化管理，强调信息的共享性和管理过程的“e”化。在电子商务环境下，供应链实现了一体化，供应商与零售商、消费者通过Internet连在一起，通过POS、EOS等供应商可以及时准确地掌握产品销售信息和顾客信息。此时存货管理采用反应方法，按所获信息组织产品生产和对零售商供货，存货的流动变成“拉动式”，完全可以消除上述两大缺点，并实现销售方面的“零库存”。电子商务下的供应链管理如图 10-3 所示。

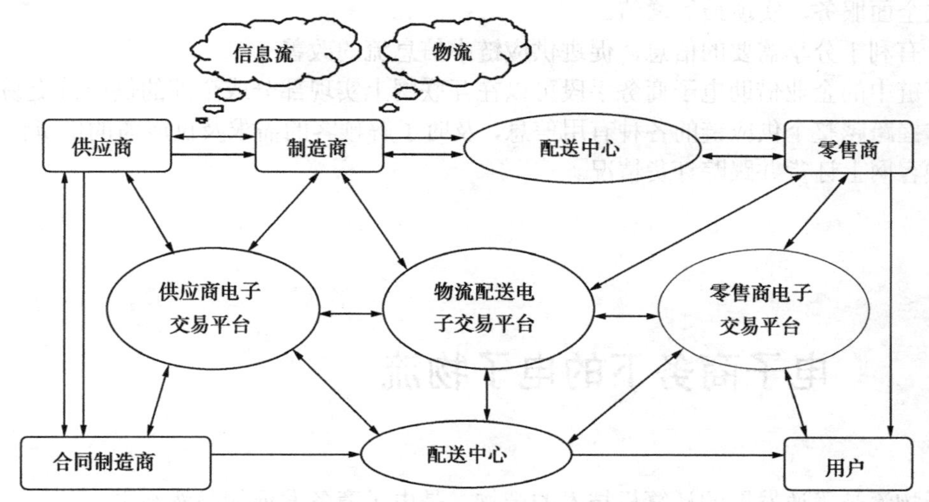

图 10-3　电子商务下的物流供应链管理

1．基于电子商务的供应链管理的核心

基于电子商务的供应链管理的核心思想主要是协同电子商务、电子企业和业务外包。

（1）协同电子商务

协同电子商务是电子商务时代供应链管理的核心。企业通过建立自己的电子商务网将自身业务流程、客户、供应商及其他业务伙伴集成起来，使企业在本身的市场领域降低了交易成本，提高了竞争力。根据美国 Gartner Group 咨询公司调查显示，一个实施协同电子商务的企业，能实际有效地降低企业开发成本的 25%、交易成本的 30%～70%和库存成本的 25%～40%，为企业大大扩展了利润空间。

（2）电子企业

电子企业是指把现实资产和网络结合在一起并很好地加以平衡的企业，它是电子商务发展的最高阶段。在电子企业里面，每个雇员会像重视关系到企业生存的战略任务那样重视互联网。不是某一个专家管理着员工，而是靠详细的分析和投资回报率指导着企业的领导者。网络应用程序会受到重视，最有价值的资产将是那些把网络科技和商业结合在一起为公司服务的科技人员。

（3）业务外包

业务外包是企业将自己的业务集中在拥有核心技术、能够增加最大附加值的环节，而把不属于核心能力的功能弱化或独立分离出去，以便获取最大的投资回报，它体现了企业在新的竞争形式下，通过不断发掘进而强化自身核心竞争力。

基于电子商务的供应链管理是以顾客为中心，集成整个供应链过程，充分利用外部资源，实现快速敏捷反应，极大地降低库存水平。它具有优势如下。

2．基于电子商务的供应链管理的优势

（1）有利于保持现有的客户关系，开拓新的客户和新的业务

基于电子商务的供应链管理直接沟通了供应链中企业与客户的联系，并且在开放的公共网络上可以与最终消费者进行直接对话，从而有利于满足客户的各种需求，保留现有客户和吸引新的客户。

（2）有利于保持现有业务增长，提高营运绩效

通过实施基于电子商务的供应链管理，可以实现供应链系统内的各相关企业对产品和业务电子化、网络化的管理。同时，供应链中各企业通过运用电子商务手段实现有组织、有计划的

统一管理，可以减少流通环节、降低成本、缩短需求响应和市场变化时间，提高运营绩效，为客户提供全面服务，实现最大增值。

（3）有利于分享需要的信息，促进供应链中信息流的改善

供应链中的企业借助电子商务手段可以在互联网上实现部分或全部的供应链交易，有利于各企业掌握跨越整个供应链的各种有用信息，及时了解顾客的需求及供应商的供货情况，同时也便于顾客网上订货并跟踪订货情况。

10.2 电子商务下的电子物流

电子物流是飞速发展的计算机技术的产物，是电子商务发展的必然结果。

1．电子物流的概念

电子物流就是利用电子化的手段，尤其是利用互联网技术来完成物流全过程的协调、控制和管理，实现从网络前端到最终客户端的所有中间过程服务。它最显著的特点是各种软件系统技术与物流服务的融合应用。

电子物流功能十分强大，它能够实现系统之间、企业之间，以及资金流、物流、信息流之间的无缝链接，而且这种链接同时还具备预见功能，可以在上下游企业间提供一种透明的可视化功能，帮助企业最大限度地控制和管理库存。同时，由于全面应用了客户关系管理、商业智能、计算机电话集成、GIS、GPS、互联网、无线互联网技术等先进的信息技术手段，以及配送优化调度、动态监控、智能交通、仓储优化配置等物流管理技术和物流模式，电子物流提供了一套先进的、集成化的信息技术手段，从而为企业建立敏捷的供应链系统提供了强大的技术支持。

电子物流业务使得客户可以运用外部服务力量来实现内部经营目标的增长，即客户能够得到量身定做的个性服务，而整个过程则是由第三方电子物流服务提供进行管理。当顾客的支付信息被处理后，电子物流系统会为客户发送订单确认信息。在这一工作就绪之后，电子物流系统对客户订单进行格式化，并将订单发送到离客户最近的仓储中心。而电子物流的外包服务则在 B2B 业务中的制造商与电子物流服务供应商之间，以及 B2C 业务中的制造商及伙伴之间提供了建设性的桥梁作用。

2．电子物流的特点

电子物流的主要特点和功能是前端服务与后端服务的集成，在此主要讨论电子物流的后端服务内容，但目前许多经销商都面临着如何前端的顾客订单管理、客户管理与后端的库存管理、仓储管理、运输管理相结合的问题。

例如，当顾客通过互联网下订单，需要物流系统能够迅速查询库存清单、查看存货状况，而这些信息又需要再实时地反馈给顾客。在整个过程中，订单管理系统需要同仓储系统、库存管理系统密切地协同工作。为了实现后台服务及与其平行的服务功能，电子物流的前端服务是至关重要的。前端服务包括咨询服务（确认客户需求）、网站设计/管理、客户集成方案实施等。

电子物流的后端服务则包括 6 类主要的业务：订单管理、仓储与分拨、运输与交付、退货管理、客户服务，以及数据管理与分析等，具体如图 10-4 所示。

（1）订单管理

订单管理包括接收订单、整理数据、订单确认、交易处理（包括信用卡结算及赊欠业务处理）

等。在电子物流的订单管理业务活动中需要通过复杂的软件应用来处理复杂的业务环节，为了得到较高的效率。订单管理业务需要做以下工作。

1）订单来源：当电子物流服务提供商接收到一份订单时，电子物流系统会自动识别该订单的来源及下订单的方式，统计顾客是通过何种方式（电话、传真、电子邮件等）完成的订单。当一切工作结束后，系统还会自动根据库存清单检索订单上的货物目前是否有存货。

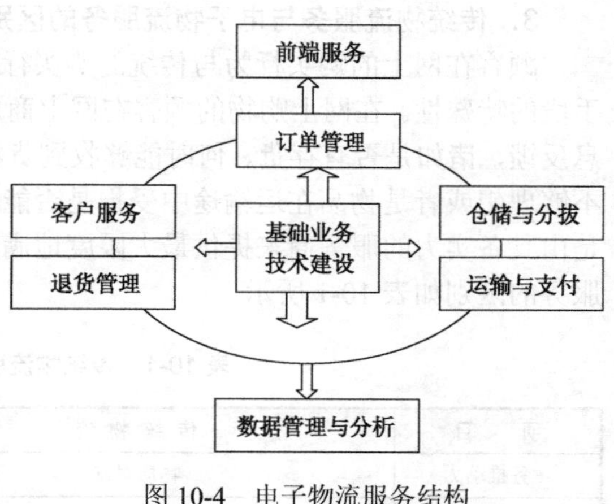

图 10-4　电子物流服务结构

2）支付处理：在顾客提交订单后，还需要输入有关的支付信息，电子物流系统会自动处理信用卡业务及赊欠账务。如果客户填写的支付信息有误，系统将及时通知顾客进行更改或者选择其他合适的支付方式。

3）订单确认与处理：当顾客的支付信息被处理之后，电子物流系统会为顾客发送订单确认信息。在这一切工作就绪之后，电子物流系统会对客户的订单进行格式化，并将订单发送到离客户最近的仓储中心。

（2）仓储与分拨

仓储与分拨中心主要有以下两方面的任务。

1）分拣：当仓储中心接收到订单后，就会根据订单内容承担起分拣、包装及运输的任务。在这个阶段，有的电子物流服务提供商还会提供一些增值服务，如果据客户特殊需求对物品进行包装等。

2）存货清单管理：仓储与分拨中心同时负责存货清单管理及存货的补给工作，并由电子物流服务系统进行监控。这种服务将会为制造商提供有效的库存管理信息，使制造商或经销商保持合理的库存。

（3）运输与支付

运输与支付包括对运输的全程管理，具体包括处理运输需求、设计运输路线、运输的实施等。这个业务同时还包括向客户提供通过互联网对货物状态进行实时跟踪的服务。电子物流服务提供商在提供运输与交付业务时也会选择将该项业务向具体运输服务力量的第三方运输公司外包。

（4）退货管理

退货管理业务承担货物的修复、重新包装等任务，这个过程需要处理退货授权认证、分拣可修复货物、处理受损货物等工作。

（5）客户服务

客户服务包括售前和售后服务，同时还包括对顾客的电话、传真、电子邮件的回复等工作，处理的内容包括存货信息、货物到达信息、退货信息及顾客意见。

客户关系管理不是一个孤立的业务步骤，这项工作与订单管理、仓储分拨、运输、退货管理等环节有密切联系，需要相互支持。目前许多电子物流服务提供商通过内部或者外部的呼叫中心向顾客提供了 24×7×365 的客户关系管理服务。

（6）数据管理与分析

对于顾客提交的订单，电子物流系统有能对相关数据进行分析，产生一些深度分析报告。这些经过分析的信息可以帮助造商及经销商及时了解市场信息，以便随时调整目前的市场推广策略。这项服务同时也是电子物流服务提供商向客户提供的一项增值服务。

3．传统物流服务与电子物流服务的区别

顾客在网上的购买行为与传统的购买行为有所不同，因此也就决定了电子物流服务形式、手段的特殊性。在网上购物的顾客在网上商店寻找到所需的物品，并且希望能够得到实时的信息反馈，诸如是否有存货、何时能够收到货物等，同时他们也十分关注如果在网上选购的物品不够理想或者是物品在运输途中受损是否能够及时、便利地办理退货等。新的电子物流服务就是由具备实力的服务商来提供最大限度地满足顾客需求的外包服务。传统物流服务与电子物流服务的区别如表 10-1 所示。

表 10-1　传统物流服务与电子物流服务的区别

项　目	传统物流	电子物流
业务推动力	物质财富	IT 技术
服务范围	单项物流服务（运输、仓储、包装、装卸、配送等）	综合性物流服务，同时提供更广泛的业务范围。如网上前端服务等
通信手段	传真、电话等	大量应用互联网、EDI 技术
仓　储	集中分析	分散分布、分拨中心更接近顾客
包　装	批量包装	个别包装、小包装
运输频率	低	高
交付速度	慢	快
IT 技术应用	少	多
电　感	少	多

由于认识到电子物流将带来的市场机遇，传统的提供仓储分拨业务、运输业务的服务商纷纷涉足电子物流业务解决方案开发的市场，更有一些新进入该领域的服务提供商十分看好其发展潜力，希望能在电子物流市场上有所作为。

4．电子物流的市场参与者

从目前的电子物流服务市场来看，主要有 4 类市场参与者，它们分别是传统的物流服务提供商、软件供应商、集成商及物流服务方案供应商。从表面看来，这些市场参与者分别从事特定的服务，但是在电子物流服务市场领域，大多数市场参与者向客户提供的是一种综合性的物流服务。目前，还没有任何一个电子物流服务供应商能够提供全部的电子物流服务，大部分厂商是通过利用自身的力量或者寻找业务合作伙伴来向客户提供端到端的电子物流服务解决方案。

10.3 电子商务与现代物流协同发展

10.3.1　电子商务与现代物流协同发展的可能性

1．基于信息化商务平台的共同要求

电子商务模式下，现代物流的运作是以信息为中心的，信息不仅决定了现代物流的运动方向，而且也决定着现代物流的运作方式。在实际运作过程中，通过网络上的信息传递，可以有效地实现对物流的实施控制，实现物流的合理化。电子商务高效率和全球性的特点，要求现代物流也必须达到这一目标。

2. 电子商务对需求的多样性与分散性，为现代物流拓展了广阔的业务范围

电子商务要求现代物流提供更完善、更周到的服务，要求协助电子商务公司完成售后服务，提供更多的增值服务内容，这样现代物流的发展才有内在的动力与外在的需求，二者共同促进，共同发展。

3. 电子商务为现代物流功能集成化、服务系列化提供了运作空间，提高运行效率

在电子商务模式下，现代物流企业可充分利用 Internet 的巨大优势建立信息系统和网络平台，开展商品物流跟踪、客户响应模式，信息处理和传递系统，提供更加完善的配送和售后服务，现代物流企业应该认识到，电子商务与现代物流是合作博弈，网上网下及早合作可共创双赢模式。

10.3.2 电子商务与现代物流协同发展的必然性

1. 物流是实现电子商务的保障

物流是电子商务运作过程的重要组成部分，是信息流、商流和资金流最终实现的根本保证。电子商务=网上信息传递+网上交易+网上结算+物流配送=鼠标+车轮。电子商务的整个运作过程是信息流、商流、资金流和物流的流动过程，其优势体现在信息资源的充分共享和运作方式的高效率上。通过 Internet 进行商业交易，毕竟是“虚拟”的经济过程，最终的资源配置还需要通过商品实体的转移来实现，否则就不会真正实现信息流、商流和资金流。只有通过物流配送，将商品或服务真正转移到消费者手中，商务活动才能结束，物流实际上是以商流的后续者和服务者的姿态出现，而物流配送效率也就成为客户评价电子商务满意程度的重要指标。

2. 物流是增强企业竞争力的有效途径

电子商务的出现，在最大程度上方便了最终消费者，他们不必再跑到拥挤的商业街，一家又一家地挑选自己所需的商品，只要坐在家里，在 Internet 上搜索、查看、挑选，就可以完成他们的购物过程。缺少了现代化的物流技术，电子商务给消费者带来的购物便捷等于零，消费者必然会转向他们认为更为安全的传统购物方式。现代物流的功能应该是把准确数量的准确产品在准确时间内，以最低的费用送到客户手中，它直接影响到从事电子商务的企业在价格、交货期、服务、质量等各方面的竞争力。

3. 电子商务是现代物流和信息技术发展的产物

作为首先提出电子商务概念的美国，物流管理技术早已日臻完善，而作为一个发达国家，需求拉动技术创新，EDI 的生产就是为了简化烦琐、耗时的订单等处理过程，加快物流的速度，提高物资的利用率。电子商务的提出最终是为了解决信息流和货币流处理上的烦琐对现代化的物流过程的延缓，进一步提高现代化的物流速度。

4. 现代物流的发展是电子商务的利润源泉

以现代电子网络为平台的信息流，极大地加快了现代物流信息的传递速度，为客户赢得最宝贵的时间，使货物运输环节、方式科学化和最佳化。以快节奏的商流和先进的信息为基础的现代物流，能够有效地减少流动资金的占压，加速资金周转，充分发挥资本的增值作用，被认为是继企业节约原材料降低物耗、提高劳动生产率之后的又一经济利润增长点，是电子商务的利润源泉。

10.3.3 电子商务与现代物流协同发展中存在的问题

1. 观念和服务模式落后

我国的电子商务还处在初级发展阶段，其功能主要局限于信息的交流，电子商务与现代物流之间相互依赖、相互促进的关系还没有在社会上得到普遍的认识。现代物流与电子商务脱节，重电子商务轻物流，导致配送效率低下，经常出现拖延交货期、出错等现象，无法满足现代社会人们对快速、准确、及时的现代物流服务要求。

2．电子商务和现代物流发展相关制度和政策尚未完善

与企业发展息息相关的融资制度、产权转让制度、税收制度、市场准入与退出制度等方面的改革还远不能适应企业发展的需要。企业进行全球商贸活动时，涉及各国的法律制度，企业在改善自身物流效率时，必然要在企业内外重新配置物流资源，而制度和法规的缺陷阻碍了企业对现代物流资源的再分配。现代物流企业跨区域开展物流业务时常常受地方保护主义困扰，发生经济纠纷时，有关的金融法规及行业标准对当事人之间经济责任难以确认。

3．基础设施落后

电子化、信息化程度较低。电子商务要求相对均衡的运行环境，要求企业有足够的后台支持系统来响应对方的即时服务请求，目前，市场达不到应有的经济网络规模，网络基础薄弱：网速慢、出口带宽不足、资费过高，现代物流配送基础设施和配送管理手段更是落后，道路的建设、配送中心的规划与管理、仓储设施的现代化配置、配送运输工具的更新换代、物流管理模式和经营方式的优化等问题亟需解决，这些都严重阻碍了电子商务和现代物流的协同发展。

4．人才的稀缺

国外电子商务和现代物流的发展实践表明，从业人员是否具有较高的电子商务和现代物流知识和操作经验，直接影响到企业的生存与发展。国外的物流经过多年发展，已形成了一定规模的物流教育系统，许多高校设置了与物流相关的课程，为物流行业培养并输送了大批实用人才。相比之下，我国在这方面的教育还相当落后，人才严重缺乏，无法为新的体系建立提供足够的智力支持，成为目前发展的巨大障碍。

10.4 电子商务与物流供应链协同的关键技术

10.4.1 ECR 与 QR

1．ECR 的概念

ECR（Efficient Consumer Response，有效客户反应）是在食品杂货分销系统中，以满足顾客要求和降低与消除分销商与供应商体系中不必要的成本和费用为原则，能及时做出准确反应，使提供的物品供应或服务流程最佳化的一种供应链管理策略。

ECR 的最终目标是建立一个具有高效反应能力和以客户需求为基础的系统，使零售商和供应商以业务伙伴方式合作，提高整个食品杂货供应链的效率，而不是单个环节的效率，从而大大降低整个供应链体系的运作成本、库存和物资储备，同时为客户提供更好的服务。ECR 的供应链如图 10-6 所示。

2．ECR 的特征

ECR 是由供应商和分销商等供应链组成各方相互协调和合作，以更低的成本，更好、更快地以满足消费者需求为目的的供应链管理系统。其有如下特征。

1）管理意识的创新：ECR 要求产销双方的交易关系是一种合作伙伴关系，即交易各方通过相互协同合作，实现以低的成本向消费者提供更高价值服务的目标，在此基础上追求双方的利益。简单地说，是一种双赢型关系。

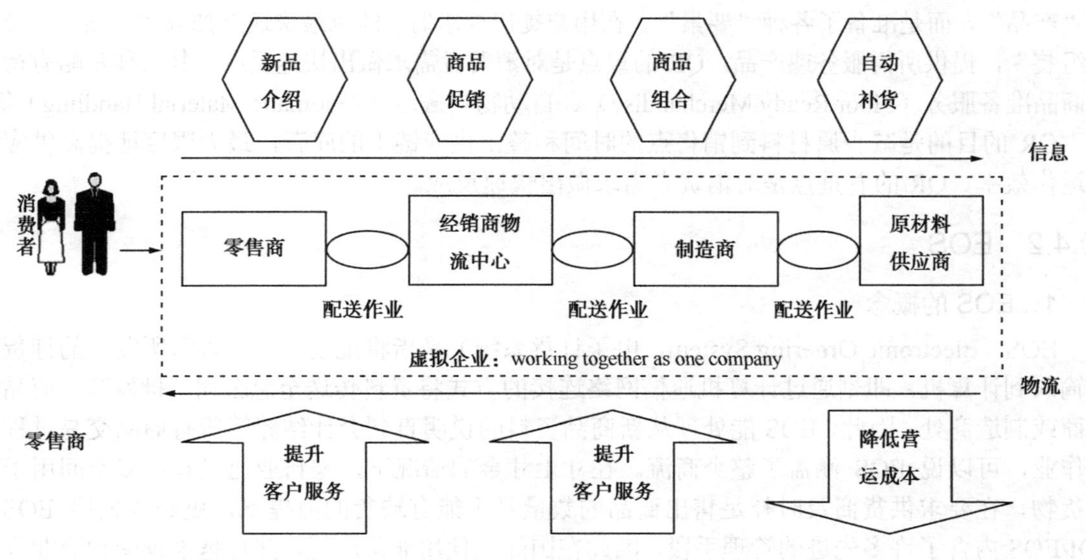

图 10-6　ECR 的供应链

2）供应链整体协调：ECR 要求对各部门、各职能及各企业之间的隔阂，进行跨部门、跨职能和跨企业的管理和协同，使商品流和信息流在企业内和供应链内顺畅地流动。

3）涉及范围广泛：ECR 所涉及的范围必然包括零售业、批发业和制造业等相关的多个行业。

3．ECR 的特征系统构建

ECR 作为一个供应链管理系统，需要把市场营销、物流管理、信息技术和组织革新技术有机结合起来作为一个整体使用，以实现 ECR 的目标。ECR 的构成技术如图 10-7 所示，构筑 ECR 系统的具体目标，是实现低成本、基础关联设施建设、消除组织间的隔阂、协同合作满足消费者需要，组成 ECR 系统的技术要素主要有信息技术、物流技术、营销技术和组织创新技术。

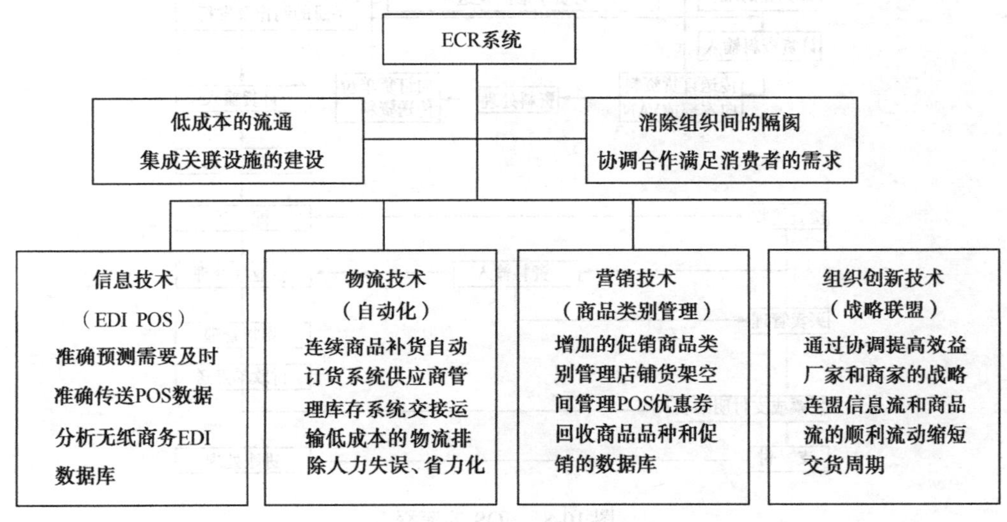

图 10-7　ECR 的构成技术

4．QR

QR（Quick Response，快速反应）是指物流企业面对多品种、小批量的买方市场，不是储备了“产品”，而是准备了各种“要素”，在用户提出要求时，能以最快速度抽取“要素”，及时“组装”，提供所需服务或产品。QR 的重点是对消费者需求做出快速反应。其具体策略有待上架商品准备服务（Floor Ready Merchandise）、自动物料搬运（Automatic Material Handling）等。

QR 的目的是减少原材料到销售点的时间和整个供应链上的库存，最大限度地提高供应链的运作效率。QR 的着重点是对消费者需求做出快速反应。

10.4.2 EOS

1．EOS 的概念

EOS（Electronic Ordering System，电子订货系统）是指将批发商、零售商所发生的订货数据输入到计算机，即刻通过计算机通信网络连接的方式将资料传送至总公司、批发商、商品供货商或制造商处。因此，EOS 能处理从新商品资料的说明直到会计结算等所有商品交易过程中的作业，可以说 EOS 涵盖了整个商流。在寸土寸金的情况下，零售业已没有许多空间用于存放货物，在要求供货商及时补足售出商品的数量且不能有缺货的前提下，更必须采用 EOS。EDI/EOS 内含了许多先进的管理手段，因此在国际上使用非常广泛，并且越来越受到商业界的青睐。

2．EOS 的工作流程

EOS 并非单个的零售店与单个的批发商组成的系统，而是许多零售店和许多批发商组成的大系统的整体运作方式。EOS 基本上是在零售店的终端利用条形码阅读器获取准备采购的商品条码，并在终端上输入订货材料；利用电话线通过调制解调器传到批发商的计算机中；批发商开出提货发票，并根据传票同时开出拣货单，实施拣货，然后依据送货传票进行商品发货；送货传票上的资料便成为零售商的应付账款资料及批发商的应收账款资料，并接到应收账款的系统中去；零售商对送到的货物进行检验后，便可以陈列与销售了。EOS 的流程如图 10-8 所示，其构成如图 10-9 所示。

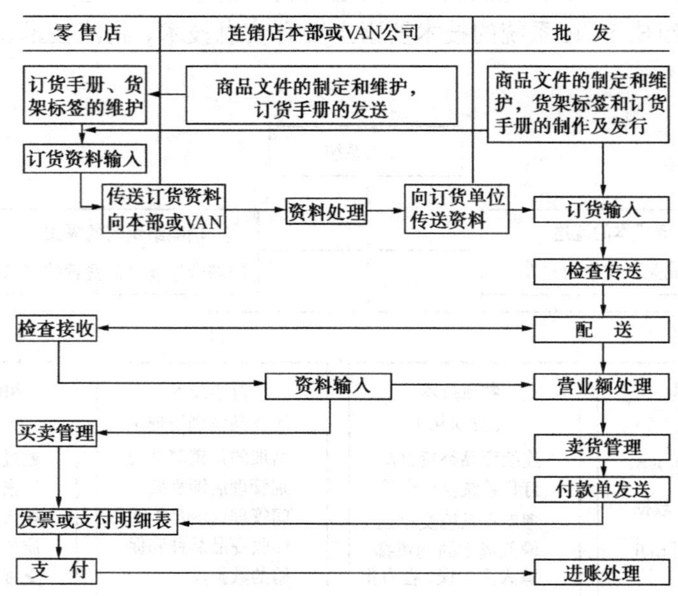

图 10-8　EOS 的流程

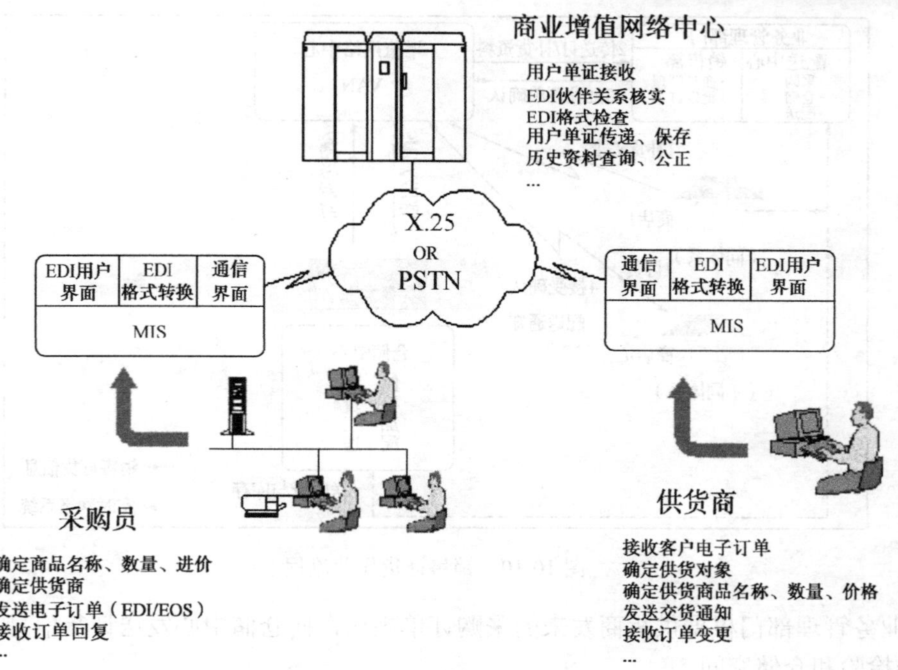

图 10-9　EOS 的构成

3．EOS 的过程

在实际工作流程中，EOS 具体包括以下两个过程。

（1）销售订货业务过程

1）各批发、零售商场或社会网点根据自己的销售情况，确定所需货物的品种、数量，按照同体系商场根据实际网络情况补货需求或通过增值网络中心或通过实时网络系统发送给总公司业务部门；不同体系商场或社会网点通过商业增值网络中心发出 EOS 订货需求。

2）商业增值网络中心将收到的补货、订货需求资料发送至总公司业务管理部门。

3）业务管理部门对收到的数据汇总处理后，通过商业增值网络中心向不同体系的商场或社会网点发送批发订单确认。

4）不同体系的商场或社会网点从商业增值网络中心接受到批发订单确认信息。

5）业务管理部门根据库存情况通过商业增值网络或实时网络系统向仓储中心发出配送通知。

6）仓储中心根据接收到的配送通知安排商品配送，并将配送通知通过商业增值网络传送到客户。

7）不同体系的商场或社会网点从商业增值网络中心接收到仓储中心对批发订单的配送通知。

8）各批发、零售商场、仓储中心根据实际网络情况将每天进出货物的情况或通过增值网络中心或通过实时网络系统，报送总公司业务管理部门，让业务部及时掌握商品库存数量，以合理保持库存；并根据商品流转情况，合理调整商品结构等工作。

销货订货作业流程流程如图 10-10 所示。

（2）采购订货业务过程

1）业务管理部门根据仓储中心商品库存情况，向指定的供货商发出商品采购订单。

2）商业增值网络中心将总公司业务管理部发出的采购单发送至指定的供货商处。

3）指定的供货商在收到采购订货单后，根据订单的要求通过商业增值网络中心对采购订单加以确认。

4）商业增值网络中心将供货商发来的采购订单确认发送至业务管理部门。

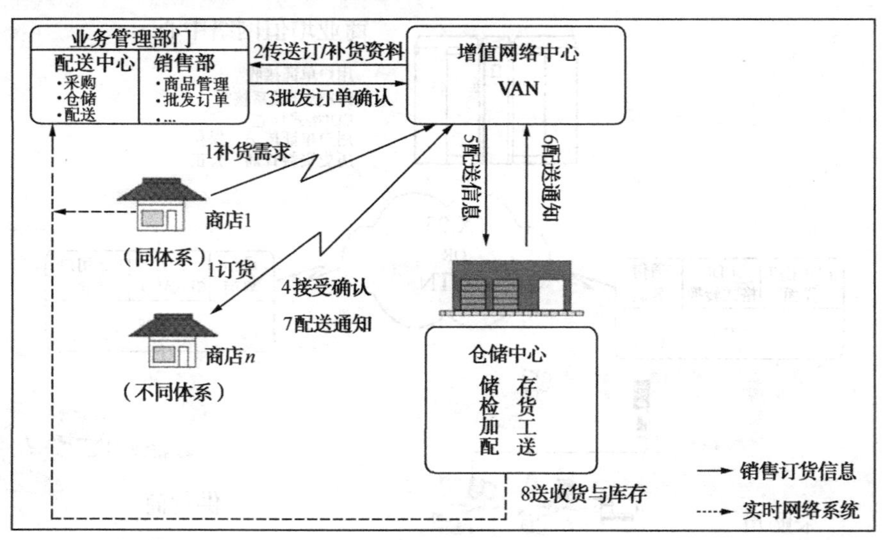

图 10-10 销售订货作业流程

5）业务管理部门根据供货商发来的采购订单确认，向仓储中心发送订货信息，以便仓储中心安排检验和仓储空间。

6）供货商根据采购单的要求，安排发运货物，并在向总公司交运货物之前，通过商业增值网络中心向仓储中心发送交货通知。

7）仓储中心根据供货商发来的交货通知安排商品检验并安排仓库、库位或根据配送要求进行备货。

采购订货作业流程如图 10-11 所示。

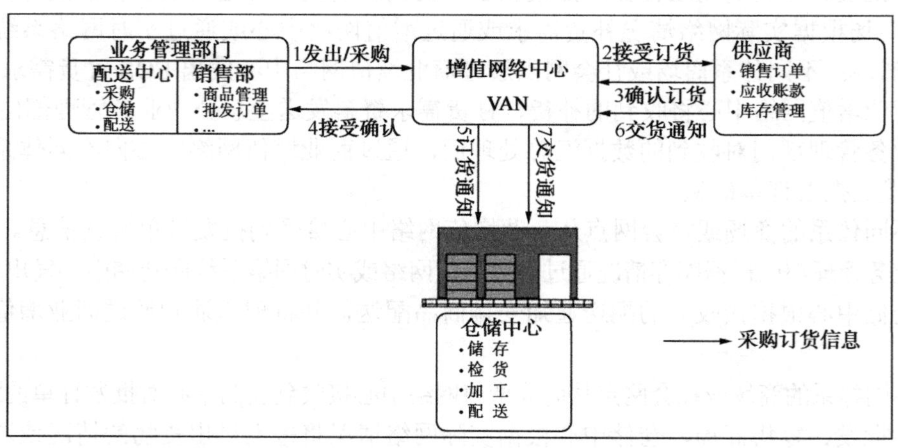

图 10-11 采购订货作业流程图

4．电子订货的物流支持系统

（1）物流作业流程

物流作业流程如图 10-12 所示，将供货商发运作业过程中的业务往来划分成以下几个步骤。

1）供货商根据采购合同要求将发货单通过商业增值网络中心发给仓储中心。

2）仓储中心对接收到商业增值网络中心传来的发货单进行综合处理，或要求供货商送货至仓储中心或发送至各批发、零售商场。

3）仓储中心将送货要求发送给供货商。

4）供货商根据接收到的送货要求进行综合处理，然后根据送货要求将货物送至指定地点。

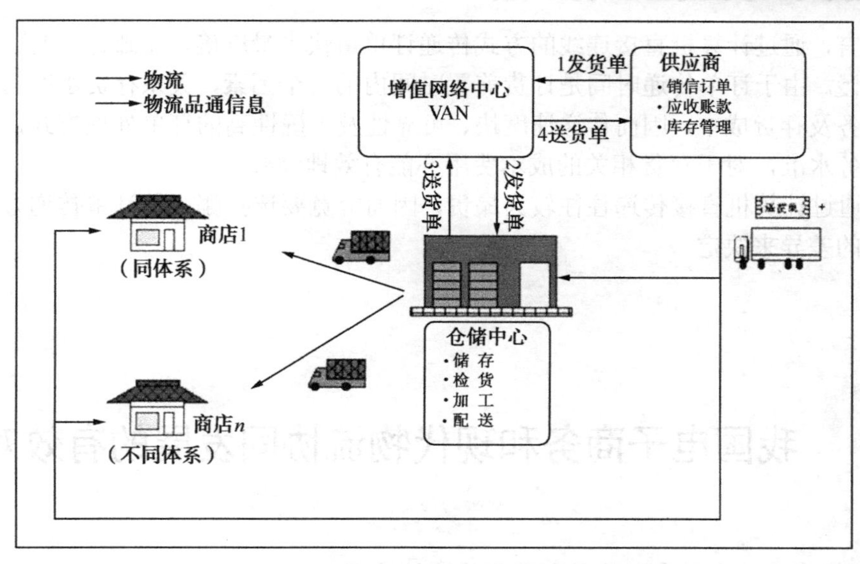

图 10-12　物流作业流程

（2）仓储作业过程

1）商品的入库：商品送到某仓库（送/收货单）后，一般卸在指定的进货区，在进货区对新进入的商品进行商品验收手续，验收合格的商品办入库手续，填写收/验/入库单（商品名、数量、存放位置等信息），然后送入指定的正品存放区的库位中，正品存放区的商品是可供配送的，这时总库存量增加。对验收不合格的商品，填写退货单，并登录在册，另行暂时存放，适时退给供货商以调换合格商品；调换回的商品同样有收/验/入库的过程。

2）商品的出库：当仓库收到配货中心配货清单后，按清单要求（商品名、数量、库位等）备货，验证正确出库待送。若是本地批发，按销货单配货发送，配送信息要及时反馈给配货中心，这时配货中心的总库存量减少，商品送交客户后，也有客户对商品的验收过程。当客户发现商品包装破损、商品保质期已到、送交的商品与要求的商品不符等情况时，客户会退货（退库单），客户退货后配货中心要补货给客户，对退回的商品暂存待处理区，经检验后做处理，如完好的商品（错配退回）送回正品存放区（移转单），对质量和包装有问题的商品归回供应商（退货单），过期和损坏的商品作报废处理（报废单）等，这一些商品处理的流动过程也影响到总库存量的变化，掌握和控制这些商品的流转过程也就有效地控制和掌握了总库存量。

5．电子订货的方法

（1）订货簿或货架标签配合手持终端机及扫描器

订货人员携带订货簿及手持终端及扫描器巡视货架，若发现商品缺货则用扫描器扫描订货簿或货架上的商品标签，再输入订货数量，当所有订货资料皆输入完毕后，利用计算机将订货资料传给供应商或总公司。

（2）POS

客户若有 POS 收款机则可在商品库存管理系统中设定安全存量，每当销售一笔商品时，计算机自动扣除该商品库存，当库存低于安全存量时，即自动产生订货资料，将此订货资料确认后即可透过信息网路传给总公司或供应商。也有客户将每日的 POS 资料传给总公司，总公司将 POS 销售资料与库存资料比对后，根据采购计划向供应商下订单。

（3）订货应用系统

客户信息系统里若有订单处理系统，可将应用系统产生的订货资料，经由特定软件转换功能转成与供应商约定的共通格式，在约定时间里将资料传送出去。

一般而言，通过计算机直接连线的方式传递订单最快也最准确，而邮寄、电话或销售员带回的方式较慢。由于订单传递时间是订货前置时间内的一个因素，关系存货水准的调整，从而影响客户服务及存货成本，因而传递速度快、可靠性及正确性高的订单处理方式，不仅可大幅提升客户服务水准，对于存货相关的成本费用亦能有效地缩减。

但是，通过计算机直接传递往往较为昂贵，因而究竟要选择哪一种订单传递方式，应比较成本与效益的差异来决定。

10.5 我国电子商务和现代物流协同发展的有效对策

1．必须提高全社会对电子商务和现代物流的认识

电子商务是商业领域内的一次革命，而现代物流则是物流领域内的一次革命。国家与企业共同参与，共建电子信息化环境。政府要在高速公路和铁路、航空、信息网络等方面投入大量资金，以保证交通流和信息流的通畅，形成一个覆盖全社会的交通网络和信息网络，为发展电子商务和现代物流提供良好的社会环境，同时，企业要通过信息网络进行商贸活动，为客户提供快捷的服务，吸引更多的制造企业和商业企业上网，提高企业的竞争力和盈利水平，从而促进电子商务和现代物流的发展。

2．选择适应电子商务发展的现代物流发展模式

实现现代物流配送体系的产业化、社会化。在我国目前条件下电子商务企业不宜普遍采用自建物流中心的物流模式，应采用综合物流代理：与第三方物流公司签订长期稳定的合作关系，建立共同配送模式，削减物流企业间的不当竞争，从整体上提高供方取得价格优惠的能力，并实现优势互补，促进企业走向联合的规模经济之路。

3．整合业务流程，提供优质的多样化和个性化服务

目前世界许多大公司都拥有“一流三网”，即以订单信息流，全球供应链资源网络、全球用户资源网络和计算机信息网络的“同步模式”，来实现零库存、零距离、零营运资本的三零目标。电子商务的个性化、多样化特点，企业在商品生产、经营和配送上充分对应不同区域，不同时间和不同消费需求的客户需要，客观上也要求多品种、少批量、大频度的现代物流服务，通过电子化、集成化现代物流管理把供应链上各环节紧密联系起来，对顾客的个性化需求做出快速反应，保证电子商务物流通畅。例如，采用电子商务的“量身定制”方式，客户可以利用计算机或手机来决定包裹何时送达目的地，而包裹送到后，信息将自动反馈到客户指定的计算机或手机上。

4．建立以信息化为核心的信息平台对电子商务与现代物流的协同发展极为有利

搭建信息平台是运用互联网对企业业务流程的重新设计，电子商务是信息流、商流、资金流和物流的高度对称、融合与互动，信息流贯穿于商务活动的始终，引导着商务活动的发展，现代物流是商流的继续，是商务活动中实际的物资流通过程，同样需要信息流的引导和整合。信息流在现代物流过程中起到了事前测算流通路径、即时监控输送过程、事后反馈分析等作用。在环环相扣的现代物流过程中，虚拟的场景和路径简化了操作程序，极大地减少了失误和误差，使得每个环节之间的停顿时间大幅度降低。现代物流朝着信息化、自动化、网络化、柔性化方向发展，具有良好的信息处理和传输系统才能快速、准确地获取销售反馈信息和配送货物跟踪信息，从而大大提高物流企业的服务水平，提高电子商务的效率，赢得客户信赖，并不断降低成本。

5．制定一套电子商务与现代物流发展的可行性方案

根据消费者的收入、需求偏好、地理分布等条件的不同，合理定位销售区域，对不同的销售区域采取差别性的物流服务政策；认真筛选销售品种，确定最适合自己销售的商品，将品种限制在一定范围之内，减少流通中的过多费用；再由专业人员精心设计配送细节，一个好的配送方案应该考虑订货状况信息、库存的可供性、反应速度、送货的可靠性、送货频率等；要根据电子商务服务提供商的不同，扬长避短，实现供应链集成，共同完成向消费者提供电子商务服务工作；要扩大在特定的销售区域内消费者群体的基数，不断降低物流成本，合理控制库存，规范库存控制技术，对实时数据、历史数据进行分析，参照模型对未来需求进行长期预测或短期预测，或对时点数据进行分析，从而合理确定库存，并充分考虑配送途径和结算方式等。

6．高度重视物流专业人才培养

随着许多信息技术在物流领域中的广泛应用和物流企业信息密集程度的提高，物流从业人员的知识水平和技能水平也随之发生变化。这就对物流人才的培养和物流从业人员的培训提出了较高要求。因此，加强信息技术人才的培养和物流从业人员信息技术知识与技能的培训，是彻底改变物流领域信息技术水平落后的关键。政府应当拓宽教育和培训渠道，鼓励行业协会、企业和大专院校开展多方面、多层次培训工作，加快培育物流领域信息技术的研究和开发人才，要培养从事现代物流理论研究与实务的专门人才，懂电子商务理论和实务的专门人才，既懂 IT 又懂电子商务的网络经济人，既懂电子商务又懂现代物流的有创新思想的复合型人才。

10.6 电子商务与物流协同实训

10.6.1 实训目的及要求

1．实训目的

电子商务与物流是一个相互依存矛盾体，电子商务供货商有非常多的商品，而物流商的物流过程也是相当的复杂，通过本次实训，让同学掌握使用条码技术为载体，把电子商务供货、客户及物流商有机的衔接起来，从而真正的实现电子商务与物流的协同。

2．实训要求

1）按照实训步骤提供的示例，完成以下表格的任务。

2）按照任务要求完成相应用表格。

3）认真思考条码技术在电子商务物流协同中的主要作用。

10.6.2 实训任务

实训任务如表 10-2 所示。

表 10-2　实训任务

任务编号	6
任 务 名 称	应用条码技术实现电子商务供货商、客户及物流商的协同
任 务 内 容	电子商务与物流是一个相互依存矛盾体，电子商务供货商有非常多的商品，物流商的物流过程也是相当的复杂，通过本次实训，让同学设计使用条码技术为载体，将电子商务供货、客户及物流商有机的衔接起来，从而真正的实现电子商务与物流的协同
提 交 资 料	1．请画出基于条码技术的电子商务物流协同的业务流程图； 2．撰写小论文“条码技术在电子商务物流协同中的作用”
相关网站资料	1．中国电商物流快递网：http://www.100ec.cn/zt/wlkd/； 2．中国电子商务与物流网：http://www.56ec.org.cn/
思 考 问 题	1．条码技术在实现电子商务供货商、客户及物流商的协同起到什么关键作用 2．基于条码技术的电子商务与物流协同的平台开发应如何展开

10.6.3　实训步骤

1．示例

某电子商务供货商在网上销售樱桃，在网络公布樱桃是按每千克进行销售，其商品条码是 GTIN 97612345000049，并且是散装供应。

客户在网上订购 100 kg 樱桃，通过网络进行下订单，只需对应樱桃的商品条码 97612345000049，并输入商品数量，100 kg，其条码表示为：100 kg × 97612345000049。

物流商根据货物的重量，分割两个贸易项目单元，其中项目 1 重量为 42.7 kg，项目 2 重量为 57.6 kg，应用条码技术表示：项目 1 用（01）97612345000049 （3101）000427 表示，项目 2 用（01）97612345000049（3101）000576 表示，并通过物流作业将客户网上订购的樱桃交货给客户。

电子商务供货商在客户收货后，给其开出发票，其条码表示为：97612345000049　100.3 kg×每公斤价格。

表 10-3　示例表

序号	业务干系方	步骤	说明	条码应用表示
1	电子商务供货商	供应商在网上公布商品目录	按每公斤销售的樱桃	GTIN 97612345000049
2	客户	客户在网上订购 100 kg 樱桃	100 kg 樱桃	100 kg ×97612345000049
3	物流商	物流商物流交货给客户	2 个贸易项目： 项目 1 重量= 42.7 kg 项目 2 重量= 57.6 kg	项目 1：（01） 97612345000049 （3101） 000427 项目 2：（01） 97612345000049（3101） 000576
4	电子商务供货商	电子商务供货商开发票	项目与总重量的 GTIN（100.3 kg） + 每公斤价格	97612345000049　100.3 kg×每公斤价格

注：条码应用提示符相关知识请参考第三章

2．任务 1

某电子商务供货商在网上销售海鱼，在网络公布海鱼是按条进行销售，其商品条码是 GTIN 97612345000117，并且按件数订货与交货，并按重量开发票，请完成下表中的条码应用表示。

表 10-4　任务 1 表

序号	业务干系方	步骤	说明	条码表示
1	电子商务供货商	供应商在网上公布商品目录	1 条鱼约为 500 g	
2	客户	客户在网上订购 100 条鱼	100 条鱼	
3	物流商	物流商物流交货给客户	3 个物流单元： 单元 1＝33 条鱼，16.7 kg 单元 2＝33 条鱼，16.9 kg 单元 3＝34 条鱼，17.1 kg	
4	电子商务供货商	电子商务供货商开发票	项目与总重量的 GTIN（50.7 kg）+每千克价格	

3．任务 2

如表 10-5，某电子商务供货商在网上销售海鱼，在网络公布海鱼是按条进行销售，其商品条码是 GTIN 97612345000018，并且按件数定货与交货，并按重量开发票，请完成下表中的条码应用表示。

表 10-5　任务 2 表

序号	业务干系方	步骤	说明	条码表示
1	电子商务供货商	供应商在网上公布商品目录	10 只鸡的 1 个包装箱约为 2000 g	
2	客户	客户在网上订购 3 箱	3 箱	
3	物流商	物流商物流交货给客户	3 个贸易项目： 项目 1 重量= 20.4 kg 项目 2 重量= 18.6 kg 项目 3 重量= 21.7 kg 如果按一个托盘交货	
4	电子商务供货商	电子商务供货商开发票	项目与总重量的 GTIN（60.7 kg）+每千克价格	

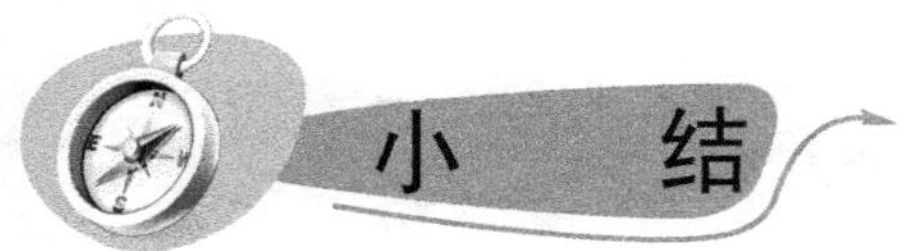

小　结

本章介绍了电子商务的基本概念，电子商务与物流之间的关系，电子商务物流应用的主要模式，电子商务下电子物流的特点及与传统物流的区别，电子商务下物流供应链管理的协同形式及必要性，重点对电子商务与物流供应链协同的关键技术如ECP、EOS及我国电子商务和现代物流协同发展的有效对策等内容。

习　题

1．什么是电子商务？请简述电子商务与物流之间的关系。
2．简述电子商务物流应用有哪些模式，分别有什么特点。
3．什么是电子物流？它与传统物流有什么区别？
4．电子商务与物流供应链协同的关键技术有哪些？

第11章 物流公共信息平台规划与运营模式

导教　教学导航

职业能力要求

■ 专业能力：掌握物流公共信息平台的概念、类型，理解物流公共信息平台的功能、构建公共信息平台的必要性、构建原则及实施模式，掌握公共信息平台的关键技术，了解物流公共信息平台的服务与运营模式。

学习目标

■ 掌握物流公共信息平台的定义；
■ 熟悉物流公共信息平台的功能；
■ 掌握公共信息平台的关键技术；
■ 学习物流公共信息平台的服务与运营模式。

导读 11-1　湖南省物流公共信息平台数据交换量突破一千万次

湖南省物流公共信息平台遵循公益性、共用性、公共性“三性合一”的原则，为物流企业和制造业企业提供高效、安全、低成本的公共信息，推动湖南物流信息化建设。平台建设目标是将物流公共信息平台打造成湖南省物流业信息系统枢纽和神经网络，实现区域性合作，并与其他省份进行对接的集成化、智能化的物流信息管理平台。该平台已成为“数字湖南”的一个重要组成部分。

信息平台技术是源于湖南现代物流职业技术学院院长文振华同志主持的湖南省十一五重点科技计划项目“基于SOA-BPM组合架构的智能敏捷的第三方物流管理信息技术研究”孵化而成的，于2010年11月投入生产使用。该平台对接了汇通天下等省外平台的车货配载数据，稳定运行5个多月的时间里，平均每天都有20多万条的数据交换量，截至2011年4月25日，数据总交换量已突破1千万次大关，这为湖南省物流公共信息平台的发展提供了坚实的数据保证。湖南物流公共信息平台整体架构如图11-1所示。

思考题：

（1）什么是物流公共信息平台？它对区域性物流业的发展起到怎样的作用？

（2）结合湖南省物流公共信息平台建设的成功经验，你认为作为物流公共信息平台关键技术是什么？

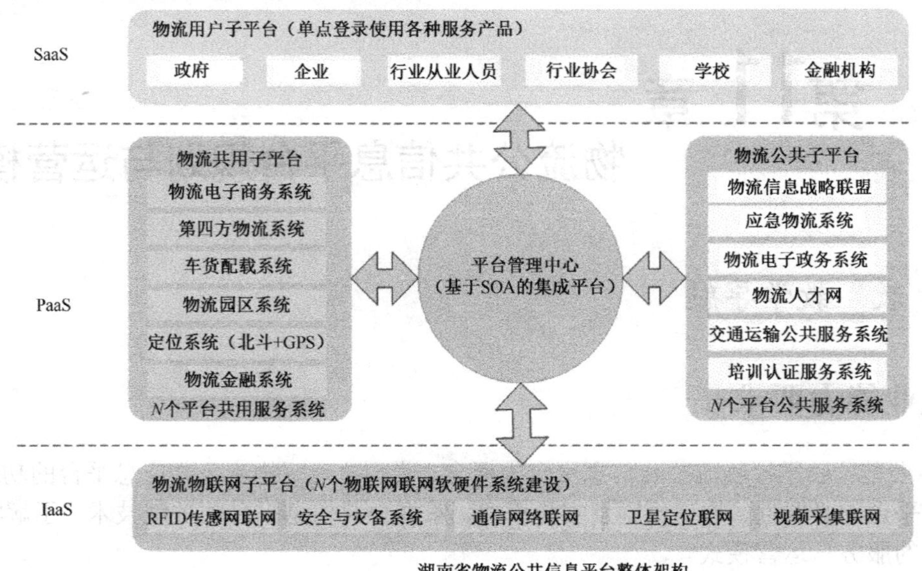

图 11-1　湖南物流公共信息平台整体架构

11.1 物流公共信息平台概述

物流是一个跨行业、多部门、各种运动形式交集的活动，这些活动需要有效而完备的物流信息平台进行信息的交换与共享，以便打破各相关单位、企业之间利益格局造成的业务壁垒，消除各物流系统的"信息孤岛"现象，实现商务流、货物流、资金流、政务流的整合，推动物流过程的透明化，提升物流管理水平，提高物流运作的效率。

由于全球经济的一体化趋势，当前的物流业正向全球化、信息化、一体化发展。在现代物流体系中，信息化是核心，信息化的支撑就是物流公共信息平台。

11.1.1　物流公共信息平台的概念

物流公共信息平台是指采用计算机、网络和通信等现代信息技术构筑虚拟开放的物流网络平台，它是把物流活动中的各方有机联系起来的一个信息系统支撑体系，是信息和通信技术在跨组织物流运作中的一种应用形态，是物流企业及相关部门之间进行信息交互的一种公共架构，目的是改进组织间协调机制，提高物流运作效率。它是一种特殊的跨组织信息系统（Inter-organizational Information Systems，IOS），它对物流各个环节的相关信息进行收集和处理，提供给企业、政府和相关行业，满足他们对信息的需求，支撑企业信息系统的各种功能的实现，同时通过信息支撑政府部门、行业管理与市场规范化管理方面协同工作机制的建立。

11.1.2　物流公共信息平台的现状及发展

1．物流公共信息平台的现状

（1）国内现状

我国物流公共信息平台的建设目前虽然刚处于起步阶段，但我国各级政府非常重视，很多城市和地区正在着手进行物流公共信息平台的规划建设，如广州、厦门、深圳、上海、湖南、江西等地已相继出台《物流公共信息平台建设规划》，并已启动，浙江、四川、山东已经起步，所有省市出台的物流规划纲要都涉及物流公共信息平台，有些省市甚至在进行省际物流公共平台规划。省际共建物流信息平台的建立，将做到物流信息互联互通和信息共享，有利于实现省际、区域间的横向整合，优化资源配置，降低社会物流成本。

近年来，我国各物流企业、物流园区和一些行业开始逐步部署实施信息化，且取得一定成效。企业如中邮物流、中铁特货的汽车物流，吉联空运货代系统等；园区如苏州工业园的综合保税区信息化建设与管理、河南的“八卦来网”公路物流信息系统、湖南全州医药食品的物流港平台等都较为成功。

（2）国外现状

20 世纪 90 年代以来，信息技术的不断提高，互联网与电子商务应用的广泛普及，改变了传统物流由于缺乏信息反馈跟踪只能实施粗放管理的状态，为在全球范围内实现数字化精确管理的高效现代物流提供了技术可能。发达国家的物流公共信息平台一般由信息中间商搭建经营，物流服务商要和客户之间实现供应链一体化，自己没有办法来做这么大的信息平台，因此通过信息中间商来进行这样的服务。例如，美国的 Capstan 公司，通过建立一个公共信息平台，把采购商、供应商、物流服务商、承运人、海关、金融服务等机构都放到上面，通过这个平台，大家来交换数据，完成国际物流服务，服务商通过会员制来提供服务。目前世界上日本、美国和欧洲三大地区的物流信息化最为发达。

2．我国物流公共信息平台的发展

（1）物流规划促进了物流公共信息平台的发展

为了加快物流公共信息平台的建设，《物流业调整和振兴规划》（国发〔2009〕8 号）明确提出：“加快行业物流公共信息平台建设，建立全国性公路运输信息网络和航空货运公共信息系统，以及其他运输与服务方式的信息网络。推动区域物流公共信息平台建设，鼓励城市间物流平台的信息共享。加快构建商务、金融、税务、海关、邮政、检验检疫、交通运输、铁路运输、航空运输和工商管理等政府部门的物流管理与服务公共信息平台，扶持一批物流信息服务企业成长。”规划中将物流公共信息平台工程列为九大重点工程之一，提出：“加快建设有利于信息资源共享的行业和区域物流公共信息平台项目，重点建设电子口岸、综合运输信息平台、物流资源交易平台和大宗商品交易平台。鼓励企业开展信息发布和信息系统外包等服务业务，建设面向中小企业的物流信息服务平台。”

（2）物流公共信息平台与供应链进行融合

物流公共信息平台的长期发展逐步与供应链进行融合，它除了逐步完善市场交易秩序，减小潜在的交易风险外，物流公共信息平台还与供应链管理系统之间逐渐建立起动态的、标准化的集成模式，以便能够从一些“点”需求的服务开始，逐步发展为更高层次、集成化、综合性的服务。

11.1.3　物流公共信息平台的类型

根据物流公共信息平台的应用主体、服务范围、运作方式，物流公共信息平台可划分为行业性物流公共信息平台、区域性物流公共信息平台、省级物流公共信息平台、国家级物流公共信息平台、企业级和园区物流公共信息平台，以及特定物流服务的物流公共信息平台。

1．行业性物流公共信息平台

行业性物流公共信息平台主要用于企业内部及企业供应链上下游之间的信息共享，协调各行业间信息的处理平台，负责提供具有行业特点的物流监管、供求信息，以及相关的商业化开发和增值服务。

2．区域性物流公共信息平台

区域性物流公共信息平台是国家对区域内平台的协调和地方性信息的处理平台，从应用角度来讲，应该与国家级物流信息平台的角色类似，只是范围要小些，但管理上不是由各具体的机构来直接管理，可以考虑由区域内省市联合管理。它的具体功能可以包括以下内容。

1）区域内各省市政府监管的信息。

2）区域内物流需求信息。

3）可以有针对性地建立东北、华北、华南、西北、华东等物流频道，各区域物流频道负责协调相应区域内的物流资源。

4）相关商业化开发和增值服务。

它是区域物流活动的神经中枢，是利用现代计算机技术和通信技术，把物流活动中的供、需双方和运输业者及管理者有机联系起来的一个信息系统支撑体系。

3．省级物流公共信息平台

省级物流公共信息平台是省级政策支撑信息和省物流需求的平台，省级物流公共信息平台负责提供以下信息和服务。

1）省市政府监管的信息。

2）省内各大物流园区和企业用户之间的物流资源和信息，如地方政府的通关信息、口岸信息、企业诚信信息等及跨省市的联运信息。

3）相关商业化开发和增值服务。

4．国家级物流公共信息平台

国家级物流公共信息平台是国家政策支撑信息和国际物流需求的平台，负责提供以下信息。

1）汇集和发布中央级政府监管的信息。

2）国际物流需求信息，可以根据物流量有针对性地建立通往美国、欧洲、澳洲等物流中心频道，以便有效地利用国际物流的海、陆、空通道，协调国际间、国内各区域间的物流资源。

国家级物流公共信息网络处于整个公共物流信息平台的顶层，通过标准接口或网络与国外物流公共信息平台相连，并进行相互间的数据交换；省级物流公共信息平台和行业性物流公共信息平台通过IP通信网络与国家级物流公共信息平台相连，并进行相互间的数据交换。

5．企业级和园区物流公共信息平台

企业级物流公共信息平台为物流主体，即最终客户（货主）、代理、分拨和仓储物流企业，是现代物流公共信息管理系统的终端。

各个物流园区信息平台、加工区物流平台汇集园区内企业集团的物流信息，同省级物流公共信息平台相连，交换信息，提供本园区内企业的仓储、装卸、加工、包装、客户等物流信息。

6．特定物流服务的物流公共信息平台

1）按运输方式分类：全国铁路物流公共信息系统、航空货运公共信息系统、水运公共信息系统、公路运输公共信息平台。

2）按产业分类：钢铁物流、医药物流、农产品物流、家电物流等以及其他运输与服务方式的公共信息平台。

3）按服务对象分类：①公共型，提供单纯的信息服务；②商务型，有业务支撑，以信息服务为手段，提供相关实体物流服务，包括公路货运、国际海运货代等信息平台。

随着电子商务的兴起，这类物流信息平台应用互联网为运输企业和货主提供运输能力与需求的自动匹配与优化，整合供方与需方的信息，以降低交易成本、优化资源配置来获得商机，赢得市场。

11.1.4　物流公共信息平台的功能

物流公共信息平台以其跨行业、跨地域、多学科交叉、技术密集、多方参与、系统扩展性强、开放性好的特点对现代物流的发展构成了有力的支撑。企业使用物流公共信息平台可以利用其庞大的资料库，以及开放性的商务功能实现企业自身的信息交流、发布、业务交易、决策支持等的信息化管理，可以说使用物流公共信息平台是企业信息化的捷径。物流公共信息平台承担供应链管理过程中不同企业间的信息交换枢纽支持，提供车辆跟踪、定位等共享服务功能，提供政府行业管理决策支持等。

确定物流公共信息平台的功能体系，既要考虑成熟的市场支持功能定位，还需考虑培育新业务的功能定位和未来业务支持功能定位，根据用户主体的信息需求情况，物流公共信息平台应具有如下基本功能。

（1）数据交换功能

数据交换功能是物流公共信息平台的核心功能，提供 EDI 的途径，可灵活地配置数据导入导出的方式，支持 TXT 文本、XML 文本和 Excel 等多种文件格式，以便实现电子单证的翻译、转换、通信和存储，完成网上报关、报检、许可证申请、结算、缴（退）税、客户与商家的业务往来等与信息平台连接的用户间的信息交换。在数据交换功能中，还有一项很重要的功能——存证管理功能。存证管理是将用户在信息平台上产生的单证信息加上附加信息，按一定的格式以文件形式保存下来，以备将来发生业务纠纷时查证、举证之用。

（2）信息发布功能

信息发布功能以 Web 站点的形式实现，企业只要通过 Internet 连接到信息网络平台 Web 站点上，就可以获取站点上提供的物流信息。这类信息主要包括水陆运输价格、新闻和公告、政务指南、货源和运力、航班船期、空车配载、铁路车次、适箱货源、联盟会员、职业培训、政策法规等。

（3）会员服务功能

为注册会员提供个性化服务，内容主要包括会员单证管理、会员的货物状态和位置跟踪、交易跟踪、交易统计、会员资信评估等。

（4）在线交易功能

在线交易功能是物流电子商务的功能。平台为供方和需方提供一个虚拟交易市场，双方可发布和查询供需信息，对自己感兴趣的信息可与发布者进一步洽谈，交易系统可为双方进行交易撮合。交易整个过程包括发布与查询、网上在线交易、网上支付。

（5）货物跟踪功能

采用 GPS/GIS 系统、PDA（Personal Digital Assistant，掌上电脑）、手机等跟踪货物的状态和位置。状态和位置数据存放在数据库中，用户可通过 Call Center 或 Web 站点获得跟踪信息，对履行过程进行监控，实现全程可视化，使托运人能掌握货物位置和状态的实时信息，以保证流程的集成性。

（6）库存管理功能

利用物理信息平台对整个供应链进行整合，使库存量能在满足客户服务的条件下达到最低库存量。最低库存量的获得需要大量历史数据的积累和分析，要考虑客户服务水平、库存成本、运输成本等综合因素，最终使成本达到最小。可解决的典型问题包括下轮生产周期应生产的产品数量、补充货物的最佳数量、补充货物的最低库存点（安全库存）。

（7）决策支持功能

建立物流业务的数学模型，帮助分析、比较和选择物流业务运营、战略和策略上的方案。例如，智能配送功能，即进行最优化配送，使配送成本最低，在用户要求的时间内将货物送达，包括路线的选择、配送的发送顺序、配送的车辆类型、客户限制的发送时间。

再如，商业智能（Business Intelligence，BI）通过联机分析处理和数据挖掘等技术更准确地分析这些数据，解决数据爆炸问题，帮助公司确定将来要采取的动作，使商业流程和商业运营变得更加有效，帮助企业保持竞争优势。

（8）金融服务功能

在相关法律法规的建立和网络安全技术的进一步完善后，可通过物流公共信息平台网络实现金融服务，如保险、银行、税务、外汇等。在此类业务中，信息平台起一个信息传递的作用，具体业务在相关部门内部处理，处理结果通过信息平台返回客户。

（9）容灾备份功能

物流公共信息平台作为物流的神经网络管理中心，其安全性极为重要，因此，必须从多方面采取措施，保证物流公共信息平台的安全，特别是数据的安全。物流公共信息平台需要容灾备份的措施，区域性物流公共信息平台，需要异地容灾备份的措施。

（10）综合服务功能

多种功能的集成化、综合化应用，如供应链管理功能、应急物流管理功能等。行业物流信息平台对上下游供应链不断整合，应对快速变化的市场需求，提高服务水平，减小成本所带来的压力，对自己的客户提供第三方物流服务，如物流业务的在线交易、物流的跟踪等。

（11）物流公共信息平台推进供应链可视化管理

第三方物流企业的仓库管理系统、运输管理系统、订单管理系统（Order Management System，OMS）及Call Center与物流公共信息平台进行有机结合，为管理供应链节点（包括报关、商检、工商、税务）提供供应链的可视化管理，一票到底地跟踪查询企业与企业间的数据交换、BPMS（Business Process Management System，业务流程管理系统）流程管理，通过动态物流资源及物流服务任务的可视化管理、应用智能调度管理、任务执行监控管理及服务评估考核管理来进行物流智能化调度执行方案管理，使3PL企业营运成本和总体营运时间减少到最小，有效快捷地制订物流调度计划，使物流调度及时准确、方便快捷。

物流公共信息平台的主要功能如图11-2所示，与供应链的融合如图11-3所示。

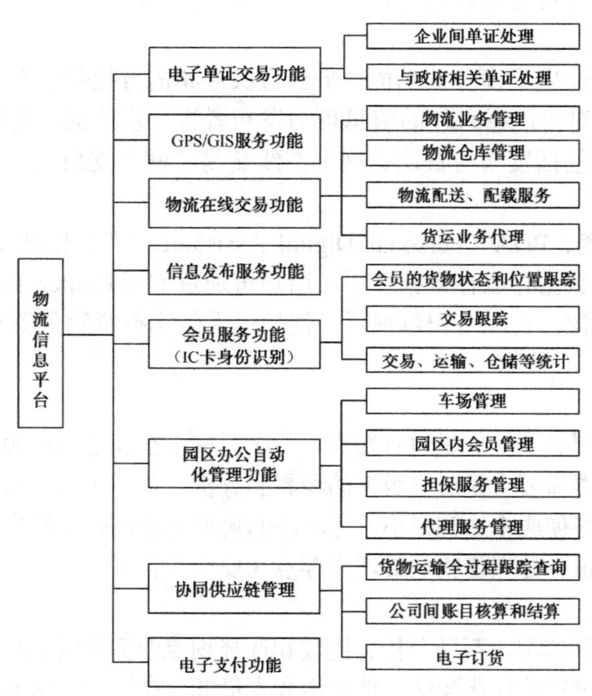

图11-2 物流公共信息平台的主要功能

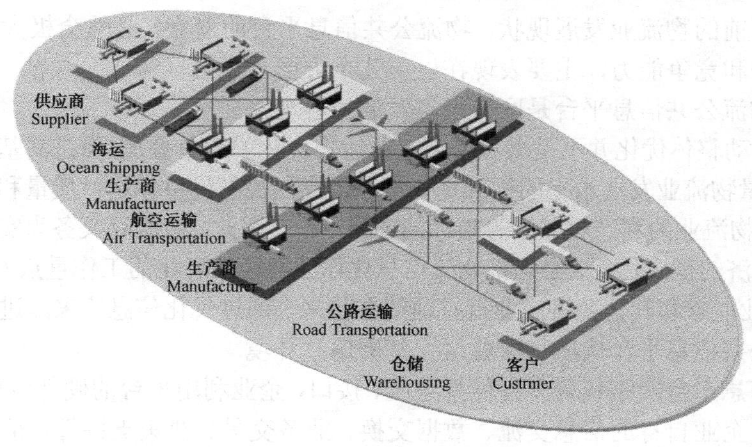

图 11-3　物流公共信息平台与供应链的融合

物流公共信息平台是基于互联网的虚拟供应链，集合了众多的供应间、生产商、仓储、运输、配送等物流服务提供商，突破了时间、空间的限制。物流公共信息平台的建立与成功运转将大大提高我国物流企业的现代化水平。

11.2 物流公共信息平台的构建

11.2.1　物流公共信息平台构建的必要性

物流公共信息平台是能在一定经济区域范围内，连接物流客户（生产制造业、批发企业等）、物流企业（3PL、运输、仓储等）和物流相关部门（交通、海关、税务、工商、海事、银行等）的社会化、开放式、互联公共信息系统。物流公共信息平台的连接对象如图 11-4 所示。

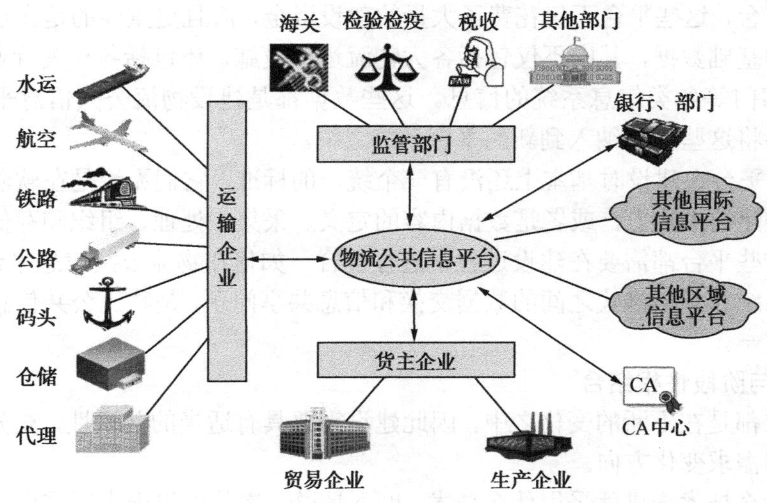

图 11-4　物流公共信息平台的连接对象

针对我国目前的物流业发展现状，物流公共信息平台的建立，必然会极大地改善中国物流企业的利润水平和竞争能力，主要表现在以下几个方面。

（1）构建物流公共信息平台是区域经济发展的客观需要

宏观物流活动整体优化并不是微观物流企业运作优化的简单叠加，而是其基础产业地位和复合产业特点。衡量物流业发展水平的标准是其运作提高国民经济整体运行质量和降低社会流通总成本，而不是对物流业的利产收益率等指标的考核评价，因此，政府有义务为实现这样的物流产业而促进地区经济的健康运行，必须把物流信息化作为社会信息化的工作重点（一个公共信息平台），使物流产业能够和其他经济产业有机地结合起来，通过优化信息流来改进物流业。

（2）物流公共信息平台构成物流业运行基础信息环境

物流公共信息平台网络包含多种信息系统、接口，企业利用平台的硬件设施、数据信息库，安全可靠地实现企业自身的信息交流、数据交换、业务交易、决策支持等，信息化物流系统通过与公共物流信息网络连接，可以支持货物运送的准货物与车辆跟踪实时性，提高交货的可靠性和对用户需求的响应性。

（3）物流公共信息平台是政府宏观物流调控的重要手段

物流业点多面广，内容丰富，政府相关部门的传统宏观调控由于难以反映物流运行的真实情况，因而难以发挥其应有管理作用和实现政策层面的有效支持、规范，这是我国物流业长期在低层次徘徊不前的重要原因。引入公共物流信息平台机制以后，通过对物流业运行基本数据实时和准确掌握、统计、分析，电子物流交易市场的规范、引导和监督，构建信息平台直接支持企业发展和体现政策导向，建立健全物流相关法律法规，在物流市场竞争机制完善的基础上，宏观物流管理的效果可以大大改观，真正落实了市场条件下的政府职能。

11.2.2 物流公共信息平台的构建原则

物流公共信息平台的建设是一个非常大的系统工程，需要建设相当多的新的子系统，并将原来已经建设的各行各业相关的系统统一进来。为了保证整个平台性能最优化、功能最优化、效益最大化，需要对各种因素进行权衡考虑，并遵照一定的原则进行建设。

1．积极建设与充分整合相结合

作为一个物流公共信息平台，需要的是各相关企事业单位的共同参与，然而我们知道，目前有许多企业都已经建立起了自己的物流平台和电子商务平台，各级政府部门也大多建立了自己的电子政务平台，这些平台不仅花费了大量的建设资金，而且更重要的是在这些平台上也已经汇集了大量的基础数据，其中不仅包括各大物流运作设施，还包括各相关行业、各类物流企业和政府相关部门等各类信息系统的信息。这些数据都是建设物流公共信息平台所必需的内容，因此必须要将这些数据纳入到新的平台系统之中。

但是，这些平台在建设时基本上还没有一个统一的标准，它们无论是在软硬件平台的结构上，还是系统构建的模式上，或者是数据内容的定义、采集、处理、组织和存储格式上，都不尽相同，因此这些平台都需要在建设过程中进行整合。如何在物流公共信息平台建设过程中，解决这些异构系统和异构格式之间的数据交换和信息共享问题，是物流公共信息平台建设所必须面对的问题之一。

2．前瞻性与阶段性相结合

技术和需求都是在不断的变化之中，因此建设需要具有适当的前瞻性，充分考虑到未来的技术发展方向和需求变化方向。

这并不是什么技术先进就采用什么技术，也不是说一次就能将未来所需要的所有功能都建设完备，因为技术和需求变化是永无止境的，而我们不可能无限地等下去，这就要求我们在建设平台时要有一定的阶段性，每个阶段的建设满足一定的功能和性能需求，并具有适度的超前性，然后投入试运行。也就是说，物流信息平台应用系统的功能开发需要总体规划、分步实施，本着基础性功能优先开发的原则，对物流信息化普及具有推动意义、需求迫切的功能应优先在短期内完成。如果试运行时系统能够稳定运行，就可以投入正式使用。在实际应用过程中，如果出现了新的技术和功能需求，可以逐步地加以补充和完善，这样，既可以保证系统能够快速建设、稳定运营，又可以保证系统的先进性。

3．标准化与可扩展性相结合

在系统建设时，各种异构系统和数据如果不能转换为统一的形式，就会给系统和数据互通造成麻烦，因此，要尽量统一系统和数据的形式。

在物流产业发展过程中，3PL（甚至是 4PL）也已经逐步发展起来，系统设计和建设时要充分考虑到这些发展情况，为将来的发展预先留好接口和数据字段，使系统在一定阶段内都能够适应物流的发展需要。

4．先进性与安全性相结合

为了保证物流公共信息平台的高效性，需要采用各种各样的新技术，但新技术往往有一个弱点，那就是安全性还不完善。物流信息平台承载着各种各样的物流基础数据信息和物流交易信息，这些信息有些具有相当的重要意义。因此，既然物流公共信息平台直接服务于众多物流企业，必须要承载大量生产经济数据，那么就要在采用先进技术的同时也要保证系统运行时的稳定与安全。

11.2.3　物流公共信息平台的实施模式和方法

物流业是一个复合型产业，物流信息化单靠一个部门很难抓好，要按照“政府牵头，协会参与，企业承办，市场运作”的模式实施，充分发挥现代物流业工作领导小组的作用，由物流协会或高等院校牵头，组织相关单位设计和论证物流信息化建设方案和经营管理方案。

1．物流公共信息平台的实施模式

（1）项目推动模式

目前，我国的物流企业还处于刚刚起步阶段，在建设这样大的全国性或区域性的物流公共信息平台方面，除了没有建设经验之外，主要还是经济实力不足，因此，有必要由国家投入一部分引导资金，通过项目建设方式投入到某个或某几个企业（企业联盟）之中，从而推动全国性物流平台建设的发展。为了有效落实建设方案，确保按照建设要求及进度推动项目进行，应成立项目执行小组具体负责项目进度，政府主管部门负责领导协调，做到目标导向，责权分明，任务落实。要定期召开项目组会议，讨论项目进展情况，及时纠偏，为物流公共信息平台的全面建设积累经验。

（2）专家指导模式

物流公共信息平台不是一项简单的技术开发工作，还涉及物流产业流程等许多方面，因此有必要成立一个由政府、电信、电子、银行、海关、国检、船代、货代、港务等相关部门的业务及技术专家组成的专家组，并由专家组进行物流公共信息平台的规划、方案论证、技术及业务指导，并对建设过程进行监督等，这样才能保证平台建设流程的合理性、功能的完备性、技术的先进性和系统的安全性。

2．物流公共信息平台实施方法

（1）总体规划，分步开发，逐步递进

优先构筑物流公共信息基础平台，推动政府相关系统及企业信息系统加入平台，以各地物流中心、物流园区为基础，通过政府引导、推动和市场运作，根据我国物流的特点开发出实用型的平台。因为各地区发展不平衡，要因地制宜，结合各地实际，发展区域性的物流公共信息服务平台，在形成区域性的物流信息平台基础上，经过二次整合，形成全国性的统一平台。

（2）注重流程规范化

物流公共信息平台的建设涉及政府、各行业主管部门和企业等各个环节对内对外的各种业务流程，这些环节对统一业务处理流程困难很大，将这些流程直接利用电子手段固化下来是不可能的事情，因此，有必要对各个环节的业务流程进行规范化。

规范化需要对传统业务流程进行改造，不可避免地影响到相关业务主体部门或单位的原有利益，如何平衡各方面的利益，使物流信息平台建设顺利有效地开展起来，是我们需要直接面对的问题。

11.2.4 物流公共信息平台的关键技术

1．数据自动采集与存储

对于大量共用信息进行组织处理，确保信息流正确、及时、高效、畅通是构筑物流公共信息平台成败的关键因素。各类信息的组织和存储将应用计算机数据库技术、数据挖掘技术和数据存储与管理技术等。

2．数据及系统的安全维护

物流公共信息平台是一个开放式的信息平台，为防止客户的误操作及黑客的攻击，平台的程序接口采用密码加密技术、密钥管理技术、数字签名技术、电子水印技术、防火墙技术等，平台的数据层采用数据库实时备份技术及双机热备份技术等，以确保系统具有良好的安全性、稳定性和可靠性。

3．数据通信与交互

物流公共信息平台需要各种通信技术和网络的支持，如PSDN、DDN、综合业务网、数字移动通信网，以及广域网、局域网和增值网等。通过这些网络来完成EDI通信（远程登录和文件传送等），应用CORBA技术、开放EDI技术和Internet EDI技术可满足信息共享和信息交互要求，并确保通信网络具有良好的开放性和扩展性。

4．信息标准化

物流信息标准化是现代物流业走向规模化、全球化的基础。在物流公共信息平台数据结构设计中，所有信息均服从物流信息分类编码标准体系及EDI相关代码标准体系。物流信息分类编码标准体系分为基础标准、业务标准和相关标准，如EDI应用与商业贸易和政府审批（如报关）、GPS的动态实时跟踪和导航的工具系统等。

11.3 物流公共信息平台的体系结构与层次结构

11.3.1 物流公共信息平台的体系结构

1．物流公共信息平台的体系结构参考模型

物流公共信息平台是以服务现代物流业为目的，以税务、交通、银行、海关等行业信息为支撑的3层体系架构。公共信息平台整体上相对独立，各层架构相互提供信息和数据交换服务，不同平台之间通过统一、规范的接口进行数据交换。

1）第一层：平台基础层，即数据标准化整合和数据交换层。

这是物流公共信息平台的核心，它明确了整个平台的技术标准和规范，包括信息规范、编码规则、安全标准等，并且对各种数据的收集、整理、标准化、存储等，通过相关技术得以实现。

2）第二层：服务支持层。

以第一层数据交换层为基础，充分利用平台所获得的原始数据，经数据挖掘和标准化整合，提供物流业的运载工具调度的智能化管理、联系运路的成本优化与智能选择、货况跟踪、异常货况的管理，以及区域物流供需分析。

3）第三层：应用扩展层，也是用户层。

为整个平台的用户提供沟通界面，帮助使用此平台第二层所提供的增值服务功能。用户有制造企业、物流企业、流通企业和政府用户。

物流公共信息平台参考模型如图 11-5 所示。

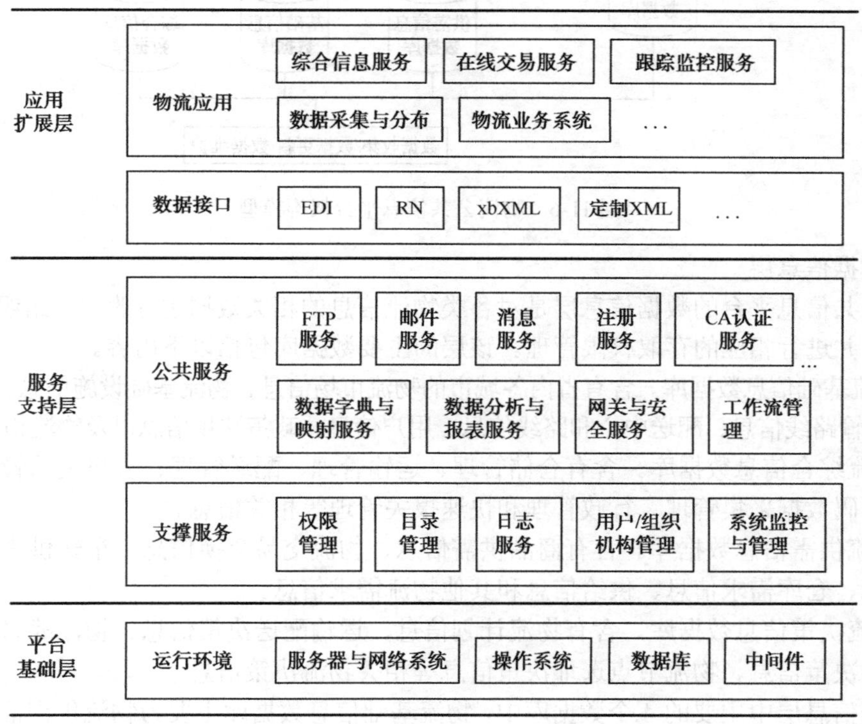

图 11-5　物流公共信息平台参考模型

2．物流公共信息平台的体系结构层次

物流公共信息平台应实现的应用体系结构从纵向分为 4 个层面：国家级、省级、地市级和园区企业级。

横向联系主要侧重于同一层面上的各级政府机关和业务系统之间的行政管理和协作；纵向联系各政府职能部门分别经各自的物流公共信息平台系统互通互联，侧重于同一职能的各级政府部门和业务系统之间的业务处理。

物流公共信息平台体系结构按物流信息的流向由两个层次构成：底层是政府的公共服务或监管平台，是为有关政府部门的行政职能服务的，主要依靠国家财政性投资完成，如铁道运输管理信息系统；顶层是物流枢纽的公共信息平台和各种商业性物流信息平台，商业性物流信息平台是由企业建设、进行商业化运作的物流信息平台，包括各种行业性、功能性物流信息平台。

3．物流公共信息平台架构模型

物流公共信息平台架构模型如图 11-6 所示。

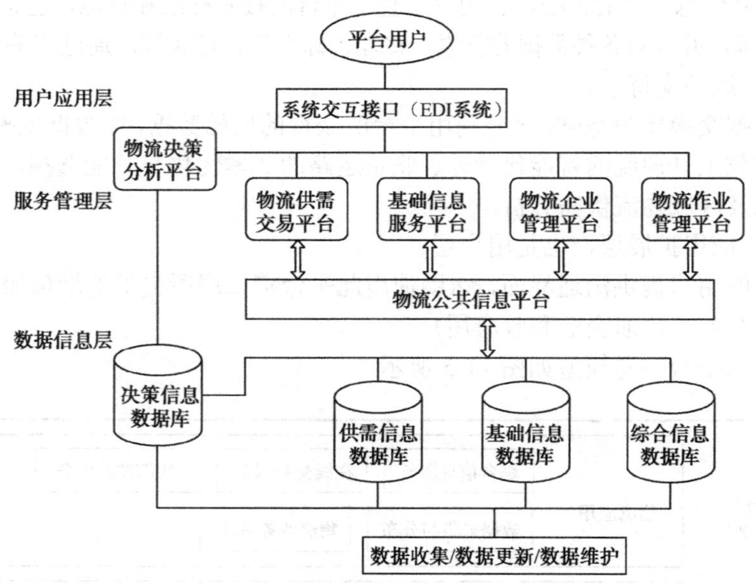

图 11-6　物流公共信息平台架构模型

（1）数据信息层

物流公共信息平台的数据信息层是对各类物流信息的相关数据进行收集、组织、存储、更新和维护，并进行相应的存取权限管理。该层的主要数据库包括以下内容。

1）物流基础信息数据库。含有省内各城市的物流市场信息、物流基础设施信息、物流企业基本信息、运输路线信息、配送中心和路线信息、用户信息、政策法规信息以及物流相关信息等。

2）物流综合信息数据库。含有仓储管理、运输管理、配送管理、客户关系管理、供应商管理、条形码数据采集管理、行政管理和快速报关管理等相关信息。

3）物流供需信息数据库。含有商品供需信息、物流交易交换信息、车辆供需信息、原材料需求信息、仓库需求信息、供给信息和其他物流需求信息。

4）物流决策信息数据库。含有物流计划信息、运输配送决策信息、物流战略决策信息、供应商选择决策信息、物流节点选址决策信息等相关物流决策信息。

在数据信息层中主要的 4 个数据库中，物流基础信息数据库主要为物流供需信息数据库和物流综合管理数据库提供数据信息共享，而这 3 个数据库都同时为物流决策信息数据库提供有用的决策信息数据。所有数据库都会定时地进行数据收集、更新和维护工作，以提高物流信息平台的工作效率。

（2）服务管理层

物流公共信息平台的服务管理层是基于数据信息层上的物流服务信息应用平台，这两层之间是以物流共用信息平台为接口，运用 Internet 技术和 EDI 系统而实现的。该层主要包括物流基础信息服务平台、物流作业管理平台、物流企业管理平台、物流供需交易平台和物流决策分析平台。平台用户通过 Internet 连接到相应信息平台的 Web 站点便可以得到相应的物流服务。

1）物流基础信息平台。提供给平台用户有关各类物流信息的查询、共享、交互使用等服务。例如，①流程查询：查询有关物流作业的流程状态。②库存查询：查询有关的库存状况，以便及时补充库存。③实时跟踪：通过 GPS 和 GIS 查询有关货物的实时地理位置情况。④咨询服务：在线解答平台用户有关物流活动中的疑问。⑤定制查询：根据平台用户要求选择查询内容。

2）物流供需交易平台给物流供需双方提供快捷、方便、规范、安全的交易方式，如网上下单，客户可以直接通过信息平台向所需服务对各类订单进行操作；实时查询，客户可以在网上查询库存、运输、订单处理的实时情况；信息反馈，客户通过平台随时提出对物流服务的相关建议和投诉；网上交易，各类型物流服务项目的在线查询、订货、交易和电子签约，数据交换，通过 EDI 系统实现各类信息系统间的数据交换，项目招标，通过网上电子招标的形式获得最佳的供应商。

3）物流作业管理平台。为省内各城市和各物流园区内及其他相关的物流企业提供多种物流作业过程的现代化管理手段，如仓储管理系统、配送管理系统、运输管理系统、车辆跟踪系统、报关系统、采购管理系统、客户关系管理系统等。

4）物流企业管理平台。对省内各城市和各物流中心内及其他相关的物流企业实现计算机信息化管理，如企业资源计划管理系统、行政管理系统、财务管理系统、销售管理系统、统计结算管理系统等。

5）物流决策分析平台。对收集的商流、物流、资金流和信息流所产生的信息加以科学地利用，运用运筹学、数学等相关知识建立起一定的物流模型，通过数据库技术、数据挖掘工具对历史数据进行多角度的分析，从而为物流活动中存在的各种相关决策活动提供决策支持，如供应商决策支持系统、运输决策支持系统、物流节点选址决策支持系统等。

（3）用户应用层

物流信息平台面向的是各种类型的物流企业，系统平台采用身份认证的方式在系统平台中进行层次划分，提供不同层次的系统交互接口和通信服务机制，支持与其他相关系统的数据交换和功能调用，从而使平台具有一定的可扩展性。平台也实施相关的系统安全防护措施，保证网络、相关数据库和各类应用系统的安全。平台用户可以很方便地通过 Internet 连接到各目的信息平台站点，从而获得相关平台的共享信息，通过电子商务技术进行相关的物流业务操作，从而提高了其处理效率。

4．物流公共信息平台的实现

物流公共信息平台的实现主要依靠 Internet 和 Web 技术，平台宜采用 Browser/Web Server 结构模式，Web Server 的后台由 DB（Data Base，数据库）提供数据支持。该模式如图 11-7 所示。

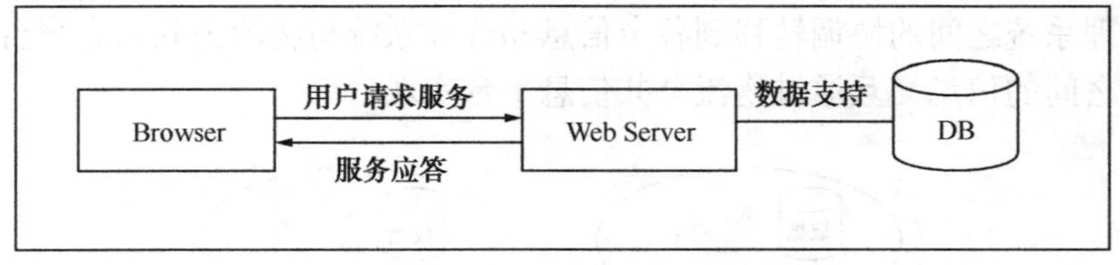

图 11-7　物流公共信息平台架构模型

该结构有利于实现物流公共信息平台系统的开放型、易操作性、界面的友好性、可靠性和安全性等特点，为平台用户提供了统一的友好的操作界面；该结构采用基于 Java 或 Asp 等 Web 技术和大型数据库（如 Oracle）来实现，数据存取采用 EDI 技术。由于该平台是基于互联网的，因此应采用一定的网络安全技术来保证其系统的安全性，如安全套接层协议（Security Socket Layer，SSL）、网络防火墙、数据加密、数字签名等技术。

5．物流公共信息平台的互连

物流公共信息平台涉及多主体、多部门，如何保证信息流正确、及时、高效、通畅是保证物流大系统高效运行的关键。基于目前的网络构建模式，物流公共信息平台中多系统互连可以采用互通式连接、基于 C/S 网络结构和多级式网络结构等 3 种形式。

（1）互通式连接

互通式多系统连接示意如图 11-8 所示。图中任何一个纳入物流公共信息平台的信息系统（或平台）都要与其他信息系统（或平台）实现信息和数据交换，需要分别同其他每一个信息系统之间协调数据源接口、相互间访问的数据种类、数据传送的协议等。这种连接方式具有多信息系统之间信息的获取、交换与处理实时性强、连通度高的特点。由于各个企业和政府部门已有的物流信息系统分别是由不同企业和部门为自身出发提出和建设的，系统实现的目标和功能具有较大的差异性和局限性。因此，将不同信息系统涉及的各类有用信息进行数据融合与资源共享，将使得信息协调、数据访问等工作量异常巨大，而且，用这种方式架构一个完善的物流系统平台总体结构也存在很多问题，对于这种类型的多系统互连，只适合数量较少而且类型相似的几个系统之间进行，而物流公共信息平台涉及众多的企业和不同的部门，不易将这种类型的连接模式作为物流公共信息平台的网络架构模式。

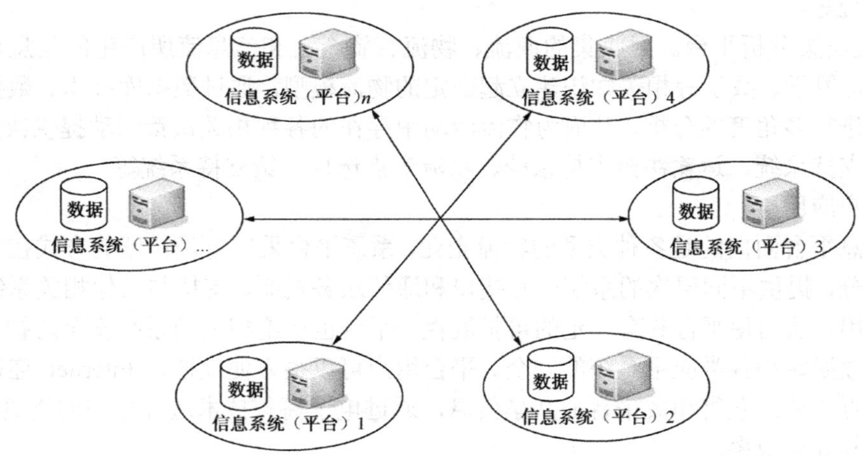

图 11-8　物流公共信息平台互通式连接方式

（2）C/S 网络形式

C/S（Client/Server，客户端/服务器）网络多信息系统连接如图 11-9 所示。C/S 网络形式将各个信息和管理系统之间的协调转移到各个信息和管理系统与物流公共信息平台之间。各个信息和管理系统之间的信息交互通过物流公共信息平台实现。

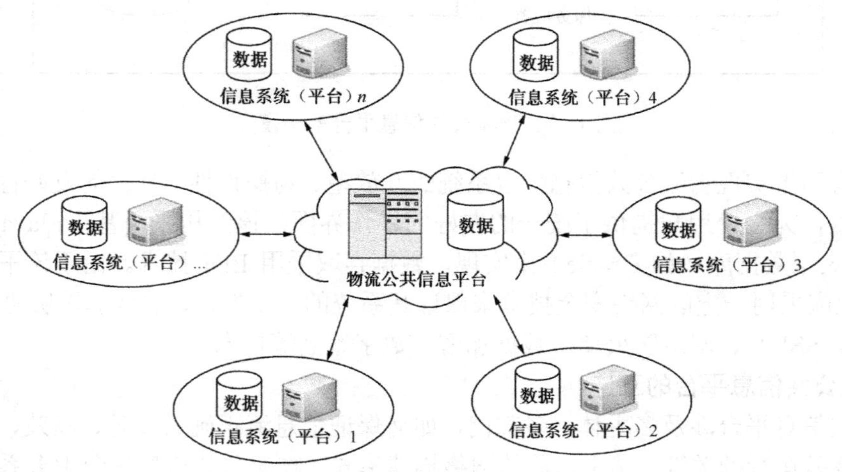

图 11-9　物流公共信息平台 C/S 网络多信息系统连接方式

（3）多级式网络形式

多级式网络连接形式适用于物流公共信息平台纵向体系结构。为了减轻物流公共信息平台中心服务系统负荷度，同时适应物流公共信息平台的纵向层次结构，增强各层系统之间数据访问的实时性，可按区域不同构建多级式网络形式，如图 11-10 所示。多级式网络形式较适合我国国家级物流公共信息平台的架构，但是，其结构形式宏观复杂，需从底层开始物流信息平台的建设，并且需要解决架构过程中存在的许多关键技术。

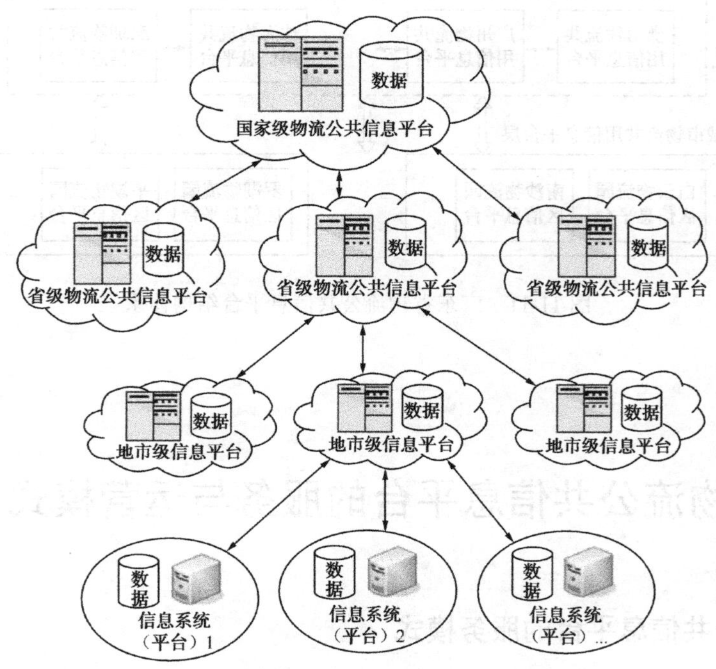

图 11-10　物流公共信息平台多级式网络连接形式

11.3.2　物流公共信息平台的体系结构典型案例

广东省物流信息平台要协调全省各大物流枢纽城市、物流园区、物流企业及各综合物流管理中心，还要和全国物流枢纽城市的物流信息进行交换、共享。因此，从全局角度出发，广东省物流公共信息平台结构体系采用层次结构模式，即省级物流共用信息平台层次、省内城市共用信息平台层次和城市物流共用信息平台层次。具体情况如图 11-11 所示。该物流公共信息平台的体系结构主要从系统的整体性观点出发提出了广东省物流信息平台的整体设计方案，其特点主要有以下几点。

1）各信息平台层之间的信息主要以垂直方向上的交流为主，使信息交流更方便、直接。

2）城市共用信息平台层中的各城市物流共用信息平台可以不尽相同，充分体现各城市的地方特色，发挥地方优势，在规划设计上具有很大的发展潜力空间。

3）城市共用信息平台层中的城市物流共用信息平台的可扩充性、可交互性较强。城市之间的信息平台是通过 Internet 连接的，信息交互比较容易，过 EDI 系统增加一个或多个城市共用信息平台接入广东省物流共用信息平台相对来说是比较容易的。

4）城市物流园区信息平台层中的各园区共用信息平台具有一定的独立性，有利于其发挥个性化设计，透过城市物流共用信息平台能全面、方便地掌握各物流园区及其园区内各物流企业的物流信息。

5）为省内各物流园区、物流企业、平台客户之间实现信息共享和信息交流提供了技术支持、环境支撑，为最大限度地发展广东省物流的数字化、信息化提供了条件保障。

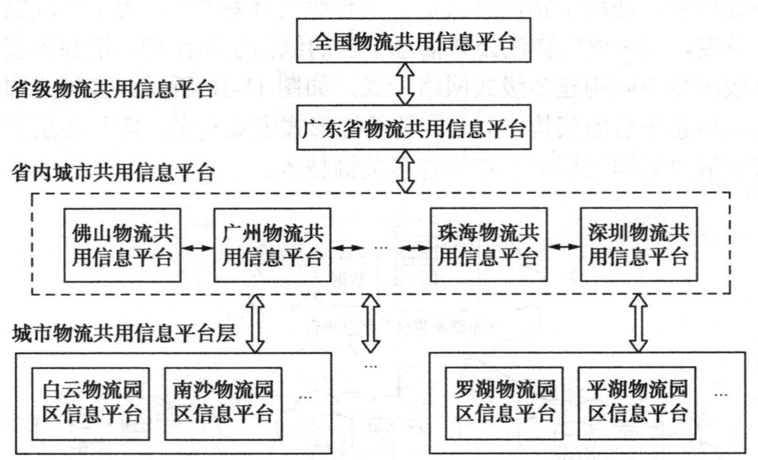

图 11-11　广东省物流公共信息平台结构体系

11.4 物流公共信息平台的服务与运营模式

11.4.1　物流公共信息平台的服务模式

按照物流服务的复杂程度和技术实现的难度，物流公共信息平台的服务模式可以分为 3 种类型：信息资源共享、物流服务交易、价值链集成。

1. 信息资源共享

信息资源共享是物流公共信息平台最基本的服务模式，信息资源共享并不仅仅是简单的信息发布（单一信息中介模式）。信息资源共享包括两个方面的含义：一是运营协调，供应链成员（物流服务需求方）与物流服务提供商之间面向运营层物流活动的协调；二是竞合联盟，物流服务价值链中执行相同活动（物流服务提供商）的角色间通过资源集聚来发展面向柔性的协作，其目的是为了通过共享资源、分散风险或分担成本，结成一个联盟和大公司竞争或者开拓市场。

2. 物流服务交易

物流服务交易是物流公共信息平台的主要服务模式。随着电子商务的发展，越来越多的非标准化产品和服务开始基于网络进行交易。在物流服务市场领域，货物运输服务、仓储服务等事务性服务的电子化交易开展最早。物流服务交易成功的因素主要包括市场定位、系统集成和管理制度。

3. 价值链集成

价值链集成是物流公共信息平台高层次的增值服务模式。物流服务价值链上下游企业之间开展的基于能力互补、面向柔性的协作，称为价值链集成。物流公共信息平台把 4PL 流、3PL、货运、仓储、配送和流通加工企业通过统一的平台整合到一起，以构建完整的物流服务价值链，参与更高层次供应链物流外包服务。

除了传统的企业并购和战略伙伴关系外，基于网络构建核心能力互补的虚拟企业，也是摆脱企业资源限制，快速扩展企业核心能力的一种解决方案。这种应用能允许这些公司超越其本身所拥有资源的限制扩展商业能力，从而扩充了它的虚拟资源，其目的在于通过优势互补占领市场。

除此之外，物流公共信息平台还是物流服务价值链成员与客户之间进行协调活动的信息沟通渠道，能为物流服务价值链的运作提供一个基于行业最佳实践的总体流程模型的模板，各成员可基于一定的模板建立物流服务价值链的特定的流程实例，各成员按照其在流程实例中的角色，基于相匹配的工作流模板来调整或开发其内部工作流，并与整体流程实现对接。

11.4.2　物流公共信息平台的规划运营模式

物流公共信息平台的规划运营模式根据投资主体、运营机制和作业方式的不同，可以分成政府模式、企业模式、协同模式 3 种。

1．政府模式

政府模式即物流公共信息平台的规划、建设和运营维护都由国家直接负责。政府主导的力量很强，但这种模式存在很多弊端，如容易造成与市场结合的紧密度不够、需要国家长期投入等。

2．企业模式

企业模式即信息平台的投资建设及运营完全由企业自己负责。企业自主经营在市场运作方面比较灵活，但企业行为有一定的局限性，整体规划性不强，难以实现预期规模。从我国目前的现状看，单纯地由政府为投资主体进行投资不太现实，而单纯地依靠企业投融资也是非常困难的。

3．协同模式

协同模式即政府和企业共同出资的规划运营模式。它集前两种模式的优势于一身，又避免了它们的不利之处，在实际规划建设中，又可分为“自上而下”和“自下而上”两种协同模式。

（1）“自上而下”的协同模式

由于区域性物流公用信息平台资金压力大，投资回收缓慢，因此，采用“自上而下”的协同模式，初期由政府以股份制的形式首先注入部分初始启动资金，牵头负责规划、协调，引导和吸引企业同样以股份制的形式注入资金，并行使宏观调控职能，负责指导物流公共信息平台共享信息服务价格的制定和市场引导政策的出台。后期，入股企业逐渐成为物流公共信息平台的运作主体，根据相关政策和行业协会制度，引入行业准入机制和会员制等管理运营方式。“自上而下”的协同模式如图 11-12 所示。

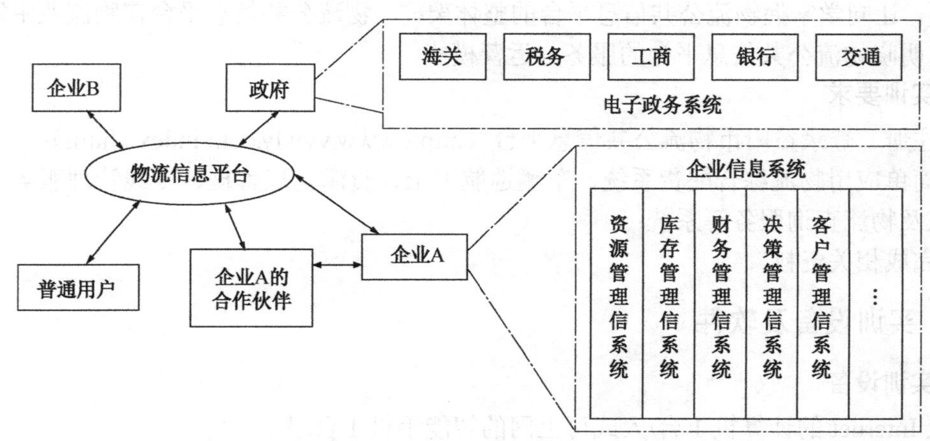

图 11-12　物流公共信息平台“自上而下”的协同模式

物流信息平台在大量应用系统投入使用后，平台运营主体按照“谁受益，谁付费”的原则，出台使用平台的相关服务费用标准，按照市场化运作，实现平台的良性发展。随着建设运营主体依靠高效、优质的物流信息服务实现自我积累和自我发展，这时政府（信息产业厅、发改委等）主要履行监督职能，实现平台的良性发展，防止平台经营主体在利益的驱使下丧失公用信息平台的公平性。物流企业组织成员，也是物流信息平台的会员单位，依靠物流信息平台，加强业务协作，提高区域物流竞争力。

（2）“自下而上”的协同模式

以企业为主导的“自下而上”的协同模式是先有市场自发形成，或企业主动发起并逐步整合各物流信息系统的资源，完成各系统之间的数据交换，再由政府引导和支持，承担信息系统中公用信息的中转功能，满足不同客户的信息需求，提高物流系统的效率，实现信息共享。“自下而上”的协同模式具有很强的市场操作特征，带有明显的营利性质。这种运作模式符合我国目前的国情和物流行业的现状，可以根据资金状况，分阶段逐步规划实施。湖北武汉徐东经济圈物流信息化建设，基本遵循了“自下而上”的协同模式。

物流公共信息平台宜采用“政府推动，市场运作”的运营方式，政府行业主管部门负责物流信息传递的软环境，包括相关政策法规、业务流程、技术标准（包括物流术语标准、商品编码标准、表格与单证标准、信息交换标准等）的配套实施，以及信息服务价格的制定，物流企业作为运营主体，设计营运模式，通过政府相关的政策和行业协会制度的制约，引入行业准入机制和会员管理方式，对加入信息平台的会员企业可收取会费、用户服务费、租赁费、广告费等方式进行市场运作的自主经营，提供有偿服务。

11.5 物流公共信息平台实训

11.5.1 实训目的及要求

1. 实训目的

通过注册、登录益阳市物流公共信息平台（http://www.yywly.com/index.xhtml）并进行相关系统应用，让同学掌握物流公共信息平台的整体架构，物流公共信息平台在物流业中发挥的主要功能，明晓物流公共信息平台的服务与运营模式。

2. 实训要求

1）注册、登录益阳市物流公共信息平台（http://www.yywly.com/index.xhtml）；

2）简单应用物流综合配货系统、车辆巡航卫士、货源管理管理、专线管理服务、企业平台服务以及物流查询服务等系统；

3）完成相关资料。

11.5.2 实训设备及软件

1. 实训设备

可上 Internet 的计算机 1 台/人或可上网的智能手机 1 台/人。

2．软件环境

1）学生 PC 需要 Windows XP 系统以上操作系统、IE5.0 以上浏览器。

2）下载"手机 App 综合配货系统"等相关系统。

3）Internet 接入环境。

11.5.3 实训任务

实训任务如表 11-1 所示。

表 11-1 物流公共信息平台实训任务

任务编号	11
任务名称	物流公共信息平台实训
任务内容	在益阳市物流公共信息平台（http://www.yywly.com/index.xhtml）进行注册、登录，通过简单应用物流综合配货系统、车辆巡航卫士、货源管理管理、专线管理服务、企业平台服务以及物流查询服务等系统，完成相关任务
提交资料	1．完成"湖南省物流公共信息平台"、"益阳市物流公共信息平台"、"江苏天赋力现代物流公共信息平台"主要功能图 2．完成"物流综合配货系统"的流程图 3． 实训报告
相关网站资料	1．湖南省物流公共信息平台：http://www.hnwlpt.net/index.xhtml/ 2．益阳市物流公共信息平台：http://www.yywly.com/index.xhtml 3．江苏天赋力现代物流公共信息平台：http://www.tfl56.com/
思考问题	1．"湖南省物流公共信息平台"与"江苏天赋力现代物流公共信息平台"属于哪一类物流公共信息平台 2．"湖南省物流公共信息平台"与"益阳市物流公共信息平台"存在哪些共性 3．"湖南省物流公共信息平台"与"江苏天赋力现代物流公共信息平台"在功能上有哪些异同 4．"江苏天赋力现代物流公共信息平台"在区域性物流中起到什么作用

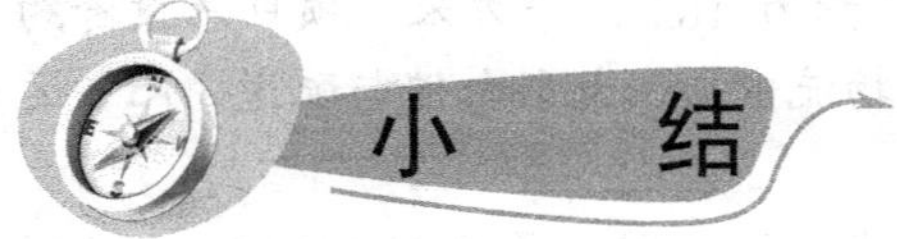

本章介绍了物流公共信息平台的概念，分析了我国物流公共信息平台的现状与发展，物流公共信息平台的类型、主要功能，物流公共信息平台的构建的必要性及构建原则，物流公共信息平台关键技术，分析了物流公共信息平台的体系结构与层次结构，物流公共信息平台的服务与运营模式等内容。

1．请简述物流公共信息平台的类型。

2．请简述物流公共信息平台的主要功能及关键技术。

3．请简述物流公共信息平台的体系结构与层次结构。

4．请简述物流公共信息平台的服务与运营模式。

第12章 智慧物流园区信息化规划与建设

导教　教学导航

职业能力要求

■ 专业能力：掌握物流园区的基本概念、分类、功能及特点，理解现代物流建设规划的必要性及规划的基本内容，掌握智慧型物流园区信息化建设目标与战略规划内容，能对现有的智慧物流园区进行技术分析。

学习目标

■ 掌握物流园区的定义；
■ 熟悉物流园区规划的基本知识；
■ 掌握智慧物流园区信息化建设方案。

导读 12-1　建设智能物流园，打造智慧供应链

江苏天赋力现代综合物流园位于“据苏中南北之枢纽，扼江海平原之咽喉”的江苏省海安县，项目总规划用地 4000 亩（1 亩≈666.67m^2），总建筑面积为 183 万平方米，项目总投资约 40 亿元。主要建设有物流信息中心、物流金融中心、专线物流中心、大型仓储与配送中心、运输专线中央仓、司机服务中心和配套商铺服务区等。

以公路、铁路、运河运输网络为支撑，对话全国、连通世界。园区通过 328 国道、204 国道连接沈海高速公路（沿海高速公路），启扬高速公路及规划建设中的盐通、海溧高速公路，与全国紧密相连；园区规划建设的铁路专用线贯通新长、宁启铁路，使园区与各地相通。同时规划中还包括建设 2000m 长的运河码头，300~1000 吨泊位 10~20 个，年吞吐能力达 700 万吨。“公、铁、水无缝对接，一体化多式联运”，使园区沟通国内，走向国际。

以资源整合为手段，打造智能化物流园区。园区有效整合各类相关社会资源，打造以公、铁、水物流为核心，以物流信息化、物流金融、物流电子商务和物流园区经营管理为主要服务内容的高起点的“开放性商贸物流交易平台+物流金融平台+电子商务服务平台+物流综合配套服务平台”，并形成整体功能齐全，可提供一站式综合服务和功能化、模块化运作的新型“第四方现代综合物流园区”。

以现代信息技术为依托，提供智慧供应链服务。园区将依托先进的信息技术及管理系统，为供应链各企业用户提供包括仓储联盟、运输联盟、共同配送、流通加工、信息服务及相关的物流增值服务内容等，为行业代表企业提供从采购物流到分销、逆向物流等物流一体化服务。

江苏天赋力现代综合物流园将通过物流与商流、信息流、资金流的有机融合，通过持续的系统完善、功能提升和配套优化，打破物流业行业和区域壁垒，以网络化、信息化、一体化的现代综合物流服务功能实现“智能物流园，智慧供应链”的美好蓝图。

思考题：

（1）江苏天赋力现代综合物流园是如何打造智慧供应链的？

（2）智能物流园在区域经济中发挥什么作用？

12.1 物流园区基本知识

12.1.1 物流园区的基本概念

1. 物流园区的概念

目前对于物流园区的概念，国内外没有明确和统一的定义。在德国物流园区被称为“货运村”，而在日本则被称为“物流团地”。另外，我国的众多学者通过不同角度的研究也对物流园区的概念进行了界定，有的学者称之为“物流基地”，还有的称之为“物流中心”。物流园区是融金融、交通及物流企业为一体的，并且从事大规模物流活动的一个物流结点，它是各种不同的物流设施及不同类型物流企业在空间上的一个集中布局的场所。

2. 我国物流园区发展现状

中华人民共和国发展和改革委员会和中国物流与采购联合会共组织了两次全国性的物流园区调查，并形成了《第二次全国物流园区（基地）调查报告》（以下简称《调查报告》）。《调查报告》对我国物流园区发展的基本评价如下。第一，总量大，地域差别明显。东部、南部及北部三大沿海经济区的物流园区总量为 260 个，占全国总量的 54.7%。而且，运营效果相对较好的物流园区主要集中在三大沿海经济区域。第二，运营的部分物流园区正在产生明显的经济和社会效益。一是有利于促进区域经济发展，提升物流业的服务水平；二是有利于土地资源的集约化使用，减轻道路、环境和能源的压力；三是有利于政府部门管理物流市场、提升服务水平；四是有利于促进区域现代服务业发展、增加就业机会。第三，各级政府推动物流园区建设，形成了政府主导发展的局面。

3. 国外物流园区发展现状

物流园区的运营方式，国外大部分采用的是政府和地方私营企业共同参与运营。政府在运营中起到总体负责和掌握大方向的作用，具体的经营由各个不同的团体进行独立的运作，自负盈亏，照章纳税等。

（1）日式“官民协力”

日本政府在园区运营方面采取“官民协力”的方式，客观上宏观调控，微观上自由开放。物流园区用地由政府收购，以低价转让给物流协会及类似的中间团体，组成委员会进行经营管理，改造更新。

（2）美式市场化

在物流园区规划经营上，英国同美国相似，奉行的不是政府行为，而是强调市场导向，是以单一经济利益为追求目标。美国对物流园区的经营模式是完全放开，是指在规划阶段就松手不管，这和美国有完善的物流法律法规是分不开的，政府在宏观上给予指导和协调。

（3）欧洲其他国家

欧洲其他国家认为，物流园区的运营工作应有中立的组织机构来组织，并能全面完善地为入驻企业服务。欧洲物流园区联合会将中立的运营机构称为业主，即是独立经营自负盈亏的实体。而在一些国家则将中立的运营机构称为物流园区管理公司。物流园区的运营必须有独立的第三方责任机构负责。

4．现代物流园区的内涵及分类

（1）现代物流园区的内涵

物流园区将众多物流企业聚集在一起，实行专业化和规模化经营，发挥整体优势，促进物流技术和服务水平的提高，共享相关设施，降低运营成本，提高规模效益。其内涵可归纳为以下 3 点。

1)物流园区是由分布相对集中的多个物流组织设施和不同的专业化物流企业构成的具有产业组织、经济运行等物流组织功能的规模化、功能化的区域。

2)物流园区是对物流组织管理节点进行相对集中建设与发展的具有经济开发性质的城市物流功能区域。作为城市物流功能区，物流园区包括物流中心、配送中心、运输枢纽设施、运输组织及管理中心和物流信息管理中心等适应城市物流管理与运作需要的物流基础设施。

3）物流园区也是依托相关物流服务设施，进行与降低物流成本、提高物流运作效率和改善企业服务有关的，流通加工、原材料采购和便于与消费地直接联系的生产等活动的具有产业发展性质的经济功能区。作为经济功能区，其主要任务是开展满足城市居民消费、就近生产、区域生产组织所需要的企业生产、经营活动。

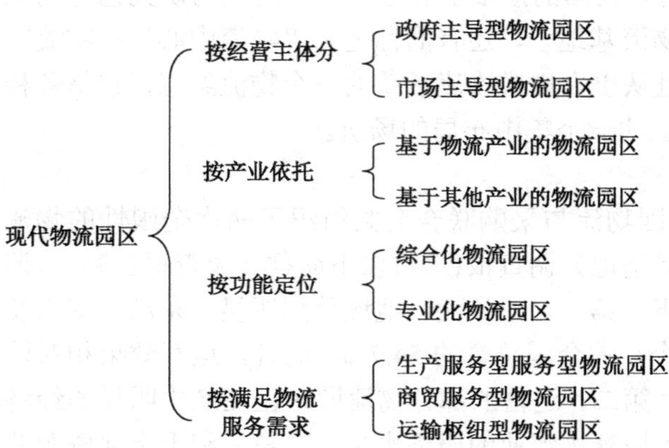

图 12-1　现代物流园区的分类

（2）现代物流园区的分类

现代物流园区的分类如图 12-1 所示。

根据国家《物流园区分类与基本要求》标准（征求意见稿），对不同类型的物流园区规划进行的推荐性数据指标，见表 12-1～12-4。

表 12-1　运输枢纽型物流园区规划的推荐性指标

指标	指标单位	指标值			备注
		空港型	海港型	陆港型	
投资强度（基础设施）	万元/亩	≥100	≥120	≥80	推荐性要求
园区规模	km^2	0.5~2	2~8	1～5	
园区物流强度	万吨/km^2·年	≥100	≥2000	≥500	
物流信息平台	能为入驻物流企业提供符合海关监管要求的计算机管理系统				

表 12-2　生产服务型物流园区规划的推荐性指标

指标	指标单位	指标值	备注
投资强度（基础设施）	万元/亩	≥100	推荐性要求
园区规模	km^2	0.3～1	
园区物流强度	万吨/km^2·年	≥100	
物流信息平台	能为入驻物流企业和工业园区提供公共信息平台和实时信息交换系统		

表 12-3　贸易服务型物流园区规划的推荐性指标

指标	指标单位	指标值	备注
投资强度（基础设施）	万元/亩	≥100	推荐性要求
园区规模	km^2	1~5	
园区物流强度	万吨/km^2·年	≥50	
物流信息平台	能为园区内企业提供物流公共信息和在线交易服务		

表 12-4　综合服务型物流园区规划的推荐性指标

指标	指标单位	指标值	备注
投资强度（基础设施）	万元/亩	≥100	推荐性要求
园区规模	km^2	0.3~ 5	
园区物流强度	万吨/km^2·年	≥200	
物流信息平台	能为园区内企业提供物流公共信息和在线交易服务		

5．现代物流园区的功能

从理论上讲，物流园区应该具备以下几种基本功能。

1）综合运作功能。物流园区具有综合各种物流方式和物流形态的作用，可以全面处理包装、装卸、储运、流通加工、不同运输方式转换、信息、调度等工作。

2）集约互补功能。应该可以被视作一个物流产业开发区。它集约了物流主体设施和有关的管理、通信、商贸等设施，规模大，集约程度高，是流通领域大生产的一种代表，是具有规模效益的流通设施。

3）转运功能。可以有效集约铁路运输、公路运输、水运、空运，实现综合运输、多式联运的最有效转化。

4）集中库存功能。可以通过集中库存，降低库存总量，并且实现有效库存调度。

5）调节功能。通过对各资源的综合调节使物流系统优化。

6）指挥功能。物流园区是整个物流系统的信息汇集地和指挥地。

7）辐射带动功能。物流园区可通过自身的辐射带动半径，带动一个经济区域的发展。

8）公共公益功能。作为一种公共公益事业，物流园区除了承担以上功能之外，还应该在软件建设方面发挥应有的作用。例如，信息系统的构筑、专业人才的培养培训，产业政策的研究制定、物流理论研究探讨等。

物流园区的内部功能可概括为 8 个方面，即综合功能、集约功能、信息交易功能、集中仓储功能、配送加工功能、多式联运功能、辅助服务功能、停车场功能。物流园区内部功能建设流程如图 12-2 所示。

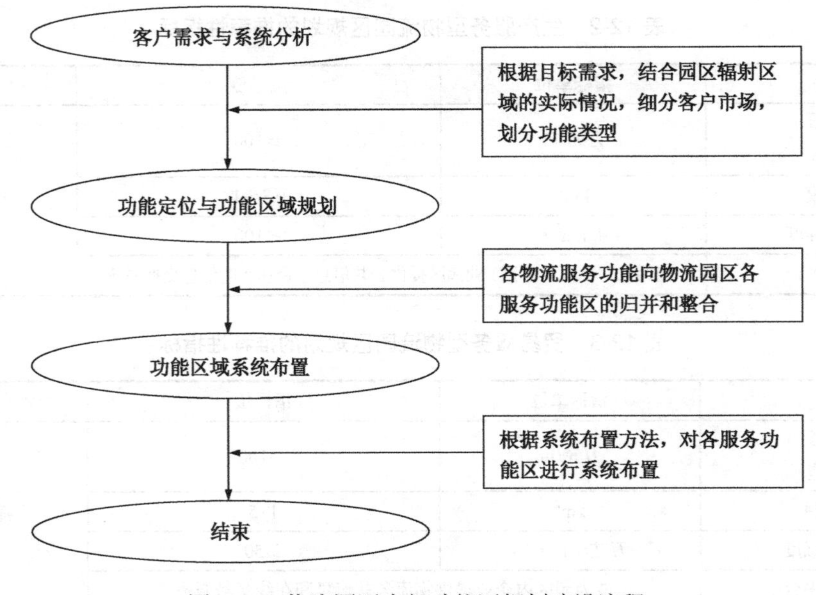

图 12-2　物流园区内部功能区规划建设流程

6. 现代物流园区的特点

（1）多种运输手段集合

多种运输手段集合也叫多式联运。国际中转物流园区的开发模式定位叫做：以海铁、公铁、海公等多式联运为手段发展国际中转物流。这种多式联运的功能，也就是王之泰教授强调的一体化枢纽。目前，我们中国的现状是：铁路有自己的枢纽，有大大小小的货场，有不计其数的专用线；公路、内河、海运及航运业都有自己的线路和枢纽。缺少的就是把这些枢纽一体化的物流园区，这种一体化一是可以节约单一枢纽不必要的建设投资成本，二是可以提高整个运输系统的运作效率。

（2）多种作业方式的集约

除了国际中转物流园区，还有国内综合物流园区，这个园区的功能定位是 5 句话，我们称为五位一体，即以市场信息为基础、以产品配送为主业、以现代仓储为配套、以多式联运为手段、以商品交易为依托。因此，物流园区不同于单一任务的配送中心，也不同于具有一定专业性的物流中心，它是最基本的也是最重要的。功能式特性就是综合、集约，这种集约主要体现在多种作业方式的集约上，包括仓储、配送、货物集散、集拼箱、包装、加工，以及商品的交易和展示，还应该体现在技术、设备、规模管理等方面。

（3）多种运行系统的协调

运行系统的协调主要反映在对线路和进出量调节上。大规模的物流园区，同时也是指挥、管理和信息中心，通过信息的传递和信息的集中，使它具有非常强的指挥功能。

（4）多种城市需求的选择

城市发展的需求有许多，小到菜篮子工程、连锁商业的发展，大到缓解交通压力、理顺城市的功能。从这个角度出发，物流园区应该建在中心城市的外围，具体配置在哪里，这要看所服务的极地区域的辐射投向，要看中心城市的发展速度以保证物流园区的生命周期。

（5）多种服务手段的配套

作为一个物流园区，还应该具备以下的服务性功能：结算功能、需求预测功能、物流系统设计咨询功能、专业教育与培训功能、共同配送功能。

12.2 现代物流园区的规划

12.2.1 现代物流园区建设规划的必要性

我国物流园区运行情况参差不齐。一些物流园区运行中存在定位不准、规划不明、重复建设等问题，这对现代物流园区建设的规划切实提出了必要性。

（1）物流园区规划超前于经济与市场的需要，空置率高

虽然我国的物流有了一定的发展，但从总体上而言尚处于起步发展阶段，整体发展水平较低。尽管城市物流园区的规划对区域经济的发展有许多促进作用，但是物流园区的建设也要结合实际需求。普遍认为，我国的城市物流园区规划超前于经济与市场需要，这在中西部地区更为明显。在物流园区的规划建设超前于经济与市场需要的情况下，不可避免地会出现一些重复建设的情况。

（2）不问实际，盲目求大

一些地方性的物流发展规划，主要内容都放在了如何推进当地物流业的扩张、建设上，盲目贪大，不讲实际，不问市场，未能充分考虑周边的物流需求及应有的规模标准，所规划的物流体系大大超出了当地经济发展水平和实际市场需求。

（3）缺少统筹规划

目前，有很多省市都有建立城市物流园区的发展规划，但是，这些规划中存在很多问题。首先是规划本身的问题，如制定规划的方法、规划使用的数据、规划中的计划、承担规划机构的资格、规划中的园区模式等，其次是规划和规划之间的统筹和协调问题，各省市的规划存在着各自为政的现象，省市县的规划有的是同步进行的，有的甚至是市县的规划在先而省里的规划在后，至于经济区域内的省市物流园区就更加难以统筹。

（4）缺少市场规则和机制

科学的市场需求分析是非常重要的，城市物流园区的决策应当以市场需求为依据，而不能凭主观想象，目前的情况是很多城市规划的物流园区已经大大超出了市场的实际需求。例如，某直辖市已经规划的物流园区用地是东京的 4～5 倍，而这个城市的物流量却远不及东京的物流量；又如，一些大城市规划出很多物流园区，虽然规划中各个物流园区各有侧重，但是在实际执行过程中很难划分区别。

正因为这些原因，我们需要对现代物流园区的规划及方法、物流园区的发展模式、物流园区的服务功能等一些重要问题还需要做深入的研究。

12.2.2 现代物流园区规划的原则

物流园区的功能定位在调查结果分析的基础上，还应结合专家的相关经验与知识，同时还要体现 4 个原则。

1．坚持科学选址的原则

物流园区根据其在城市物流产业发展及物流体系中的地位与作用，可分为综合物流园区和专业物流园区。前者以现代化、多功能、社会化、大规模为主要特征，后者则以专业化、现代

化为主要特征，如港口集装箱、保税、空港、钢铁基地、农副产品生产扩地、汽车生产基地等专业物流园区。综合物流园区的选址，主要遵循以下原则：

①位于城市中心区的边缘地区，一般在城市道路网的外环线附近；②位于内外交通枢纽中心地带，至少有两种以上运输方式连接，有利于多式联运的开展，特别是铁路和公路；③位于土地开发资源较好的地区，用地充足，成本较低；④位于城市物流的节点附近，现有物流资源基础较好，一般有较大物流量产生，如工业园区，大型卖场等，有可利用和整合的物流资源；⑤有利于整个地区物流网络的优化和信息资源利用。

2．坚持统一规划的原则

建设综合物流园区必须按照社会经济发展的要求和现代物流发展的规律，在全国运输大通道的格局下，按照区域经济的功能、布局和发展趋势，依据物流需求量和不同特点由政府统一规划，尤其要打破地区、行业的界限，按照科学布局、资源整合、优势互补、良性循性的思路进行规划，防止各自为阵、盲目布点、恶性竞争、贪大求洋的情况，避免走弯路、误时间、费钱财。

3．坚持市场化运作的原则

规划建设综合物流园区，既要由政府牵头统一规划和指导协调，又要坚持市场经济运作的原则。应按照“政府搭台，企业唱戏，统一规划，分步实施，完善配套，搞好服务”的原则，在园区的功能开发建设，企业的进驻和资源整合等方面，都要靠园区优良的基础设施、先进的物流功能、健康的生活环境、优惠的各项政策和周到有效的企业服务来吸引物流企业的进驻和投资者共同参与，真正使园区成为物流企业大展宏图的舞台和成长壮大的摇篮。

4．坚持高起点现代化的原则

规划建设综合物流园区，必须要瞄准世界物流发展的先进水平，以现代化物流技术为指导，坚持高起点和现代化。物流园区必须要以市场为导向，以物流信息系统的建设点击物流发展中的虚热。湖北省物流学会何敦美现代物流作为“二十一世纪黄金产业”已得到各级政府和社会各界的高度重视。呼之而出的物流规划接踵降生，兴建物流中心的建设如火如荼，物流理论研讨方兴未艾。“物流热”正在全国升温。然而，物流发展中的“虚热”也日益凸现。

12.2.3 现代物流园区规划的基本内容

1．物流园区的战略定位

我国物流园区建设的相关理论研究目前仍处于起步摸索阶段，然而，在物流园区的建设热潮里显现出一些定位不清、过多过滥、盲目建设的现象。我们需要物流园区的开发建设作为一个系统工程，进行科学规范的规划和运作，尤其需要重视和强化物流园区的前期定位，把定位工作作为园区规划的重点。

物流园区的定位首先需要在宏观的战略层次上定位，就是需要明晰内外部环境，明确物流园区在区域经济中所起的作用，突出自身的特点与优势，提出发展物流园区的使命、远景目标和制胜策略。一个成功的物流园区的战略定位，需要规划者把握其战略环境，采用适当的分析工具和方法进行分析，SWOT（Strengths Weakness Opportunity Threats，优劣、劣势、机会、威胁）分析法是一种不错的方法，可以通过对物流园区的整体优势、劣势、机会和威胁的分析，确定恰当的战略目标和对策。

2．物流园区未来货流量的预测

货流量需求预测是物流园区布局决策的一个重要依据，是进行物流系统规划和设计的前提，是物流系统编制计划的基础，是新建或改建物流系统可行性研究的基本数据，是进行物流决策的依据。

由于目前物流量预测不能建立在系统的社会物流量基础统计资料上，因此，只能通过货物运输量的变化趋势来衡量。物流量需求预测可分 3 个步骤进行：首先，预测区域货物运输量，其由国内生产总值与单位产值货运量两个主要相关影响因素确定；其次，对现状地区产品结构和货物品类进行详细分析，明确未来货物品种变化趋势，确定未来物流作业系数（指适合物流的运量在社会总货运量中所占的比例）；最后，在以上两步的基础上确定物流与测量物流预测量。

3．物流园区的选址决策

合理的物流园区选址能够减少货物运输成本，降低园区经营成本，对所在地区的经济与环境起到积极的带动作用，因此有必要进行审慎论证，寻找出最优的备选方案。

4．物流园区的规模确定

物流园区作为物流业发展到一定阶段时产生的新型物流管理方式。在日本、德国等发达国家已得到快速发展。我国从 20 世纪 90 年代起兴起了物流园区建设热潮，随着传统储运业向市场化及现代物流业方向发展转变，国家有关主管部门开始制定促进物流园区发展的宏观政策，一些发达地区和省份也纷纷开始筹建物流园区。因而，探讨物流园区有效的运营管理模式，具有很强的现实意义。

12.3 智慧物流园区信息化建设规划

12.3.1　智慧型物流园区信息化建设目标与战略规划

1．建设目标

通过智慧型物流园区信息化的建设，以信息平台打造成智慧物流园区的核心竞争力，通过信息平台来引导、带动园区发展，并实现物流、金融、商贸、制造和信息五大产业在园区内的协调发展，帮助园区在信息化方面建设统一的组织管理协调架构、业务管理平台和对外服务运营平台，创新物流产业发展模式，再造物流新体系，根据不同园区的经济和产业特色，达到园区整合化、提升化、智慧化的目标。

1）建立统一的工作流程，协同、调度和共享机制，通过资源整合，以信息化服务平台为枢纽，形成一个紧密联系的整体，获得高效、协同、互动、整体的效益。

2）建立统一的应急管理与日常管理、对内与对外服务。

2．战略规划

为了更好地使方案落到实处，本书提出应从实际出发，整体规划、分步实施，不以追求完善的电子政务、电子商务这样“大而全”的职能作为主要方向，以防止落实不到位，重复建设、延长周期的情况发生。

从战略层面上，相关规划分步骤实施。

1）基础建设层：提供最人性化的基础设施服务，为园区提供一个安全、舒适、低碳的环境。

2）协作平台服务层：建立园区政府与企业之间的沟通协作平台，实现“上传下达”和建立一体化园区门户，以政府投资为主，厂商投资为辅。

3）云计算服务平台层：建设智慧园区云计算综合服务平台，引入电信运营商（软件服务提供商等）各类“云态”的移动信息化应用、ERP、CRM 等增值应用，通过此平台，为中小企业提供基础设施租赁服务、平台租赁服务及园区企业常用信息化应用租赁服务。

智慧物流园区信息化战略规划如图 12-3 所示。

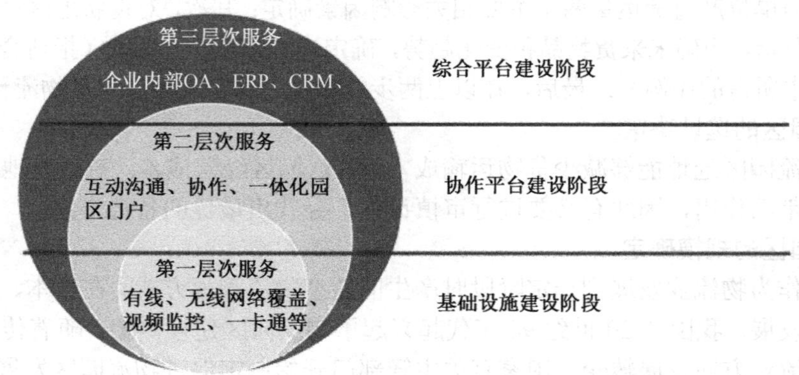

图 12-3　智慧物流园区信息化战略规划

3．建设原则

（1）前瞻性原则

系统的设计和实施在理念上要适度超前，在思想上要站得更高，保证智慧园区信息平台的技术是领先的、模式是领先的，不仅要考虑当前园区的发展所需要的信息化支撑，更要满足未来新业务模式的发展需要。

（2）先进性原则

智慧物流园区的基本理念是把信息平台打造成物流园区的核心竞争力，因此，在信息化技术的应用上要保证其先进性和领先性，用最先进的信息技术来促进、引导、规范、创新园区的业务发展模式。

（3）可扩展性原则

系统的设计要具备可扩展性，要满足未来新系统、新业务的扩展需求，保证系统建设投入的有效发挥作用，避免重复投资。

（4）集成化原则

由于项目的建设时间紧、要求高，因此在系统的建设方面，尽量采用集成化的建设原则，即充分利用现成的技术和产品，当市场上出现成熟、先进的产品时，尽量使用已有的产品，而不是所有的系统都从头开发。这样一方面可以加快建设进度，另一方面也保证了系统的成熟、稳定、先进。

（5）信息化引领业务模式创新原则

在智慧物流园信息平台的建设中，要充分理解“把信息平台打造成物流园区的核心竞争力”的发展理念，即信息化不仅仅是目的和手段，而是物流园区未来发展的核心竞争力和运营模式，通过信息平台的建设来引导园区发展。通过“四个中心”的建设，实现物流、金融、商贸、制造和信息五大产业在园区内的协调发展，创新物流产业发展模式、再造物流新体系。

4．整体解决方案及功能架构

解决方案以实现园区与辖区企业的对外服务和协作化沟通平台为主，以智能化、信息化的手段协助园区提升管理效率，推进全面的园区管理、高效的电子政务和便捷的公共服务。

整体解决方案分为两层，第一层为公共服务层，以提供对外方便快捷的公共服务为主，为外界及园区内用户提供一个周到、安全、贴心的信息化服务，充分有效聚集各类服务信息，展示园区特色，提供横向服务，有效降低园区和企业的运营成本，全面提升园区的整体竞争力。

第二层为协作服务层，以建设园区和区内企业间互动沟通、协作、一体化园区应用为目标，提供一个包括协作办公、信息服务、沟通交流、企业通信等在内的一站式综合信息服务平台，极大降低园区政府与企业间、企业与企业间沟通和协作成本，提升沟通和协作效率，真正体现园区政府从管家型向保姆型转变，更好地体现服务职能。

整体解决方案如图 12-4 所示。

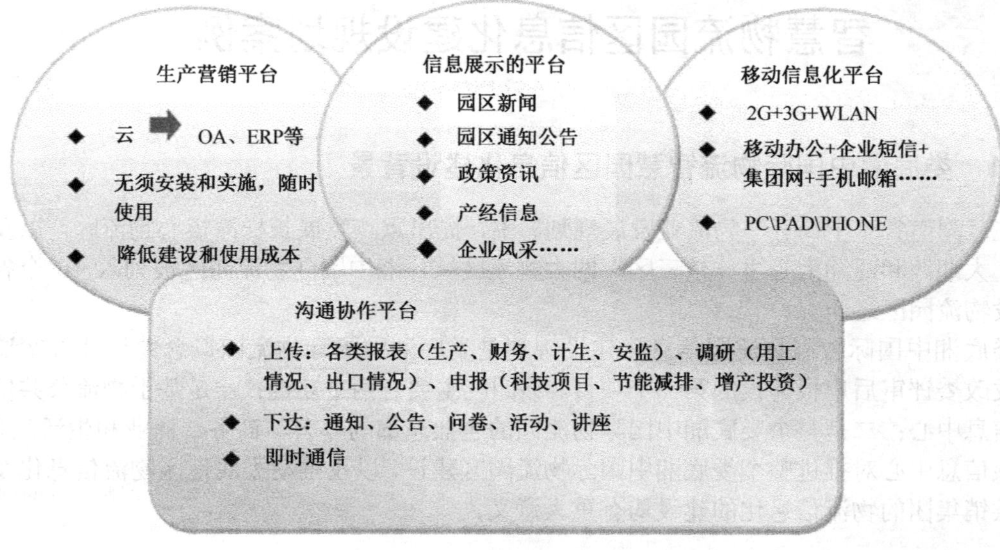

图 12-4　整体解决方案

1）以 J2EE 技术为基础，实现纯 B/S 运行模式。

2）以 SOA 面向服务框架为底层，实现松耦合、模块化、可插拔的系统运行环境。

3）以引擎驱动为核心，驱动业务，实现可视化编程开发。

4）以模型理念构建平台基本组件，能因业务变化而变化，也因不变而复用。

智慧园区典型功能架构如图 12-5 所示。

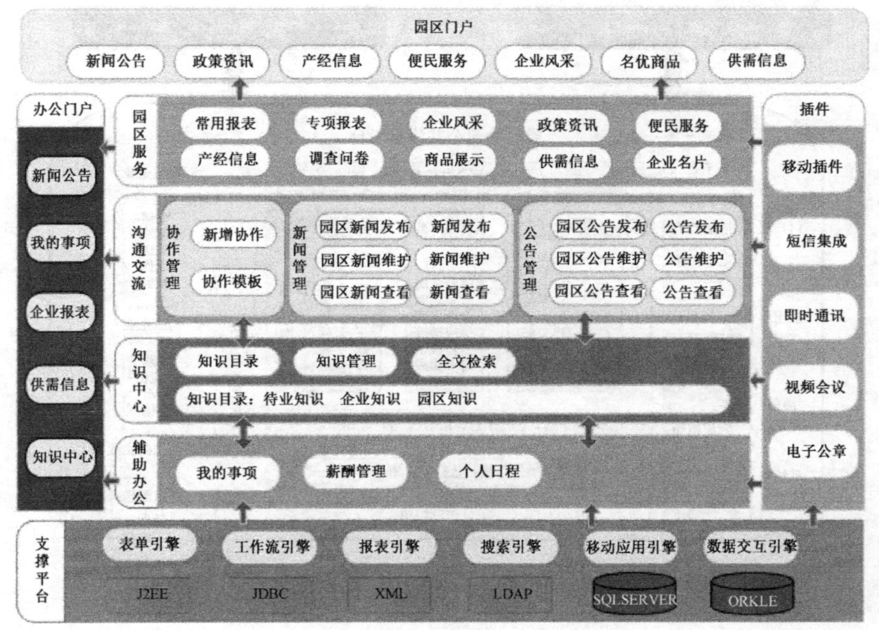

图 12-5　智慧园区典型功能架构

12.4 智慧物流园区信息化建设规划案例

12.4.1 娄底湘中国际物流智慧园区信息化建设背景

在《湖南省“十二五”物流业发展规划》中，提出重点发展长株潭核心物流区，以及环洞庭湖、大湘西和泛湘南等“一核三区”四大物流区域，湘中国际物流园区被列入 10 个省级重点建设物流园区之一。

娄底湘中国际智慧物流园信息化建设规划是娄底湘中国际物流园概念性设计方案通过湖南省发改委评审后申报建设的第一个项目。该园区主要有两个功能：一是基于物流公共信息平台的信息中心；二是整个娄底湘中国际物流园的企业总部的办公、商务、商业和生活配套区。建设该信息中心对推进整个娄底湘中国际物流园区建设，以及推动娄底地区物流信息化发展和中国供销集团的物流信息化的建设均有重大意义。

12.4.2 娄底湘中国际物流智慧园区信息化规划整体架构

1. 湘中国际智慧物流园区物流信息化总体架构模型

根据社会综合物流业务系统的需求和湘中国际物流园区的园区定位，一方面通过业务系统数据接口系统将各个不同的相关业务机构连接到平台上来，形成数据共享和业务联动；另一方面，为社会物流系统的信息需求者提供多种多样的终端接入方式，提供方便快捷的服务手段。娄底湘中国际物流智慧园区信息化规划整体架构如图 12-6 所示。

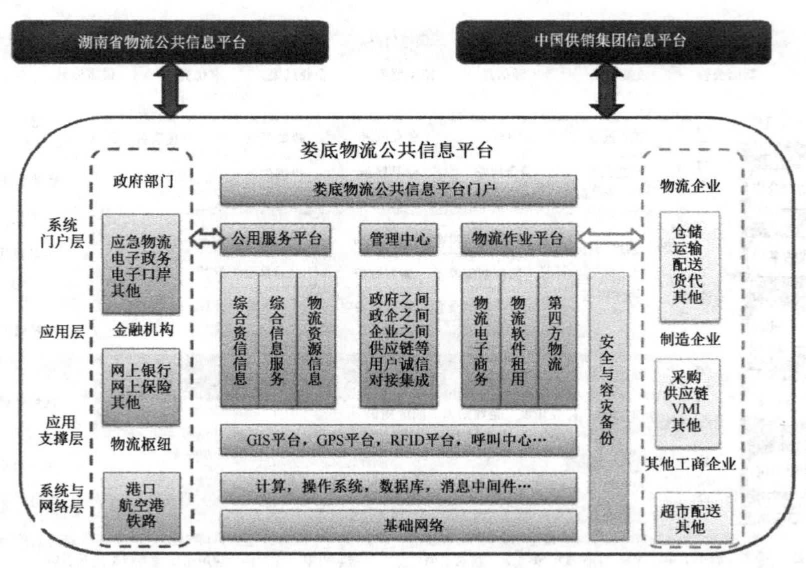

图 12-6 系统总体架构描述

湘中国际智慧物流园区物流信息化平台的系统总架构从公用服务平台、物流作业平台、管理中心和基础 4 个方面具体描述了平台体系结构各个层面及其与相关系统的关系。

1）公用服务平台：使平台体系体现连接两端，一端是为企业提供联络相关系统平台的服务，如海关通关贸易系统（EDI）、港口、电子银行、城市电子政务系统和数字城市等系统；而另外一端是为平台用户提供与各相关单位业务系统的连接，包括与交通、海关、税务、保险等部门系统的联系，同时考虑为国家级、区域级物流公共信息平台和其他园区信息平台提供预留接口，体现平台的行业服务、政府监管等功能。

2）物流作业平台：在下层以物流设施、政策、法规等为基础，通过平台网络服务，为上层的物流行业参与者服务，上端的服务对象包括物流园区的物流企业、配送企业、工商企业等。

3）管理中心：是平台核心数据交换及网络设施所支撑的物流信息应用系统，包括面向物流作业和中介组织，以及面向政府执法监管部门两大类，以管理中心为核心应用于不同组织间异构系统的数据交换及信息流转。此外，还将通过管理中心的平台核心数据交换功能与湖南省物流公共信息平台、中国供销集团服务平台进行无缝对接，而湖南省物流公共信息平台正在与其他省市的物流公共信息平台进行对接和信息共享，从而能够获得全国范围的物流信息（包括企业、政府、物流枢纽等），支持整个中国供销集团的物流资源的优化整合。

4）基础：物流公共信息流转传递的环境基础，软环境包括相关政策法规、业务流程、技术标准，硬环境包括信息基础设施的支撑等。

2．湘中国际智慧物流园区物流信息化功能

湘中国际智慧物流园区物流公共信息平台由四大模块组成：公用服务平台、物流作业平台、管理中心（集成平台），以及安全与容灾备份系统。该系统架构的主要内容可概括为 1 个系统管理中心（即集成平台）、在物流公用服务平台上的 M 个物流公共应用中心和系统，以及在物流作业平台上的 N 个物流共用应用中心和系统。

（1）物流公用服务平台

物流公用服务平台的主要功能是根据政府、金融机构、物流枢纽的特点，连接和集成政府电子政务、物流枢纽、电子口岸、银行、保险公司等信息平台和信息系统，提供物流相关的公共信息和资讯。其主要功能如下。

政府电子政务网主要包括行业主管部门的政务公开、政策法规、全程办事代理、公告信息、信息查询和网上办公等。政府办公自动化系统主要对行业主管部门的业务及办公流程进行优化，运用信息技术转变工作模式、提高政府办公效率，为行业主管部门的信息管理、服务、交流提供基于网络的应用系统，为公文信息传输提供安全高速通道。

公共信息服务系统汇接各相关行业、各种物流运作设施及物流企业的信息系统。它既是物流信息资源的汇接中心，也是国内外了解区域物流信息资源的窗口。公共信息服务系统主要应包括门户网站功能，公共信息发布与查询功能，相关部门服务功能，以及综合信息服务功能。

公共信息发布与查询功能主要包括物流资源信息的发布与管理、物流资信信息的发布与管理，以及其他综合信息的发布与管理。物流资源信息主要包括物流基础设施信息（如铁路、公路、水路、航空等）、企业信息（包括物流企业、相关的企业等）、交通运输工具（车辆、船舶、飞机等）的信息、从业人员（驾驶员等）的信息等；资信信息发布与管理系统包括对企业、交通工具、人员的资信信息的发布与管理等。综合信息服务系统，提供公益服务，满足物流企业增值需求，如电子地图、高速信息、交通气象、出行提示等。

此外，根据园区功能定位及业务需求，并结合娄底物流产业现状、发展期望等因素，本园区物流公共信息平台公共服务体系主要包括物流大课堂、设备设施展示系统、人才劳务发布系统、招投标管理系统。

设备设施展示系统：主要为物流设备，物流设施（库房、堆场等）供应商提供商品信息发布平台，并通过平台完成寻找装卸工具、运输车辆、货物、包装工具等业务。

人才劳务发布系统：主要为物流企业和物流人才提供招聘与求职平台。

招投标管理系统：业主单位发布招投标公告后，组织进行在线竞价乃至在线评标，通过网上公开、公平、透明、快捷完成整个招投标过程。

（2）物流作业平台

根据园区功能定位及业务需求，本园区公共信息平台物流作业系统主要包括办公平台系统、可视化物流监控系统、报关报检管理系统、仓库管理系统、运输管理系统、配送管理系统、货运代理管理系统、结算管理系统、多式联运信息系统、决策支持信息系统、综合数据管理系统、电子商务平台系统、综合管理系统、软件租用、第四方物流应用各种高新物流信息平台技术及管理概念的湘中国际物流园公共信息平台的建设将实现以企业带动产业、以产业带动区域、以区域带动行业的发展进程，使得整个娄底，乃至湘中地区西南地区的物流信息化水平不断提升。

1）办公平台系统：主要服务于物流园区内部和入园企业的办公系统，包括政府公共部门关联的电子政务系统，企业内部管理系统内容，如入园申请与审批、企业信息发布、项目资源、人才资源、呼叫中心、社区管理等。

办公自动化系统是园区内部功能，特别是内部员工使用平台的工作场所，也可开放给入驻的商户使用。办公自动化系统是集办公的协同性、综合性、集成性于一身的信息化系统。办公自动化系统是适应物流园区建设发展需要的一个基础性应用系统，它能为平台上用户和平台运营者提供简单、高效的网络化办公环境，主要实现公文审批、收发文件，档案、信息采集与发布等的管理，并通过 Internet 实现采购招标、公职招聘、远程会议等。

2）可视化物流监控系统：通过建立可视化物流监控系统，实现对娄底及周边地区所有大中型物流作业场所的视频监控，促进物流作业场所安全作业，环保作业。

① 可视化管理。在视频监控系统中，系统操作员通过电视墙或监视器的画面显示，可以直观地观察被监控现场的图像信息，以便在发生情况时，在最短的时间内做出反应。如有需要，还可以将某一图像放大到全屏幕以便更细致地观察。

② 录像备查。所有的摄像机传来的图像，全部能直接进入数字硬盘录像机进行录制，录像资料随时可以进行回放，也可以设定条件后进行搜索，符合条件的画面能很快被搜索出来，供查看或用视频打印机打印。

③ 云台镜头操作。系统操作员可通过监控系统进行云台镜头操作：选择摄像机、控制摄像机（可调节云台的角度和方位，可调节镜头的焦点和焦距）等。

④ 方便升级、维护。在设计视频监控系统时要留有一定的余量和接口，便于以后在系统中增加其他设备或与监控报警等系统联动。系统中的各种摄像机可以更换，方便今后由于环境的变化而对摄像机提出新的要求。

⑤ 联网功能。因为采用了先进的 H.264 数字视频压缩技术，使录像资料可以方便地利用局域网或和互联网等进行远程图像传输和远程控制等，为日后的全网络数字化信息系统留下了接入的可能性，在相当长的时间内可以满足用户进一步扩充、升级和联网的需求。

3）报关报检管理系统：即通过公共信息平台将园区数据库与海关、商检后台数据中心，按照一定规划连接，同步后，可实现就地报关检验集货物进出口报关、商检、卫检、动植物检疫等功能的自动信息管理于一身，满足客户跨境运作的需求。

4）仓库管理系统：通过对物流园不同区域、不同类别、不同规格的所有仓储资源进行集中管理，同时可采用条码、射频等先进的物流技术设备，对出入仓货物进行货物登记、移库盘点、库存检索、租期报警等仓储信息的管理。

仓库管理子系统满足对一个完整的仓储作业过程的信息管理需要，仓储作业过程包括对进货、验收、入库、加工、保管、拣货、出货等作业步骤。利用仓储管理系统将能够达到提高存取速度，降低存取误差，减少无效存储的仓储管理目的。

仓储管理系统的主要功能包括仓储基础数据管理、库存作业管理、旧货分配管理、分布式库存查询、安全库存设置管理、库存预警、流通加工、库存查询统计分析管理等。

3．湘中国际智慧物流园区物流信息化技术框架

集成平台更多的是用于满足不同类型的物流企业因业务需要而产生的对信息交换的需求。随着物流企业服务范围不断延伸，与供应链环节上的客户、供应商、采购商等因供求关系产生了紧迫的信息互动和集成的需求。以便让信息在整个供应链上流动，有利于促进整体协同发展。

公用物流信息网络包含多种开放式信息系统和接口，为企业利用平台的硬件设施、数据信息库和安全可靠的商务功能实现企业自身的信息交流、数据交换、业务交易、决策支持等的信息化管理。物流企业信息系统通过与公共物流信息网络连接，可以支持货物运送的准时性、货物与车辆跟踪实时性，提高交货的可靠性和对用户需求的响应性，真正实现信息共享，过程同步，交货准时，响应敏捷，服务满意，合作互利的现代物流之目标。

集成平台采用 SOA-BPM 组合架构进行设计开发，如图 12-7 所示。

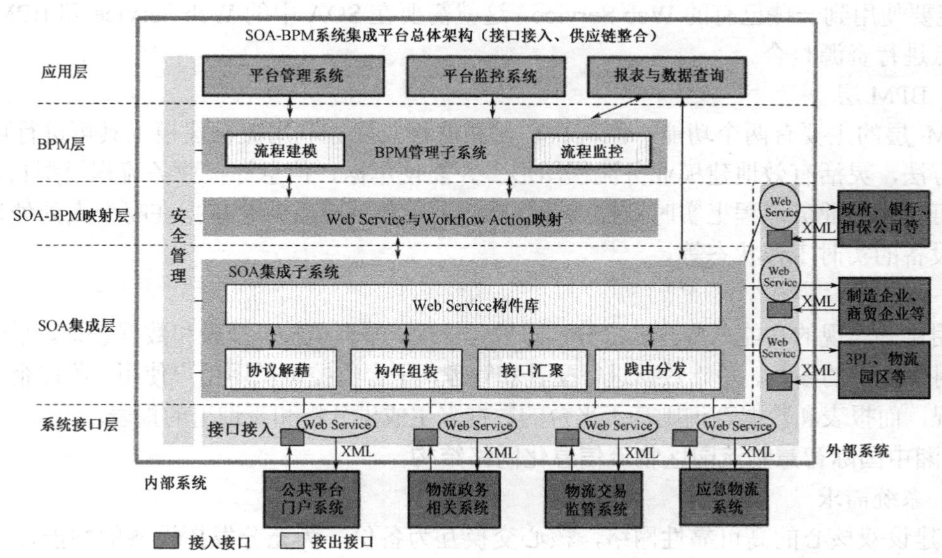

图 12-7 SOA-BPM 系统集成平台的总体架构

集成平台各层的主要功能如下。

（1）系统接口层

系统接口层用来连接各种异种的信息系统，进行系统接口接入集成，支持 Tuxedo、Socket、数据库、JMS、EJB、Web Service 接入方式，支持同步、异步的调用方式，支持 XML、字符串报文，其中调用 Web Service 时采用 SOAP 报文。各种接入系统接入时采用各自原有的或新商定的接口技术，通过系统接口层的接入后对外部其他系统和信息系统集成平台内部统一采用 Web Service 方式，接出时均采用 XML 报文，用 DTD、XML Schema 来进行报文格式规范化，传输时对报文进行加密，接收报文时则进行解密。

需要通过系统接口层联通的系统包括内部系统和外部系统两个部分，其中内部系统有公共平台门户系统、物流政务相关系统、物流交换监控系统、应急物流系统，外部系统有支持交易过程的系统（政府职能部门、银行、担保公司等）、支持企业供应链的外部系统（制造企业、商贸企业等）、企业合作伙伴系统（第三方物流公司、物流园区等）。

（2）SOA 集成层

SOA 集成层建立在系统接口层的基础之上，主要的任务有 5 个：Web Service 构件库管理、协议解藕、接口汇聚、路由分发。

由于平台内外的各种组件最终会表现为 Web Service，因此需要有构件库来管理众多的 Web Service。SOA 平台的突出特征就体现在协议解藕，在 SOA 集成层就要解决这个问题，不论原有系统是什么样的组件接口，通过 SOA 集成层就可连通各种系统，并在各种接口之间进行平滑过渡，通过以 XML 文件配置的方式来进行 SOA 集成。

SOA 的集成其实质上就体现这将原有的众多的纷繁接口汇聚在 ESB（Enterprise Service Bus，企业服务总线）上，供所有被集成的系统共享而使用 Web Service。为降低系统之间的交易压力，特别是综合物流管理系统这个日常运营、用户众多、访问量大的系统，就需要由 SOA 集成层来对接综合物流管理系统不参与的其他协作式处理。

（3）SOA-BPM 映射层

SOA-BPM 映射是建立 Web Service 与流程接口的对应关系。系统集成后，在外在表现为一个一个的业务流程，如在供应链环节上的各家企业合作的业务流程。在业务流程的某个结合点，可能要使用到一些已有的 Web Service，这就需要在 SOA 中的 Web Service 和 BPM 中业务流程结点进行资源整合。

（4）BPM 层

BPM 层的主要有两个功能：流程自动化和流程监控。利用流程建模工具可进行可视化的拖拽式方法，灵活有效地建模业务流程图形。并能使单据、信息等按业务流程模型自动流动。还可在可视化的业务流程上实时监控业务执行过程，包括查看哪个单据在哪个人处处理，每个人或者设备的实时工作状态等。

（5）应用层

应用层要实现的功能主要有三部分，即平台管理、平台监控、报表和数据查询。平台管理主要用于对平台中的参数、基础数据进行配置和管理，平台监控可供用用户使用，监控企业生产的业务情况，而报表和数据查询则基于平台的数据来生成供分析和查询用的报表。

4．湘中国际智慧物流园区物流信息化网络结构

（1）系统需求

1）建设双核心的高可靠性网络，核心交换互为备份。为充分发挥设备的性能，要求两台核心交换承担不同用户数据负载。为满足发展的需要，要求建设 10G 骨干的企业网，并且实现无线网络全园覆盖。网络应具有良好的可运行性、可管理性，能够满足未来业务发展和新技术的应用。

2）为满足访问互联网的需要，将连接通过网通电信两个 ISP 访问互联网，为提高访问互联网的速度充分利用出口带宽资源，保证正常情况下用户使用不同 ISP 出口访问访问互联网。两个出口任意一个故障时保护间断互联网访问。

3）为提高网络安全性，应充分利用路由器、交换机的安全特性，实现对 ARP 攻击、部分 DOS 攻击、部分病毒传播的控制。

4）实现 IP 地址的自动分配。设计时应充分考虑 DHCP 服务器的性能和安全性，防止私设 DHCP 服务器、假冒 IP 地址欺骗等恶意攻击。

5）采用开放式、标准化的系统结构，以利于功能扩充和技术升级。

6）能够与外界进行广域网的连接，提供、享用各种信息服务（与全国各地信息平台对接等）

7）能够与原有的计算机局域网络和应用系统平滑地连接，调用原有各种计算机系统的信息。

（2）网络系统设计

管控平台运行 IP 协议，内部主机机群包括数据库服务器和应用服务器等服务器（双机互备），在磁盘阵列上存储应用数据。防火墙放置于互联网和内部网之间，设置防火墙的安全策略，对内网与外网的数据传输进行实时监控和审查。系统网络拓扑构架如图 12-8 所示。

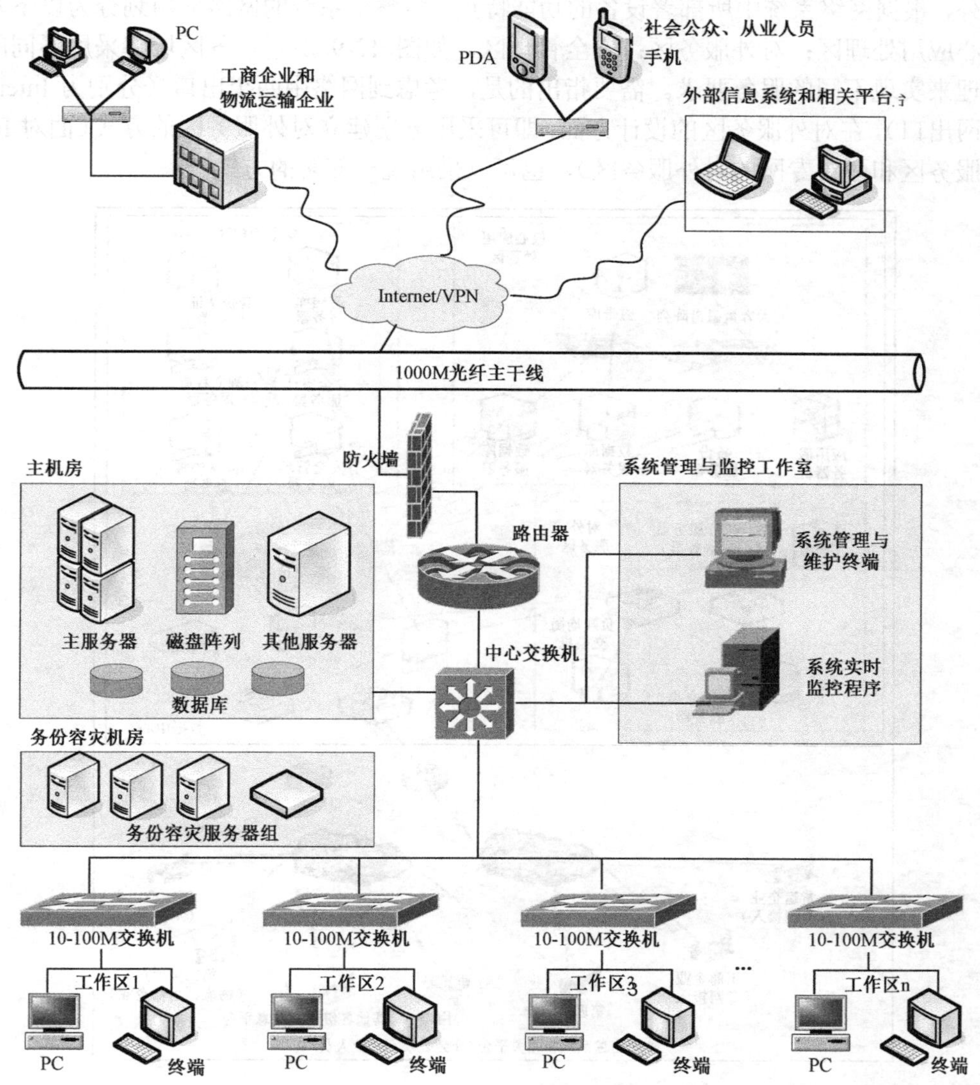

图 12-8 网络拓扑结构

防火墙和各个服务器通过以太网连接，选用一台核心交换机，核心交换机支持 3 层交换，从而可以为服务器和办公各自设置 VLAN，隔离广播。

通过对这些网络连入单位和用户进行分析，将整体网络划分为 4 个级别。

1）数据交换中心级：即 SOA-BPM 数据交换系统。

2）专网接入级：包括一些通过专网接入集团有限公司的单位，如某些工商企业、道路网络运输企业，以及部分需要以专网形式进行数据交换的行业管理部门和相关平台。

3）互联网授权接入级：主要包括通过 Internet 接入省道路物流信息系统中进行数据交换的单位，如某些工商企业、道路物流运输企业，以及部分行业管理部门和相关平台。这些单位的接入访问是经过授权的。

4）互联网公众浏览级：该级别用户主要是社会公众和从业人员，其访问主要通过 Internet 进行门户站点的浏览及相关信息查询。

在数据中心的网络结构规划方面，为了提高作为整个信息系统基干的网络系统的可靠性，采用双路冗余的方式部署核心交换机，以形成双机热备份结构。

此外，根据网络系统中所部署设备的功能特点，将整个系统的网络应用划分为以下几个区域：核心应用处理区；对外服务区；安全管理区，如图 12-9 所示。各区域将采用不同的安全策略管理来实现不同的服务要求。需要指出的是，考虑到网络中两个出口（分别为 Internet 出口和专网出口），在对外服务区的设计方面，即可采用分别建立对外服务区的方式（面对 Internet 的对外服务区和面对专网的对外服务区），也可以采用统一部署的方式。

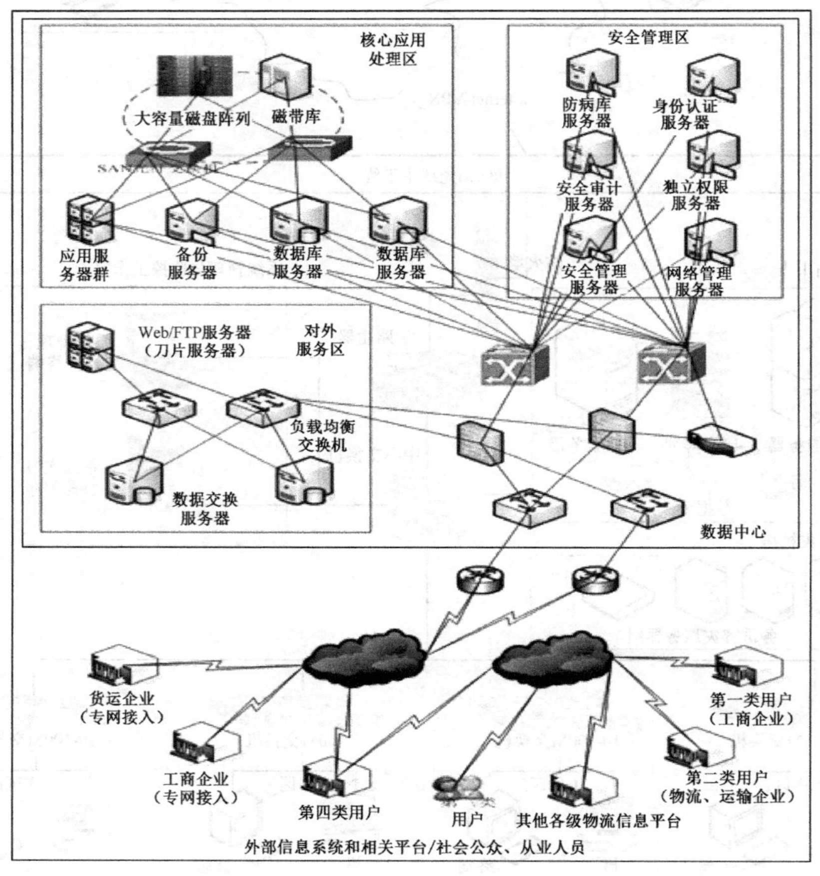

图 12-9　系统网络分区结构

分别建立面对 Internet 和专网的队外服务区虽然物理结构上可以更加清晰，但与之匹配的负载均衡交换机、防火墙等网络设备，以及 Web 服务器群、数据交换服务器等相关主机服务器设备都将分别部署，数量将成倍增加，带来的投资增加比较明显。而采用统一部署一个对外服务区的方式，可以通过防火墙设备的访问控制策略，配合负载均衡交换机的配置，在保证安全的同时，实现对互联网和专网的对外服务，同时能节省大量设备投资。

系统设计保留了对将来的扩展，如果在今后的项目建设中用户单位希望分别建立独立的对外服务区，只需追加采购相关的防火墙、负载均衡交换机，以及 Web 服务器、数据交换服务器等设备即可，对网络中的设备配置部署情况不会带来很大的变动。

在数据存储系统的完整性和可靠性方面，由于数据库是整个系统运作的核心。一旦由于系统硬件的功能失效、人为的错误操作，以及自然灾害等各种难以预料的外界影响对数据造成意外丢失或损坏，那么对整个系统造成的损失将无法估量。所以必须采用一个完善的具有高可用性的存储备份解决方案，即容灾备份，以避免在各种极端情况下造成系统的长时间停顿和系统的重大损失。

随着网络技术的发展，目前，先进的容灾备份方案，常常利用通信网络将关键数据同步镜像至备份中心，实现零数据丢失，并制订相应的灾难恢复计划。具备连续运行的备份中心和就绪的备份数据处理系统及网络通信系统，且具备完全的网络切换能力。一旦灾难发生，可在零数据丢失的基础上恢复关键业务系统运行。

12.5 区域性物流园区信息化建设方案实训

12.5.1　实训目的及要求

1. 实训目的

以具体某物流园区为案例，进行该物流园区的信息化建设方案的编制，确定其信息化平台的整体框架、技术框架、网络结构、功能组成等，让学生掌握物流园区信息化建设的重要性。

2. 实训要求

1）切实调研某物流园区信息化建设，掌握其信息化建设的基本现状。

2）根据所学知识，系统的规划该物流园区的信息平台建设方案。

3）熟悉物流园区信息平台建设的流程。

12.5.2　实训任务

实训任务如表 12-5 所示。

表 12-5　物流园区信息化建设方案

任务编号	12
任务名称	编制某物流园区的信息化建设方案
任务内容	以具体某物流园区为案例，进行该物流园区的信息化建设方案的编制，确定其信息化平台的整体框架，技术框架，网络结构，功能组成等
提交资料	1. 某物流园区的信息化建设方案 2. 汇报 PPT
相关网站资料	1. 物流信息网：http://www.china_56.net 2. 物流信息技术与应用国家级精品课程网：http://jpkc3.56edu.com:88/study/wlxxjs/index.html
思考问题	1. 请分析物流园区进行信息建设的困难 2. 物流园区信息建设的关键技术是什么

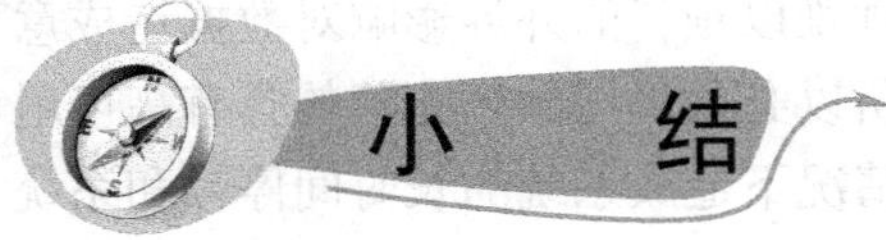

本章介绍了物流园区的概念，分析了我国物流物流园区的现状与发展，物流园区建设的类型、主要功能，物流园区建设规划的必要性及原则，并以湘中国际智慧物流园区信息化建设为例，介绍了其总体架构、功能、技术框架及网络结构。

1．请简述物流园区的定义及分类。
2．请简述物流园区规划的必要性及规划的基本内容。
3．请简述智慧型物流园区信息建设目标及战略规划。

参考文献

[1] 孟军齐．物流信息技术与应用．北京：人民交通出版社，2009

[2] 李家齐．现代物流信息技术．北京：中国物资出版社，2008

[3] 魏凤．物联网与现代物流．北京：电子工业出版社，2012

[4] 王喜富．物联网与现代物流．北京：电子工业出版社，2013

[5] 中国物品编码中心．物流领域条码技术应用指南．北京：中国计量出版社，2008

[6] 程曦．RFID 应用指南．北京：电子工业出版社，2011

[7] 张鸿涛．物联网关键技术及系统应用．北京：机械工业出版社，2012

[8] 张翼英．物联网导论．北京：中国水利水电出版社，2012

[9] 叶靖．物流条码技术应用．北京：清华大学出版社，2011

[10] 方轮．物流信息技术与应用．广州：华南理工大学出版社，2006

[11] 丁振凡．电子商务物流管理．北京：中国铁道出版社，2009

[12] 张树山．物流信息技术与应用．北京：国防工业出版社，2006

[13] 张铎．现代物流与自动识别技术．北京：中国铁道出版社，2008

[14] 薛红．商业自动化技术．北京：中国轻工出版，2007

[15] 薛红．条码技术．北京：中国轻工出版，2007

[16] 杨国明．现代物流管理概论．北京：北京交通大学出版社，2007

[17] 万志坚．供应链管理．北京：高等教育出版社，2007

[18] 赵军辉．射频识别技术与应用．北京：机械工业出版社，2009

[19] 中国条码在线．全球统一标识系统掌控食品安全跟踪与追溯的命门．http://www. 2barcode. com/auto/31. htm

[20] 黄友森．物流公共信息平台．湖南省物流企业信息化会议，长沙，2009

[21] 邓子云．物流信息技术及应用．湖南省物流企业信息化会议，长沙，2009

[22] 米志强．基于二维条码的服装防伪系统的研究．湘潭师范学院学报，2009，(2)：121～123

[23] 米志强．条码是贴在企业 CRM 上的标签．农业网络信息，2009，(4)：97～99

[24] 中国物品编码中心．ebXML 基础架构．http://www. ancc. org. cn/Knowledge/article. aspx?id=119

[25] 中国物品编码中心．实施 ECR 的好处．http://www. ancc. org. cn/Knowledge/ article. aspx?id=105

[26] 中国物品编码中心．QR Code 条码． http://www. ancc. org. cn/Knowledge/ article. aspx?id=141

[27] 邓子云．基于 SOA-BPM 组合架构的第三方物流企业信息系统集成平台．计算机系统应用，2010，(6)：172～174

[28] 邓子云．基于 SOA-BPM 的物流信息系统集成平台设计与实现．物流科技，2009，(11)：172～174

[29] 商人博客．铁路车号自动识别系统简介 1（ATIS）．http://blog. china. alibaba. com/ blog/javsrfid1/article/b0-i11100231. html

[30] 中国电信集团公司．物联网助力政务及监管执法应用．中国电信物联网高峰论坛．无锡，2010

[31] 李祥珍．物联网助力智能电网．中国电信物联网高峰论坛，无锡，2010

[32] 中国电信集团公司．创新融合应用 畅享信息未来——智能医疗．中国电信物联网高峰论坛，无锡，2010

[33] 中国电信集团公司．物联网助力政务及监管执法应用．中国电信物联网高峰论坛，无锡，2010

[34] 中国电信集团公司．承载国家战略 感知中国未来．中国电信物联网高峰论坛，无锡，2010

[35] 中国电信集团公司．创新融合应用 畅享信息未来——物联网应用实践及发展探讨．中国电信物联网高

峰论坛，无锡，2010
[36] 周晓华．EAN·UCC第三方物流系统．现代商业，2004，（4）：86～89
[37] 纪寿文．一种集成化仓储管理系统研究．计算机应用研究，2008，（4）：56～57
[38] 程国全，王转．自动仓库计算机管理与控制系统．物流技术，1998，（3）：22～26
[39] 中国物流年鉴2012．中国物流与采购联合会编．北京．中国财富出版社，2012，（10）
[40] 中国物流年鉴2013．中国物流与采购联合会编．北京．中国财富出版社，2013（10）